Zu diesem Buch

Kann man sich – als Basis und höchste Instanz aller christlichen Religiosität und Moral – auf die Bibel stützen und dabei intellektuell redlich bleiben, konsequent denken, ethisch human handeln? Nein, das kann man nicht! Zu diesem Schluß kommt der Autor in seinem sachlich-beharrlich argumentierenden Buch, das allgemein akzeptierte theologische Sprechblasen zum Platzen bringt. Was veranlaßt Franz Buggle, Professor für Psychologie an der Universität Freiburg, dazu, ein gründliches bibel- und christentumskritisches Buch vorzulegen? Ist nicht alles schon gesagt?

«Es ist», sagt Buggle, «ein ganzes Bündel von Motiven, die mich dieses Buch schreiben ließen. Da ist zunächst die weitverbreitete Unsicherheit in religiösen Fragen, das konflikthafte Schwanken zwischen Annahme und Ablehnung der von den Kirchen verkündeten Lehren bei sehr vielen Menschen, begleitet von einer immer wieder mit Staunen festzustellenden und kaum glaublichen Desinformation über religiöse Inhalte und Lehren, wie sie in Bibel und kirchlicher Verkündigung enthalten sind. Im ersten Teil demonstriere ich durch Zitate, daß die Bibel, unsere ‹Heilige Schrift›, ‹Gottes Wort›, ein zutiefst gewalttätig-inhumanes Buch ist, völlig ungeeignet als Grundlage einer heute verantwortbaren Ethik. Nicht zuletzt habe ich dieses Buch auch als klinischer Psychologe in Gedanken gerade an die vielen Menschen geschrieben, wie sie mir immer wieder begegnen, die im Blick auf das Christentum in einer belastenden, nicht selten krankmachenden Orientierungsnot und Konflikthaftigkeit leben, weil ihnen die notwendigen Informationen für eine begründet-verantwortliche Entscheidung für oder gegen das Christentum, für oder gegen eine Kirchenzugehörigkeit fehlen...»

Der Autor

Prof. Dr. Franz Buggle, 1933 geboren, Studium der Psychologie, Philosophie, Pädagogik und Wirtschaftswissenschaften in Freiburg i. Br. und München, 1963 Promotion zum Dr. phil. in den Fächern Psychologie, Philosophie und Psychopathologie, 1970–1974 Professor für Entwicklungs- und Sozialpsychologie an der Universität Regensburg. Seit 1974 Lehrstuhl für Klinische und Entwicklungspsychologie an der Universität Freiburg i. Br.

Franz Buggle

Denn sie wissen nicht, was sie glauben

Oder warum man
redlicherweise nicht mehr
Christ sein kann
Eine Streitschrift

Rowohlt

Veröffentlicht im Rowohlt Taschenbuch Verlag GmbH,
Reinbek bei Hamburg, Juni 1997
Unveränderter, fotomechanischer Nachdruck
Copyright © 1992 by Rowohlt Verlag GmbH,
Reinbek bei Hamburg
Alle Rechte vorbehalten
Umschlaggestaltung Guido Klütsch
(Foto: Mauritius – ACE)
Gesamtherstellung Clausen & Bosse, Leck
Printed in Germany
1690-ISBN 3 499 60427 2

«Meine Pfeile mache ich trunken von Blut,
während mein Schwert sich ins Fleisch frißt –
trunken vom Blut Erschlagener
und Gefangener. »

(Dtn. 32; 42)

Inhalt

I. Warum dieses Buch?

Dieses Buch stellt einen Tabu- und Kommentbruch dar: Es ist nicht nur ein achristliches, sondern in weiten Teilen ein bibel- und christentumskritisches Buch.

Ein deutscher Universitätsprofessor schreibt kein bibel- und christentumskritisches Buch, so will es nach wie vor eine zwar informelle, selten bis nie ausgesprochene, aber sehr wirksame Verhaltensregel, so will es der ungeschriebene Komment, dessen Verletzung nicht ungestraft bleibt. Ein bißchen Kritik an der Kirche, an ihren Veräußerlichungen, Verkrustungen, Vermenschlichungen? Gewiß doch, gerne; aber bitte nicht über eine gewisse Grenze hinaus, jenseits derer es für die Kirche als etablierte, in dieser Gesellschaft noch mächtige Institution *wirklich* gefährlich wird. Ein bißchen metaphysisches Gruselgefühl auf evangelischen oder katholischen Akademietagungen, aber bitte nur soweit, um letztlich und schließlich doch wieder an den warmen Ofen kirchlicher Gläubigkeit zurückfliehen zu können.

Es sei also gewarnt: Hier wird nicht nur mit der Möglichkeit des Auszugs aus liebgewordenen kirchlich-religiösen «Gehäusen» *gespielt*, hier werden nicht nur Zäune, Barrieren beiseite geschoben, die vor der Kirche liegen, sondern auch solche, die vor Bibel, biblischem Gott und selbst der Gestalt Jesu als religiös-ethischem Lehrer aufgerichtet sind. Hier wird keine Rückzugsmöglichkeit in eine biblisch-christliche oder gar kirchliche Religiosität in Reserve

gehalten, sondern der Rückweg, so man die Tugend der Redlichkeit für sich in Anspruch nimmt, verlegt.

Warum heute ein bibel- und christentumskritisches Buch? Ist
nicht alles schon gesagt? Ist dies nicht ein veraltetes Unterfangen,
ein «rationalistischer», ja «flach-aufklärerischer» Rückschritt ins
19. Jahrhundert, heute, im Zeitalter der «Versöhnung» von Wissenschaft und Glaube, von Politik und Glaube allzumal? Antichristlicher Fanatismus? Persönliche Abrechnungen, die aus der
eigenen Biographie noch offenstehen? Herostratische Lust an der
Zersetzung unserer – oft beklagt – doch ohnehin schon wankenden
Basis von Moral und «Grundwerten»? Warum, nach allen eher
hoffnungslos machenden Erfahrungen mit Kirchen-, Christen-
tums-, Religionskritik, dieser Versuch, «Sichtbares sichtbar zu machen» (Voltaire)?

Es ist ein ganzes Bündel von Motiven, die mich dieses Buch
schreiben ließen. Da ist zunächst die weitverbreitete Unsicherheit
in religiösen Fragen, das konflikthafte Schwanken zwischen Annahme und Ablehnung der von den Kirchen verkündeten Lehren
bei sehr vielen Menschen, begleitet von einer immer wieder mit
Staunen festzustellenden und kaum glaublichen Desinformation
über religiöse Inhalte und Lehren, wie sie in Bibel und kirchlicher
Verkündigung enthalten sind. So kann sich jeder leicht selbst ein
Bild machen, wie wenig etwa die in Kapitel II exemplarisch dargestellten archaisch-inhumanen Inhalte der Bibel bekannt sind, selbst
bei Menschen, die sich in anderen Bereichen als außerordentlich
gut informiert erweisen («gebildet» sind).

Mit dieser Unsicherheit und Desinformation geht nicht selten
ein starkes Orientierungsbedürfnis einher, das sich in vielerlei
Symptomen zeigt, etwa den hohen Auflagen entsprechender «religiöser» Bücher, wie z. B. der Werke Küngs, aber auch erkennbar
im Rahmen von Gesprächen mit Menschen, die an unseren religionspsychologischen Untersuchungen teilnahmen.

Diesen verbreiteten Symptomen des mangelnden Wissens und
in der Folge von Unsicherheit und belastender Konflikthaftigkeit liegt eine spezifische geistig-kulturelle Situation zugrunde: Die

religiös-weltanschauliche Diskussion und Aufklärung über die tradierten Religionen, speziell die biblisch-christliche Religiosität, ist, soweit sie gründlich und «radikal» erfolgt, in weiten Teilen in Deutschland und generell in den «christlichen» Ländern steckengeblieben. Sie stagniert seit langem auf einem Niveau «unmöglich»-widersprüchlicher, aber unausgesprochener Sachverhalte. Der Komment ist weithin an die Stelle des Arguments getreten.

So habe ich dieses Buch nicht zuletzt auch als klinischer Psychologe in Gedanken gerade an die vielen Menschen geschrieben, wie sie mir immer wieder begegnet sind, die im Blick auf das Christentum in einer belastenden Orientierungsnot und Konflikthaftigkeit leben (häufig unbefriedigend überdeckt durch eine pragmatische Haltung – scheinbarer? – Gleichgültigkeit), weil ihnen aufgrund ihrer eigenen defizitären religiösen Sozialisation die adäquaten Informationen für eine begründet-verantwortliche Entscheidung für oder gegen das Christentum, für oder gegen eine Kirchenzugehörigkeit fehlen.

Diesem heute allen gegenteiligen Unkenrufen zum Trotz in starkem Ausmaß zu findenden Orientierungsbedürfnis steht ein weitgehendes Versagen der Institutionen gegenüber, von denen eine entsprechende Orientierungsleistung eigentlich zu erwarten wäre, eben auch und besonders der Institution, der ich selbst angehöre, der Universitäten und Hochschulen. Obwohl, das vorliegende Buch soll das im Detail belegen, hier vieles klar zutage liegt, schweigen die deutschen Universitäten, verstecken sich deutsche Professoren mit ganz wenigen Ausnahmen, soweit es um eine Stellungnahme, um eine orientierende Antwort auf zahlreiche drängende Fragen zur biblisch-christlichen Religiosität geht, wie sie viele verunsicherte Menschen umtreiben. Und in *diesem* Punkte ist der Diagnose Küngs zweifellos zuzustimmen: «Nur wenige Wissenschaftler gibt es heute, die wie Freud öffentlich Rechenschaft über ihren Unglauben geben. Aber auch nicht allzuviele gibt es, die öffentlich von ihrem Glauben Zeugnis ablegen. Religion, Glaube, Gott – ein Bereich, der für viele seltsam ausgeblendet er-

scheint, tabuisiert, in der Schwebe gelassen, man legt sich nicht
fest» (Küng, 1978 b, S. 343).

Aber es bleibt nicht bei diesem Schweigen, diesem Sich-Verstek-
ken: Die eigentlich zur orientierenden Aufklärung berufenen Mitglieder der deutschen Universitäten und Hochschulen schweigen
nicht nur zu Inhalten der biblisch-fundierten kirchlichen Verkündigung, die zu modernem Wissensstand und auch von ihnen allgemein akzeptierten ethischen Standards in Widerspruch stehen.
Darüber hinaus unterstützen sie in großer Zahl und in vielfältiger
Weise *aktiv* die immer noch über großen Einfluß und Macht verfü-
genden Kirchen und arbeiten ihnen zu, obwohl diese implizit oder
auch explizit die genannten inhumanen Inhalte verbreiten (z. B.
durch Druck und Verbreitung der Bibel; vgl. dazu Kapitel II).

Man behandelt Theologische Fakultäten besonders respektvoll,
läßt ihnen weiterhin ihren zumindest formal ersten Rang, obwohl
man bis heute vergeblich auf ein stimmiges Argument wartet,
warum eine dogmatisch festgelegte Theologie – im Gegensatz zu
einer offen-kritischen Religionswissenschaft – an einer modernen,
nachmittelalterlichen Universität redlicherweise einen Ort haben
soll. Nicht genug: Man läßt Theologen Festvorträge bei Universitätsjubiläen (z. B. Tübingen) halten und identifiziert sich damit immer wieder öffentlich und feierlich mit ihrer universitären Existenz
und Lehrtätigkeit. Man verhält sich permanent so, als gäbe es all die
gewichtigen Argumente aus Ratio (hier keineswegs einer «verengt-
en»!) und Humanität gegen eine *konsequent* biblisch-christliche
Religiosität nicht: Diese stellt eben faktisch immer noch die herrschende gesellschaftlich weithin tonangebende religiöse Instanz
dar. Ist das dem deutschen Durchschnittsuniversitätsangehörigen
Argument genug zu schweigen?

Die geistigen Verrenkungen, die deutsche Intellektuelle und
Hochschullehrer bei der Rechtfertigung biblisch-christlicher Religiosität manchmal vollbringen, erinnern immer wieder an den
nicht gerade seltenen Typ des deutschen Intellektuellen, wie ihn
Hannah Arendt einmal in einem Interview kennzeichnete, dem
nämlich dann, wenn es um die Rechtfertigung einer herrschenden

Ideologie ging (damals war es der Nationalsozialismus), «immer etwas einfiel».

Als Angehöriger der Universitätsszene und Hochschullehrer möchte ich mit diesem Buch etwas zur Überwindung der von Küng mit Recht diagnostizierten und beklagten Enthaltsamkeit und Unredlichkeit in religiösen Dingen beitragen, nicht zuletzt auch weil ich glaube, daß diese Situation ihren Teil, wenn auch vielleicht partiell eher indirekt und vermittelt, zu der heute virulenten Glaubwürdigkeitskrise zwischen älterer und mittlerer auf der einen und jüngeren Generation auf der anderen Seite beiträgt.

Das weitgehende Versagen der eigentlich zu Aufklärung und Orientierung Berufenen erscheint um so schwerwiegender, je deutlicher sich weltweit Anzeichen eines wiedererstehenden religiösen Fundamentalismus und Fanatismus, die Rückkehr zu einer möglichst wortgetreuen Auffassung und Befolgung der jeweiligen heiligen Schriften beobachten lassen. Dies gilt verstärkt für den Bereich des Islam, aber auch für den Bereich des Christentums und des Hinduismus (vgl. etwa Kepel, 1991).

Besonders gravierend erscheint, daß gerade in dem einflußreichsten und strategisch stärksten Land der Erde, den USA, fundamentalistische Kräfte besonders stark sind. Realistische Schätzungen gehen von bis zu 60 Millionen fundamentalistisch ausgerichteter Bürger (und Wähler!) der USA aus (vgl. Martz und Carroll, 1988, S. 23). Die Mitgliedzahlen der konservativ-fundamentalistischen Kirchen steigen, die der eher liberalen nehmen ab (Bad. Zeitung, 29. 10. 91). 1986 waren es schon 200 Fernseh- und 1135 Radiostationen, die tagtäglich fundamentalistisch und dezidiert rechtskonservativ geprägte religiöse Sendungen ausstrahlten (Schwarz, 1988, S. 87 ff.), und wer schon einmal im amerikanischen Fernsehen mitverfolgen konnte, mit welch primitiv-schamloser Demagogie dort sog. Evangelisten mit wohlwollender staatlicher Billigung und Steuervergünstigung breiteste Volksmassen verdummen und gegen vermeintliche «Gottlose», «Unmoralische», Liberale usw. aggressiv emotionalisieren, dem kann angesichts eines solchen massiven Abbaus der immer noch sehr ungesicherten Errungenschaften der

Aufklärung und Humanität angst und bange werden. Viele amerikanische Wissenschaftler und Intellektuelle scheinen jedoch zu resignieren, sich zu arrangieren.

An welch gefährlichem Abgrund die Welt zu Beginn der Reagan-Ära aufgrund des damals noch mächtigen fundamentalistischen Denkens wichtiger Mitglieder seiner Administration und des ihm eigenen Schwarz (Sowjetunion)-Weiß (USA und Verbündete)-Weltbildes entlang ging, ergibt sich leicht aus einer Analyse der damaligen Gedankengänge gerade auch Reagans selbst (vgl. unten S. 65 f.). Mit Recht stellt ein intimer Kenner der Szene fest: «Einige Aussagen des prominenten Fundamentalistenpredigers Jerry Falwell und einige Bemerkungen von Ronald Reagan... lassen vermuten, daß eine gewisse Unbekümmertheit in Sachen Atomkrieg ihre theologischen Ursprünge hat» (Birnbaum, 1989, S. 146).

Die bedrohliche Zunahme und der Machtzuwachs fundamentalistischer Strömungen in der katholischen Kirche, verstärkt seit dem Amtsantritt Johannes Paul II. und seiner Förderung entsprechender Kräfte wie etwa des Opus Dei, wird inzwischen auch langsam wahrnehmenden Zeitgenossen immer deutlicher (vgl. etwa Walf, 1989).

Die sich verstärkende Neigung zu Fundamentalismus und Entdifferenzierung läßt sich inzwischen weltweit beobachten, und die Sorge um den Erhalt der mühsam erkämpften Errungenschaften der Aufklärung wird von entsprechend sensiblen Fachleuten und Kennern der Szene geteilt: «Kein Zweifel: Eine fundamentalistische Strömung läßt sich derzeit in allen Weltreligionen beobachten. Toleranz, Demokratie und Wirklichkeitswahrnehmung werden gefährdet. Die Fundamente wanken» (Stöhr, 1989, S. 232).

Im Augenblick gibt es Anzeichen, daß durch das schon da und dort sich anbahnende Einströmen fundamentalistischer und totalitärer Auffassungen in das in Osteuropa und der Sowjetunion aufbrechende ideologische Vakuum sich diese Gefahr für Grundrechte, Toleranz und Gedankenfreiheit noch verstärkt, um so mehr, als die große Mehrheit der Intellektuellen, Hochschullehrer und Wissenschaftler, ob in den USA, in anderen christlich geprägten Regionen oder im Bereich des Islam, schweigt und sich anpaßt, ja zu einem beträchtlichen Teil sich wieder einmal als für alles «mietbare Zwerge» (Brecht) erweist, d. h. sich gar in den Dienst solcher freiheitsbedrohender Strömungen stellt, z. B. und nicht zuletzt auch durch die Bereitstellung, Wartung und Bedienung der entsprechenden Verbreitungstechniken. (Auch im Falle Rushdie waren es weniger Universitätsangehörige als vielmehr Schriftsteller, die dem hier mit aller Deutlichkeit auftretenden Obskurantismus entgegentraten.) Und das, obwohl immer wieder «die Korrelation zwischen einem fundamentalistischen Glauben und militaristischen und nationalistischen Attitüden sowie der Neigung zu Feindbildern und punitivem Denken herausgearbeitet» wurde (Stöhr, 1989, S. 242).

Die plausibel erscheinenden negativen Wirkungen zentraler biblischer Aussagen (vgl. Kap. II), vor allem wenn sie ernst oder gar wörtlich genommen werden, erstrecken sich aber nicht nur auf den kollektiven Bereich des staatlichen und gesellschaftlichen Zusammenlebens, sondern auch auf den des Wohlbefindens, der psychischen Gesundheit des einzelnen Menschen. Es ist a priori von allen Kenntnissen her, die wir über die Entstehung psychischer Störungen und psychischen Leidens haben, mehr als plausibel und durch unzählige Einzelschicksale zu belegen, wie zentrale Inhalte biblischer Religiosität (vgl. Kapitel II; Kapitel IV, D. 3.), zu Ende gedacht, sich als erdrückende Last gerade auf konsequent denkende gläubige Menschen legen können. Es scheint mir absurd, aber nicht untypisch, wenn gerade (klinische) Psychologen in einer Art fataler Arbeitsteilung ihre Aufmerksamkeit von den nicht seltenen Neurotisierungsprozessen im Rahmen der religiösen Sozialisation abwenden, um dann die Ergebnisse dieser «Kindesmißhandlung» (Tilmann Moser) später wieder durch therapeutische Bemühungen einigermaßen abzumildern versuchen. Die folgenden Darlegungen sollen nicht zuletzt diese biblisch-christlichen Quellen psychischer Störungen ohne Tabu und mit aller gebotenen Deutlichkeit darlegen. Der verbreitete und gerade auch bei Psychologen im kirchlichen Dienst beliebte Einwand, es sei in solchen Fällen nicht die «eigentliche» biblisch-christliche Religiosität am Werke, soll dabei als verständliche, aber dennoch intellektuell unmögliche und (objektiv) unredliche Hilfsstrategie zurückgewiesen werden.

Dennoch darf moderne Christentumskritik es sich bei dieser Frage nicht zu leicht machen, darf nicht auf einem Auge blind werden. Sie sollte neben den negativen Aspekten bestimmter historischer Religionsausprägungen, hier der biblisch-christlichen, auch für mögliche positive Auswirkungen religiöser Einstellungen auf die psychische Befindlichkeit offen sein, wie es sie eben unbestreitbar auch gibt. Religion kann Sinn und damit Halt in sonst schwer erträglichen Situationen geben. Starke körperliche Schmerzen und seelisches Leid können sicher von nicht wenigen Menschen besser bewältigt werden, wenn ihnen religiöse Lehren einen Sinn dieser sonst nur schwer erträglichen, eben weil zunächst und primär als absurd und sinnlos empfundenen Schicksalsschläge vermitteln können. Und hier könnte nun einer der ersten Einwände gegen dieses Buch vorgebracht werden: Was nimmt man dem Menschen, insbesondere dem leidenden Menschen, dem nach Orientierung suchenden Menschen, wenn man ihm seine Religion nimmt oder auch nur erschüttert und so Halt und Sinn in schweren Lebenssituationen in Gefahr bringt oder zumindest schwere Konflikte hervorruft? Ist nicht gerade *dies* inhuman, grausam, verantwortungslos? Treibt man nicht den Teufel mit Beelzebub aus? Tilman Moser etwa hat sich entschieden: «Soweit sie Dich brauchen, um nicht noch mehr zu leiden, werde ich nicht gegen Dich sprechen» (1976, S. 100).

Aber läßt sich dieses «soweit» in einer nicht auf ein bestimmtes Individuum bezogenen, generellen Christentumskritik so klar bestimmen und handhaben? Wir berühren hier die Frage, vielleicht *die* Frage aller «Aufklärung», ob zumindest in manchen Bereichen der Lebenspraxis vermehrtes Wissen und Durchblick den Menschen besser, größer, glücklicher machen, ob unredliche, unwissende (Schein-)Geborgenheit offener, wissender, redlicher Unbehaustheit vorzuziehen sei. Hier liegt *ein* Grundkonflikt, der, wenn auch heute weitgehend implizit und nur halbbewußt, der gegenwärtigen Orientierungskrise, der verbreiteten Undeutlichkeit und

Unentschiedenheit in weltanschaulichen und religiösen Dingen zugrunde liegen dürfte. Dieser fundamentale Angstkonflikt dürfte gleichzeitig eine der mächtigsten Barrieren gegen eine rationale Christentumskritik ausmachen.

Hat Religion oder besser die biblisch-christliche Religion ihren Gläubigen bislang insgesamt mehr Leid gebracht, schon bestehendes Leid und vielleicht unabwendbare Tragik durch zusätzliche Lasten, physische und psychische Grausamkeiten, seelische Verbiegungen und Vergewaltigungen vermehrt oder schon vorhandenes Leiden eher gemildert und zu ertragen geholfen? Beides trifft zweifellos zu, für beides gibt es viele Belege, und auch die scharfe Kritik Nietzsches, nach der die christlichen Kirchen ihre Gläubigen erst erlösungsbedürftig (und damit abhängig) machen, um ihnen dann die von ihnen allein zu vermittelnde Erlösung anzubieten, hat ihre partielle Richtigkeit. Die Frage kann also nur nach dem relativen Gewicht beider Funktionen zueinander, der leidvermehrenden und der leidmildernden, gestellt werden, insbesondere seit der zeitweilige Optimismus mancher Rebellen der sechziger Jahre hinsichtlich des grundsätzlich überwindbaren Anteils menschlichen Leidens einer allseits akzeptierten realistischeren Skepsis gewichen ist.

Daß ich persönlich diese Frage im Sinne einer insgesamt negativen Bilanz des Christentums beantworte, ergibt sich schon aus der Tatsache, daß ich dieses Buch schreibe, daß ich glaube, dieses Buch schreiben zu müssen. Und hier muß klar Position bezogen werden, um so mehr, als von dieser Seite zweifellos einer der Hauptangriffe gegen dieses Buch geführt werden könnte: Wird hier nicht eine im Grunde positive, ja eine der positivsten Erscheinungen menschlichen Geistes fanatisch-einseitig verzeichnet, zum Popanz aufgebaut? Diese Frage sollte man im Auge behalten. Anstelle einer Gegenbehauptung soll auf die in diesem Buche dargelegten Argumente verwiesen werden. Wiewiet die Auffassung gerechtfertigt erscheint, daß die negativen Aspekte und die negativen Auswirkungen der biblisch-christlichen Religiosität auf physisches und psychisches Wohlergehen, auf Würde und ethische Größe des Menschen in hohem Maße die ebenfalls zuzugestehenden positiven

Aspekte – Schwarzweißphänomene gibt es tatsächlich nur für Unin-
formierte und / oder Fanatiker – übertreffen, darüber sollte jeder
Leser nach der Lektüre dieses Buches sich selbst ein Urteil bilden.

Ein anderer möglicher Einwand könnte lauten: Ist die hier aufgenommene Auseinandersetzung mit der biblisch-christlichen Religion angesichts der sonstigen drängenden Weltprobleme, wie Um-
weltfragen, Überbevölkerung, Wettrüsten, Unterernährung usw.,
noch wichtig und aktuell? Gibt es nicht Wichtigeres? Ist das Christentum als verhaltens- und erlebensdeterminierender, psychologisch wirksamer Faktor überhaupt noch ernst zu nehmen (und ich
gestehe, daß mir, wenn ich manche Zeitgenossen vom Christentum reden höre, immer das Postulat einfällt «De mortuis nil nisi
bene»)? Ist es nicht im Grunde psychologisch längst tot oder so
modernistisch abgewandelt und entschärft, so daß es kaum noch
negative Auswirkungen auf Menschen hervorbringen kann?

Ich möchte diese Frage verneinen, und ich möchte wieder dazu
auffordern, *nach* der Lektüre dieses Buches sich die Frage zu stellen,
ob ich dies zu Recht tue. Hier und im voraus nur soviel: Ich glaube,
die Auffassung ist gerechtfertigt, daß die biblisch-christliche Religiosität, die Bibel als Quelle und Basistext immer noch von großer,
leicht zu unterschätzender psychologischer Wirksamkeit ist. Darin
stimme ich im übrigen mit der Meinung heutiger renommierter
Religionssoziologen und -wissenschaftler überein, die geradezu
gekennzeichnet ist durch eine umfassende Ernüchterung und große
Skepsis gegen die offenbar lange zu ungefragt übernommene
Gleichsetzung von Modernität und Säkularisierung, von Distanzierung zu den Amtskirchen und tatsächlicher Bestimmung durch
biblisch-christliche Inhalte (vgl. Schatz, 1971). Im übrigen wird gerade die Lösung der obengenannten Weltprobleme z. T. durch den
klassischen Buchreligionen eigene Inhalte und Verhaltensnormen
verhindert oder zumindest verlangsamt (z. B. die Lösung der vielen Folgeproblemen zugrunde zu legenden Fragen der weltweiten
Bevölkerungsexplosion), nicht zuletzt durch die starre Festschrei-
bung von entsprechenden Verhaltensnormen als von Gott geoffenbarte unveränderliche Gebote.

Ein dritter, in diesem einleitenden Kapitel noch aufzugreifender Einwand, dem sich gerade eine stark unter psychologischen Aspekten geschriebene Religionskritik stellen muß, könnte lauten: Ist es nicht ein von allen Erfahrungen widerlegter Illusionismus, anzunehmen, eine rational-argumentative Kritik vermöge etwas gegen ein Phänomen wie Religiosität auszurichten, das so tief in vorrationalen psychischen Schichten verankert und durch frühkindliche und dann langjährig fortgesetzte Indoktrination verwurzelt, das so stark durch Wunschdenken gesteuert ist? In welchem Ausmaß sich frühkindliche Indoktrinationen auch gegen hoch ausgeprägte Rationalität und Realitätsbeurteilung durchsetzen können, zeigen ja gerade in der deutschen Szene nicht wenige herausragende Beispiele (vgl. unten Kapitel IV, C. 2.), bei denen man sich nicht vorstellen kann, daß sie eine Lehre wie die biblisch-christliche Religion mit den in diesem Buch dargestellten Absurditäten und inhumanen Zügen als kritische Erwachsene noch akzeptieren würden, wenn sie nicht in intellektuell wehrloser Kindheit indoktriniert worden wären. Mit Recht weist Bertrand Russell darauf hin, daß mit verschwindend wenigen Ausnahmen nicht Argumente, sondern Geburt und Herkunft, d. h. frühkindliche Indoktrination, zur Übernahme einer Religion führen (die Kirchen wissen das, mehr oder weniger reflektiert, und mißtrauen offenbar der Überzeugungskraft ihrer göttlichen Offenbarung auf Erwachsene, innerlich freie Individuen; ihr fundamentales Interesse an den institutionalisierten Möglichkeiten frühkindlicher und kindlicher Indoktrination – Kindergärten, Religionsunterricht an staatlichen Schulen usw. – hat hier ihre Begründung).

Die Reflexion einiger Gründe, warum die Effizienz von Religionskritik im allgemeinen so gering ist, warum auch Religionskritik und nicht nur Politik ein «geduldiges Bohren dicker Bretter» (Max Weber) darstellt, soll vor unrealistischer Naivität bewahren. Andererseits darf sie nicht zur Resignation führen. Die Geschichte der Aufklärung wie viele individuelle Biographien zeigen, daß geduldiges Argumentieren doch etwas bewirken kann, daß die Vernunft zwar mit leiser Stimme spricht (Freud), aber schließlich und endlich doch nicht ganz ungehört bleibt. Andererseits sollte man sich immer wieder klarmachen, daß die Ablösung religiöser Einstellungen und Vorurteile einen ungeheuer langsamen Prozeß darstellt. Änderungen in Sinn- und Zielbereichen, in die so tiefgehende und umfassende Interessen eingehen, stellen gegenüber Änderungen im instrumentell-technologischen Bereich wesentlich verlangsamte Prozesse dar, und jeder, der Religionskritik betreibt, braucht einen langen Atem: Die Lebens- und Sterbezeiten von Religionen überschreiten die Lebenszeit des einzelnen menschlichen Individuums bei weitem.

Angemessen erscheint aufgrund vielfältiger entsprechender Erfahrungen nur ein realistischer Mittelweg zwischen naivem Optimismus, der die Wirksamkeit irrationaler, nichtargumentativer Faktoren illusionär verkennt, und resignativem Pessimismus, der angesichts der großen Schwierigkeiten und Barrieren die dennoch mögliche Bewegung nicht mehr zur Kenntnis nimmt. Dieser Realismus zwischen illusionärem Optimismus und blind-resignativem Pessimismus stellt die Position dar, von dem aus dieses Buch geschrieben wurde.

Einige Sätze noch zum Stil, in dem ich versucht habe, dieses Buch zu schreiben: Ich habe mich zwar bemüht, ein «radikales» Buch zu schreiben, d. h. eines, das nicht, wie dies so häufig der Fall ist, bei den vorletzten Dingen stehenbleibt, das dem weltanschaulichen Gegner nichts schenkt, hart und unnachgiebig in der Sache ist. Aber obwohl hier ein engagiertes Buch vorliegt, habe ich mich dennoch bemüht, in erster Linie eine faire, argumentative Auseinandersetzung in der Sache zu führen, weniger aber Personen zu etikettieren, zu verunglimpfen, ihnen unlautere Motive zu unterstellen. Nicht erst die Deduktionen, sondern schon die Prämissen, die konstituierenden Primäraussagen sollen angegriffen werden.

Man wird hier also keinen Krieg gegen «machthungrige», «feudalistische», «sture» usw. Funktionsträger der Kirchen finden, es geht hier generell nicht um Personen, sondern um das Glaubenssystem selbst, dessen Opfer letztlich auch seine Funktionsträger sind. Ein wesentlicher Teil der Gründe, warum die gegenwärtige Diskussion um Glaube und Kirche häufig so ineffizient und unredlich verläuft, ist m. E. hier zu suchen. Es verhält sich eben im wesentlichen nicht so, wie es eine heute fast selbstverständlich akzeptierte generelle Prämisse aller Kirchenkritik darstellt: Die ursprüngliche Verfassung, die Basis (Jesus, Bibel usw.) ist gut, nur die fehlerhaften schwachen bis böswilligen kirchlichen Funktionsträger – Papst, Bischöfe, «Amtskirchen» usw. – haben sie verfälscht, pervertiert.

Eher verhält es sich umgekehrt: Eine nicht geringe Zahl positiv motivierter bis idealistisch gesinnter Bischöfe, Pfarrer, engagierter Christen bemüht sich, aus einer redlicherweise eigentlich längst unhaltbar gewordenen religiösen Glaubensbasis unter ungeheuren Selbstverleugnungen, Konflikten und inneren Verbiegungen – je intelligenter, konsequenzfähiger, redlicher sie sind, um so mehr – doch noch eine einigermaßen akzeptierbare und hilfreiche Veranstaltung zu machen. Pointiert gesagt: Ich kenne eine große Zahl von Pfarrern und überzeugten Christen, deren ethisches Niveau das des biblischen Gottes bei weitem übertrifft (und es stünde besser um diese Welt und das Schicksal der Menschen, wenn diese über göttliche Allmacht verfügten).

Natürlich gibt es auch hier schwarze Schafe, scheitern nicht wenige kirchliche Funktionsträger menschlich an ihrer eigentlich unmöglichen Aufgabe, sehen aus ihrer (teilweise auch materiell bedingten) Notlage keinen Ausweg mehr, versinken in deprimierender Resignation, arrangieren sich mit ihrem Amt äußerlich, aber unehrlich, oder erliegen sonstigen Versuchungen und Prämien ihres Amtes (vgl. auch Drewermann, 1989). Dies sollte aber auch einen engagierten Kirchen- und Christentumskritiker weniger zu hämischer Denunziation als eher zu mitmenschlichem Verständnis und Trauer, aber auch zu vermehrter Energie in der Auseinandersetzung mit einem religiösen System führen, das Menschen in eine solche desolate psychische Verfassung zu bringen vermag.

Argumentativer Stil soll weiter und insbesondere konkretes Schreiben bedeuten. Es sollen weniger abstrakte Behauptungen aufgestellt werden, sondern möglichst viele und umfassende, für jeden überprüfbare Originalzitate und Belege für die gemachten

Aussagen angeführt werden. Dies mag vielleicht manchmal etwas redundant erscheinen, ist aber dann, wenn wie hier sog. allgemein geteilte «Selbstverständlichkeiten» und Tabus (wie z. B. der Charakter der Bibel) frontal angegangen werden, nicht zu umgehen. Ich möchte so in diesem Buch an vielen Stellen bewußt auf eine bestimmte Art von «Wissenschaftlichkeit» und damit bewußt auf das Renommee bei jenen Mitgliedern der Scientific Community verzichten, die diese mit dem Abstraktionsgrad der betreffenden Aussagen gleichsetzen und die «gewöhnt sind, nur solche Fremdobjekte zu orten, die sich in den höchsten Höhen der Abstraktion oder des Vokabulars aufhalten» (G. Anders, 1982, S. 15). Religionspsychologie, Christentumskritik, soweit sie wirksam sein wollen, dürfen sich nicht ins Abstrakte flüchten.

Es dürfte im übrigen bei der Lektüre hoffentlich schnell deutlich werden, daß es sich hier um kein «wissenschaftliches Werk» im üblichen Sinne des gegenwärtigen Wissenschaftsbetriebes mit seinen nur noch z. T. sachgerechten Standards handelt. Dies schien weder sinnvoll, war weder beabsichtigt noch möglich. Christentumskritik ist hierzulande ja nicht erwünscht, nicht vorgesehen, an Universitäten, obwohl der Suche nach der Wahrheit verpflichtet, nicht institutionalisiert. Das bedeutet, Christentumskritik muß hierzulande immer noch weitgehend als «Hobby», als Feierabend-, Nacht- und Urlaubsarbeit neben und zusätzlich zu einem regulären Beruf ausgeübt werden. Sie steht so in einer extrem benachteiligten Position gegen Tausende hauptberuflicher kirchlicher Theologen, gegen eine halbe Million Menschen allein in der Bundesrepublik, die hauptberuflich explizit und implizit die Geschäfte der Kirche besorgen.

Obwohl so kein Anspruch auf Vollständigkeit etwaiger einschlägiger theologischer Literatur erhoben werden kann, dürften hier dennoch alle nennenswerten möglichen Gegeneinwände gegen die im folgenden dargebotenen Thesen berücksichtigt sein, vermittelt durch die Werke der heute als maßgeblich geltenden deutschsprachigen Theologen. (Im übrigen konnte mir bislang keiner der vielen hauptamtlich apologetisch tätigen Theologen zu einem der im folgenden dargelegten Einwände ein entsprechendes überzeugendes Gegenargument nennen.)

Es geht bei diesem Buch so auch nicht um den Nachweis der Belesenheit des Autors; deshalb und weil die Lesbarkeit des Buches wichtiger erschien, wurde auf die Anführung von Fußnoten soweit wie möglich verzichtet. *

Dieses Buch ist geschrieben als «Streitschrift», bemüht sich selbst um einen fairen argumentativen Stil und fordert zu durchaus engagiertem, aber ebenfalls fairem argumentativem Widerspruch, zur Diskussion auf. Hier liegt die Hoffnung des Autors, hier liegen seine Wünsche.

Mit welchem Schicksal aber muß ein solches Buch in Deutschland, in «christlichen» Ländern allgemein, rechnen, wo nach allen Erfahrungen die entsprechenden «Bewältigungsmechanismen», mit wirklich radikaler, unbequemer Aufklärung umzugehen, immer schon bereitliegen?

Da offenbar gegenüber den in diesem Buch vorgebrachten und anderen christentumskritischen Einwänden beträchtliche Argumentationsnot herrscht, andererseits viele Existenzen von der Auf-

---

* Ebensowenig ging und geht es mir in diesem Buch um irgendwelche Prioritätsansprüche; wo ich solche unwissentlich nicht beachtet haben sollte, möchte ich sie gerne anerkennen und bitte um Nachsicht. Andererseits: Ich bin kein Archivar, sondern Psychologe, es ist für mich weniger von Interesse, ob einige der in diesem Buch gemachten Aussagen schon irgendwo in irgendwelchen mehr oder minder unbeachtet gebliebenen Büchern oder Bibliotheksarchiven «ruhen», sondern ob sie psychologisch *präsent, wirksam* sind, und weil sie dies weithin nicht sind, deshalb habe ich dieses Buch geschrieben: «Auf Prioritäten kommt es hier wahrhaftig nicht an» (Anders, 1982, S. 33). Es geht hier vielmehr primär darum, *daß* diese weithin nicht präsenten Aussagen gemacht werden, und es erscheint demgegenüber absolut drittrangig, *wer* sie macht oder gemacht hat. Im übrigen wiederholt ja auch die Gegenseite, die christlichen Kirchen und ihre Theologen, und niemand sanktioniert sie deswegen, zu einem hohen Prozentsatz immer wieder die gleichen Aussagen, so daß schon aufgrund dieser allseits zutage liegenden Tatsache ein Gegengewicht im Sinne der Fairneß und Ausgewogenheit der weltanschaulich-religiösen Diskussion notwendig ist.

rechterhaltung so vieler christlicher Fiktionen abhängen, so wird anstatt mit Argumenten häufig mit Assoziationen, mit dem «Ersticken der Kommunikation durch Konvention» (Jaspers) gearbeitet. Der Christentumskritiker wird zwar nicht mehr tot*geschlagen*, aber häufig tot*geschwiegen*, *psychisch* liquidiert. Insbesondere wird gerne auf eine etikettierende Herabsetzung des Autors entsprechender Thesen zurückgegriffen (ein Beispiel für das letzte: Selbst in der «Badischen Zeitung», einer eher liberalen und progressiven Regionalzeitung von überdurchschnittlich hohem Niveau, wurde in einer Fernsehkritik vom 20. 12. 82 auf entsprechende Äußerungen Karlheinz Deschners in einer Sendung des 3. SWF-Programms in keiner Weise argumentativ eingegangen, sondern deren Autor wie folgt *etikettiert*, abgewertet: «Ein verbitterter, im katholischen Milieu großgewordener Schriftsteller, der rücksichtslos die Vernunft anbetet.» Die extrem «unchristliche» Lieblosigkeit einer solchen Strategie scheint, am Rande bemerkt, den christlichen Apologeten kaum bewußt zu werden. «Not kennt kein Gebot?»). Mangelnde «echte Tiefe» sind dabei noch relativ harmlose Etiketten, wie sie den Christentumskritikern zugedacht werden, besonders beliebt in Deutschland, wo Unklarheit so gerne mit Tiefe, aber auch Klarheit mit Flachheit von Leuten gleichgesetzt werden, die daran alles Interesse haben.

Dieses etikettierende Vorgehen mag aus dem Zusammentreffen beträchtlicher Argumentationsnot und massiven individuellen (materiell bis zur «Kontingenzbewältigung») Gruppen- und Gesellschaftsinteressen verständlich erscheinen, bleibt aber dennoch ein schlimmes Phänomen, das die weltanschauliche und religiöse Auseinandersetzung in Deutschland und in anderen «christlichen» Ländern außerordentlich hemmt, ja korrumpiert. Und so gilt gerade auf diesem Gebiet Albert Einsteins resignierende Feststellung auch heute noch uneingeschränkt: «Es ist schwieriger, Vorurteile zu zertrümmern als Atome.»

«Warum wagen es die Theologen nicht, in die Glut zu blasen, die da unter der Asche einer archaischen Sprache schwelt, um neu zum

Leben zu erwecken, was sich unter einer dicken Schicht historischer Ablagerungen auch heute noch durch seine Ausstrahlung
bemerkbar macht? Warum nur immer diese ängstliche Abwehr allen derartigen Ansätzen und Versuchen gegenüber? Warum soviel
Kleinmütigkeit bei denen, die doch davon überzeugt sind, im Besitz einer unantastbaren, endgültigen Wahrheit zu sein?» fragt Hoimar v. Ditfurth in seinem Buch «Wir sind nicht nur von dieser
Welt» (1981, S. 139f.). Das vorliegende Buch möchte versuchen,
auch darauf eine Antwort zu geben.

Blasen wir also in die Glut! Blasen *wir* also in die Glut!

II. Der verdrängte Skandal: Die Bibel, Basis und letzte Instanz aller christlichen Religiosität und Moral: ein zutiefst gewalttätig-inhumanes Buch?

«Das von Gott Geoffenbarte, das in der Heiligen Schrift enthalten ist und vorliegt, ist unter dem Anhauch des Heiligen Geistes aufgezeichnet worden; denn aufgrund apostolischen Glaubens gelten unserer heiligen Mutter, der Kirche, die Bücher des Alten wie des Neuen Testamentes in ihrer Ganzheit *mit allen ihren Teilen* als heilig und kanonisch, weil sie, unter der Einwirkung des Heiligen Geistes geschrieben (vgl. Joh. 20; 31; 2 Tim. 3; 16; 1 Petr. 1; 19–21 u. 3; 15-16), Gott zum Urheber haben und als solche der Kirche übergeben sind. Zur Abfassung der heiligen Bücher hat Gott Menschen erwählt, die ihm durch den Gebrauch ihrer eigenen Fähigkeiten und Kräfte dazu dienen sollten, all das und *nur* das, was er – in ihnen und durch sie wirksam – geschrieben haben wollte, als echte Verfasser schriftlich zu überliefern. Da also *alles*, was die inspirierten Verfasser oder Hagiographen aussagen, als vom Heiligen Geist ausgesagt zu gelten hat, ist von den Büchern der Schrift zu bekennen, daß sie sicher, getreu und *ohne Irrtum* die Wahrheit lehren, die Gott um unseres Heiles willen in den Heiligen Schriften aufgezeichnet haben wollte.»

(2. Vatikanisches Konzil, Dogmatische Konstitution
über die göttliche Offenbarung [1965])

«... und bleibt allein die Heilige Schrift als der ein(z)ig Richter, Regel und Richtschnur, nach welcher als dem ein(z)igen Probierstein sollen und müssen alle Lehren erkannt und geurteilt werden, ob sie gut oder bös, recht oder unrecht seien.»

(Konkordienformel. Bekenntnisschrift der
evangelisch-lutherischen Kirche)

«Der biblische Gottesglaube ist in sich stimmig, ist zugleich rational verantwortbar und hat sich in einer mehrtausendjährigen Geschichte bewährt.»

(Hans Küng)

«Die allgemeinsten Meinungen und was jedermann für ausgemacht hält, verdient oft am meisten untersucht zu werden.»

(G. Ch. Lichtenberg)

A. Bis heute bestehende herausgehobene Bedeutung der Bibel als basale Quelle und letzte Instanz in religiösen und ethischen Fragen. Einige Probleme und Gefahren, die sich daraus ergeben

Eine Auseinandersetzung mit der heute vorfindlichen christlichen Religiosität und Moral muß, wenn sie den Dingen wirklich auf den Grund, an die «Wurzeln» gehen, also «radikal» sein will, mit der Bibel als der Basis aller heute vorfindlichen christlichen Religion und Ethik beginnen. Sie gilt letztlich allen Christen, wenn vielleicht auch in verschiedenem Ausmaß, als «Gottes Wort» oder von Gott inspirierte Botschaft, als letzte religiöse und moralische Autorität, als «Maßstab aller Maßstäbe». Ihr hohes Ansehen als «Heilige Schrift» zeigt sich auch heute noch in unserer vorgeblich so säkularen Gesellschaft in vielen Aspekten, so etwa, wenn noch heute der mächtigste Mann der westlichen Welt, der Präsident der Vereinigten Staaten, seinen Amtseid auf die Bibel leistet, um nur *ein* Beispiel für viele mögliche zu nennen. Die Bibel ist immer noch das meist verbreitete und übersetzte Buch der Welt: sie wird inklusive unvollständig-auszugsweiser Ausgaben jährlich in ca. 50 Millionen Exemplaren gedruckt und verbreitet.

Darüber hinaus scheint sich im Rahmen der oben (vgl. S. 7ff.) beschriebenen weltweiten Tendenzen zu alten Weltbildern und weltanschaulichen «Gehäusen» in beiden Buchreligionen, dem Christentum wie dem Islam, eine Renaissance der Bibel- bzw. Korangläubigkeit abzuzeichnen, und zwar gerade in Richtung eines ganz ernst und wörtlich Nehmens beider Texte als umfassendes «Fundament» des gesamten individuellen wie kollektiven Lebens

(«Fundamentalismus»). Welche Gefahren im Sinne eines Abbaus des durch Aufklärung und Humanismus erreichten, noch sehr relativ-unvollkommenen Grades an Toleranz und Humanität im menschlichen Zusammenleben nicht nur durch eine solche wörtliche, sondern auch nur sinngemäße Interpretation und Befolgung der «Heiligen Schriften», durch Fundamentalismus und religiösen Fanatismus drohen, sollte, so ist zu hoffen, nach der Lektüre dieses Kapitels vielleicht auch bisherigen Bibel-Verehrern deutlich werden. Daß die Bibel auch bei liberalerer Handhabung als Leitlinie und Richtschnur für Sozialisation (Erziehung) und menschliches Zusammenleben (und inzwischen damit auch das Überleben) sehr problematisch ist, um es milde zu sagen, wird unter inhaltlichem Aspekt noch zu zeigen sein.

Unter einem eher formalen Gesichtspunkt hebt sich die Dringlichkeit, sich mit der Bibel als Leitbild und Quelle von Verhaltensnormen verstärkt auseinanderzusetzen, besonders eindrücklich hervor: Die moderne Psychologie hat, spätestens seit den grundlegenden Forschungsarbeiten A. Banduras und seiner Mitarbeiter (vgl. etwa Bandura und Walters, 1963; Bandura, 1969, 1976), gezeigt, wie stark gerade beim Homo sapiens Verhalten und insbesondere soziales Verhalten durch Beobachtungs- oder Modellernen ausgerichtet und determiniert wird: Ein bei anderen Individuen beobachtetes Verhalten wird, unter bestimmten Umständen, in das eigene Verhalten übernommen, Erfahrungen anderer Individuen werden, durch «stellvertretendes Lernen» für das eigene Verhalten ausgewertet, richtungweisend.

Entsprechende Forschungsergebnisse haben weiter gezeigt, daß dieses stellvertretende Lernen auch aufgrund von «Beobachtung» durch Medien (Film, Fernsehen) oder auch nur symbolisch (z. B. Bücher) vermittelter Modelle sehr effizient vor sich gehen kann. Die umfangreiche Forschung zum Modell- oder Beobachtungslernen hat weiterhin eine Reihe von Merkmalen des beobachteten Modells, des beobachtenden Individuums und der Gesamtsituation herausgearbeitet, welche die Wahrscheinlichkeit, daß Modellernen stattfindet, erhöhen oder erniedrigen (vgl. als zusammenfassende

Darstellung einer Reihe wesentlicher Forschungsergebnisse Zumkley-Münkel, 1976). Wenngleich hier manches als noch nicht endgültig gesichert angesehen werden kann oder noch nicht eindeutig
zu interpretieren ist, so hat sich doch bei allen Forschungsaktivitä-
ten ein Ergebnis als eines der eindeutigsten immer wieder eindrucksvoll bestätigt, nämlich daß das Modellmerkmal «Macht»,
insbesondere verstanden als Macht, zu belohnen oder zu bestrafen,
Wohltaten oder Leid zuzufügen, die Wahrscheinlichkeit, daß am
Modell beobachtetes Verhalten übernommen wird, bedeutsam er-
höht. Dies gilt ebenso für die Beobachtung, daß das jeweilige Modellverhalten durch die darauffolgenden Konsequenzen «belohnt»
wird, das Verhalten zu positiven Konsequenzen für das jeweilige
Individuum führt.

Bedenkt man, daß die durch die Bibel vorgestellten, explizit oder
implizit zur Nachahmung (oder Abschreckung) empfohlenen Gestalten mit der überhaupt denkbar größten Macht, sowohl die exzessivsten Wohltaten als auch Strafen (z. B. Hölle) zuzuteilen (Gott,
Jesus), wie auch mit höchstem oder sehr hohem Prestige (neben
Gott und Jesus auch andere biblische Gestalten wie etwa Moses, der
oder die Psalmisten, Apostel u.v.a.) ausgestattet sind, so ist eine
hohe Plausibilität nur schwer von der Hand zu weisen, daß durch
die biblischen Texte Modellernen in starkem Maße in Gang gesetzt
wird.

Diese Plausibilität verstärkt sich noch, wenn man weiß – entsprechende Untersuchungen haben dies gezeigt –, daß emotionale
Aktivierung, Angst und Unsicherheit, insbesondere in schwer
durchschaubaren, mehrdeutigen Situationen, wie sie ja die religiös
besonders relevanten Grundfragen menschlicher Existenz wie Le-
benssinn, Tod usw. spezifisch kennzeichnen, die Bereitschaft zusätzlich erhöhen, an (mächtigen, prestigereichen) Modellen beobachtetes Verhalten zu übernehmen, oder daß frustrierte und stark
autoritätsabhängige Personen in verstärktem Maße dazu neigen,
aggressives Verhalten durch Beobachtungslernen zu übernehmen.

Nicht nur dem Psychologen, sondern jedem an der Ausformung
menschlichen Verhaltens und Erlebens interessierten, wachen

Menschen kann nicht gleichgültig sein, welche Inhalte und Verhaltensnormen so Tag für Tag millionenfach und weltweit sowohl an unmündige, intellektuell noch weitgehend wehrlose Kinder, an in der Normen- und Sinnfrage besonders engagierte Jugendliche oder an Erwachsene über Beobachtungslernen vermittelt werden. Dies gilt besonders dann, wenn nichts Geringeres als das Überleben der Menschheit, aber auch weitgehend psychische Gesundheit und Wohlbefinden in einem beträchtlichen Ausmaß von den so in Sozialisation und Nachsozialisation via Beobachtungs- oder sozialem Lernen übermittelten Verhaltensnormen abhängen dürften.

Es kann ihm um so weniger gleichgültig sein, als die Geschichte des Christentums in unvorstellbarem Ausmaß – für jeden, der Tatsachen noch zur Kenntnis nimmt, nehmen kann, unbestreitbar – archaische Grausamkeiten und Gewalttätigkeiten, Inhumanität und Intoleranz aufweist. Es ist hier nicht der Ort, im einzelnen zu belegen, wie wirksam hier möglicherweise gelernt wurde. (Jedem, der es zur Kenntnis nehmen will, kann dies als eine der wenigen wirklich kritischen Kirchengeschichten die von Deschner herausgegebene Geschichte des Christentums «Abermals krähte der Hahn» [1972] zeigen, deren Authentizität auch von kirchlich gebundenen Theologen ausdrücklich anerkannt ist, oder seine «Kriminalgeschichte des Christentums» [1986 ff.]. Wem wenig Zeit zur Verfügung steht, kann sich in Ergänzung zur gängigen kirchlich-religiösen Sozialisation einige wesentliche Informationen in Joachim Kahls «Das Elend des Christentums», Erstausgabe 1968, verschaffen.) Mir ist bekannt, wieweit die entsprechenden historischen Tatsachen verschwiegen und verdrängt werden. Dem gleichermaßen verbreiteten (weitgehend durch die Kirchen und ihren Religionsunterricht manipulierten) Nichtwissen oder verdrängenden Nichtwissenwollen, der erstaunlichen hartherzigen Unsensibilität und mangelnden Vorstellungskraft (-wille?), von denen die Kirchen leben und aufgrund deren man als Kirchen- und Christentumskritiker immer wieder als fanatisch-hochselektiver Negativist eingeordnet und «bewältigt» wird, alldem kann man die Worte des Theologen und Kirchenhistorikers Walter Nigg entgegenhalten:

«Der Behauptung, daß es nicht so schlimm gewesen sei, muß geantwortet werden: Doch, es war schlimm, so schlimm, daß es
schlimmer nicht hätte sein können!» (Nigg, 1962[4]). Die hier gemeinten Ungeheuerlichkeiten, die nicht nur physischen, sondern
auch psychischen Grausamkeiten und Gewalttätigkeiten, wie sie
heute eher und noch immer im Vordergrund mancher kirchlich-
konservativer Disziplinierungspraxis stehen – man befasse sich einmal als Psychotherapeut mit Personen, die ihren, insbesondere katholischen Glauben ernst zu nehmen versuchen, aus psychischem
Zwang ernst nehmen *müssen* (vgl. auch Drewermann, 1989), und
man wird verstehen, was hier mit psychischer Gewalt gemeint ist
– all diese Grausamkeit und Gewalttätigkeit, Intoleranz und Inhumanität, stellten sie wirklich nur «Betriebsunfälle» und Entartungen einer an sich guten Sache dar, wie es heute immer wieder von
kirchlich-theologischer Seite, nicht zuletzt auch von Hans Küng,
dargestellt wird? Könnte sich all dies nicht psychologisch völlig
konsequent aus dem Modell Bibel herleiten? Dieser Frage soll im
folgenden nachgegangen, ihre für sehr viele, wenn nicht weitaus
die meisten kirchlich-christlich «normal» sozialisierten Menschen wohl ungeheuerlich erscheinende Bejahung begründet
werden.

Die moralische Verpflichtung und die Verantwortung jedes
kritisch-wachen Menschen, sich mit der Bibel (und der daraus
abgeleiteten christlichen Dogmatik) kritisch auseinanderzusetzen,
ergibt sich nicht nur aus den gefährlich archaisch-inhumanen biblischen Inhalten, aus dem in der Bibel Gesagten, sondern ebenso
auch aus dem in der Bibel *nicht* Gesagten, aus dem ethischen «Defizit» der Bibel und der biblischen Religionen, wie es heute angesichts der weltweiten, überaus drängenden Probleme besonders
deutlich wird.

Fehlen demjenigen, dem die Bibel als Quelle ethischer Normen
und Verhaltensausrichtungen an die Hand gegeben wird, etwa
nicht eindeutige, konkret-brauchbare Anleitungen zur Lösung der
meisten aktuellen Menschheitsfragen (wie sollte es auch bei einem
zweitausend bis dreitausend Jahre alten Buch anders sein!), etwa

zum Bevölkerungsproblem, zum Umgang mit der nichtmenschlichen Umwelt, zum Ethnozentrismus, zur Aufrüstung, es sei denn, er projiziert (ohne dies zu durchschauen) eigene, fortgeschrittene, in Wirklichkeit auf die Aufklärung und spätere säkulare Quellen zurückgehende Ansichten auf sehr selektiv ausgewählte oder sehr allgemein formulierte Bibelstellen und liest dann die entsprechenden Anweisungen wieder aus dem Text heraus?

Schlimmer noch, die allenfalls auf heutige drängende Menschheitsprobleme zu beziehenden Aussagen implizieren für diese heutigen Situationen verhängnisvoll undifferenzierte Anweisungen (wie «Macht euch die Erde untertan!» oder «Wachset und mehret euch!» u. a.), die erst seit einiger Zeit wieder durch theologische Umdeutungskünste «entschärft» werden.

Wenn der bis noch unter Reagan amtierende fundamentalistische amerikanische Innenminister Watson, also einer, der die Bibel ernst nimmt, schon angesichts der entsprechenden ökologischen Bedrohungen allzu zaghafte Umweltbestimmungen zunehmend aufhob und verwässerte mit dem Argument, daß Christus nach biblischem Zeugnis bald zum Gericht wiederkomme und somit die Rohstoffressourcen nur noch für beschränkte Zeit zur Verfügung stehen müßten, oder wenn Ex-Bundeskanzler Helmut Schmidt oder der damalige baden-württembergische Ministerpräsident Lothar Späth seinerzeit demjenigen, der sich mit Recht vor den Gefahren der damaligen (und noch gegenwärtigen!) Aufrüstung und speziell der Aufstellung von Atomraketen in einem der dichtbesiedelsten Gebiete Europas, der Bundesrepublik bzw. Baden-Württemberg, ängstigte (nie war eine Angst rationaler und realer), mangelndes Gottvertrauen oder zuwenig «christliche Gesinnung» vorwarfen, da ja in der Bibel stehe: «Fürchtet euch nicht!» (im Zusammenhang mit der damaligen «Nachrüstungs»-Debatte durch die deutsche Tagespresse gegangenen Meldungen), so wird hier klar, wie groß der entsprechende biblisch-fundamentalistische Einfluß schon wieder geworden ist.

«Zu einer Zeit, in der die Menschheit über das tradierte» – (im Gegensatz zum geforderten «innovativen») – «Lernen hinausgewachsen sein sollte, klammert sie sich verstärkt an veraltete Konzepte und Praktiken» (Club of Rome. A. Peccei★, 1979, S. 83).

Das hier vom Präsidenten des Club of Rome angesprochene, akut immer gefährlicher werdende Defizit an «innovativem» Lernen wird durch die Bibel wie auch durch andere «heilige Schriften» vermittelte Normaussagen deswegen gefördert, weil diese beanspruchen, auf göttliche Setzung zurückzugehen, d. h., von überzeitlicher, unabänderlicher Geltung zu sein und damit eine von Fall zu Fall notwendige Änderung von Verhaltensnormen (als «menschliche Anmaßung») in Anpassung an veränderte Umweltstrukturen stark erschweren, wenn nicht verunmöglichen.

Unter anderem das tatsächlich weithin zu findende, implizite, aber so gut wie nie eingestandene Ausmaß an Inkonsequenz bzw. Unredlichkeit, unterstützt von den Undeutlichkeiten der jeweiligen Theologien, haben bislang Schlimmeres (wie es sich etwa für den Islam zuletzt im Iran anschaulich darbot) verhindert und eine einigermaßen angepaßte Wandlung der entsprechenden Normen in einigen Teilbereichen möglich gemacht; eine moderate Anpassung, die zur Bewältigung der heute anstehenden Probleme jedoch nicht mehr ausreicht und, hier ist dem Club of Rome und seinem Präsidenten zuzustimmen, zur Katastrophe führen dürfte.

Problematisch muß die Bibel als letzte Instanz und Quelle unumstößlicher, weil göttlich sanktionierter Verhaltensnormen aber auch unter einem weiteren Aspekt erscheinen: der sehr mangelhaften Informationsqualität der in ihr mitgeteilten Botschaft, ihrer Unklarheit, Mehrdeutigkeit, Widersprüchlichkeit, schon an sich ein heute kaum rezipiertes Argument gegen den göttlichen Ursprung dieser an den Menschen gerichteten Botschaft. Wie kann man vernünftigerweise Gott als Quelle, als Kommunikator einer Botschaft ansehen, die so schlecht bei ihrem Empfänger ankommt,

★ A. Peccei unterliegt allerdings an anderer Stelle (1981, S. 37f.) der selbst bei Intellektuellen häufig anzutreffenden Fehlannahme von der ursprünglich guten Grundlage und der pervertierenden Institutionalisierung der biblisch-christlichen Religiosität.

daß über ihren Inhalt eine so chaotische Uneinigkeit besteht, daß seit der Frühzeit des Christentums bis heute die verschiedensten Kirchen und sonstigen konfessionellen Gruppen sich darüber streiten, was eigentlich mit dieser Botschaft gemeint sei.

Es würde zu weit führen, diese Aussage im einzelnen zu belegen; jeder Leser kann sich leicht von der Tatsächlichkeit dieser Situation durch die Beschäftigung mit der Kirchengeschichte, einer Geschichte fast permanenter dogmatischer Auseinandersetzungen und Streitereien, oder durch einen nur kurzen Blick auf die moderne theologische dogmatische Literatur davon überzeugen. Einen kurzgefaßten Überblick über die neutestamentliche, frühkirchliche, mittelalterliche, neuzeitliche und heutige Situation gibt etwa J. Kahl (1968). Zur Veranschaulichung der Situation: «Der neutestamentliche Kanon begründet als solcher nicht die Einheit der Kirche. Er begründet als solcher, d. h., in seiner dem Historiker zugänglichen Vorfindlichkeit dagegen die Vielzahl der Konfessionen» (E. Käsemann, 1960², S. 221). «Wie konfus die religiöse Lage der christlichen Gruppen in der alten Kirche war, geht allein daraus hervor, daß Juden und Heiden – wie Clemens Alexandrinus (um 200) beklagte – den Übertritt ablehnten mit dem Hinweis, ‹daß man angesichts des verwirrenden Dogmenstreits unter den christlichen Parteien nicht wissen könne, welche von ihnen nun wirklich die Wahrheit vertrete› (M. Werner, 1959). Origenes (gestorben 254) gestand, daß ‹so viele unter denen, die an Christum zu glauben bekennen, nicht nur in nebensächlichen und geringfügigsten Dingen uneinig sind, sondern auch in den bedeutenden und gewichtigsten Hauptpunkten›» (J. Kahl, 1968, S. 87).

Zyniker könnten in der Widersprüchlichkeit, Uneindeutigkeit und Unklarheit einer mit dem Anspruch göttlichen Ursprungs und damit Unveränderbarkeit auftretenden Botschaft den Vorteil einer durch jeweilige Selektion ermöglichten Flexibilität ausmachen. In der modernen Theologie und ihrem Bemühen um Anpassung der archaisch-alten Inhalte an den modernen Bewußtseinsstand könnte man diesen Eindruck teilweise gerechtfertigt sehen.

In der ganz großen Mehrzahl der historisch überblickbaren Situationen hat sich die Kombination mehrdeutiger Unklarheit bzw. Widersprüchlichkeit mit dem Anspruch auf göttlichen Ursprung und absolute Geltung jedoch als eher verhängnisvoll erwiesen: Die Zahl der über die Jahrhunderte aus Gründen unterschiedlicher Auffassung und Auslegung der göttlichen Botschaft Verfolgten, Gefolterten, Hingeschlachteten, bei lebendigem Leib Verbrannten usw. ist Legion. Tatsächlich muß eine solche Verbindung von Unklarheit und göttlich-absolutem Geltungsanspruch zu extremer psychischer Konflikthaftigkeit mit allen ihren nicht zuletzt aus der klinischen Psychologie bekannten Folgen für psychisches Wohlergehen und zwischenmenschliche Beziehungen führen, es sei denn, man nimmt die göttliche Botschaft nicht (mehr ganz) ernst, wie es heute häufiger implizit-*tatsächlich*, d. h. in der Lebensführung, seltener explizit-verbal, selbst bei sog. «praktizierenden» Kirchenangehörigen bis zu kirchlichen Funktionsträgern, weithin geschieht.

Wie sieht die entsprechende Situation heute aus?

«Wie steht es nach den eigenen Aussagen der beteiligten Theologen? Hans Kraß spricht zurückhaltend von ‹theologischem Pluralismus›. Walter Künneth sieht immerhin ‹die heutige theologische Situation durch ein hohes Maß von Verworrenheit gekennzeichnet›. Gerhard Ebeling nennt das Kind beim Namen: ‹Chaos›. Er fordert eine ‹Hermeneutik des innertheologischen (!) Gesprächs›, ‹und zwar nicht etwa nur angesichts der begreiflichen Schwierigkeiten innerhalb der interkonfessionellen, ökumenischen Gesprächsbegegnung oder bei Verständigungsversuchen (!) zwischen Theologen und sog. Laienchristen. Vielmehr tritt gegenseitiges Nicht- und Mißverstehen... im Verkehr von Theologen (!) gleicher (!) Konfession nicht selten (!) am hartnäckigsten (!) auf›. Nach dem Tübinger Professor Hermann Diem ist überhaupt ‹kaum mehr eine gemeinsame Diskussionsbasis vorhanden, auf der man sich verständigen könnte›» (J. Kahl, 1968, S. 91, 92).

Daß die so hier nur kurz zu veranschaulichende Unklarheit und Widersprüchlichkeit einer mit absolut-göttlichem Geltungsanspruch auftretenden Quellenschrift von Verhaltensnormen zu einem hohen Grad an Desorientiertheit und/oder exzessiver in-

trapsychischer wie sozialer Konflikthaftigkeit führen muß, also so-
zial- und klinisch-psychologisch eine Störquelle ersten Ranges darstellt, liegt aufgrund wissenschaftlich-psychologischer Plausibilität
wie nach zahlreichen historischen wie aktuellen Erfahrungen auf
der Hand.

Muß diese eher formale Eigenschaft der Unklarheit und Widersprüchlichkeit einer Normenquelle aus den angeführten Gründen
schon als sehr problematisch angesehen werden, so verstärkt sich
diese Problematik noch um ein Vielfaches, wenn man die zu einem
großen Teil archaisch-inhumanen Inhalte, die hier als göttlich inspirierte Einstellungsstrukturen und Verhaltensnormen vermittelt
werden, in Betracht zieht. Dies soll im folgenden eingehender geschehen.

In diesem Zusammenhang soll zuvor kurz ein möglicher Einwand angesprochen werden: Im folgenden werden, der Gesamtin-
tention und -funktion dieses Buches entsprechend, primär als kri-
tisch-negativ zu bewertende Bibelstellen angeführt. Dies könnte zu
dem Einwand voreingenommener, einseitig-negativer Selektion
führen. Dazu ist zu sagen: Auch abgesehen von der Funktion einer
notwendigen Gegensteuerung gegen die einseitige, fast ausschließlich positive Selektion entsprechender Bibelstellen durch die Kirchen und christlichen Gruppen aller Denominationen, die geradezu
von dieser einseitig-verfälschenden positiven Selektion leben (man
überprüfe dieses scheinbar harte Urteil durch eigene *unselektive* Bibellektüre), kann dies kein tragendes Argument gegen die hier dar-
zulegende prinzipielle Kritik an der Bibel als letztinstanzliche
Quelle von Orientierung und Verhaltensnormen darstellen.

Schwarzweißwelten gibt es nur in der Sicht verbohrter Fanatiker, nicht aber in der Realität. So enthält auch die Bibel als Projek-
tionsschirm *menschlicher* Weltbilder, Einstellungen, Gefühle, Lei-
denschaften usw. keineswegs nur negativ zu bewertende Inhalte.

Ein Buch, eine *Normen*quelle aber, die mit dem Anspruch auf-
tritt, aufgrund göttlicher Inspiration Leitlinien mit absolutem Geltungsanspruch zu vermitteln, deren Bedeutung also nicht nur und
nicht primär darin liegt zu vermitteln, wie die Dinge sind, sondern

wie sie sein *sollen*, darf nicht neben auch positiven Inhalten eine solche Fülle archaischer, zutiefst inhumaner und ethisch höchst verwerflicher Leitbilder als göttlich inspiriert und damit das ihnen entsprechende Verhalten als göttlich legitimiert und von Gott autorisiert vorstellen, explizit oder implizit durch göttliches «Modellverhalten».

Einen Gott, der Eroberungskriege inklusive der ausdrücklich angeordneten Hinschlachtung von Kindern, Frauen und Greisen befiehlt, der eine inhuman grausame Blutjustiz immer wieder eindringlich fordert und die extrem grausame Hinrichtung seines eigenen Sohnes als Sühneopfer ausdrücklich wünscht, der Minderheiten wie etwa Frauen und Sklaven extrem diskriminiert, der die Ausrottung Andersgläubiger befiehlt, Geisteskrankheit auf Besessenheit zurückführt oder ewige (!) Höllenstrafen androht, einen solchen Gott, auch wenn er, extrem widersprüchlich, an anderer Stelle Nächstenliebe, ja sogar Wehrlosigkeit fordert, als höchstes absolutes Vorbild und Verhaltensmodell zu propagieren, scheint (mir) schwer zu rechtfertigen: Die Geschichte hat ja gezeigt, wie sehr der Mensch dann auch darin zum Ebenbild Gottes wurde.★
Daß die Bibel als Gottes Wort teilweise auch historisch, nicht nur naturwissenschaftlich, die Unwahrheit sagt, z. B. auch in der so beliebten Weihnachtsgeschichte – Erfindung einer Volkszählung als Arrangement, den Geburtsort Jesu nach Bethlehem, von wo der Messias kommen sollte, zu verlegen –, sei nur am Rande vermerkt. (Vgl. auch unten S. 323 f.)

Diese sehr harten Aussagen müssen, eben weil sie unserem gegenwärtigen teils nebelhaft-verunklarten, teils dezidierten Klima ungebrochener Bibelverehrung kraß widersprechen, ins Gesicht schlagen, im einzelnen belegt werden.

Aus arbeitsökonomischen Gründen konnte ich dabei nicht die

★ Auch schon für die Bibel und nicht erst für das auf ihr aufbauende Christentum (Kahl, 1968, S. 13) läßt sich sagen: Wer sich über die Bibel nicht empört, kennt sie nicht. Oder ist zu feige oder innerlich zu unfrei, sich zu empören.

gesamte Bibel berücksichtigen. Um auch hier dem etwaigen Vorwurf gezielter Selektion durch alleinige Berücksichtigung von Teilen der Bibel, die am Rande stehen oder möglicherweise umstritten in ihrer theologischen Bedeutsamkeit und Zugehörigkeit zum anerkannten Kanon sind, von vornherein zu begegnen, sollen nur die von allen Kirchen liturgisch und außerliturgisch als Kernteile immer wieder zitierten und verkündigten Bücher der Bibel herangezogen werden: aus dem Alten Testament die fünf Bücher Mose, die Psalmen, das Buch Jesaia sowie das gesamte Neue Testament.

Die umfassende Ausführlichkeit und die teilweise Redundanz der angeführten Zitate scheint mir angesichts des weithin unbefragt-selbstverständlich positiven Bibelbildes und einer entsprechenden Bibelverehrung notwendig und unvermeidlich, weil bei der Auseinandersetzung mit so sozial allgemein gestützten, extrem alternativen Positionen nur harte, umfassende Belege, wenn überhaupt, etwas bewirken können. Zugleich kann so dem Vorwurf einseitiger Selektion vereinzelter «Schwachstellen» begegnet und gezeigt werden, daß sich in den jeweiligen zitierten problematischen Textstellen eine für die Bibel oder weite Teile der Bibel kennzeichnende Mentalität ausdrückt, eine Feststellung, deren gravierende Tragweite, noch einmal und wiederholt sei es gesagt, durch andere, «positivere» Stellen im Prinzip nicht aufgehoben werden kann.

Um bei aller notwendigen Breite der Belege doch einigermaßen dem mir als nebenberuflichen «Theologen» auferlegten Ökonomiezwang gerecht zu werden, soll in der Form so vorgegangen werden, daß jeweils eine zusammenfassende These oder Behauptung angeführt wird, die dann im einzelnen zu belegen sein wird.

Wieder aus arbeitsökonomischen Gründen können diese Themen nur eine beschränkte Auswahl aus einer umfassenderen Gesamtthematik darstellen. Sie dürften aber m.E. voll ausreichen, die «Unmöglichkeit» einer heute noch weithin zu findenden Bibelgläubigkeit bewußtzumachen. (Insofern verhält sich dieses Buch sogar noch eher zurückhaltend-«fair» gegenüber den Kirchen, da es so einen großen Teil weiterer kritischer Bibelaussagen außer acht läßt, von den unzähligen Greueln und Absurditäten der Kirchengeschichte, die ja weitgehend unbekannt sind und gegen das historisch gewordene Christentum vorgebracht werden könnten, ganz zu schweigen.)

B. Welche Modelle vermittelt die Bibel zum Umgang ethnischer Großgruppen miteinander? Die Bejahung von Eroberungskriegen und Völkermord (Genozid)

Eines der heute wichtigsten, vielleicht *das* wichtigste Problem überhaupt, will die Menschheit überleben, liegt in der Notwendigkeit, die überaus verbreitete Tendenz zur Gewalttätigkeit, zur Aggressivität zwischen den menschlichen Großgruppen (Kriege, atomare Vernichtung) wie auch innerhalb der menschlichen Groß- und Kleingruppen in den Griff zu bekommen bzw. abzubauen. Hier wird man die Bibel als Quelle von Normen und Verhaltensanweisungen, die göttlich-absolute Geltung beansprucht, vordringlich und zuerst befragen müssen. Tut man dies, so ergibt sich eine erste These: Die Bibel beinhaltet und propagiert an erschreckend zahlreichen Stellen und in ausgeprägter Weise eine Tendenz zu archaisch-grausamer Gewalttätigkeit, und zwar sowohl gegen Fremdgruppen, «Outgroups» («Feinde», Andersgläubige usw.), wie auch gegen von den je eigenen Glaubensvorstellungen und Verhaltensnormen abweichende Mitglieder der eigenen Gruppe.

Bevor man diese These – verständlich und zu erwarten aufgrund der normalen religiösen Sozialisation – entrüstet zurückweist, sollte man sich mit den folgenden Belegen konfrontieren und danach erst urteilen, ob die These begründet ist.

a. Die fünf Bücher Mose

1. «Greift die Medianiter an und schlagt sie!»: Der biblische Gott hat Wohlgefallen an Eroberungs- und Vernichtungskriegen und ordnet sie an

Befragt man zunächst die fünf Bücher Mose, welche Einstellung sie zum Krieg, zur Gewaltanwendung gegen andere Völker vermitteln, so findet man mehrheitlich eine, gelinde gesagt, ausgesprochen positive Bewertung des Krieges, und zwar in der Regel eines «imperialistischen» Angriffs- und Eroberungskrieges. Diese positive Bewertung geht ganz eindeutig von Gott als letzter moralischer Instanz aus, der immer wieder sein auserwähltes Volk zum Angriffs- und Eroberungskrieg auffordert: «Greift die Medianiter an und schlagt sie!» (Num. 25; 16,17). «Alle deine Knechte aber werden sich rüsten und vor den Augen des Herrn über den Jordan in den Krieg ziehen, wie mein Herr befiehlt» (Num. 32; 27).

Der biblische Gott zeigt ausdrücklich Wohlgefallen an Eroberungskriegen, insbesondere auch an der Vernichtung und Zerstörung der eroberten Gebiete; das zeigt sich auch darin, daß Israel Gott für seine Erhörung die Zerstörung und Vernichtung als offenbar Gott angenehm – sonst gäbe das Ganze keinen Sinn – verspricht, etwa: «Da gelobte Israel dem Herrn: Wenn Du mir dieses Volk in meine Gewalt gibst, dann weihe ich ihre Stätte dem Untergang. Der Herr hörte auf Israel und gab die Kanaaniter in seine Gewalt. Israel weihte sie und ihre Stätte dem Untergang» (Num. 21; 2–3).

2. «Er selbst vernichtet die Völker bei deinem Angriff»: Der biblische Gott führt selbst Eroberungs- und Vernichtungskriege

Gott wird aber auch immer wieder selbst als derjenige dargestellt, der eigentlich die Kriege führt: «Ich vertreibe die Kanaaniter, Amoniter, Hetiter...» (Ex. 33; 2); «Gott... frißt die Völker, die ihm feind sind, er zermalmt ihre Knochen...» (Num. 24; 8); «...denn der Herr, euer Gott, ist es, der für euch kämpft» (Dtn. 3; 22); er «räumt die Völker aus dem Weg» (Dtn. 7; 1). «*Meine** Pfeile mache ich trunken von Blut, während *mein* Schwert sich ins Fleisch frißt – trunken vom Blut Erschlagener und Gefangener...» (Dtn. 32; 42). «Höre Israel! Heute wirst du den Jordan überschreiten, um in das Land von Völkern, die größer und mächtiger sind als du, hineinzuziehen und ihren Besitz zu übernehmen... Heute wirst du erkennen, daß *der Herr, dein Gott*, wie ein verzehrendes Feuer *selbst* vor dir hinüberzieht. *Er* wird sie vernichten und *er* wird sie dir unterwerfen, so daß du sie unverzüglich vertreiben und *austilgen kannst*, wie es *der Herr* dir zugesagt hat» (Dtn. 9; 1–3).

«Auch hat der Herr zu mir gesagt: Du wirst den Jordan hier nicht überschreiten. Der Herr, dein Gott, zieht selbst vor dir hinüber, *er selbst vernichtet* diese Völker bei deinem Angriff, so daß du ihren Besitz übernehmen kannst... Der Herr wird an ihnen tun, was er an Sihon und Og, den Amoriterkönigen, die er vernichtete, und an ihrem Land getan hat. Der Herr wird sie euch ausliefern. Dann sollt ihr an ihnen genau nach dem Gebot handeln, auf das ich euch verpflichtet habe» (Dtn. 31; 2–5). Wir werden sehen, wie human dieses Gebot aussieht.

Es dürfte schon hier deutlich werden, welchem biblischen Geist das christliche Kreuzzugsdenken (z. B. der Aufruf Papst Urbans II. zum Kreuzzug: «Der Herr ist es, der euch ruft!») und das «Gott mit uns» so vieler christlicher Heere bis in neueste Zeit entstammt.

---

* Diese und alle künftigen Hervorhebungen durch *Sperrung* stammen vom Verfasser, wenn nicht ausdrücklich anders vermerkt.

3. Der biblische Gott befiehlt ausdrücklich den Genozid, d. h. die mitleidlose Hinschlachtung von Kindern, Frauen, Greisen, Männern

Dieser biblische Gott hat nicht nur Gefallen an (Angriffs-)Kriegen, ordnet sie selbst an und führt sie im Grunde selbst, sondern propagiert und ordnet ausdrücklich die inhumanste Extremvariante des Krieges, den Genozid, die wahllose, ausnahmslose Hinschlachtung nicht nur der besiegten Männer, sondern auch von Kindern, Frauen und Greisen an.

So verkündet Mose den Israeliten ausdrücklich als Gottes Gebot und Wille («Daher sollt ihr darauf achten, daß ihr handelt, wie es der Herr, euer Gott, euch vorgeschrieben hat. Ihr sollt weder rechts noch links abweichen!», Dtn. 5; 32): «Wenn der Herr, dein Gott, dich in das Land geführt hat, in das du jetzt hineinziehst, um es in Besitz zu nehmen, wenn er dir viele Völker aus dem Weg räumt... Wenn der Herr, dein Gott, sie dir ausliefert und du sie schlägst, dann sollst du sie der *Vernichtung weihen* (sic!). Du sollst keinen Vertrag mit ihnen schließen, sie nicht verschonen... Du wirst alle Völker verzehren, die der Herr, dein Gott, für dich bestimmt. *Du sollst in dir kein Mitleid mit ihnen aufsteigen lassen*...; außerdem wird *der Herr, dein Gott*, Panik unter ihnen ausbrechen lassen, so lange, bis auch die ausgetilgt sind, die überleben konnten und sich vor dir versteckt haben» (Dtn. 7; 1,2,16,20).

Es soll aber auch in manchen Fällen behutsamer vorgegangen werden; nicht weil irgendeine Regung von Menschlichkeit Jahwe oder die unter seinem Gebot handelnden Israeliten zurückhalten würde; nein, es sind ganz andere Gründe: «Doch der Herr, dein Gott, wird diese Völker dir nur nach und nach aus dem Weg räumen. *Du kannst sie nicht rasch ausmerzen, weil sonst die wilden Tiere überhandnehmen und dir schaden*» (Dtn. 7; 22). Ist das menschenverachtende Kalkül einer solchen Aussage noch zu steigern? Ich gestehe, ich kann hier keinen prinzipiellen Unterschied zu analogen Überlegungen Himmlers und seiner Umgebung über die vorläufig wohl noch notwendige Existenz der slawischen «Untermenschen» in der zu erobernden und zu germanisierenden Sowjetunion sehen. Aber nur Geduld: «Doch wird der Herr dein Gott dir diese Völker ausliefern. Er wird sie in ausweglose Verwirrung stürzen, bis sie vernichtet sind...» (Dtn. 7; 23).

Um zu zeigen, daß diese Stellen nicht allein stehen, einen vereinzelten «Betriebsunfall», Fremdkörper in einem sonstig humanen, ethisch hochstehenden, weil ja auf Gott zurückgehenden Gesamttext darstellen, hier noch weitere Belege: «Wenn du vor eine Stadt ziehst, um sie anzugreifen, dann sollst du ihr zunächst eine friedliche Einigung vorschlagen. Nimmt sie die friedliche Einigung an und öffnet dir die Tore, dann soll die gesamte Bevölkerung, die du dort vorfindest, zum Frondienst verpflichtet und dir untertan sein. Lehnt sie eine friedliche» – (= Frondienst, Unterwerfung) – «Einigung mit dir ab und will sich mit dir im Kampf messen, dann darfst du sie belagern. *Wenn der Herr, dein Gott, sie in deine Gewalt gibt, sollst du alle männlichen Personen mit scharfem Schwert erschlagen.* Die Frauen aber, die Kinder und Greise, das Vieh und alles, was sich sonst in der Stadt befindet, alles, was sich darin plündern läßt, darfst du dir als Beute nehmen. Was du bei deinen Feinden geplündert hast, darfst du verzehren; denn der Herr, dein Gott, hat es dir geschenkt. So sollst du mit allen Städten verfahren, die sehr weit von dir entfernt liegen und nicht zu den Städten dieser Völker hier gehören. Aus den Städten dieser Völker jedoch, die der Herr, dein Gott, dir als Erbbesitz gibt, *darfst du nichts, was Atem hat, am Leben lassen.* Vielmehr sollst du die Hetiter und Amoniter, Kanaaniter und Perisiter, Hiwiter und Jebusiter *der Vernichtung weihen, so wie es der Herr, dein Gott, dir zur Pflicht gemacht hat...*» (Dtn. 20; 10–17).

Wieder finden wir die fast zynisch anmutende Sorge, dieses Mal um den Baumbestand, wenn der Text fortfährt: «Wenn du eine Stadt längere Zeit hindurch belagerst, um sie anzugreifen und zu erobern, dann sollst du ihrem Baumbestand keinen Schaden zufügen, indem du die Axt daranlegst. Du darfst von den Bäumen essen, sie aber *nicht fällen mit dem Gedanken, die Bäume auf dem Feld seien der Mensch selbst* (sic!)...» (Dtn. 20; 19).

Die Israeliten, «gottesfürchtig», halten sich denn auch an diese Anweisungen; wo nicht, hilft Mose («der Größte unter allen alttestamentarischen Gestalten», Kommentar zur Einheitsübersetzung), der über entsprechende Unterlassungen in Zorn gerät, nach: «Der Herr sprach zu Mose: Nimm für die Israeliten Rache an den Midianitern ... Sie zogen gegen Midian zu Feld, wie der Herr Mose befohlen hatte, und *brachten alle männlichen Personen um* ... Die Frauen von Midian und dessen kleine Kinder nahmen die Israeliten als Gefangene mit ... Alle Städte im Siedlungsgebiet der Midianiter und ihre Zeltdörfer brannten sie nieder ... *Mose aber geriet in Zorn* über die Befehlshaber, die Hauptleute der Tausendschaften und die Hauptleute der Hundertschaften, die von dem Kriegszug zurückkamen. Er sagte zu ihnen: *Warum habt ihr alle Frauen am Leben gelassen?* Gerade sie haben auf den Rat Bileams hin die Israeliten dazu verführt, vom Herrn abzufallen und dem Pegor zu dienen, so daß die Plage über die Gemeinde des Herrn kam. Nun *bringt alle männlichen Kinder um und ebenso alle Frauen, die schon einen Mann erkannt und mit einem Mann geschlafen haben.* Aber alle weiblichen Kinder und die Frauen, die noch nicht mit einem Mann geschlafen haben, laßt für euch am Leben!» (Num. 31; 2,7,9,10,14–18).

Das ist derselbe Mose, den auch heute noch unsere Schulbibeln und Religionsbücher als großes biblisches Vorbild vermitteln.

Bezeichnend scheint weiter, in welch provokativ-ritualistischer Weise die «Bewältigung» dieser ungeheuren Kriegsverbrechen geschieht*: «Jeder von euch, der einen Menschen umgebracht hat, und jeder, der einen Erschlagenen berührt hat, muß sich am dritten und am siebten Tag der Entsündigung unterziehen ... Wascht am siebten Tag eure Kleider, dann seid ihr rein und dürft in das Lager zurückkommen» (Num. 31; 19,24).

Dann wird eingehend beschrieben, wie die überaus reiche Beute, bestehend aus Schafen und Ziegen, Rindern, Eseln «und

---

* Wir können auf den immer wieder zu findenden ausgeprägten biblischen ethischen Ritualismus hier nicht weiter eingehen.

insgesamt 32 Tausend Menschen, Frauen, die noch mit keinem
Mann geschlafen hatten» (in dieser Reihenfolge aufgeführt), inklusive der an den Herrn zu entrichtenden «Steuer» von 61 Menschen verteilt wurde.

Wie eng und effizient sich das Zusammenwirken des biblischen
Gottes mit seinen Kriegern bei der Vorbereitung und Durchführung dieser Vernichtungsfeldzüge gestaltet, zeigt eine weitere
Stelle: «Der Herr sagte zu mir: (‹Mose sagte den Israeliten genau
das, was ihm der Herr für sie aufgetragen hatte›, Dtn. 1; 3)...
Steht auf, brecht auf und überquert das Tal des Arnon! Hiermit
gebe ich Sihon, den König von Heschbon, den Amoriter, mit seinem Land in eure Gewalt. Fang an, in Besitz zu nehmen! Bei Sihon sollst du den Kampf beginnen. Und ich fange heute an, den
Völkern überall unter dem Himmel Schrecken und Furcht vor dir
ins Gesicht zu zeichnen. Wenn sie von dir nur hören, zittern sie.
Sie winden sich vor Angst, wenn sie dich sehen» (Dtn. 2;
17,24,25). Die Israeliten schlugen nun Sihon ein Durchzugsab-
kommen vor. «Doch Sihon, der König von Heschbon, weigerte
sich, uns bei sich durchziehen zu lassen.» Dies wäre alleine schon
verständlich gegenüber einem Volk, vor dem Gott «den Völkern
überall Furcht und Schrecken ins Gesicht» gezeichnet hat (Dtn. 2;
25). Aber es gibt noch eine hintergründigere Ursache: «Denn der
Herr, dein Gott, *hatte seinen Kampfgeist gestärkt* und ihm Mut gemacht, um ihn in deine Gewalt zu geben, wie es inzwischen geschehen ist. Zu mir aber sagte der Herr: Hiermit fange ich an: Ich
liefere dir Sihon und sein Land aus... Der Herr, unser Gott, lieferte ihn uns aus... Wir *weihten die ganze männliche Bevölkerung,
die Frauen, die Kinder und die Greise der Vernichtung; keinen ließen wir
überleben*» (Dtn. 2; 30,31,33,34).

Im folgenden bestätigt Gott diesen Genozid und fordert zu seiner Wiederholung auf: «Dann wendeten wir uns dem Weg zum
Baschan zu und zogen hinauf. Og, der König des Baschan, rückte
mit seinem ganzen Volk gegen uns aus, um bei Edreï zu kämpfen.
Der Herr sagte zu mir: Fürchte ihn nicht, denn ich gebe ihn, sein
ganzes Volk und sein Land in deine Gewalt. *Tu mit ihm, was du mit*

Sihon getan hast... Und der Herr, unser Gott, gab auch Og, den König des Baschan, und sein ganzes Volk in unsere Gewalt. Wir schlugen ihn und ließen keinen überleben. Damals eroberten wir alle seine Städte... *Wir weihten sie der Vernichtung, wie wir es mit Sihon, dem König von Heschbon, getan hatten. Wir weihten die ganze männliche Bevölkerung und die Frauen, Kinder und Greise der Vernichtung»* (Dtn. 3; 1–4,6).

Man versuche sich einmal ganz konkret und möglichst anschaulich detailliert vorzustellen und gefühlsmäßig nachzuvollziehen, was diese ungeheuren Kriegsverbrechen in Wirklichkeit bedeuten (wer selbst Kinder hat, möge sich vorstellen, diese Verbrechen würden an seinen eigenen Kindern geschehen): die wahllose, erbarmungslose Hinschlachtung von Kindern, Frauen, Greisen, Männern. Man wird dann das emotionale Engagement meiner Frage, wie ein Buch, in dem solche grauenhaften Verbrechen als *Gottes Anordnung* beschrieben werden, immer noch die Grundlage heutiger Sittlichkeit und Erziehung sein kann, vielleicht etwas besser verstehen. Es scheint mir nur im Hinblick auf die Wirkung frühkindlicher Indoktrination, gezielter Desinformation und angstgeleiteten Wegsehens erklärbar, wie dieselben Menschen, die sich mit Recht von ganz analogen Verbrechen, etwa der Nationalsozialisten, mit Abscheu distanzieren, offenbar keine Probleme darin sehen, ein Buch, in dem die geschilderten Verbrechen als Ausfluß göttlicher Anordnungen dargestellt werden, als «Wort Gottes» und Quelle letztgültiger sittlicher Normen ansehen und seine weltweite Verbreitung durch finanzielle Subventionen unterstützen können, zumal man weiß, wie biblisch-kriegerisch sich Christen im Laufe der Geschichte (z. B. Kreuzzüge: «Gott will es»; die Eroberung Süd- und Nordamerikas und unzählige andere Fälle) verhalten haben.

Als hätte der biblische Autor entsprechende Rettungsversuche älterer und moderner Theologen vorausgeahnt, bestimmte Bibelstellen nach eigenem Ermessen (eine göttliche Offenbarung, die dieser menschlichen Korrektur und Nachhilfe bedarf, um vor den Minimalstandards heutiger Humanität und Ethik bestehen zu können?) als verpflichtenden Ausdruck göttlichen Willens, andere aus naheliegenden Gründen nicht als solchen anzusehen, oder auch um etwaigen Regungen von Menschlichkeit und Mitleid (wie oft liest man das Gebot: «Ihr sollt in euch kein Mitleid aufkommen lassen!») von vornherein entgegenzutreten, läßt er Gott durch den Mund des Mose gebieten: «Ihr sollt auf den *vollständigen* Wortlaut dessen, worauf ich euch verpflichte, achten *und euch daran halten. Ihr sollt nichts hinzufügen und nichts wegnehmen*» (Dtn. 13; 1).

In der Tat müßte man sehr vieles wegnehmen, um die Bibel vor einem auch nur bescheidenen Maßstab heute zu fordernder Humanität und ethischer Minimalstandards bestehen zu lassen, insbesondere hier im Kernstück des Alten Testaments, den fünf Büchern Mose (aber keineswegs nur in diesen und keineswegs auch nur im Alten Testament, wir werden das noch zeigen); denn diese hier nur an wenigen Beispielen aufgezeigte Gesinnung der Gewalttätigkeit gegen Außengruppen (Fremdvölker, Andersgläubige, Abweichende) findet sich immer wieder und erschreckend häufig in den biblischen Texten: Man sollte auch diese Aussage nicht ungeprüft hinnehmen, sondern sich durch eigene Lektüre überzeugen.

Tatsächlich scheint das heute noch bestehende hohe Ansehen der Bibel außer auf den durch Angstinduktion gestützten psychologischen Strategien frühkindlicher Indoktrination auf einer hochselektiven, einseitigen Darbietung positiver Bibelstellen zu beruhen, nicht zuletzt auch durch die Tatsache ermöglicht, daß nur eine ganz verschwindende Zahl von Christen die Bibel *in ihrem vollständigen Text* selbst liest und sich nicht nur mit hochselektiven Ausschnitten in Gottesdiensten und in Bibelunterweisungen begnügt.

Aber schon diese Auswahl scheint den Kirchen und Bibelanhängern nicht geringe Schwierigkeiten zu bereiten. Denn auch unter den für Liturgie und Bibelunterweisung ausgewählten Stellen findet sich bei näherem Hinsehen auf die Originaltexte und deren Einbettung diese Grundeinstellung der Gewalttätigkeit und der kaum gezügelten Tendenz zur Vernichtung von menschlichem

Leben; so z. B. auch bei der so gut wie in allen Schulbibeln als alttestamentarisches Vorbild der neutestamentlichen Erlösung immer wieder dargestellten Herausführung Israels aus Ägypten: nicht nur betont Gott immer wieder, daß *er* das Herz des Pharao «verhärtet» habe, *damit* er das Volk Israel nicht ziehen lasse, *damit* er diese «Zeichen» unter ihnen vollbringen konnte (Ex. 4; 21 u. 10; 20 u. a.). Eines dieser «Zeichen», das Jahwe ankündigt und vollbringt: «So spricht Jahwe: Um Mitternacht will ich mitten durch Ägypten gehen. Dann wird *jeder* Erstgeborene in Ägypten sterben, vom Erstgeborenen des Pharao, der auf dem Thron sitzt, *bis zum Erstgeborenen der Magd an der Handmühle* und bis zu den Erstlingen unter dem Vieh. Geschrei wird sich in ganz Ägypten erheben, so groß, wie es keines je gegeben hat oder geben wird» (Ex. 11; 4–6). «In dieser Nacht gehe ich durch Ägypten und erschlage in Ägypten jeden Erstgeborenen bei Mensch und Vieh» (Ex. 12; 12). Die Tötung von Kindern (das damit zugefügte unsägliche Leid etwa der betroffenen Mütter und Angehörigen) wird auch hier wieder offenbar ohne einen Anflug von Gewissensregung oder Mitleid akzeptiert und beschrieben. Ganz im Gegenteil: «Diesen Tag sollt ihr als Gedenktag begehen. Feiert ihn als Fest zur Ehre des Herrn!» (Ex. 12; 14).

b. Das Buch Jesaia: Die «heiligen Krieger» des biblischen Gottes, «seine hochgemuten, jauchzenden Helden», «zerschmettern Kinder vor den Augen» ihrer Eltern

Daß diese Atmosphäre der kriegerischen Gewalttätigkeit und Lebensvernichtung* (und zwar nicht von irgendwelchen abschreckenden Übeltätern, sondern von Gott und auf seine Anordnung hin von seinem auserwählten Volk vollbracht; das Volk lobt Gott

---

* Ist dieser biblische Gott wirklich «ein Freund des Lebens»?

ob dieser «herrlichen» Taten) sich keineswegs auf die fünf Bücher Mose, immerhin ein anerkanntes Kernstück der Bibel, beschränkt, kann ein Blick auf die anderen von uns berücksichtigten Bücher zeigen (alle zum Kernbestand der Bibel gehörig, s. S. 34).

So ist auch das Buch *Jesaia*, das uns von Kindestagen an immer als Buch der messianischen Weissagungen (deren Problematik dem Eingeweihten bekannt ist und die hier nicht unser Thema ist) und damit in psychologisch geschickt eingeführtem Zusammenhang mit adventlicher und vorweihnachtlicher emotionaler Verklärung vermittelt wurde, in Wirklichkeit ebenfalls durchgängig und ganz überwiegend von der düsteren Atmosphäre eines gewalttätigen und kriegerischen Gottes, des «Herrn der Heere» geprägt. Obwohl hier gegenüber der kriegerischen die strafende Gewalttätigkeit Gottes, entsprechend dem Hauptanliegen des Propheten bzw. der Autoren, im Vordergrund steht (s. S. 88 ff.), so findet sich dennoch auch hier eine durchgehende und ungebrochene Zeichnung Jahwes als eines kriegsbejahenden und an Kriegen, gerade auch Vernichtungskriegen, leidenschaftlich teilnehmenden Gottes.

Lassen wir wieder die Texte selbst sprechen: «*Ich selbst habe* meine *heiligen Krieger* aufgeboten, *ich* habe sie alle zusammengerufen, meine *hochgemuten* jauchzenden Helden, *damit sie meinen Zorn vollstrecken...* Der Herr der Heere mustert die Truppen. Sie kommen aus einem fernen Land, vom Ende des Himmels: der Herr und die Waffen seines Zorns, um das ganze Land zu verwüsten... Da sinken alle Hände herab, und das Herz aller Menschen verzagt. Sie sind bestürzt; sie werden von Krämpfen und Wehen befallen, wie eine Gebärende winden sie sich... Seht, der *Tag des Herrn* kommt, *voll Grausamkeit*, Grimm und glühendem Zorn ... Die Menschen mache *ich* seltener als Feingold, die Menschenkinder rarer als Golderz aus Ofir... Man sticht jeden nieder, dem man begegnet, wen man zu fassen bekommt, der fällt unter dem Schwert. *Vor ihren Augen werden ihre Kinder zerschmettert*, ihre Häuser geplündert, ihre Frauen geschändet. Seht, *ich stachle die Meder gegen sie auf...* Ihre Bogen strecken die jungen Männer nieder; *mit der Leibesfrucht haben sie kein Erbarmen, mit den Kindern kein Mitleid...*» (Jes. 13;

3,5,7,8,9,15–18). Dies alles wird wohlgemerkt von Gott selbst initiiert und von seinen «heiligen Kriegern, seinen hochgemuten,
jauchzenden Helden» vollbracht.

Und weiter: «Ich hetze Ägypter gegen Ägypter, und sie kämpfen gegeneinander» (Jes. 19; 2). «Herr, du bist mein Gott, ich will
dich rühmen und deinen Namen preisen. Denn du hast *wunderbare
Pläne* verwirklicht, von fernher zuverlässig und sicher. *Du* hast die
Stadt zu einem Steinhaufen gemacht...» (Jes. 25; 3). «Der Herr
zieht in den Kampf wie ein Held, er entfacht seine Leidenschaft wie
ein Krieger» (Jes. 42; 13). «Ich habe den Schmied erschaffen, der
das Kohlenfeuer entfacht und Waffen erzeugt, wie es seinem Hand-
werk entspricht. Ich habe auch den, der vernichtet, erschaffen, damit er zerstört...» (Jes. 54; 16).

Auch nach diesem, nach Lehre der Kirche ebenfall göttlich inspirierten, Gottes Wort enthaltenden Buch ist Gott eindeutig der Be-
wirker auch von Israel selbst nicht geführter Kriege, ja der eigentlich Kriegführende: «Wer gibt ihm (dem Perserkönig Kyros) die
Völker preis und unterwirft ihm die Könige? Sein Schwert macht
sie zu Staub, sein Bogen macht sie zu Spreu, die verweht... Wer
hat das bewirkt und vollbracht? Er, der von Anfang an die Generationen rief...» (Jes. 41; 2–4).

Auch in den in der Minderzahl befindlichen ethisch positiv oder
neutral (man wird bescheiden beim Bibellesen) einzuschätzenden
Stellen, die von den Kirchen in Gottesdienst und Lehre hochselektiv vermittelt werden, finden sich oft unmittelbar nach den häufig
zitierten Stellen ganz andere Töne, und man sieht, *wie* sehr die Kirchen hier selegieren müssen. Die berühmten vielzitierten Verse
Jes. 42; 10–12 «Singt dem Herrn ein neues Lied...» werden unmittelbar durch eindeutig Kriegführung verherrlichende Verse fortge-
setzt: «Der Herr zieht in den Kampf wie ein Held, er entfacht seine
Leidenschaft wie ein Krieger. Er erhebt den Schlachtruf und
schreit, er zeigt sich als Held gegenüber den Feinden...» (Jes. 42;
13), und das folgende Kapitel 43, das im ersten Vers die berühmten
tröstlichen Worte enthält: «Fürchte dich nicht, denn ich habe dich
ausgelöst, ich habe dich beim Namen gerufen», fährt unmittelbar

anschließend im dritten Vers fort: «Ich gebe Ägypten als Kaufpreis
für dich, Kusch und Seba gebe ich für dich... Ich gebe für dich
ganze Länder und für dein Leben ganze Völker...», und dann Vers
16 und 17: «So spricht der Herr..., der Wagen und Rosse ausziehen
läßt zusammen mit einem mächtigen Heer.» Diese Einbettung und
enge Verschränkung in von den Kirchen und christlichen Religionsgemeinschaften häufig zitierte Texte zeigen, daß die zitierten
Stellen der kriegerischen Gewalttätigkeit nicht nur ihrer Häufigkeit
wegen, sondern auch ihrer untrennbaren Verbundenheit mit den
von den Kirchen und Religionsgemeinschaften als Gottes Wort explizit hervorgehobenen Stellen nicht akzidentelle «Betriebsunfälle»
oder Fremdkörper darstellen, sondern die Grundeinstellung weite-
ster Teile der Bibel zur kriegerischen Gewalttätigkeit genuin wiedergeben.

c. Die Psalmen

1. Die besondere kirchliche Hochschätzung der Psalmen, insbesondere als Quelle von Gebetstexten

Neben den fünf Büchern Mose dürften die Psalmen unbestritten zu
den Kernteilen nicht nur des Alten Testamentes, sondern darüber
hinaus der ganzen Bibel gehören.

In der im Auftrag der katholischen Bischöfe des deutschen Kulturraumes wie auch, für Psalmen und Neues Testament, des Rates
der Evangelischen Kirche in Deutschland und des Evangelischen
Bibelwerks in der Bundesrepublik Deutschland herausgegebenen
Einheitübersetzung der Bibel (1980) werden die Psalmen im voran-
gestellten Einleitungstext als «eines der bedeutendsten Bücher der
Heiligen Schrift» vorgestellt: «Der Psalter hat seinen hohen Rang
als Gebetbuch des alten Bundesvolkes auch für Christus und die
junge Kirche behalten. Die Kirche hat mit den Psalmen auf die in
Christus erfüllte Offenbarung geantwortet. Bis heute verwendet

sie daher in der Nachfolge des Herrn den Psalter *vor allen anderen* Gebetstexten für den Gottesdienst in seiner vielfältigen Gestalt» (a.a.O., S. 615). Es ist bekannt, daß die katholische Kirche im Breviergebet ihre Priester zum täglichen Beten des Psalters verpflichtet.

2. Und wieder: «Wohl dem, der deine Kinder packt und sie am Felsen zerschmettert»: Das große Ausmaß an Gewalt- und Rachebedürfnis, verbunden mit egozentrischer Selbstgerechtigkeit, das sich in den Psalmen äußert

Bei dieser allgemeinen und kaum bestrittenen Hochachtung, die sowohl religiös-ethisch als auch ästhetisch geprägt ist, scheint es besonders absurd und nur einem blind-selektiven Fanatismus zuzuschreiben, wenn ich meinen Eindruck nach neuerlicher Lektüre so wiedergeben muß: Ich habe, neben einigen eher positiv anmutenden Psalmen, selten in einem Buch ein so großes Ausmaß an latentem und offenem Verlangen nach Gewalttätigkeit, nach unversöhnlicher Rache und Bestrafung, eingebettet in die Gesinnung einer – für mich kaum noch erträglichen – Selbstgerechtigkeit angetroffen, die psychologisch völlig undifferenziert zwischen eigener Tugend und Gottgefälligkeit und abgründiger Verruchtheit des jeweils anderen, des «Frevlers» usw., unterscheidet.

Es ist mir auch an dieser Stelle bewußt, wie unwahrscheinlich provokativ und hart diese Aussage im Ohr eines jeden religiös «normal» Sozialisierten, dem immer nur sehr selektive Ausschnitte der Bibel bzw. der Psalmen vermittelt wurden, klingen muß: Ich werde wieder versuchen, diese Aussage durch exemplarische Zitate zu belegen, verbunden mit der Aufforderung, die für dieses Buch durchgängig gilt, diese erste Provokation aufgrund der jeweiligen Zitate durch eigene Lektüre zu objektivieren und zu überprüfen.

Da die Psalmen Gewalttätigkeit und Haß primär und am exzes-

sivsten gegen Abweichende («Frevler», Gottlose usw.) der eigenen
Gruppe zum Ausdruck bringen, werden wir unten unter Abschnitt
D.a.2. den Hauptbeleg für die entsprechende These führen. Wir
wollen, wie es das Thema dieses Abschnittes ist, zunächst sehen,
welche Einstellung und Gesinnung die Psalmen, das «Gebetbuch»
auch «für Christus und die junge Kirche» (a. a. O., S. 615), die Psalmen, die «einen einzigartigen Eindruck in die innere Struktur der
Offenbarung tun lassen» (a. a. O., S. 614), zum Krieg und zur Gewalt gegen ethnische Außengruppen propagieren.

3. Die in den Psalmen offenbar werdende, teilweise enthusiastische Bejahung der Gewalt gegen ethnische Feinde und des (Vernichtungs-)Krieges

Wie stark und durchgängig die Gesinnung kriegerischer Gewalttätigkeit in den Psalmen immer dann, wenn vom Kriege die Rede ist,
zum Ausdruck kommt, zeigen folgende Beispiele:
    Schon der häufig in seinen Anfangsversen zitierte Psalm 2
«Warum toben die Völker...» schließt an den zum König gespro-
chenen, von den Kirchen aber immer schon auf Christus hin umge-
deuteten★ einleitenden Vers in bezeichnendem Sinne an: «Den Beschluß des Herrn will ich kundtun. Er sprach zu mir: ‹Mein Sohn
bist du, heute habe ich dich gezeugt. Fordere von mir und ich gebe
dir die Völker zum Erbe, die Enden der Erde zum Eigentum. *Du
wirst sie zerschlagen mit eiserner Keule wie Krüge, wie Krüge aus Ton
wirst du sie zertrümmern*›» (Ps. 2; 7–9).

★ Auf diese den ursprünglichen Text verfälschende Methode der Uminterpretation häufig aus dem Zusammenhang gerissener Texte, wie es schon das
Neue Testament mit alttestamentlichen Bibelstellen praktiziert, um «Prophezeiungen» als erfüllt erscheinen zu lassen, eine Methode, die heute jedem An-
fänger eines philologischen Studiums als «Todsünde» angeprangert würde,
soll hier wie auf viele andere mögliche textkritische Einwände gegen die Bibel
und die daraus abgeleiteten Aussagen der christlichen Konfessionen nicht eingegangen werden.

Psalm 3 fährt in diesem Geiste fort: «... denn all meinen Feinden hast du den Kiefer zerschmettert...» Psalm 9: «Ich will dir danken Herr, aus ganzem Herzen, verkünden will ich alle deine *Wunder*. Ich will *jauchzen* und an dir mich *freuen*, ... du hast die Völker bedroht, die Frevler vernichtet, ihre Namen gelöscht für immer und ewig. Die Feinde sind dahin, zerschlagen für immer, du hast *Städte entvölkert*, ihr Ruhm ist versunken.» Psalm 18, ein «Danklied des Königs»: «Ich verfolge meine Feinde und hole sie ein, ich kehre nicht um, *bis sie vernichtet sind*. Ich schlage sie nieder; sie können sich nicht mehr erheben. Sie fallen und liegen unter meinen Füßen... Ich konnte die vernichten, die mich hassen. Sie schreien, doch hilft ihnen niemand, sie schreien zum Herrn, doch er gibt keine Antwort. Ich zermalme sie zu Staub vor dem Wind, *schütte sie auf die Straße wie Unrat*... Der Gott meines Heils sei hoch erhoben; denn Gott verschafft mir Vergeltung und unterwarf mir die Völker...» (Ps. 18; 38,39,41–43,47,48). Ein entsprechendes Danklied stellt Psalm 21 dar: «Der Herr verschlingt sie» – die Feinde – «im Zorn..., du wirst ihre Brut von der Erde vertilgen...»

Psalm 44; 6: «*In deinem Namen zertreten wir unsere Gegner.*» Psalm 47; 4: «Er unterwirft uns Völker und zwingt Nationen unter unsere Füße.» Psalm 56; 8: «In deinem Zorn, oh Gott, wirf die Völker zu Boden!» Aus dem ebenfalls beliebten und vielzitierten «messianischen» Psalm 72, in dem für den eigenen König gebetet wird: «Er herrsche von Meer zu Meer, von Strom bis an die Enden der Erde. Vor ihm sollen seine Gegner sich beugen, Staub sollen lecken all seine Feinde...» (Ps. 72; 8,9).

In Psalm 82 betet der (fromme) Psalmist: «Mach es mit ihnen» – (den Feinden) – «wie mit Midian und Sisera, wie mit Gabin am Bach Kischon, die du bei En-Dor vernichtet hast. Sie werden zum Dung für die Äcker...» (Ps. 82; 10,11). Im Psalm 106 wird bei der Aufzählung der Sünden Israels gegen den Herrn auch ausdrücklich eine Unterlassung genannt, die schon Mose in Zorn versetzte: «Sie rotteten die Völker nicht aus, *wie ihnen der Herr einst befahl*» (Ps. 106; 34).

Auch der berühmte, häufig liturgisch und außerliturgisch zitierte

Psalm 110 ist im Grunde von exzessiver Gewalttätigkeit (und De-
mütigung des Feindes) geprägt: «So spricht der Herr zu meinem
Herrn: ‹Setze dich mir zur Rechten, und ich lege dir deine *Feinde als
Schemel unter die Füße* ...›» (Ps. 110; 1). Dann folgen die bekannten,
häufig selektiv zitierten (u. a. in der Liturgie zu Weihnachten, dem
Fest des Friedens) Verse 3 und 4 («... ich habe dich gezeugt noch vor
dem Morgenstern...»), an die dann aber unmittelbar anschließt:
«Der Herr steht dir zur Seite, er zerschmettert Könige am Tage
seines Zornes. Er hält Gericht unter den Völkern, *er häuft die Toten*,
die Häupter zerschmettert er weithin auf Erden» (Ps. 110; 5,6).

Auch die uns schon bekannte Gewalttätigkeit gegen Kinder fehlt
nicht: «Tochter Babel, du Zerstörerin! Wohl dem, der dir heimzahlt,
was du uns getan hast! *Wohl dem, der deine Kinder packt und sie am
Felsen zerschmettert!*» (Ps. 137; 8,9). (Angesichts solcher und vieler
anderer Stellen kommt mir, ich muß es gestehen, der von Theologen
häufig gebrauchte Rat, man dürfe die Bibel nicht immer wörtlich
nehmen, als Zynismus vor, sie mögen es mir verzeihen!)

Diese Einstellung zur Gewalttätigkeit und Lebensvernichtung,
zur Ermordung auch von Kindern, zeigt auch die immer wieder zu
findende, auch von den alttestamenarischen wie kirchlich-christ-
lichen Liturgien aufgenommene Preisung Gottes für die Tötung
aller Erstgeborenen in Ägypten: «Halleluja! Lobt den Namen des
Herrn! Lobt den Herrn, denn er ist gütig! Singt und spielt seinem
Namen, denn er ist freundlich! ... Er erschlug Ägyptens Erstgeburt,
beim Menschen und beim Vieh ... Er schlug viele Völker nieder ...
Gepriesen sei der Herr auf Zion, er, der thront in Jerusalem. Halleluja!» (Ps. 135; 1,3,8,10,21). «Dankt dem Herrn, denn er ist gütig,
denn seine Huld währt ewig ... Der allein große Wunder tut, denn
seine Huld währt ewig ... Der die Erstgeburt der Ägypter schlug,
denn seine Huld währt ewig...» (Ps. 136; 1,4,10). Auch in Psalm
78 und 105 wird auf diese «Heilstat» mit Genugtuung hingewiesen.*

---

* Die sonst ja um eine Änderung der unhaltbaren sozialen Zustände in Latein-
amerika, einem seit Jahrhunderten genuin katholisch geprägten Subkonti-

Die Gesinnung kriegerischer Gewalttätigkeit und das Verlangen nach Vernichtung oder Unterjochung anderer Völker hält sich durch bis in die letzten Psalmen. Noch im Psalm 144 betet der Psalmist: «Gelobt sei der Herr, der mein Fels ist, der meine Hände den Kampf gelehrt hat, meine Finger den Krieg» (Ps. 144; 1), und der ganze Psalter schließt vor dem letzten «Großen Halleluja» mit den Versen «Im festlichen Glanz sollen die Frommen frohlocken, auf ihren Lagern jauchzen: Loblieder auf Gott in ihrem Mund, *ein zweischneidiges Schwert in der Hand, um die Vergeltung zu vollziehen an den Völkern,* an den Nationen das Strafgericht, um ihre Könige mit Fesseln zu binden, ihre Fürsten mit eisernen Ketten, um Gericht über sie zu halten, so wie geschrieben steht. *Herrlich ist das für all seine Frommen. Halleluja!*» (Ps. 149; 5–9).

In der Bibel verarbeiten die alten Israeliten ein grausam-absurdes, leidvolles Geschehen zur «Sinnhaftigkeit». Dabei aber entsteht eine gefährliche Logik: Gott als allmächtiger Lenker alles Geschehens muß auch der Urheber all dieser grauenhaften Geschehnisse sein; also können sie nicht schlecht sein.

nent, verdiente und deshalb achtenswerte «Theologie der Befreiung» sollte sich vielleicht einmal Gedanken machen, ob sie nicht den Teufel mit dem Beelzebub austreiben will, wenn sie gerade den Auszug aus Ägypten als (mit allen seinen begleitenden Umständen?) biblisches Vorbild der von ihr angestrebten Befreiung propagiert, wie es etwa in vielgesungenen Liedern in Brasilien der Fall ist.

d. Das Neue Testament:
«Versammelt euch zum großen Mahl Gottes!
Freßt Fleisch von Freien und Sklaven,
von Großen und Kleinen!»

Da das Neue Testament sich zur Zeit seiner Entstehung an eine gesellschaftliche Minderheit, an eine Art Sekte wandte, richtet sich die ebenfalls in nicht geringem Ausmaß zu findende Gesinnung der Gewalttätigkeit und das nicht wenige Teile des Neuen Testaments bestimmende intensive Strafbedürfnis vor allem gegen Anders-, Ungläubige und (nach eigenen Standards) «Sittenlose»: Wir werden uns damit im nächsten Kapitel näher befassen.

Immerhin stellt Christus in der Offenbarung des Johannes, einem wie wenige andere gewalttätigen Buch, als offenbar erstrebenswerte Belohnung in Aussicht: «Wer siegt und bis zum Ende an den Werken festhält, die ich gebiete, dem werde ich Macht über die Völker geben. Er wird über sie herrschen mit eisernem Zepter und sie zerschlagen wie Tongeschirr (und ich werde ihm diese Macht geben wie auch ich sie von meinem Vater empfangen habe...»») (Offb. 2; 26–28).

Krieg, das «gegenseitige Abschlachten», wird als himmlisch angeordnetes und verursachtes Handeln wie selbstverständlich offensichtlich auch hier im Neuen Testament bedenkenlos akzeptiert. «Als das Lamm das zweite Siegel öffnete, hörte ich das zweite Lebewesen rufen: ‹Komm!› Da erschien ein anderes Pferd, das war feuerrot. Und der, der auf ihm saß, *wurde ermächtigt*, der Erde den Frieden zu nehmen, *damit* (sic!) *die Menschen sich gegenseitig abschlachteten*. Und es wurde ihm ein großes Schwert gegeben» (Offb. 6; 3,4). Das in Verkündigung und Kunst verbreitete Motiv der apokalyptischen Reiter wurde immer vornehmlich als Angst- und Drohinhalt eingesetzt, die ethische Provokation, die das darin implizierte Gottesbild darstellt, offenbar nicht gesehen oder unterdrückt.

Wie selbstverständlich (und wie sadistisch ausmalend) kriegerische Gewalttätigkeit auch neutestamentlich gegen Feinde und Anders- oder Nichtgläubige als Mittel der Wahl propagiert wird, zeigt schließlich (auch wenn möglicherweise *nur* «bildhaft» zu verstehen) folgende Stelle: «Dann sah ich den Himmel offen, und siehe, da war ein weißes Pferd, und der, der auf ihm saß, heißt ‹der Treue und Wahrhaftige›; *gerecht* richtet er und *führt er Krieg*..., bekleidet war er mit einem *blutgetränkten Gewand*, und sein Name heißt ‹das Wort Gottes› (sic!). Die Heere des Himmels folgten ihm auf weißen Pferden; ...aus seinem Mund kam ein scharfes Schwert; *mit ihm wird er die Völker schlagen.* Und er herrscht über sie mit eisernem Zepter, und er tritt die Kelter des Weines, des rächenden Zornes Gottes... Dann sah ich einen Engel, der in der Sonne stand. Er rief mit lauter Stimme allen Vögeln zu, die hoch am Himmel flogen: ‹Kommt her! Versammelt euch zum großen *Mahl Gottes* (sic!). *Freßt Fleisch* von Königen, von Heerführern und von Helden, Fleisch von Pferden und ihren Reitern, *Fleisch von allen, von Freien und Sklaven, von Großen und Kleinen!›* Dann sah ich das Tier und die Könige der Erde und ihre Heere versammelt, um mit dem Reiter und seinem Heer Krieg zu führen. Aber das Tier wurde gepackt und mit ihm der falsche Prophet,... *bei lebendigem Leib* wurden beide in den See von brennendem Schwefel geworfen. Die übrigen wurden getötet mit dem Schwert, das aus dem Mund des Reiters kam; und *alle Vögel fraßen sich satt an ihrem Fleisch*» (Offb. 19; 11,13–15,17–21). Soweit das nach Ansicht vieler theologischer und nichttheologischer Apologeten ethisch so weit höher stehende Neue Testament.

C. Die biblische lieblose, haßerfüllte Abwertung Anders- und Nichtgläubiger

a. «Ihr sollt ihre Altäre niederreißen und ihre Steinmale zerschlagen»: Aufforderung zur gewalttätigen Intoleranz gegenüber andersgläubigen Menschen im Alten Testament

Fragen wir nach Verhalten und Einstellung, das die Bibel implizit durch ihre Modelle oder explizit durch Anweisungen und Gebote gegenüber einer Fremdgruppe, nämlich den religiös Andersdenkenden, den Anders- oder den Ungläubigen (die häufige Gleichsetzung von *Anders*- mit *Un*gläubigen scheint für Orthodoxe aller Schattierungen bezeichnend), den «Heiden» usw. nahelegt, jenen Menschen also, die andere Glaubensinhalte und andere Normen für verbindlich halten und danach leben, kurz den religiösen «Outgroups», die im Alten Testament allerdings häufig mit den ethnischen Fremdgruppen zusammenfallen (s. o. B., a.–c.), so können wir für das Alte Testament zunächst auf die «Eifersucht» Jahwes hinweisen, die immerhin doch so bekannt sein dürfte, daß sich nähere Belege erübrigen dürften.

Toleranz gegenüber Andersgläubigen ist jedenfalls nicht die Stärke der Bibel, um es milde zu sagen. Schon in den Büchern Mose wird immer wieder die Zerstörung fremder Kultstätten ausdrücklich angeordnet: «Du hüte dich aber, mit den Bewohnern des

Landes, in das du kommst, einen Bund zu schließen; sie könnten dir sonst, wenn sie in deiner Mitte leben, zu einer Falle werden. Ihre Altäre sollt ihr vielmehr niederreißen, ihre Steinmale zerschlagen, ihre Kultpfähle umhauen» (Ex. 34; 12,13). «Ihr sollt alle Kultstätten zerstören, an denen die Völker, deren Besitz ihr übernehmt, ihren Göttern gedient haben... Ihr sollt ihre Altäre niederreißen und ihre Steinmale zerschlagen. Ihre Kultpfähle sollt ihr im Feuer verbrennen und die Bilder ihrer Götter umhauen» (Ex. 12; 2,3).

Die christlichen Missionare und ihre weltlichen Helfer haben sich weithin daran gehalten; man vergleiche als ein Beispiel für viele die Christianisierung Lateinamerikas durch die Spanier. Wie zeitgemäß eine solche göttlich angeordnete Norm der exzessiven religiösen Intoleranz heute erscheint, welche explosiven Konsequenzen sie bei ihrer Realisierung nach sich ziehen würde, dürfte evident sein.

Auch der Psalmist stellt mit Genugtuung fest: «Der Herr ist König für immer und ewig, *in seinem Land gehen die Heiden zugrunde*» (Ps. 10; 16), und betet zu Gott: «Gieß deinen Zorn aus über die Heiden, *die dich nicht kennen*, über jedes Reich, das deinen Namen nicht anruft» (Ps. 79; 6).

b. Die Ungläubigen, «abscheuliche Menschen, die zu nichts Gutem taugen»: Intoleranz, lieblose und extrem abwertende Beschreibung von Andersgläubigen und (Wunsch-)Phantasien über ihre Vernichtung und Bestrafung im Neuen Testament

Auch im Neuen Testament findet sich, wo das Problem «Anders- oder Ungläubige» angesprochen wird, immer wieder eine Atmosphäre der Intoleranz, der Feindseligkeit bis zu unversöhnlichem Haß und exzessiven Bestrafungsphantasien (= -wünschen).

Schon im ältesten Evangelium nach Markus sagt Jesus in seiner

Abschiedsrede, im Unterschied zur verschwommenen Einerseits-andererseits-Diktion vieler moderner Theologen, sehr eindeutig und klar: «Wer glaubt und sich taufen läßt, wird gerettet; *wer aber nicht glaubt, wird verdammt werden*» (Mk. 16; 16).★

Die feindselig-aggressiven Reden Jesu gegenüber *den* Pharisäern («Nattern», «Schlangenbrut»), die diesen nach historischen Erkenntnissen offensichtlich nicht gerecht werden, dürften zu bekannt sein, als daß dieser Sachverhalt hier im einzelnen noch belegt werden müßte (zum ersten Mal in der Geschichte des Christentums wurde hier die Bezeichnung für religiös Andersgläubige zum Schimpfnamen).

Daß auch der Jesus der Evangelien dem zur damaligen Zeit nicht nur bei Israeliten zu findenden nationalen und religiösen Ethnozentrismus verhaftet war, zeigt folgende Stelle: «Da kam eine kanaanäische Frau aus jener Gegend zu ihm und rief: ‹Hab' Erbarmen mit mir, Herr, du Sohn Davids: Meine Tochter wird von einem Dämon gequält.› Jesus aber gab ihr keine Antwort. Da traten seine Jünger zu ihm und baten: ‹Befreie sie (von ihrer Sorge), denn sie schreit hinter uns her.› Er antwortete: ‹Ich bin nur zu den verlorenen Schafen des Hauses Israel gesandt.›★★ Doch die Frau kam, fiel vor ihm nieder und sagte: ‹Herr, hilf mir!› Er erwiderte: ‹Es ist nicht recht,

---

★ Es ist mir bekannt, daß der Abschnitt, in dem dieser Satz enthalten ist, in den ältesten Handschriften fehlt. Er wird aber in allen mir bekannten Bibelausgaben, inklusive der Lutherbibel und der hier zugrunde gelegten Einheitsübersetzung, als authentisch dargestellt und damit den Gläubigen als geltend und verbindlich verkündet. Der in Frage stehende Abschnitt «gehört also inhaltlich zur Evangelienüberlieferung», sagt der Kommentar der Einheitsübersetzung ausdrücklich (S. 1152). Es sei daran erinnert, daß mich als Psychologen in erster Linie interessiert, welche Leitvorstellungen und Normen die Kirchen der Masse ihrer Gläubigen tatsächlich als Gottes Wort verkünden; denn dies ist letztlich das psychologisch Wirksame und nicht so sehr die wissenschaftlich-kritische Bibeldiskussion mehr oder weniger exklusiver Theologenkreise.

★★ Einer der Belege für das genuin ethnozentrische Selbstverständnis des Jesus der früheren Quellen, das sich von späteren Texten und der frühchristlichen und späteren kirchlichen Interpretation der Person und Sendung Jesu fundamental unterscheidet.

das Brot den Kindern wegzunehmen und *den Hunden* vorzuwerfen›» (Mt. 15; 22–26).

Nur durch eine unwürdig-unterwürfige («hündische»), d. h. die erniedrigende Herabwürdigung der eigenen Volksgruppe akzeptierende Haltung kommt die Frau schließlich doch noch zu ihrem Ziel (Mt. 15; 7,28).

Aktueller wird das Problem der Abgrenzung von der nicht- oder andersgläubigen Umgebung in den sog. Apostelbriefen. Gleich im ersten Kapitel des Römerbriefes findet sich eine Haßtirade gegen die Nichtgläubigen, «Gottlosen», Anhänger fremder Kulte (Röm. 1; 18,21,23,25). Diese werden nicht nur in einem naiven Egozentrismus als unentschuldbar bezeichnet, indem die eindeutige Erkennbarkeit der eigenen «Wahrheit» vorausgesetzt wird, sondern es wird ihnen darüber hinaus auch sehr undifferenziert-pauschal eine Überfülle an negativen Eigenschaften zugeschrieben, gipfelnd in Aussagen wie «Sie sind *voll* Ungerechtigkeit, Schlechtigkeit, Habgier und Bosheit, *voll* Neid, Mord, Streit, List und Tücke; sie verleumden und treiben üble Nachrede, sie hassen Gott, sind überheblich, hochmütig und prahlerisch, erfinderisch im Bösen und ungehorsam gegen die Eltern, sie sind unverständig und haltlos, *ohne* Liebe und Erbarmen. Sie erkennen, daß Gottes Rechtsordnung bestimmt: Wer so handelt, verdient den Tod» (Röm. 1; 29–32). Paulus doch ein «Genie im Haß» (Nietzsche)?

Wir haben hier eines der zahlreichen Beispiele undifferenzierter Schwarzweißmalerei und Verteufelung gegenüber Außengruppen, wie es weniger entwickelte, unreife psychische Strukturen generell kennzeichnet und leider auch heute noch verbreitet, kollektiv und privat, vor allem in Zuständen hoher Emotionalität, anzutreffen ist. Die Bekämpfung dieser vorurteilshaften Verteufelung und undifferenzierten Schwarzweißmalerei von Fremdgruppen ist – darüber dürfte es keinen Zweifel geben – eine der wichtigsten Aufgaben heutiger Ethik, Humanität und nicht zuletzt angewandter Psychologie: Kann ein Buch, das so durchdrungen ist von dieser Denkweise wie die Bibel – wir werden auch noch an anderen Stellen zu zeigen haben, wie sehr das zutrifft –, weiterhin als göttlich autorisierte Quelle ethischer Normen angesehen werden?

Die angeführte Stelle, obwohl in ihrer exzessiven Intensität schon ausreichend, stellt keineswegs die einzige derartige Stelle in den Paulusbriefen dar, in denen sich die negativ-lieblose Zeichnung der Anders- oder «Un»gläubigen, verbunden mit einem exzessiven Bedürfnis nach deren Bestrafung und Vergeltung, manifestiert.

Im zweiten Thessalonikerbrief heißt es wieder gleich zu Beginn: «Denn es entspricht der Gerechtigkeit Gottes, denen mit Bedrängnis zu vergelten, die euch bedrängen, euch aber, den Bedrängten, zusammen mit uns Ruhe zu schenken, wenn Jesus, der Herr, sich vom Himmel her offenbart mit seinen mächtigen Engeln in loderndem Feuer. Dann *übt er Vergeltung* an denen, die Gott *nicht kennen* und *dem Evangelium Jesu, unseres Herrn, nicht gehorchen..., mit ewigem Verderben werden sie bestraft*» (2 Thess. 1; 7–9). Nachdem im folgenden Kapitel die exklusiv-totalitären dogmatischen Weltanschauungen offenbar notwendige Gegenfigur des «Irrlehrers», des «Gesetzwidrigen» als vom Satan gesteuert dargestellt wird, heißt es: «... denn alle müssen gerichtet werden, die nicht der Wahrheit geglaubt, sondern die Ungerechtigkeit geliebt haben» (2 Thess. 2; 12).

Wie sehr – und mit welchen verheerenden historischen Folgen! – sich die diskriminierende Ablehnung des Apostels Paulus gegen die nicht christgläubigen Juden richtete, zeigen Stellen wie die folgende: «Denn, Brüder, ihr seid den Gemeinden Gottes in Judäa gleich geworden, die sich zu Christus Jesus bekennen. Ihr habt von euren Mitbürgern das gleiche erlitten wie jene von *den* Juden. *Diese haben sogar Jesus, den Herrn, und die Propheten getötet*; auch uns haben sie verfolgt. *Sie mißfallen Gott und sind Feinde aller Menschen*; sie hindern uns daran, den Heiden das Evangelium zu verkünden und ihnen so das Heil zu bringen. *Dadurch machen sie unablässig das Maß ihrer Sünden voll. Aber der ganze Zorn ist schon über sie gekommen*» (1 Thess. 2; 14–16).

Teils den «Unreinen *und* Ungläubigen» allgemein, teils spezifisch denen, «die aus dem Judentum kommen», gilt die folgende (liebevolle) Beschreibung: «Denn es gibt viele Ungehorsame, Schwätzer und Schwindler, *besonders unter denen, die aus dem Judentum kommen. Diese Menschen muß man zum Schweigen bringen*, denn aus übler Gewinnsucht zerstören sie ganze Familien mit ihren falschen Lehren… Darum weise sie streng zurecht, damit ihr Glaube wieder gesund wird und sie sich nicht mehr an jüdische Fabeleien halten und an Gebote von Menschen, die sich von der Wahrheit abwenden. Für die Reinen ist alles rein; für die Unreinen und Ungläubigen aber ist *nichts* rein, sogar ihr Denken und ihr *Gewissen* sind unrein. Sie beteuern, Gott zu kennen, durch ihr Tun aber verleugnen sie ihn; es sind *abscheuliche* und unbelehrbare Menschen, *die zu nichts Gutem taugen*» (Tit. 1; 10–16).

Auch in den nichtpaulinischen Apostelbriefen (eine bekanntlich irreführende Urheberbezeichnung) findet sich dieselbe intolerant-haßerfüllte Einstellung gegen «Andersgläubige» oder «Ungläubige». So etwa richtet sich das ganze zweite Kapitel des zweiten Petrusbriefes gegen falsche Lehrer und falsche Propheten, also «Ketzer» oder eben Andersgläubige und somit wohl auch Anderslehrende: Ihnen werden im ganzen zweiten Kapitel neben ihren «Irrlehren» auch schwere moralische Mängel zugeschrieben – ein alter und beliebter Mechanismus der Verteufelung von Outgroups, Andersdenkenden – und die schwersten Strafen angedroht (gewünscht?). Dieser von Gott, der doch die unendliche Liebe sein soll, inspirierte Text, liest sich dann so: «Diese frechen und anmaßenden Menschen schrecken nicht davor zurück, die überirdischen Mächte zu lästern… Diese Menschen aber sind *wie unvernünftige Tiere*, die von Natur aus dazu geboren sind, gefangen zu werden und umzukommen.* Sie lästern über Dinge, die sie nicht verstehen; doch *sie werden umkommen, wie die Tiere umkommen,* und

---

* Wer erinnerte sich nicht an eine ähnliche Diktion aus jüngster und allerjüngster Zeit, wenn es um die Diskriminierung und potentiell auch die spätere Vernichtung Andersdenkender ging?

als Lohn für ihr Unrecht werden sie Unrecht erleiden. Sie halten
es für ein Vergnügen, bei Tag ein üppiges Leben zu führen; ein
schmutziger Schandfleck sind sie, wenn sie in ihrer trügerischen
Genußsucht mit euch prassen und schwelgen. Sie haben *nur Augen für die Ehebrecherin und sind *unersättlich in der Sünde*. Sie lok-
ken haltlose Menschen an, deren Sinn nicht gefestigt ist; ihr Herz
ist in der Habgier geübt, sie sind Kinder des Fluches...» usw.,
usw. (2 Petr. 2; 10–14).

Noch ein anderes Beispiel aus den nichtpaulinischen Apostelbriefen: «Diese jedoch lästern über alles, was sie nicht kennen;
was sie aber wie die unvernünftigen Tiere von Natur aus verstehen, daran gehen sie zugrunde. Weh ihnen! Sie sind den Weg
Kains gegangen, aus Habgier sind sie dem Weg Bileams verfallen... Wilde Meereswogen sind sie, die ihre eigene Schande ans
Land spülen; Sterne, die keine feste Bahn haben; ihnen ist *auf ewig*
die dunkelste Finsternis bestimmt...» usw., usw. (Jud. 10; 11,13).

Daß die Weltfeindlichkeit, wie sie etwa, aber nicht nur dort, im
ersten Johannesbrief zum Ausdruck kommt: «Wir wissen: wir
sind aus Gott, aber die *ganze Welt* steht unter der Macht des Bösen» (1 Joh. 5; 19), ebenfalls psychologisch zu dieser Grundhaltung der Intoleranz gehört und sie fördert, liegt auf der Hand,
ebenso wie die im selben Brief propagierte Dichotomisierung der
Menschen in Kinder Gottes und Kinder des Teufels (1 Joh. 3;
8–10).

Neben diesen exzessiven Vorurteils- und Haßausbrüchen treten
mildere Formen der Diskriminierung und Verfemung fast schon
zurück: «Wenn jemand zu euch kommt und nicht diese Lehre mit-
bringt, dann nehmt ihn nicht in euer Haus auf, sondern verweigert ihm den Gruß. Denn wer ihm den Gruß bietet, macht sich
mitschuldig an seinen bösen Taten» (2 Joh. 10; 11).

Auch in der *Offenbarung des Johannes* findet sich dieselbe Einstellung zu Anders- oder Nichtgläubigen. Der Autor nimmt hier
gleich zu Beginn Christus selbst als Autorität im innerchristlichen
Glaubenskampf in Anspruch: «Ich weiß, du kannst die Bösen
nicht ertragen, du hast die auf die Probe gestellt, die sich Apostel

nennen und es nicht sind, und hast sie als Lügner erkannt. Doch für dich spricht: du verabscheust das Treiben der Nikolaiten, das auch ich verabscheue» (Offb. 2; 2,6; Entsprechendes gilt für Offb. 2; 20–23). «Solche, die sich als Juden ausgeben», werden vom Christus der Geheimen Offenbarung als «Synagoge des Satans» (Offb. 2; 9,3,9) bezeichnet.

Wir belassen es an dieser Stelle bei diesen beiden exemplarischen Belegen, da im nächsten Abschnitt, in dem es um strafende Gewalttätigkeit gegen normabweichendes Verhalten gehen wird, noch sehr eingehend gerade auf die Offenbarung des Johannes eingegangen werden soll.

c. Kirchengeschichtliche Folgen: Diskriminierung bis zur physischen Vernichtung der jeweiligen «Ketzer» und Andersgläubigen

Wer die Kirchengeschichte mit ihren unzähligen und umfassenden Glaubenskämpfen, der millionenfachen und jahrhundertelangen Verfemung und Ermordung Andersgläubiger (inklusive der Juden) überblickt, wird sich fragen müssen, wieweit nicht hier in dieser schon biblisch angelegten, also göttlich und damit als unfehlbar richtig autorisierten Grundgesinnung der Unduldsamkeit und Verfemung, der gegenseitigen Bannflüche, dem Bedürfnis nach Bestrafung und Vernichtung des Andersgläubigen oder gar «Abgefallenen», die oder zumindest *eine* Wurzel all dieser Grausamkeiten und Inhumanität gesehen werden muß. Die Jahrhunderte während, im wesentlichen erst durch die Aufklärung und den aufgeklärten modernen Staat beendete Übereinstimmung zwischen biblischen Vorbildern und vielen Bibelgläubigen muß jedenfalls sehr nachdenklich stimmen.

Es würde den Rahmen dieses Buches sprengen, die entsprechenden millionenfachen Greuel, Folterungen, sadistischen Exzesse und Hinrichtungen von Andersgläubigen, «Ketzern», die selbst vor Kindern nicht haltmachten, im einzelnen hier anzuführen. Dies wäre eigentlich notwendig, um die ganze Tragweite und Schwergewichtigkeit dieser Bibelstellen, ihre, nicht zuletzt im Sinne der modernen Psychologie des Modellernens, weitgehenden Auswirkungen nachzuvollziehen, wie sie jahrhundertelang auch das äußere Handeln weitgehend bestimmten und heute in vielleicht abgeschwächter Form immer noch innere Einstellungen und Haltungen nicht weniger, insbesondere fundamentalistischer Bibelgläubiger bestimmen. Der Leser, der (wie aufgrund der hochselektiven Vermittlung der Kirchengeschichte im Rahmen der typischen religiösen Sozialisation wohl die überwältigende Mehrheit der westdeutschen Bevölkerung) entsprechende kirchen- und christentumsgeschichtliche Wissenslücken bei sich feststellt und diese ausgleichen möchte, sei auf die Kirchengeschichte von Karlheinz Deschner, «Abermals krähte der Hahn» (1972), verwiesen, ein Buch, dem, selbst wenn es im einen oder anderen Falle etwas zu einseitig negativ-kritisch erscheinen mag, selbst von theologischer Seite, bei allen Versuchen zunächst des Totschweigens, dann der Diffamierung, doch außerordentliche Gründlichkeit und faktische Authentizität bescheinigt werden mußte. Besonders die Kapitel 56–62 können einen knappen, aber sehr eindrucksvollen Überblick über das Verhalten der Kirche bzw. ihrer Funktionäre gegen Juden, Heiden und «Ketzer» vermitteln.

Daß sich diese kirchliche Haltung exzessiv gewalttätiger Intoleranz nicht etwa nur auf Randfiguren oder -phänomene bezog, zeigt der Sachverhalt, daß sowohl Päpste, Konzilien und Synoden als auch berühmte und zentrale Figuren der Kirchengeschichte, wie etwa heiliggesprochene Kirchenlehrer bis hin zu Augustinus (u. a. Verfechter der Zwangsbekehrung), Thomas v. Aquin und auf protestantisch-reformatorischer Seite Martin Luther und Calvin sich in diese unheilvolle Tradition der intoleranten, gewalttätigen Einstellung gegenüber Anders- und Ungläubigen einreihten.

d. Mögliche Einflüsse auf Einstellungen und Verhalten einflußreicher Politiker und ihrer Wähler

Es muß zumindest die Frage gestellt werden (und es spricht psychologisch sehr viel für ihre bejahende Beantwortung), wieweit gerade in Ländern wie etwa den USA, deren öffentliches und politisches Leben in sehr starkem Maße durch biblische Einflüsse, gerade auch in ihren fundamentalistischen Ausprägungen, geprägt ist, entsprechende biblische Einflüsse noch vor ganz kurzer Zeit selbst und gerade auch die Militärpolitik mitbestimmt haben.

Immerhin stellte Präsident Reagan neben vielen anderen politischen Mandatsträgern die «Holy Bible» immer wieder sehr ausdrücklich als Verhalten ausrichtendes Vorbild in den Vordergrund und war sich etwa «ganz gewiß», daß die «Prophezeiungen» der Bibel sich auf die Zeit beziehen, «die wir jetzt erleben», «auf die Anzeichen, die Armageddon ankündigen» (AP Washington, nach «Welt am Sonntag», Nr. 44, vom 30. 10. 1983), also den letzten Kampf zwischen ‹Gut› = christliche USA, «dieses gesalbte Land», und seinen Verbündeten, und ‹Böse› = Sowjetunion als «Reich des Bösen», die wie der Teufel und Satan in der Geheimen Offenbarung des Johannes als «ärgster Feind, dem die Menschheit seit ihrem Aufstieg aus dem Sumpf zu den Sternen entgegentritt», «hinter allen Unruhen unserer Zeit steckt», ohne die «es keine Krisenherde in aller Welt gäbe» (nach «Der Spiegel», 8, 1982, S. 115, und 41, 1983, S. 188 ff.), wobei den Guten biblisch nicht nur der Sieg, sondern die Verschonung von allen Strafen zugesagt ist (Offb. 14), sie also (vielleicht durch SDI?) ungeschoren davonkommen sollten (eine wahrhaft extrem gefährliche Illusion, vgl. auch Wanninger, 1984).

Man kann so nach solchen erschreckenden Rückfällen in archaisches Denken, der begleitenden irrational überdimensionalen Aufrüstung und dem noch lange (und teilweise bis heute) zähen Widerstand gegen eine effiziente Abrüstung die Frage stellen, ob die noch bei der Reagan-Administration und auch noch heute bei nicht kleinen Gruppen in den USA zu findende Einstellungsstruktur nicht auch von dieser Grundtendenz der Bibel zu kriegerischer Gewalttätigkeit wie zur Verteufelung Andersdenkender und -glaubender (Atheisten, Liberale, Kommunisten usw.) zumindest mitbestimmt worden ist. «In der Hand die Wasserstoffbombe, im Herzen noch immer die archaischen Instinkte der biblischen Ahnen», so könnte man die berühmte Diagnose von Konrad Lorenz auf nicht wenige amerikanische Fundamentalisten nur leicht verändert anwenden.

Man kann sich der psychologischen Plausibilität schwer entziehen, daß die Akzeptanz der oben angeführten und anderer biblischer Aussagen als letztgültiges und Verhalten ausrichtendes Gottesword, fast immer schon in der Kindheit induziert, eine tief prägende Wirkung ausüben dürfte: Nicht nur in den USA, sondern auch in anderen «christlichen» Staaten fällt ja doch auf, daß gerade Vertreter der «christlichen» Parteien lange eine starke Affinität für gewalttätig-kriegerische Mittel der Politik zeigten, daß sie und ihre in der ganz großen Mehrheit konventionell christlich sozialisierten Funktionäre und Mitglieder in vielen Ländern, etwa auch in der Bundesrepublik Deutschland (man denke hier besonders an die CSU), immer den stabilen Kern der Aufrüstungs- und «Nach»rüstungsbefürworter bis zur faktischen Bejahung von Massenvernichtungsmitteln ausmachten. (Noch am 29. 4. 89 befürwortete die außenpolitische Sprecherin der CSU, Michaela Geiger, im Deutschen Fernsehen für die CSU die «Modernisierung» [sprich Neuaufstellung] der Lance-Raketen, und am 11. 4. 89 wurde, ebenfalls im Zweiten Deutschen Fernsehen, gemeldet, die CSU «befürchte» – welch verräterisches Wort – eine dritte Nullösung, also eine Beseitigung von Massenvernichtungsmitteln!)

Daran ändern die mannigfachen verbalen Abrüstungsbekenntnisse, die als solche bis zu einem gewissen Ausmaß *subjektiv* durchaus ehrlich gemeint sein konnten und an die von den jeweiligen Politikern, wie es ja Rationalisierungen kennzeichnet, selbst bis zu einem gewissen Grad geglaubt worden sein mag, prinzipiell nicht viel. Daß es sich dabei weitgehend nur um Rationalisierungen gehandelt haben dürfte, dafür sprach sowohl in den USA als auch in Westeuropa bzw. der Bundesrepublik Deutschland *das tatsächliche*

Handeln, das im Gegensatz zu den entsprechenden Reden bis zur einseitigen Abrüstungsbereitschaft (des Atheisten) Gorbatschows in einer immer weiter gehenden und immer expansiveren Aufrüstung bestand. Deren extreme Irrationalität (vielfache «Overkill»-Kapazitäten) scheint unsere These ebenfalls zu bestätigen, ebenso wie die noch längere Zeit sichtbare *faktische* Abneigung gegen Abrüstungsmaßnahmen und Sabotage auch vernünftiger und eigentlich bei gutem Willen praktikabler Vorschläge der neuen Sowjetführung (deren früheres Schuldkonto deshalb nicht übersehen werden soll) unter Gorbatschow. (An dieser Stelle sollen fairerweise die alternativen christlichen Friedensstimmen nicht übersehen werden, die zwar m. E. in intellektuell nicht ganz stimmiger, aber doch sympathischer Weise die vielen entsprechenden Bibelstellen weniger explizit, aber doch stillschweigend ausgeklammert zu haben scheinen; s. auch S. 176, 240, 329 f., 396 f., 405 über den Konflikt zwischen intellektueller Redlichkeit oder Konsequenz und Humanität im Hinblick auf die Bibel als Fundament christlicher Religiosität.)

Auch an dieser Stelle dürfte die Relevanz, sich mit der Bibel als Basis fundamentaler Einstellungen und ethischer Leitvorstellungen auseinanderzusetzen, noch einmal deutlich werden: Die Tendenz zu gewaltsamer Liquidation Andersdenkender und Andersgläubiger, zum Kreuzzugsdenken, stellt beim heutigen Niveau der Waffentechnik, neben der Umweltzerstörung und der damit zusammenhängenden Überbevölkerung, einen der Hauptgefährdungsfaktoren für das Überleben der menschlichen Art dar (vgl. u. a. Ditfurth, 1985).

D. «Es ist furchtbar, in die Hände des lebendigen Gottes zu fallen»: Gewalttätigkeit gegen normabweichende, «sündige» Menschen und deren exzessiv-inhumane Bestrafung auf Wunsch und Befehl des biblischen Gottes und seiner Frommen

Gewalttätigkeit als Mittel der Verhaltenssteuerung durch Zufügen von physischem Schmerz und Leiden bis zur physischen Vernichtung oder Drohung mit diesen Maßnahmen ist weithin kennzeichnend für die biblische Einstellung gegenüber (norm)abweichendem Verhalten (Sünde) in sehr umfassender und häufig exzessiver Weise.

Neben der Bewältigung drohender Konflikte *zwischen* ethnisch und / oder ideologisch verschiedenen menschlichen Großgruppen (Kriege) stellt die Frage des Umgangs mit normabweichendem Verhalten *innerhalb* menschlicher (Groß-)Gruppen eine bis heute zentrale Aufgabe für alle menschlichen Gemeinschaften dar. Welche Lösungsmöglichkeiten, welchen Umgang mit solchen abweichenden Gesellschaftsmitgliedern legt uns die Bibel nahe oder gebietet sie explizit, die Bibel, die mit dem Anspruch göttlicher Autorität, das bedeutet konsequenterweise absoluter Verbindlichkeit an uns herantritt?

Lassen wir auch hier anstelle von – angesichts des völlig konträren, allgemein verbreiteten Bibelbildes doch nur schwerlich akzeptierten – Behauptungen die Bibel selbst sprechen. Die Menge der hier, d. h. für eine Praxis der Verhaltenssteuerung durch Gewalttätigkeit, durch extrem inhumane Strafen und Strafandrohungen anführbaren Textstellen ist in den von uns ausgewählten Kernteilen der Bibel sehr umfangreich; deshalb soll nur eine so große Zahl von Beispielen angeführt werden, daß die Durchgängigkeit der zu belegenden Grundeinstellung deutlich wird.

Im übrigen sei auch hier wieder aufgefordert, sich durch eigene, von religiöser Erziehung und langjähriger Indoktrination möglichst freie, unbefangene Bibellektüre selbst ein Urteil zu bilden bzw. die hier vertretenen Thesen zu überprüfen.

a. Das Alte Testament

1. Die fünf Bücher Mose

(1) Die Interpretation menschlichen Leidens als von Gott verhängte Strafe. Die Aufforderung zur mitleidlosen Ausmerzung der «Bösen»

Schon in den ersten Kapiteln der Genesis und so der Bibel insgesamt wird eine der zentralsten anthropologischen Basisaussagen der Bibel eingeführt: die Interpretation menschlicher Schwächen, Unvollkommenheiten, insbesondere aber menschlicher Leiden, Schmerzen, Krankheiten und Tod als von Gott verhängte Strafen, eine wie selbstverständlich in der Bibel fundierte anthropologische Grundgleichung, deren *verhängnisvolle Konsequenzen für das menschliche Selbstbild wie auch in seiner Modellfunktion für menschliches Verhalten nicht umfassend und weitreichend genug eingeschätzt werden können.* «Viel Mühsal bereite ich dir, so oft du schwanger wirst. Unter Schmerzen gebierst du Kinder... Verflucht ist der Ackerboden deinetwegen...» (Gen. 3; 16,17).

So ist es auch nur folgerichtig, daß die biblische Sintfluterzählung in den Kapiteln 6–8 der Genesis im Unterschied zu analogen Überlieferungen in anderen Kulturen, etwa der babylonischen Sintfluterzählung, dieses Ereignis ebenfalls als Strafe Gottes interpretiert: «Der Herr sah, daß auf der Erde die Schlechtigkeit der Menschen zunahm und daß *alles* Sinnen und Trachten seines Herzens *immer nur böse* war... Der Herr sagte: ‹Ich will den Menschen, den ich erschaffen habe, vom Erdboden vertilgen, mit ihm auch das Vieh, die Kriechtiere und die Vögel des Himmels›» (Gen. 6; 5,7).

«Und Gott vertilgte also alle Wesen auf dem Erdboden, Menschen, Vieh, Kriechtiere und die Vögel des Himmels; sie alle wurden vom Erdboden vertilgt. Übrig blieb nur Noah und was mit ihm in der Arche war» (Gen. 7; 23).

Diese Tendenz, das Problem normabweichenden Verhaltens durch Liquidierung der betreffenden Gesellschaftsmitglieder zu «lösen», findet sich fast durchgängig in den fünf Büchern Mose: «Du sollst das Böse aus deiner Mitte wegschaffen» (z. B. Dtn. 22; 21 u. a. Stellen), das ist die immer wiederholte Grundmaxime, verstärkt und abgesichert durch die ebenfalls immer wieder eingehämmerte Weisung: «Du sollst in dir kein Mitleid aufsteigen lassen!» (z. B. Dtn. 25; 12 u. a. Stellen).

(2) Aufforderung des biblischen Gottes zu einer exzessiven Anwendung der Todesstrafe

Entsprechend umfangreich ist die Zahl der normabweichenden Handlungen, für welche die Bibel, d. h. der biblische Gott, ausdrücklich und streng die Todesstrafe gebietet. Dazu gehören z. B. Übertretungen von Ritualvorschriften wie das Essen von Gesäuertem am Tag, wo dies verboten war (Ex. 12,15), das Berühren des Berges Sinai (Ex. 19; 12,13), Sabbatentweihung bzw. Arbeiten am Sabbat (Ex. 31; 14; 35; 2; Num. 15; 32–36), Alkoholgenuß der Priester vor dem Gottesdienst (Lev. 10; 9); das Essen von mehr als drei Tage altem Fleisch usw. Der biblische Gott selbst geht hier wieder als Leitbild voran: «Die Söhne Arons, Nadab und Abihu, nahmen jeder seine Räucherpfanne. Sie legten Feuer auf, taten Räucherwerk darauf und brachten vor dem Herrn ein unerlaubtes Feuer dar, eins, das er ihnen nicht befohlen hatte. Da ging vom Herrn ein Feuer aus, das sie verzehrte, und sie kamen vor dem Herrn um. Da sagte Mose zu Aron: ‹Das ist es, was der Herr meinte, als er sprach: An denen, die mir nahe sind, erweise ich mich *heilig*, und vor dem ganzen Volk zeige ich mich *herrlich*.› Aron schwieg» (Lev. 10; 1–3).

(3) «Jeder erschlage seinen Bruder, seinen Freund, seinen Nächsten»:
Exzessiv eifersüchtige Anordnung der Todesstrafe bis zur
Hinschlachtung ganzer Stadtbevölkerungen wegen der Teilnahme an
fremden Kulten. Aufforderung zur Denunziation und Tötung auch
nächster Angehöriger

Mit besonderer Härte, und fast möchte man sagen «Inbrunst»,
werden Hinwendung zu und Opfer an andere Gottheiten verfolgt,
entsprechend der ausgeprägten Eifersucht des biblischen Gottes:
«Wer einer Gottheit außer Jahwe Schlachtopfer darbringt, an dem
soll die Vernichtungsweihe* vollstreckt werden» (Ex. 22; 19). In
solchen Fällen wird (man denke an entsprechende Aufforderungen
in der Geschichte der Ketzer- und Hexenverfolgung) ausdrücklich
die unbarmherzige Denunziation auch engster Angehöriger und
Freunde befohlen: «Wenn dein Bruder, der dieselbe Mutter hat wie
du, oder dein Sohn oder deine Tochter oder deine Frau, mit der du
schläfst, oder dein Freund, den du liebst wie dich selbst, dich heimlich verführen will und sagt: ‹Gehen wir und dienen wir anderen
Göttern› – (wobei er Götter meint), die du und deine Vorfahren
noch nicht kannten unter den Göttern der Völker, die in eurer
Nachbarschaft wohnen, in der Nähe oder weiter entfernt..., dann
sollst du nicht nachgeben und nicht auf ihn hören. Du sollst in dir
kein Mitleid mit ihm aufsteigen lassen, sollst keine Nachsicht für
ihn kennen und die Sache nicht vertuschen. Sondern du sollst ihn
anzeigen. Wenn er hingerichtet wird, sollst du als erster deine Hand
gegen ihn erheben, dann erst das ganze Volk. Du sollst ihn steinigen, und er soll sterben» (Dtn. 13; 7–11).

   Aber nicht nur die Bestrafung einzelner, sondern die kollektive
Abschlachtung ganzer Stadtbevölkerungen werden als angemessen
befohlen: «Wenn du aus einer deiner Städte, die der Herr, dein
Gott, dir als Wohnort gibt, erfährst: Niederträchtige Menschen

---

* Ein gerade in den Büchern Mose häufiger zu findender Ausdruck, der
mich immer wieder mit Schaudern an entsprechende Orwellsche Begriffsper-
versionen erinnert.

sind aus deiner Mitte herausgetreten und haben ihre Mitbürger
vom Herrn abgebracht, indem sie sagten: ‹Gehen wir, und dienen
wir anderen Göttern›, die ihr bisher nicht kanntet! Wenn du dann
durch Augenschein und Vernehmung genaue Ermittlungen ange-
stellt hast und sich gezeigt hat: Ja, es ist wahr, der Tatbestand steht
fest, dieser Greuel ist in deiner Mitte geschehen, dann sollst du die
Bürger dieser Stadt mit scharfem Schwert erschlagen, du sollst an
der Stadt und *an allem, was darin lebt*, auch am Vieh, mit scharfem
Schwert die *Vernichtungsweihe* vollstrecken. Alles, was du in der
Stadt erbeutet hast, sollst du auf dem Marktplatz aufhäufen; dann
sollst du die Stadt und die gesamte Beute als Ganzopfer *für den
Herrn, deinen Gott*, im Feuer verbrennen» (Dtn. 13; 3−17).

Entsprechend verfährt Mose, nachdem Israeliten das goldene
Kalb angefertigt und verehrt hatten: «Mose trat an das Lagertor
und sagte: ‹Wer für den Herrn ist, her zu mir!› Da sammelten sich
alle Leviten um ihn. Er sagte zu ihnen: ‹So spricht *der Herr, der Gott
Israels*: Jeder lege sein Schwert an. Zieht durch das Lager von Tor zu
Tor! *Jeder erschlage seinen Bruder, seinen Freund, seinen Nächsten.*› Die
Leviten taten, was Mose gesagt hatte. Vom Volk fielen an jenem
Tag gegen dreitausend Mann, dann sagte Mose: ‹Füllt heute eure
Hände mit Gaben für den Herrn! Denn jeder von euch ist heute
gegen seinen Sohn und seinen Bruder vorgegangen, und *der Herr
hat Segen auf euch gelegt*›» (Ex. 32; 26−29).

Ein weiteres anschauliches Beispiel für das exzessive Bestra-
fungsbedürfnis des biblischen Gottes, hier wieder für die Teilnahme an fremden Kulten, findet sich im Num., Kapitel 25: «Da
entbrannte der Zorn des Herrn gegen Israel, und der Herr sprach zu
Mose: ‹Nimm alle Anführer des Volkes, und spieße sie *für den Herrn*
im Angesicht der Sonne auf Pfähle, damit sich der glühende Zorn
des Herrn von Israel abwende›» (Num. 25; 3,4). Erst als der Priester Pinkas einen Israeliten und eine Midianiterin im Frauenraum
«auf ihrem Lager» mit dem Speer durchbohrt hatte, «nahm die
Plage, die die Israeliten getroffen hatte, ein Ende. Im ganzen aber
waren vierundzwanzigtausend Menschen an der Plage gestorben»
(Num. 25; 8,9); erst dann wird Gottes Zorn «von den Israeliten

abgewendet dadurch, daß er (Pinkas) sich bei ihnen für mich erei-
ferte. So mußte ich die Israeliten nicht in meinem leidenschaftlichen
Eifer umbringen» (Num. 25; 11).

(4) Exzessive Anordnung der Todesstrafe für sexuelle Abweichungen

Auch auf dem Gebiet sexueller Normabweichung gibt es viel Arbeit für den Henker. So wird die Todesstrafe angeordnet für vor-
ehelichen Verkehr: «Wenn ein Mann eine Frau geheiratet und mit
ihr Verkehr gehabt hat... und behauptet: ‹Diese Frau habe ich geheiratet, aber als ich mich ihr näherte, entdeckte ich, daß sie nicht
mehr unberührt war!›... Wenn der Vorwurf aber zutrifft, wenn
sich keine Beweisstücke für die Unberührtheit des Mädchens bei-
bringen lassen, soll man das Mädchen hinausführen und vor die
Tür ihres Vaterhauses bringen. Dann sollen die Männer ihrer Stadt
sie steinigen und sie soll sterben; denn sie hat eine Schandtat in
Israel begangen, indem sie in ihrem Vaterhaus Unzucht trieb. Du
sollst das Böse aus deiner Mitte wegschaffen» (eine immer wieder
eingehämmerte Devise) (Dtn. 22; 13,14,20,21). (Man mache sich
die zusätzliche spezielle Grausamkeit der befohlenen Bestrafung
klar, die junge Frau vor dem Haus ihrer Eltern zu steinigen.) «Wenn
ein unberührtes Mädchen mit einem Mann verlobt ist und ein anderer Mann ihr in der Stadt begegnet und sich mit ihr hinlegt, dann
sollt ihr beide zum Tor dieser Stadt führen. Ihr sollt sie steinigen
und sie sollen sterben... Du sollst das Böse aus deiner Mitte wegschaffen» (Dtn. 22; 23,24).
  Ebenso sollen Geschlechtsverkehr mit einer menstruierenden
Frau – «Ein Mann, der mit einer Frau während ihrer Regel schläft
und ihre Scham entblößt, hat ihre Blutquelle aufgedeckt, und sie
hat ihre Blutquelle entblößt; daher sollen beide aus ihrem Volk ausgemerzt werden» (Lev. 20; 18) – oder homosexuelle Kontakte –
«Schläft einer mit einem Mann, wie man mit einer Frau schläft,
dann haben sie eine Greueltat begangen; beide werden mit dem
Tod bestraft; ihr Blut soll auf sie kommen» (Lev. 20; 13) – mit der

Todesstrafe geahndet werden, von Ehebruch (z. B. Lev. 20; 10 u.
Dtn. 22; 22), sexuellen Beziehungen zu Verwandten (Lev. 20;
11–17) und Verkehr mit Tieren (Ex. 22; 18 u. Lev. 20; 15,16) ganz
zu schweigen.

(5) Anordnung der Todesstrafe gegen verhaltensschwierige Söhne

Die Heilige Schrift schreckt auch nicht davor zurück, die Todesstrafe als Sanktionsmittel gegen verhaltensschwierige Söhne zu
empfehlen bzw. anzuordnen: «Wenn ein Mann einen störrischen
und widerspenstigen Sohn hat, der nicht auf die Stimme seines Vaters und seiner Mutter hört, und wenn sie ihn züchtigen, und er
trotzdem nicht auf sie hört, dann sollen Vater und Mutter ihn pak-
ken, vor die Ältesten der Stadt und die Torversammlung des Ortes
führen und zu den Ältesten der Stadt sagen: ‹Unser Sohn hier ist
störrisch und widerspenstig, er hört nicht auf unsere Stimme, er ist
ein Verschwender und Trinker.› Dann sollen alle Männer der Stadt
ihn steinigen, und er soll sterben. Du sollst das Böse aus deiner
Mitte wegschaffen» (Dtn. 21; 18–21).

(6) Aufforderung zur Hinrichtung wahrscheinlich geistesgestörter
   Menschen

Ebenso sollen «Männer oder Frauen, in denen ein Toten- oder ein
Wahrsagegeist ist, mit dem Tod bestraft werden. Man soll sie steinigen, ihr Blut soll auf sie kommen» (Lev. 20; 27). Auf die hier
angesprochene Behandlung von dämonistisch interpretierten Phänomenen von Geisteskrankheiten werden wir in einem gesonder-
ten Abschnitt noch zurückkommen (s.u. S. 165, 166f., 172f.).

*(7) Die extrem sadistisch-grausame Qualität der in den fünf Büchern
Mose sich zeigenden Strafsucht des biblischen Gottes*

Erschreckend für eine «heilige» Schrift, für die heute noch göttliche Inspiration und letztinstanzliche ethische Verbindlichkeit beansprucht wird, die als Quelle sittlicher Normen und Verhaltensleitbilder wie kein Buch sonst verbreitet wird, erscheint nicht nur
die Vielzahl der Sachverhalte, die mit der Todesstrafe belegt werden, sondern auch die immer wieder zu spürende Einstellung eines
unversöhnlich-unbarmherzigen und exzessiven Strafbedürfnisses, im Rahmen dessen diese Sanktionen gefordert und vollzogen
werden. Wir haben oben schon auf die immer wiederholte Aufforderung «Du sollst in dir kein Mitleid aufkommen lassen» hingewiesen, die ergänzt wird durch das Gebot «Du sollst nicht vergessen» (Dtn. 25; 19).

Dieses unversöhnlich-unbarmherzige und exzessive Strafbedürfnis zeigt sich selbst noch über den Tod hinaus, macht noch
nicht einmal vor der Leiche des Hingerichteten halt: «Wenn jemand
ein Verbrechen begangen hat, auf das die Todesstrafe steht, wenn er
hingerichtet wird und du den Toten an einen Pfahl hängst, dann soll
die Leiche nicht über Nacht am Pfahl hängenbleiben, sondern du
sollst ihn noch am gleichen Tag begraben; denn ein Gehenkter ist
ein von Gott Verfluchter» (Dtn. 21; 22). Dieses exzessive, fast un-
stillbare Strafbedürfnis des biblischen Gottes über den Tod des
Missetäters hinaus zeigt sich auch an seiner Begier, die Schuld an
der jeweiligen Nachkommenschaft bis zur «dritten und vierten Generation» zu verfolgen (z. B. Ex. 20; 5 u. 34,6; Dtn. 5; 9).

In dieses düstere Bild, abweichendes Verhalten in sehr weitgehendem Ausmaß mit schwersten Strafen, d. h. sehr häufig der physischen Liquidierung, zu «bewältigen», fügen sich die immer wieder zu findenden massiven Androhungen von exzessiven Strafen
nahtlos ein: «Denen aber, die ihm feind sind, vergilt er sofort und
tilgt einen jeden aus; er zögert nicht, wenn einer ihm feind ist, sondern vergilt ihm sofort» (Dtn. 7; 10). Nicht nur die Androhung
prompter Bestrafung, sondern ebenso die Art der Strafen nach

Vielfalt und Schwere bei Nichtbefolgung der göttlichen Gebote
und Weisungen muß jeden empören, der sich gegen frühkindliche
Sozialisationseinflüsse, dort induzierte Ängste und Denkhemmungen noch einen Rest prometheischen Widerstandsgeistes, «metaphysischer Zivilcourage» (G. Anders) und humaner Sensibilität
bewahrt hat, und läßt eine Akzeptierung der Bibel auch noch in
heutiger Zeit nur schwer verständlich erscheinen: «Schwindsucht
und Fieber, das Augenlicht zum Erlöschen bringen und den Atem
ersticken», «Pest», «Ihr eßt das Fleisch eurer Söhne und Töchter»,
«Ich häufe eure Leichen über die Leichen eurer Götzen», «Ich selbst
verwüste das Land» (Lev. 26; 16–32). «Wenn du nicht auf die
Stimme des Herrn, deines Gottes, hörst, indem du nicht auf alle
seine Gebote und Gesetze, auf die ich dich heute verpflichte, achtest
und sie nicht hältst, werden alle diese Verfluchungen über dich
kommen und dich erreichen: Verfluchtsein, Verwirrtsein, Ver-
wünschtsein läßt der Herr auf dich los... Der Herr haftet die Pest
an dich, bis er dich ausgemerzt hat... Der Herr schlägt dich mit
Schwindsucht, Fieber und Brand... Deine Leichen liegen da, zum
Fraß für alle Vögel des Himmels und für die Tiere der Erde, und
keiner verscheucht sie. Der Herr schlägt dich mit dem ägyptischen
Geschwür, mit Beulen, Krätze und Grind, und keiner kann dich
heilen. Der Herr schlägt dich mit Wahnsinn, Blindheit und Irre-
sein... Deine Söhne und Töchter werden einem anderen Volk ausgeliefert, du siehst dir den ganzen Tag nach ihnen die Augen aus
und zwingst sie doch nicht herbei... Der Herr schlägt dich mit
bösen Geschwüren am Knie und am Schenkel, und keiner kann
dich heilen. Von der Sohle bis zum Scheitel bist du krank... In der
Not der Belagerung, wenn dein Feind dich einschnürt, mußt du die
Frucht deines eigenen Leibes essen, das Fleisch deiner Söhne und
Töchter... Wenn du nicht auf alle Worte dieser Weisung, die in
dieser Urkunde aufgezeichnet sind, achtest und sie hältst, aus
Furcht vor diesem herrlichen und furchterregenden Namen, vor
Jahwe, deinem Gott, wird der Herr die Schläge, die er dir und dei-
nen Nachkommen versetzt, über alles Gewohnte hinaus steigern zu
gewaltigen und hartnäckigen Schlägen, zu schlimmen und hart-

näckigen Krankheiten. Er wird alle ägyptischen Seuchen, bei denen du Angst hast, wieder über dich bringen, und sie werden an dir haften bleiben. Auch alle Krankheiten und Schläge, die nicht in der Urkunde dieser Weisungen aufgezeichnet sind, wird der Herr über dich bringen, bis du vernichtet bist..., so wie der Herr seine Freude daran hatte, auch Gutes zu tun und euch zahlreich zu machen, so wird *der Herr seine Freude daran haben, euch auszutilgen und euch zu vernichten*...» (Dtn. 28; 15,20,22,26−29,32,35,53,58−61). (Man sollte sich immer wieder klarmachen, was ein solches Gottesbild psychologisch anrichten kann!)

Selbst das «Lied des Mose», in dem der viel, aber so gut wie immer isoliert-selektiv zitierte Vers «Ich bin es, der tötet und der lebendig macht» steht, ist durch diese düstere Atmosphäre schwerster Strafandrohung gekennzeichnet: «Immer neue Not bürde ich ihnen auf, ich setze gegen sie alle meine Pfeile ein. Sie werden ausgemergelt durch den Hunger, verzehrt durch die Pest und die verheerende Seuche. Den Zahn der Raubtiere lasse ich auf sie los, dazu das Gift der im Staube Kriechenden. Auf der Straße raubt das Schwert die Kinder und in den Zimmern der Schrecken. Da stirbt der junge Mann und das Mädchen, der Säugling und der Greis» (Dtn. 32; 23−25).

Man sollte sich wieder selbst durch eigene Lektüre überzeugen, daß die angeführten Stellen nicht nur vereinzelte «Inseln» in einem sonst ganz anderen Kontext darstellen, sondern daß diese Einstellung der massivsten Strafdrohungen und eines exzessiven Strafbedürfnisses den ganzen Pentateuch (die fünf Bücher Mose) durchziehen. Daß daneben auch Wohltaten und Wohlergehen als Lohn für Wohlverhalten versprochen werden, kann den zitierten und den zahlreichen anderen entsprechenden Stellen den Charakter eines ethisch und psychologisch begründeten vernichtenden Einwandes gegen die Bibel als göttlich inspirierte Normenquelle nicht nehmen.

2. Die Psalmen

(1) Das hohe inner- und außerkirchliche Ansehen des Psalters

Zu den auch heute noch anerkanntesten Teilen des Alten Testamentes gehören die Psalmen. Sie sind bis auf den heutigen Tag bei so gut wie allen Konfessionen integraler Bestandteil liturgischer und außerliturgischer Bibellesungen und von Gebetstexten. Das tägliche Breviergebet etwa der katholischen Priester besteht zu wesentlichen Teilen in einem zyklisch sich wiederholenden Beten des Psalters, wie schon oben vermerkt.

Der Kommentar der von den katholischen Bischöfen des gesamten deutschen Kulturraumes 1980 herausgegebenen Einheitsübersetzung der Bibel sagt zu den Psalmen: «Ähnlich wie die Bücher des Mose ist diese Sammlung von 150 Einzelliedern, die *eines der bedeutendsten Bücher der Heiligen Schrift* und auch der gesamten Weltliteratur darstellen... Daß der Psalter eine Sonderstellung unter den Schriften des Alten Testamentes einnimmt, wird kaum bezweifelt. Denn die Psalmen lassen einen *einzigartigen Einblick in die innere Struktur der Offenbarung tun...* Der Psalter hat seinen *hohen Rang als Gebetbuch* des alten Bundesvolkes *auch für Christus und die junge Kirche behalten.* Die Kirche hat mit den Psalmen auf die in Christus erfüllte Offenbarung geantwortet. *Bis heute verwendet sie daher in der Nachfolge des Herrn den Psalter vor allen anderen Gebetstexten* für den Gottesdienst in seiner vielfältigen Gestalt» (Die Bibel, Einheitsübersetzung, S. 614, 615).

Aber nicht nur innerkirchlich steht der Psalter in höchstem Ansehen, auch in Kreisen, die sich eher als liberal-aufgeklärt geben, gilt der Psalter als einer der weitgehend unbezweifelten Pluspunkte biblisch-christlicher Religiosität (selbst etwa bei einem so intelligent-kritischen Autor wie H. v. Ditfurth), vielleicht am ehesten zu erklären durch das verbreitete «Klassikerphänomen», nach dem die Psalmen wie viele verehrte klassische Texte zwar gerne als Ansehen verschaffende Quellen angeführt, aber nicht oder nur in hochselektiven Einzelzitaten gelesen werden. Weiterhin kann die oben schon

angesprochene historisch-psychologische Gesetzmäßigkeit angeführt werden, nach der Alter und Tradition vielleicht – in Konkur-
renz mit vielen jüngeren, inhaltlich und auch ästhetisch überlege-
nen Texten – sonst eher chancenlose Schriften und generell
menschliche Produkte glorifizieren und tabuisieren können (ein
Phänomen, das Generationen von Schülern früher und vielleicht
auch heute noch den Schulunterricht vor allem in den sprachlichen
Fächern partiell vermieste).

Gerade weil dies so ist, weil die Psalmen in einem weitgehend so
unbezweifelt-selbstverständlichen Ansehen stehen, soll im folgenden wieder, eher noch ausführlicher als bei anderen Bibelteilen, zitiert werden, um den naheliegenden Einwand von vorneherein zu
entkräften, hier würden hochselektiv einzelne «dunkle Stellen»,
den Gesamtsinn entstellend, herausgegriffen.

Im übrigen sollte man sich wie stets auch hier durch eigene *unbefangene* Lektüre ein eigenes Bild verschaffen und sich am Schluß
dieser Lektüre fragen, ob man einen solchen Text als göttlich geof-
fenbartes Leitbild für sich akzeptieren will.

*(2) Wie die Psalmen wirklich sind: ein in weiten Teilen und in einem
selten sonst zu findenden Ausmaß von primitiv-unkontrollierten
Haßgefühlen, Rachebedürfnissen und Selbstgerechtigkeit
bestimmter Text*

Um den Gesamteindruck zu vervollständigen, empfiehlt es sich,
die schon oben (S. 50 ff.) angeführten Aussagen zum Verhalten gegen «Outgroups», gegen ethnische oder ideologische Fremdgruppen sich zusätzlich zu den im folgenden angeführten Zitaten zu vergegenwärtigen, die sich in erster Linie auf die Mitglieder der eigenen
Bezugsgruppe, die normabweichendes Verhalten («Frevler») zeigen, beziehen. Schwer zu trennen davon sind Aussagen, die sich
gegen Personen richten, die von eigenen Erwartungshaltungen abweichendes oder diesem zuwiderlaufendes, «feindliches» Verhalten zeigen, also «Feinde» aller Art: Diese Aussagen werden deshalb

hier der Ökonomie halber mitberücksichtigt, nicht zuletzt auch deshalb, weil in beiden schwer zu trennenden Bereichen, dem Verhalten gegenüber dem normabweichenden Gesellschaftsmitglied und dem den jeweiligen individuellen Erwartungen und Interessen des Beters oder Psalmisten zuwiderhandelnden «Feind» das gleiche exzessive Straf- und Vergeltungsbedürfnis, das sich schon in den Büchern Mose fand, hier in den Psalmen noch intensiviert zeigt. Dieses verbindet sich auch hier mit einem immer wieder auffälligen Hang zur Selbstgerechtigkeit und undifferenzierter Schwarz(der andere, der «Feind», der «Frevler»...)-Weiß(der Beter oder Psalmist selbst)-Malerei. (Allen scheinbaren «Selbstverständlichkeiten» zum Trotz, die dem zu widersprechen scheinen, muß ich gestehen, daß ich seit langem keinen so durch exzessiv-ungezügelten Haß und Vergeltungssucht geprägten Text gelesen habe.)

Schon zu Beginn des Psalters wird Gott als gewalttätiger «Helfer» geschildert: «All meinen Feinden hast du den Kiefer zerschmettert, hast den Frevlern die Zähne zerbrochen» (Ps. 3; 8). Haß ist die Reaktion Gottes auf abweichendes «böses» Verhalten: «... denn dein Haß trifft alle, die Böses tun. Du läßt die Lügner zugrunde gehen...» (Ps. 5; 6,7).

Der fromme Psalmist betet aber auch selbst um eine angemessene Strafe für die bösen anderen: «Auf die Frevler lasse er Feuer und Schwefel regnen» (Ps. 11; 6).

Charakteristisch ist die globale, lieblos-diskriminierende Beurteilung der Normabweichenden, Frevler, Feinde usw.; besonders die «Gottesleugner» (heute wären dies wohl die Atheisten) werden sämtlich als sittlich schlecht dargestellt: «Die Toren sagen in ihrem Herzen: ‹Es gibt keinen Gott.› Sie handeln verwerflich und schnöde; da ist *keiner*, der Gutes tut» (Ps. 14; 1).

Auch generell werden *die* Menschen sehr negativ beschrieben: «Der Herr blickt vom Himmel herab auf die Menschen, ob noch ein Verständiger da ist, der Gott sucht. *Alle* sind sie abtrünnig und verdorben, *keiner* tut Gutes, *auch nicht ein einziger*» (Ps. 14; 2,3 u. Ps. 52; 3,4).

In scharfem Kontrast zu diesen bösen anderen, den Frevlern usw.,

steht die doch ziemlich selbstgerecht anmutende positive Eigen-
zeichnung des Beters, des Psalmisten selbst: «Höre, Herr, die ge-
rechte Sache... Vernimm' mein Gebet von Lippen ohne Falsch!...
Prüfst du mein Herz..., dann findest du an mir *kein* Unrecht. Mein
Mund verging sich nicht, trotz allem, was die Menschen auch trei-
ben; ich halte mich an das Wort deiner Lippen. Auf dem Weg deiner
Gebote gehen meine Schritte, meine Füße wanken nicht auf deinen
Pfaden» (Ps. 17; 1–5).

«Der Herr hat gut an mir gehandelt und mir vergolten, weil ich
gerecht bin und meine Hände rein sind. Denn ich hielt mich an die
Wege des Herrn und fiel nicht ruchlos ab von meinem Gott. Ja, ich
habe alle seine Gebete vor Augen, weise seine Gesetze niemals ab.
Ich war vor ihm ohne Makel, ich nahm mich in acht vor der Sünde»
(Ps. 18; 21–24).

So kann der Psalmist in klassisch selbstgerecht-egoistischer
Schwarzweißzeichnung auch beten: «Raff' mich nicht weg mit den
Übeltätern und Frevlern, die ihren Nächsten freundlich grüßen,
doch Böses hegen in ihrem Herzen. Vergilt' ihnen, wie es ihrem
Treiben entspricht und ihren bösen Taten. Vergilt' ihnen, wie es das
Werk ihrer Hände verdient. Wende ihr Tun auf sie selbst zurück»
(Ps. 28; 3,4).

«Herr, laß *mich nicht scheitern,* denn ich rufe zu dir. *Scheitern sollen
die Frevler,* verstummen und hinabfahren ins Reich der Toten»
(Ps. 31; 18).

Allerdings gibt es auch andere Psalmen, in denen sich auch der
Psalmist als Sünder bekennt, dann aber nicht die für andere offenbar als angemessen angesehene Vergeltung, sondern die Gnade
Gottes erbittend, nicht zuletzt, um dann selbst die Vergeltung an
den manchmal fast schon paranoisch-mißtrauisch negativ beschriebenen Mitmenschen vollziehen zu können: «Ich sagte: Herr, sei
mir gnädig, heile mich; denn ich habe gegen dich gesündigt. Meine
Feinde reden böse über mich: ‹Wann stirbt er endlich, und wann
vergeht sein Name?› Besucht mich jemand, so kommen seine
Worte aus falschem Herzen. Er häuft in sich Bosheit an, dann geht
er hinaus und redet. Im Haß gegen mich sind sich *alle* einig; sie

tuscheln über mich und sinnen auf Unheil... Du aber, Herr, sei mir gnädig; richte mich auf, *damit ich ihnen vergelten kann*» (Ps. 41; 5–8,11).

«Auf meine Gegner falle das Urteil zurück. *Weil du treu bist, vernichte sie!* Freudig* bringe ich dir dann mein Opfer dar und lobe deinen Namen, Herr; denn du bist *gütig*» (Ps. 54; 7,8).

Die exzessive, global-undifferenzierte Abwertung der jeweiligen Feinde und Frevler, gefolgt von der psychologisch durchaus stimmigen Konsequenz, ihre entsprechende «Behandlung» (= Bestrafung) herbeizusehnen bzw. Gott darum zu bitten, setzt sich fort: «Der Tod soll sie überfallen, lebend sollen sie hinabfahren ins Totenreich. Denn ihre Häuser und ihre Herzen sind voller Bosheit» (Ps. 55; 16). «*Vom Mutterschoß an* sind die Frevler treulos, *von Geburt an* irren sie vom Weg ab und lügen, ihr Gift ist wie das Gift der Schlange... Oh Gott, zerbrich' ihnen die Zähne im Mund! Zerschlage, Herr, das Gebiß der Löwen! Sie sollen vergehen wie verrinnendes Wasser, wie Gras, das verwelkt auf dem Weg, wie die Schnecke, die sich auflöst in Schleim; wie eine Fehlgeburt sollen sie die Sonne nicht schauen... *Wenn er die Vergeltung sieht, freut sich der Gerechte; er badet seine Füße im Blut des Frevlers.* Dann sagen die Menschen: ‹Der Gerechte erhält seinen Lohn; es gibt einen Gott, der auf Erden Gericht hält» (Ps. 58; 4,5,7–9,11,12).

«Ich aber habe keinen Frevel begangen und keine Sünde; Herr, ich bin ohne Schuld..., Herr..., sei keinem treulosen Frevler gnädig! Abend für Abend kommen sie wieder, sie kläffen wie Hunde, durchstreifen die Stadt. Ja, sie geifern mit ihrem Maul... Sie fluchen und verbreiten *nur* Lügen. Vernichte sie im Zorn, vernichte sie; sie sollen zugrunde gehen» (Ps. 59; 4,6,7,13,14).

«Verbirg' mich vor der Schar der Bösen, vor dem Toben derer, die Unrecht tun. Sie schärfen ihre Zunge wie ein Schwert, sie schießen giftige Worte wie Pfeile, um den Schuldlosen von ihrem Versteck aus zu treffen... Ihr Inneres ist heillos verdorben, ihr Herz ist ein Abgrund. Da trifft sie Gott mit seinem Pfeil; sie werden jählings verwundet... Der Gerechte freut sich am Herrn» (Ps. 64; 3–5,7,8,11). «Gepriesen sei der Herr..., denn Gott zerschmettert

das Haupt seiner Feinde, den Kopf des Frevlers, der in Sünde dahin-
lebt. Der Herr hat gesprochen: ‹... *dein Fuß wird baden im Blut, die
Zunge deiner Hunde ihren Anteil bekommen an den Feinden*›... Versammelt euch und preist unseren Gott!» (Ps. 68; 20,22,24,27).

«Zahlreicher als die Haare auf meinem Kopf sind die, die mich
grundlos hassen. Zahlreich sind meine Verderber, meine verlogenen
Feinde... Dir stehen meine Widersacher alle vor Augen... Blende
ihre Augen, so daß sie nicht mehr sehen; lähme ihre Hüften für
immer! Gieß über sie deinen Grimm aus, dein glühender Zorn soll
sie treffen... Rechne ihnen Schuld über Schuld an, damit sie nicht
teilhaben an deiner Gerechtigkeit. Sie seien aus dem Buch des Lebens getilgt...» (Ps. 69; 5,20,24,25,28,29). «... ihr Herz läuft über
von bösen Plänen und was sie sagen, ist schlecht» (Ps. 73; 7,8).

Hinter alldem steht immer wieder das Bild Gottes als eines zornig vergeltenden und strafenden Zuchtmeisters: «Wenn seine (Davids) Söhne meine Weisung verlassen, nicht mehr leben nach meiner Ordnung, wenn sie meine Gesetze entweihen, meine Gebote
nicht mehr halten, dann werde ich ihr Vergehen mit der Rute strafen und ihre Sünde mit Schlägen» (Ps. 89; 32,33). «Denn wir vergehen durch deinen Zorn, werden vernichtet durch deinen Grimm.
Du hast unsere Sünden vor dich hingestellt, unsere geheime Schuld
in das Licht deines Angesichts» (Ps. 90; 7,8). «Wenn auch die Frevler gedeihen und alle, die Unrecht tun, wachsen, so nur, damit du
sie für immer vernichtest» (Ps. 92; 8).

Und David, als König und oberster Richter, hält sich an dieses
Modell: «Morgen für Morgen spreche ich das Urteil über die Frevler im Land, um in der Stadt des Herrn alle auszurotten, die Unrecht tun» (Ps. 101; 8).

Es kommt aber auch (sehr selten) vor, daß sich Gott von offenbar
«menschlicheren» Menschen in seiner Straf- und Vergeltungssucht
bremsen läßt: «Da faßte er (Gott) einen Plan, und er hätte sie (die
Israeliten wegen der Verehrung des Goldenen Kalbes) vernichtet,
wäre nicht Mose, sein Erwählter, für sie in die Bresche gesprungen,
so daß Gott sie im Zorn nicht vertilgte» (Ps. 106; 23).

Nicht so der Psalmist selbst, sein Haß und seine Vernichtungswut gegen seine Feinde steigern sich zu Exzessen, die kaum noch zu übertreffen sind: «Gott, den ich lobe, schweig' doch nicht! Denn ein Mund voll Frevel, ein Lügenmaul hat sich gegen mich aufgetan. Sie reden zu mir mit falscher Zunge, umgeben mich mit Worten voll Haß und bekämpfen mich ohne Grund. Sie befeinden mich, während ich für sie bete, sie vergelten mir Gutes mit Bösem, mit Haß meine *Liebe.* Sein Frevel stehe gegen ihn auf als Zeuge, ein Ankläger trete an seine Seite. Aus dem Gericht gehe er verurteilt hervor, selbst sein Gebet werde zur Sünde. Nur gering sei die Zahl seiner Tage, sein Amt soll ein anderer erhalten: *Seine Kinder sollen zu Waisen werden und seine Frau zur Witwe. Unstet sollen seine Kinder umherziehen und betteln, aus den Trümmern ihres Hauses vertrieben.* Sein Gläubiger reiße all seinen Besitz an sich, Fremde sollen plündern, was er erworben hat. Niemand sei da, der ihm die Gunst bewahrt, *keiner, der sich der Waisen erbarmt. Seine Nachkommen soll man vernichten,* im nächsten Geschlecht schon erlösche sein Name. Der Herr denke an die Schuld seiner Väter, ungetilgt bleibe die Sünde seiner Mutter. Ihre Schuld stehe dem Herrn allzeit vor Augen... Er zog den Fluch an wie ein Gewand; der dringe wie Wasser in seinen Leib, wie Öl in seine Glieder. Er werde für ihn wie das Kleid, in das er sich hüllt, wie der Gürtel, der ihn allzeit umschließt. So lohne der Herr es denen, die mich verklagen, und denen, die Böses gegen mich reden» (Ps. 109; 2–15,18–20). Wie psychologisch wahrscheinlich und stimmig bei einem (göttlich inspirierten!) Menschen, der zu solchen Haßgefühlen fähig ist, die noch nicht einmal vor den verwaisten Kindern seines Feindes haltmachen, oder wie heuchlerisch-verlogen die in kaum überbietbarer Selbstgerechtigkeit (bei exzessivsten Vernichtungswünschen!) vorgestellte Selbstbeschreibung sein dürfte («Sie befeinden mich, *während ich für sie bete,* sie vergelten mir *Gutes* mit Bösem, mit Haß meine *Liebe*»), dies mag der Leser selbst entscheiden.

In unmittelbarer Nachbarschaft zu dem berühmten, von den Kirchen immer auf Christus bezogenen Vers 110,4 «Du bist Priester auf ewig» folgt wieder die Beschreibung des hart strafenden Gottes: «Er hält Gericht unter den Völkern, er häuft die Toten, die Häupter zerschmettert er weithin auf Erden» (Ps. 110; 6).

Nicht genug, der Psalmist selbst gibt Gott entsprechende Ratschläge: «Was soll er dir tun, was alles dir antun, du falsche Zunge? Scharfe Pfeile von Kriegerhand und glühende Ginsterkohle dazu» (Ps. 120; 3,4), nicht ohne wieder in egozentrisch-selbstgerechter Weise sich selbst einseitig als Unschuldslamm anzupreisen: «Ich verhalte mich friedlich; doch ich brauche nur zu reden, dann suchen sie Hader und Streit» (Ps. 120; 7).

«Wolltest du, Gott, doch den Frevler töten!... Sie reden über dich voll Tücke und mißbrauchen deinen Namen. Soll ich die nicht hassen, Herr, die dich hassen, die nicht verabscheuen, die sich gegen dich erheben? *Ich hasse sie mit glühendem Haß...*» (Ps. 139; 19–22).

«Rette mich Herr, vor bösen Menschen..., denn sie sinnen in ihrem Herzen auf Böses, jeden Tag schüren sie Streit. Wie die Schlangen haben sie scharfe Zungen und hinter den Lippen Gift wie die Nattern... Er lasse glühende Kohlen auf sie regnen, er stürze sie hinab in den Abgrund, so daß sie nicht wieder aufstehen...» (Ps. 140; 2–4,11). Dieses Beten um Vernichtung der Feinde hält sich bis zu den letzten Psalmen durch: «Vertilge *in deiner Huld* meine Feinde, laß all' meine Gegner untergehen!» (Ps. 143; 12), ebenso wie die Zeichnung eines Gottes, der diese frommen Gebete nicht unerhört läßt: «Doch alle Frevler vernichtet er» (Ps. 145; 20).

So ist es nur stimmig, wenn der gesamte Psalter vor dem großen Halleluja, dem Lob Gottes «für seine großen Taten» (Ps. 150), im Psalm 149, der häufig, aber auch wieder selektiv, im ersten Vers «Singet dem Herrn ein neues Lied» (besonders bei kirchenmusikalischen Anlässen sehr beliebt) zitiert wird, mit einem wieder sehr gewalttätigen Bild schließt. Was hat denn dieses «neue Lied» zum Inhalt? «In festlichem Glanz sollen die Frommen frohlocken, auf ihren Lagern jauchzen: Loblieder auf Gott in ihrem Mund, ein *zweischneidiges Schwert in der Hand, um die Vergeltung zu vollziehen an den Völkern, an den Nationen das Strafgericht*, um ihre Könige mit Fesseln zu binden, ihre Fürsten mit eisernen Ketten, um Gericht über sie zu halten, so wie geschrieben steht. *Herrlich ist das für all seine Frommen.* Halleluja!» (Ps. 149; 5–9).

Man mag den Psalter aufgrund seines hohen Alters oder seiner

ästhetischen Qualitäten so wie Homers Odyssee, die Edda oder
das Nibelungenlied einschätzen wie man will; aber der Psalter, ein
von Gott inspirierter Text, ein «Gebetbuch von hohem Rang...
auch für Christus und die junge Kirche», verwendet von der heutigen Kirche «in der Nachfolge des Herrn... vor allen anderen
Gebetstexten für den Gottesdienst»?

Liest man die Psalmen unbefangen und läßt die in ihnen in weiten Teilen zum Ausdruck kommende Gesinnung unkontrolliert
primitiven, rachsüchtigen Hasses und egozentrischer Selbstgerechtigkeit unverstellt von theologischem Um- und Wegdeu-
tungsversuchen auf sich wirken, macht man sich dann die allgemeine Akzeptanz, ja fast «weihevolle» Verehrung gerade dieses
Teiles der Bibel bewußt, so wird auch gerade hier wieder besonders erschütternd deutlich, welche unglaublichen Wirkungen,
welche Verformungen und Verbiegungen (früh)kindliche Indoktrination, verstärkt durch psychologisch geschickt induzierte
Ängste, auf menschliches Denken ausüben kann, wieweit Inhalte
und Texte, die in anderem Kontext entrüstet zurückgewiesen
würden, nicht nur akzeptiert werden, sondern darüber hinaus als
«Gotteswort» oder zumindest als erstrangige Weltliteratur (es gibt
auch säkularisierte indoktrinierte Erziehungsinhalte!) größter Verehrung teilhaftig werden.

Was muß darüber hinaus in einem Menschen vorgehen, wie
muß ein Mensch geformt werden, der mit der oben angeführten
Aufforderung Ernst macht und den Psalter als Gebetbuch verwendet? Wird hier nicht spätestens der verräterische Ausdruck
– häufig nur oberflächlich von unechter «Nächstenliebe» verdeckt
– von Feindseligkeit und Strafbedürfnis so vieler biblischer Fundamentalisten und «Orthodoxer» verständlich?

Sollte nicht allmählich auch dem letzten klarwerden, daß die
wirklich gewichtigen Einwände gegen die Bibel nicht so sehr naturwissenschaftlicher, sondern ethisch-moralischer und anthropo-
logischer Art sind? Daß Gott die Welt nicht in sieben Tagen erschaffen hat, oder ob die Sonne stillstand oder nicht, stellen kaum
die heutigen Probleme mit der Bibel dar – hier wird häufig noch

gegen Ersatzargumente, «Pappkameraden», gekämpft –, sondern daß das ethisch-moralische Niveau des biblischen Gottes, der ja die Verkörperung des höchsten Gutes sein sollte, in vielen seiner Aussagen sich als so archaisch-inhuman erweist, daß es jedem heute lebenden Menschen nicht schwerfallen dürfte, eine Menge ihm bekannter *Menschen* zu benennen, deren, bei allen klar gesehenen Schwächen und Mängeln, ethisch-moralisches Niveau das des biblischen Gottes bei weitem übersteigen dürfte: *das* ist doch der wesentliche Einwand, der sich ja bekanntlich nicht nur aus der Bibel speist, die hier die partiell grausame, inhumane Realität zu einem großen Teil *richtig spiegelt,* wenn auch *inhuman-archaisch interpretiert* (Leiden und Übel als Strafen Gottes usw.), sondern genauso aus dem Faktum der unendlichen realen Leiden der Kreatur angesichts der Behauptung, es existiere ein zugleich allmächtiger, allwissender und die unendliche Liebe selbst verkörpernder, gütiger Gott: Das alte Problem der Theodizee, von den Kirchen oder sonstigen theistischen Apologeten bis heute eher verdrängt als gelöst. Denn nach wie vor besteht der alte Einwand in seiner ganzen Härte und ist nicht zurückgewiesen: Entweder ist Gott nicht allmächtig oder nicht die unendliche Liebe und Güte; denn wer möchte im Ernst ein Wesen als ethisch höchste Instanz akzeptieren, das all das Leiden, das in der Vergangenheit und heute noch in der menschlichen (wie auch außermenschlichen) Kreatur in so unvorstellbar großem Maße geschieht, verhindern könnte und nicht verhindert oder gar selbst hervorruft («Ohne dessen Wille nichts geschieht»)? Eine die biblische Weltsicht so weitgehend verdüsternde Vorstellung, das Leiden der Kreatur als Strafe für Sünden zu interpretieren, vor allem auch nach einer so unendlich wertvollen Sühne, wie sie der Tod Christi nach Meinung aller christlichen Konfessionen darstellt, impliziert ebenfalls ein so inhuman-zurückgebliebenes Gottesbild, daß man sich darüber jedes weitere Wort ersparen kann.

3. Das Buch Jesaia: Ein Gott, der weder «mit Witwen
    und Waisen Erbarmen hat» und dessen Gewand mit
    dem Blut der «Geschlachteten» bespritzt ist

Wie wenig vereinzelt, wie umfassend vielmehr die hier angesprochene archaisch-inhumane, gewalttätige, straf- und vergeltungs-
süchtige Einstellung das biblische Gottes- und Weltverständnis
bestimmt, kann ein Blick auf das dritte Kernstück des Alten Testamentes zeigen, das Buch Jesaia (ergänzend sollten wieder die für
Gewalttätigkeit gegen Außengruppen bzw. Krieg einschlägigen
Stellen S. 45 ff. mit herangezogen werden).

Auch hier findet sich weitgehend eine bedrückende Atmosphäre
der Straf- und Gewaltandrohung, im schroffen Widerspruch zu der
gerade mit Jesaia aufgrund einer hochselektiv erfolgenden entsprechenden religiösen Sozialisation eng verbundenen Assoziation von
freudig-friedlicher Advents- und Weihnachtsstimmung.

So findet sich etwa im Kapitel 9, das die berühmten, wieder fast
nur sehr selektiv zitierten und von den christlichen Kirchen auf Jesus bezogenen (Advents-)Verse enthält: «Das Volk, das im Dunkel
lebt, sieht ein helles Licht» (Jes. 9; 1) und «Denn uns ist ein Kind
geboren, ein Sohn ist uns geschenkt...» (Verse 5 und 6), schon
wenige Verse weiter die Beschreibung erbarmungsloser Bestrafung durch Gott: «Da stachelte der Herr Jakobs Gegner auf und
hetzte seine Feinde gegen ihn... Und sie fraßen Israel mit gierigem
Maul... Die Führer dieses Volkes sind Verführer; wer sich von
ihnen führen läßt, wird in die Irre geleitet. Deshalb verschont der
Herr weder die Männer, *noch hat er mit den Witwen und Waisen Erbarmen.* Denn *alle* sind ruchlos und böse; aus jedem Mund kommt
verruchtes Geschwätz. Doch bei alldem läßt sein Zorn nicht nach,
seine Hand bleibt ausgestreckt... Der Zorn des Herrn der Heere
versengte das Land; das Volk wurde ein Raub der Flammen...»
(Jes. 9; 10,11,15,16,18).

Und nur wenige Verse weiter findet sich wieder das Bild des
gewalttätigen göttlichen Zuchtmeisters: «Weh' Assur, dem Stock

meines Zorns! Es ist der Knüppel in meiner wütenden Hand. Gegen ein ruchloses Volk schicke ich ihn, auf die Nation, der ich zürne, lasse ich ihn los, damit er Beute erbeutet und raubt wie ein Räuber, sie zertritt wie den Staub auf den Straßen... Die Vernichtung ist beschlossen, die Gerechtigkeit flutet heran. Ja, Gott, der Herr der Heere, vollstreckt auf der ganzen Erde die Vernichtung, die er beschlossen hat» (Jes. 10; 5,6,22,23).

Diese Botschaft der Androhung exzessiver Strafen bis zur erbarmungslosen Vernichtung selbst von Kindern setzt sich im Kapitel 13, aus dem wir oben schon zitierten, in kaum noch zu steigernder Grausamkeit fort (vgl. oben S. 46).

Auch die anderen Teile des Buches Jesaia vermitteln uns nicht gerade eine adventlich-weihnachtliche «Frohe Botschaft»: «Seht her! Der Herr verheert und verwüstet die Erde; er verändert ihr Gesicht und zerstreut ihre Bewohner... Alle, die einst so heiter waren, seufzen und stöhnen. Verstummt ist der fröhliche Klang der Trommeln, der Lärm der Übermütigen ist zu Ende, verstummt ist der fröhliche Klang der Zither... Jede Freude ist verschwunden...» (Jes. 24; 1,7,8,11). «Denn ich habe es von Gott, dem Herrn der Heere, gehört: Die Vernichtung der ganzen Welt ist beschlossen» (Jes. 28; 22). «Seht her, der Herr kommt aus der Ferne. Sein Zorn ist entflammt, gewaltig drohend zieht er heran... Er spannt die Völker ins Joch und legt den Nationen den Zaum an, *um sie in die Irre und ins Unheil zu führen*... Vor der Stimme des Herrn wird Assur erschrecken, wenn er zuschlägt mit seinem Stock, jedes Mal, wenn die Zuchtrute auf Assur herabsaust, mit der der Herr auf es einschlägt» (Jes. 30; 27,28,31,32). (Welch pädagogisches Modell! Vgl. auch unten S. 191.) «Mein Atem ist wie ein Feuer, das euch verzehrt. *Die Völker werden zu Kalk verbrannt.* Sie lodern wie abgehauene Dornen im Feuer. Ihr in der Ferne, hört *was ich tue*; ihr in der Nähe, erkennt meine Kraft!» (Jes. 33; 11–13). Entsprechende Inhalte vermittelt das unten zitierte Kapitel 34. Ebenso entbehrt das vielzitierte «messianische» Kapitel 35 nicht dieses durchgehenden gewalttätigen Vergeltungsdenkens; dem bekannten vielzitierten Vers «Er selbst wird kom-

men und euch erretten» geht unmittelbar der Vers voraus «Die
Rache Gottes wird kommen und seine Vergeltung» (Jes. 35; 4),
und im Kapitel 47 heißt es: «Unerbittlich nehme ich Rache,
spricht unser Erlöser: ‹Herr der Heere› heißt er und ‹der Heilige
Israel›» (Jes. 47; 3,4).

«*Er macht die Rache zu seinem Gewand*... Wie es die Taten verdienen, so übt er Vergeltung; er zürnt seinen Gegnern und vergilt
seinen Feinden; bis hin zu den Inseln übt er Vergeltung» (Jes. 59;
17,18). «Denn jedes Volk und jedes Reich, das dir nicht dient, geht
zugrunde, die Völker werden völlig vernichtet» (Jes. 60; 12).

Bezeichnend scheint die hier angesprochene vielsagende Verbindung bzw. Gleichsetzung von Rache und Erlösung: «Wer ist
jener, der aus Edom kommt, aus Bozra in rot gefärbten Gewän-
dern?... ‹Ich bin es, ich verkünde Gerechtigkeit, ich bin der
mächtige Helfer.› Warum aber ist dein Gewand so rot, ist dein
Kleid wie das eines Mannes, der die Kelter tritt? ‹Ich allein trat die
Kelter; von den Völkern war niemand dabei. Da *zertrat ich sie voll
Zorn, zerstampfte sie in meinem Grimm. Ihr Blut spritzte auf mein Gewand* und befleckte meine Kleider. Denn ein Tag der *Rache* lag mir
im Sinn, und das Jahr der *Erlösung* war gekommen... Ich zertrat
die Völker in meinem Zorn, ich zerschmetterte sie in meinem
Grimm und ihr Blut ließ ich zur Erde rinnen.› Die *Huld* des Herrn
will ich preisen, die *ruhmreichen Taten* des Herrn, alles, was der
Herr für uns tat, seine *große Güte*...» (Jes. 63; 1–4,6,7).

Besonders hart straft dieser Gott wieder Menschen, die sich
nicht für ihn, sondern für andere Gottheiten entscheiden (also das
Grund- und Menschenrecht der freien Religionsausübung wahrnehmen): «Euch aber, die ihr den Herrn verlassen, meinen heiligen Berg vergessen, dem Glücksgott den Tisch gedeckt und dem
Gott des Schicksals den Weinkrug gefüllt habt, überantworte ich
dem Schwert: Ihr müßt euch alle ducken und werdet *geschlachtet*... Ihr habt getan, was mir mißfällt, und habt euch für das entschieden, was ich nicht will... Ihr werdet schreien vor Herzeleid
und heulen vor Verzweiflung. Ihr müßt euren Namen dazu hergeben, daß meine Auserwählten ihn beim Eid als Fluchwort gebrau-

chen und sagen: Genauso töte dich Gott, der Herr» (Jes. 65; 11,12,14,15).

Daß auch schon geringfügigere Anlässe (wie etwa weibliche «Eitelkeit» und Freude, sich zu schmücken) die Straf- und Vergeltungssucht dieses biblischen Gottes auslösen können, zeigt im übrigen etwa Kapitel 3; 16–25.

Gravierend erscheint auch hier wieder der Umstand, daß Gott selbst die Verhärtung und Verstockung des Volkes bewirkt, «damit es sich nicht bekehre und nicht geheilt werde» (und so das Strafbedürfnis des biblischen Gottes bzw. des Bibelschreibers und -lesers befriedigt werden kann): «Da sagte er (der Herr): ‹Hören sollt ihr, hören, aber nicht verstehen. Sehen sollt ihr, sehen, aber nicht erkennen. Verhärte das Herz dieses Volkes, verstopf' ihm die Ohren, verklebe ihm die Augen, damit es mit seinen Augen nicht sieht und mit seinen Ohren nicht hört, damit sein Herz nicht zur Einsicht kommt und sich nicht bekehrt und nicht geheilt wird.› Ich fragte: ‹Wie lange, Herr?› Er antwortete: ‹Bis die Städte verödet sind und unbewohnt, die Häuser menschenleer, bis das Akkerland zur Wüste geworden ist.› Der Herr wird die Menschen weit weg treiben: dann ist das Land leer und verlassen. Bleibt darin noch ein Zehntel übrig – auch sie werden schließlich vernichtet…» (Jes. 6; 9–13). «Warum läßt *du* uns, *Herr*, von deinen Wegen abirren und *machst unser Herz hart,* so daß wir dich nicht mehr fürchten?» (Jes. 63; 17).

Die düstere Atmosphäre der Drohungen mit exzessiven Strafen, häufig bis zur Vernichtung, die auch dieses zentrale Buch der Heiligen Schrift, der von Gott geoffenbarten höchsten religiösen und ethischen Normenquelle aller christlichen Kirchen und Glaubensgemeinschaften, kennzeichnet, dürfte mit diesen, durchaus vermehrbaren Zitaten deutlich geworden sein.

Sie verliert nicht ihr m. E. im Hinblick auf eine heute noch redlich vollziehbare, biblisch begründete Religiosität vernichtendes Gewicht durch die, wie sollte es bei einem Produkt menschlicher Projektion anders sein, ebenfalls zu findenden, im Gesamt eher zurücktretenden tröstlich-positiven Abschnitte (z. B. 55; 7 und 57;

15–19 und 58); denn diese sind, soweit überhaupt vorhanden, eingebettet in die beschriebene allgemeine, alles durchdringende düstere Atmosphäre rächender und strafender Gewalttätigkeit (sowohl im Gesamt des Buches Jesaia wie auch der fünf Bücher Mose
oder der Psalmen) und häufig auch durch eine jeweils enge text-
liche Verzahnung mit dieser amalgamiert: «Der Herr wird die
Ägypter zwar schlagen, er wird sie aber auch heilen: Wenn sie
zum Herrn umkehren, läßt er sich durch ihre Bitte erweichen und
heilt sie» (Jes. 19; 22).

· Wie untrennbar die auch eher seltenen «positiven» Stellen in die
durchgehend fast als selbstverständlich dargestellte Atmosphäre
inhuman-archaischer Straf- und Rachsucht eingebunden sind –
eine Tatsache, die, wie schon oben angeführt, nur durch eine
hochselektive kirchliche Zitierpraxis und ein jahrhundertelanges
Verbot der Kirche für Laien, die Bibel zu lesen, weitgehend verborgen bleiben konnte –, zeigt sehr anschaulich das Schlußkapitel,
mit dem das Buch Jesaia endet: «Wie diese Menschen *ihre eigenen
Wege wählen* und an ihren Gottesbildern Gefallen haben, so wähle
ich für sie die Strafe aus und bringe über sie Schrecken. Denn sie
gaben keine Antwort, als ich sie rief, als ich zu ihnen redete, hörten sie nicht; sondern sie haben getan, was mir mißfällt, und sie
haben sich für das entschieden, was ich nicht will… Horcht: Getöse dringt aus der Stadt, Getöse aus dem Tempel. Horcht: Der
Herr vergilt seinen Feinden ihr Tun. Freut euch mit Jerusalem! Ju-
belt in der Stadt, alle die ihr sie liebt. Seid fröhlich mit ihr, alle die
ihr über sie traurig ward… Denn so spricht der Herr: ‹Seht her:
Wie ein Strom leite ich den Frieden zu ihr und den Reichtum der
Völker wie einen rauschenden Bach. Ihre Kinder wird man auf
den Armen tragen und auf den Knien schaukeln: Wie eine Mutter
ihren Sohn tröstet, so tröste ich euch; in Jerusalem findet ihr
Trost. Wenn ihr das seht, wird euer Herz sich freuen, und ihr werdet aufblühen wie frisches Gras.› So offenbart sich die Hand des
Herrn an seinen Knechten, aber seine Feinde wird er bedrohen. Ja,
seht, der Herr kommt wie das Feuer heran, wie der Sturm sind
seine Wagen, um in glühendem Zorn Vergeltung zu üben, und er

droht mit feurigen Flammen. Ja, mit Feuer und Schwert hält der Herr Gericht über alle Sterblichen und *viele sind es, die der Herr erschlägt*... Wie der neue Himmel und die neue Erde, die ich erschaffe, vor mir stehen – Spruch des Herrn –, so wird euer Stamm und euer Name da stehen. ‹An jedem Neumond und an jedem Sabbat wird alle Welt kommen, um mir zu huldigen›, spricht der Herr. ‹Dann wird man hinausgehen, um die Leichen derer zu sehen, die sich gegen mich aufgelehnt haben. Denn der Wurm in ihnen wird nicht sterben, und das Feuer in ihnen wird niemals erlöschen; ein Ekel sind sie für alle Welt›» (Jes. 66; 3,4,6,10–16, 22–24).

4. Erstes Resümee: Der archaisch-inhumane Umgang mit normabweichendem «sündigem» Verhalten in den Kernbüchern des Alten Testamentes und seine Bedeutung für die Bewertung biblisch begründeter Religiosität

Zieht man aus den fünf Büchern Mose, aus den Psalmen und dem Buch Jesaia als Kernstücken des Alten Testaments bzw. aus den hier angeführten Zitaten ein erstes Fazit, so zeigt sich insgesamt eine weitgehend durchgängige Einstellung, normabweichendes Verhalten durch barbarische Strafen bis hin zur physischen Vernichtung oder durch deren Androhung zu «bewältigen» (fürwahr ein göttlich-moralisches Modell!). Daß diese Einstellung nicht nur vereinzelt vertreten wird, sozusagen eine «Panne» oder einen «Betriebsunfall» darstellt, sondern weitgehendst die hier herangezogenen Kernbücher des Alten Testamentes kennzeichnet, dürfte die Fülle der angeführten – durchaus noch vermehrbaren – Zitate gezeigt haben.

Ihr argumentatives Gewicht gegen die Bibel als Normenquelle göttlichen Ursprungs, als einem heutigen Menschen auch nur bescheidenen humanen ethischen Standards noch zumutbare «göttliche Offenbarung», wird auch durch die ebenfalls zu findenden, wenngleich insgesamt eher zurücktretenden human oder ethisch positiv zu bewertenden Stellen nicht aufgehoben: Es wäre psychologisch ganz unwahrscheinlich, daß die Bibel gerade als *menschliches* Produkt oder Ergebnis einer Projektion menschlicher Zuständlichkeiten und Weltinterpretationen in ein höheres Wesen, eben Gott, ethisch und human nur negativ zu beurteilende Aussagen enthielte. Aber: Ein Buch, das den Anspruch erhebt, eben nicht nur menschlichen Ursprungs, sondern (gar in «allen ihren Teilen») göttlich inspirierter Basistext und letzte Leitlinie und Instanz ethisch-moralischen und religiösen Denkens und Handelns zu sein, darf nicht in diesem großen Ausmaß exzessiv inhuman-archaische Projektionen, Modelle, Leitbilder enthalten. Dies muß sich äußerst verhängnisvoll auswirken und hat sich so ausgewirkt: Die wirkliche, nicht die in unseren Schulen hochselektiv gelehrte Kirchengeschichte ist voller Belege.

Auch das manchmal von theologischer Seite angeführte apologetische Argument, Gott habe sich dem Entwicklungsstand des (frühen) Menschen in seiner Verkündigung anpassen müssen, ist von kaum zu überbietender Kurzschlüssigkeit: Gott, allmächtig und unendliche Liebe, wäre als absolut souveräner Schöpfer auch für den entsprechenden inhuman-archaischen Entwicklungsstand und seine grauenhaften Implikationen verantwortlich, ganz abgesehen davon, daß eine solche Argumentation der Tatsache, daß der biblische Gott selbst ausdrücklich exzessiv inhumanes Verhalten befiehlt, selbst modellhaft ausführt oder damit droht, in keiner Weise gerecht wird.

Auch die immer wieder versuchte Relativierung des Alten Testamentes gegenüber dem Neuen Testament kann nicht befriedigen. Denn: «Die Bibel (griechisch ‹biblos› = Buch) oder die Heilige Schrift ist eine Sammlung von Büchern, die das Alte und Neue Testament umfaßt. Das *Alte Testament wird von Juden und Christen als Offenbarungsurkunde betrachtet.* Die Bücher des Alten Testamentes stammen von Verfassern, durch die Gott zu den Menschen spricht und durch die das Volk Israel seinen Glauben an die Heilstaten und Verheißungen Gottes bekennt. Juden und Christen glauben an die Inspiration (Eingebung) dieser Bücher durch den Geist Gottes. Das Verzeichnis der Bücher, die zur Heiligen Schrift gehören, nennt man Kanon (griechisch ‹kanon› = Maßstab), weil sie *den Maßstab für den Glauben darstellen*. Jesus und seine Jünger übernahmen die Bücher der Heiligen Schrift, wie sie ihr Volk kannte, und beriefen sich in ihrer Botschaft auf sie als auf das Wort Gottes» (Die Bibel, Einheitsübersetzung S. 1, Vorwort zum Alten Testament; vgl. auch die Leitzitate dieses Kapitels S. 21 f.). Auch das Alte Testament ist nach allgemeiner Glaubensaussage so gut wie aller christlichen Kirchen wie auch nach der ihm offenbar selbstverständlichen Auffassung Jesu, der Apostel und ersten Anhänger das Wort des sich nach allgemein christlicher Lehre stets gleichbleibenden Gottes. Auch das Alte Testament wird so folgerichtig, und zwar *in seiner Gesamtheit*, von den Kirchen und christlichen Konfessionen wie kein anderes Buch weltweit verbreitet als Gottes Wort und Gebot.

b. Das Neue Testament

1. Die unlösbare Legierung positiv-humaner (Liebesgebot) mit gewalttätig-grausamen Einstellungsmomenten gegenüber abweichendem oder «sündigem» Verhalten

Aber: Wird das Alte Testament durch das Neue Testament eventuell «aufgehoben», «geheilt», «überhöht» (für ein «Gotteswort» eigentlich eine Unmöglichkeit, aber denken wir einmal diese theologische Unmöglichkeit)? Gibt es nicht doch fundamentale Unterschiede zwischen Altem und Neuem Testament, was den Umgang mit normabweichendem Verhalten, mit Frevlern, Sündern usw. angeht?

Die Überprüfung wesentlicher neutestamentarischer Aussagen im Hinblick auf diese Frage zeigt, daß auch die in diesem Zusammenhang zitierbaren und immer wieder zitierten positiven Aussagen zum Verzeihen und zur Feindesliebe eng gekoppelt und eingebunden sind in einen sich ganz folgerichtig aus dem alttestamentarischen Gottesverständnis ergebenden Hintergrund der gewalttätigen Bestrafung des Sünders, die gipfelt in der nicht mehr überbietbaren exzessivsten Strafe der *ewigen* Höllenqualen für teilweise auch relativ geringe zeitliche Vergehen.

Daß auch die Interpretation des Kreuzestodes als Sühneopfer und Erlösungstat, *das* zentrale Ereignis für alle christlich-biblischen Religionen, überhaupt nur auf dem Hintergrund eines auf Strafe bedachten gewalttätigen alttestmentarischen Gottes psychologisch erklärbar wird, auf diesen nur durch frühkindliche und permanent fortdauernde Indoktrination nicht mehr sichtbaren, aber eigentlich offen zutage liegenden Tatbestand wird noch im einzelnen einzugehen sein (vgl. unten S. 131 ff.).

Stellt man die oft ganz anderen Entstehungsanlässe der einzelnen Schriften und den im Vergleich zum Alten Testament viel geringeren Gesamtumfang in Rechnung, so fällt zunächst die Anzahl einschlägiger, d. h. hinsichtlich der Einstellung von Gewalttätigkeit und Strafbedürfnis kritischer Stellen angesichts des durch die *modernen* Kirchen ganz anders vermittelten Bildes des Neuen Testamentes um so stärker ins Gewicht.

Wendet man sich zunächst den synoptischen, und das heißt nach fast allgemeiner Übereinstimmung der Bibelwissenschaft noch am ehesten authentischen Evangelien nach Markus, Lukas und Matthäus zu, so stößt der unbefangene Leser auch hier auf den schon oben besprochenen Sachverhalt, daß die geschilderten ethisch und human positiv zu beurteilenden «sympathischen» Züge Jesu – die Heilung von Kranken (denen allerdings genauso häufig Dämonenaustreibungen gegenüberstehen, ein Sachverhalt, dessen folgenschwere Problematik noch unten zu besprechen sein wird, vgl. S. 164 ff.), die Auferweckung eines Toten, Sündenvergebung, die Zuwendung zu Zöllnern und Sündern, die Wendung gegen eine formalistisch-starre Handhabung des Sabbatgebotes, die Aufforderung zu einer Haltung des Dienens und nicht des Herrschens und generell zur Gottes- und Nächstenliebe, zum Verzicht auf Gegengewalt bis zur Feindesliebe – eingebettet und eng verbunden sind mit einem offenbar durchgehend für die Bibel charakteristischen Hang zu exzessiv gewalttätigen Strafphantasien und -drohungen (es fällt schwer, nicht an die wesentlichsten Strafen des unter der geistigen Herrschaft der Kirche stehenden christlichen Mittelalters zu denken: Ersäufen, Verbrennen...). Jesus-Worte: «Wer einen von diesen Kleinen, die an mich glauben, zum Bösen verführt, für den wäre es besser, wenn er mit einem Mühlstein um den Hals im tiefen Meer versenkt würde. Wehe der Welt mit ihrer Verführung! Es muß zwar Verführung geben; doch wehe dem Menschen, der sie verschuldet» (Mt. 18; 6,7 entspr. Mk. 9; 42 u. Lk. 17; 2).

2. Die Lehre des Jesus der synoptischen Evangelien von den ewigen Höllenstrafen.
   Seine häufig übersehene Neigung zu einer undifferenzierten Leistungsethik und entsprechend gewalttätigen Bestrafungspraktiken

Nach dieser Strafphantasie und -drohung, deren Qualität eigentlich nicht weiter erörtert werden muß, fährt der Text unmittelbar fort: «Wenn dich deine Hand zum Bösen verführt, dann hau' sie ab; es ist besser für dich, verstümmelt in das Leben zu gelangen, als mit zwei Händen in *die Hölle zu kommen, in das nie erlöschende Feuer.* Und wenn dich dein Fuß zum Bösen verführt, dann hau' ihn ab; es ist besser für dich, verstümmelt in das Leben zu gelangen, als mit zwei Füßen *in die Hölle geworfen zu werden.* Und wenn dich dein Auge zum Bösen verführt, dann reiß' es aus; es ist besser für dich, einäugig in das Reich Gottes zu kommen, als mit zwei Augen *in die Hölle geworfen zu werden, wo ihr Wurm nicht stirbt und das Feuer nicht erlischt*» (Mk. 9; 43–48 u. entspr. Mt. 5; 29,30; all dies im Rahmen der Bergpredigt!).

Jesus führt so eine für das Neue Testament spezifische* Strafvorstellung ein, nämlich von der ewigen Höllenstrafe, eine Strafandrohung, deren *unheilvolle, psychisch verheerende Wirkung in der Geschichte des Christentums auf unzählige Menschen gar nicht übertrieben werden kann.* Man versuche, sich von aller Gewöhnung durch religiöse Erziehung einmal frei und sich hier klarzumachen, was eine Drohung mit *ewig dauernden extremen Qualen* psychologisch bedeuten muß; dagegen verblassen alle sonst bekannten Folterungen und Strafen, weil diese immerhin zeitlich endlich sind. Bei aller Anerkennung der positiven Züge Jesu (und bei aller Schonung der Gefühle von Gläubigen): Kann ein ethischer und religiöser Lehrer, der solche Strafandrohungen wie selbstverständlich heranzieht und mit ihnen umgeht, der solche Strafphantasien offenbar unproblematisch akzeptiert oder entwickelt, kann ein solcher Mann heute noch als Verkörperung des absolut Guten, der absoluten Liebe, als Gott verkündet werden?

Ich möchte, generell in diesem Buch, mit starken Worten sparsam umgehen, aber es gibt kaum ein anderes psychologisches Phänomen wie dasjenige der Drohung mit *ewig dauernden* Qualen, das so sehr den Namen psychischen Terrors verdiente! Hier liegt, vielleicht neben der Kreuzeslehre, der eigentliche, m. E. unheilbare Skandal gerade des Neuen Testaments und damit aller sich auf das Neue Testament berufenden christlichen Kirchen und Konfessionen. In diesem Punkt fällt das Neue Testament, was archaischinhumane Grausamkeit angeht, noch hinter das Alte Testament zurück.

Spätestens hier müßte sich für jeden nur einigermaßen human

---

* Die wenigen Stellen des Alten Testamentes, die als Zeugnis einer schon vorhandenen Höllenvorstellung gedeutet werden könnten (Jes. 66; 24 u. Dan. 12; 2; vgl. auch Haag 1978, S. 81), bleiben eher mehrdeutig-vage und schon in ihrem Gesamtstellenwert weit hinter den eindeutig-klaren und häufigen entsprechenden Aussagen des Neuen Testamentes zurück.

denkenden Menschen die Frage der Entscheidung stellen, ob er eine «heilige Schrift» akzeptieren will, die diese Lehre enthält.

Denn daß diese Lehre genuiner Bestandteil des Neuen Testamentes ist, diese Peinlichkeit wird zwar heute von modernen Theologen teils verschwiegen, teils durch allerlei dialektische Künste zu verharmlosen versucht. Demgegenüber halten so gut wie alle Kirchen in ihren offiziellen, verbindlichen Lehrverlautbarungen an dieser Lehre von den ewigen Höllenqualen fest, widerrufen sie zumindest nicht offiziell.

So wird auch heute noch etwa in der von Karl Rahner (!) und Karl Heinz Weger neu bearbeiteten und «dem Stand *heutigen* theologischen Denkens angepaßten» (Vorwort zur 8. Auflage), 1986 neu gedruckten 12. Auflage von Josef Neuner und Heinrich Roos «Der Glaube der Kirche in den Urkunden der Lehrverkündigung», einer «Sammlung der wichtigsten Urkunden über den katholischen Glauben», in denen «die Kirche selbst das Gut der Offenbarung, das ihr Christus anvertraut hat, in Worte gekleidet, und dem gläubigen Volk als Entscheidung oder Belehrung vorgelegt hat» (Vorwort), sowohl die Existenz wie die ewige Dauer wie die spezifische Qualität der «Qual» und «Pein» der Höllenstrafe ausdrücklich als unumstößliche, durch Verlautbarungen des päpstlichen Lehramtes wie konziliare Entscheidungen und Glaubensbekenntnisse bezeugte und von gläubigen Katholiken zu akzeptierende Glaubenslehre herausgestellt (S. 530ff.). Gleichzeitig wird der fast schon verzweifelt anmutende, schon auf Origenes zurückgehende Versuch, einen Rest von Humanität und Barmherzigkeit dieses strafenden christlichen Gottes durch die Annahme einer zeitlichen Begrenzung dieser Höllenstrafe zu retten, ausdrücklich zurückgewiesen: «Wer sagt oder glaubt: ‹Die Strafe der bösen Geister und gottlosen Menschen sei nur zeitlich und werde nach bestimmter Zeit ein Ende nehmen, und dann komme eine völlige Wiederherstellung (Apokatastasis) der bösen Geister und gottlosen Menschen, der sei ausgeschlossen›» (a.a.O., S. 531).

Auch die evangelisch-lutherische Kirche verkündet den entsprechenden Sachverhalt als lehrverbindliche Aussage. So heißt es etwa in der «Augsburgischen Konfession», bekanntlich ein Kernstück der die evangelisch-lutherische Lehre verbindlich definierenden «Bekenntnisschriften der evangelisch-lutherischen Kirche» im XVII. Artikel 1–13: «Auch wird gelehret, daß unser Herr Jesus Christus am Jüngsten Tag kommen wird, zu richten... Die gottlosen Menschen aber und die Teufel in die Hölle und ewige Straf' verdammen. Deshalben werden die Wiedertäufer verworfen, so lehren, daß die Teufel und verdammte Menschen nicht ewige Pein und Qual haben werden» (1956³, S. 72). Hier besteht also eine ungebrochene ökumenische Tradition und Gemeinsamkeit, ursprünglich auch in dem Bekenntnis («Großer Katechismus»), daß, «was außer der Christenheit ist, es seien Heiden, Türken, Juden oder falsche Christen... in ewigem Zorn oder Verdammnis bleiben» (a.a.O., S. 661).

Das Athanasische Glaubensbekenntnis schließt mit den Sätzen: «Und die, welche Gutes getan haben, werden eingehen zum ewigen Leben, die aber Böses getan haben, ins *ewige* Feuer. Dies ist der katholische Glaube, wer ihn nicht treu und fest umfaßt, kann nicht selig werden» (Neuner, J. u. Roos, H. / Rahner, K. u. Weger, K. H., 1986¹², S. 548), um nur wenige der zahlreichen entsprechenden, heute noch jeden Katholiken zur Annahme verpflichtenden Lehraussagen und -entscheidungen zu zitieren.

Dabei wurde und wird immer wieder ausdrücklich großer Wert auf die Feststellung gelegt, daß die ewige Höllenstrafe nicht nur seelisch, sondern auch am Leibe, also auch physisch vollzogen werde: «Er (Jesus Christus) wird kommen am Ende der Welt zum Gericht über Lebende und Tote, einem jeden zu vergelten nach seinen Werken, den Verworfenen wie den Auserwählten. Diese werden alle mit dem eigenen Leib, den sie hier tragen, auferstehen, *damit* die einen mit dem Teufel die ewige Strafe und die anderen mit Christus die ewige Herrlichkeit empfangen, je nach ihren guten oder schlechten Werken» (a.a.O., S. 532f.).

Man stimmt also durchaus mit der aktuellen Lehre zumindest der katholischen Kirche überein, wenn man sich die Hölle auch als Ort ewig dauernder körperlich-phyischer Qualen vorstellt. Solange eine Kirche sich nicht von solchen Vorstellungen *eindeutig* und *klar* distanziert, muß sie sich den Vorwurf extremer Inhumanität und des Einsatzes extremer psychischer Angst- und Drohmechanismen mit allen bekannten verheerenden psychischen Folgen gefallen lassen, den Vorwurf, «die Seelen» mit «unerhörtem Druck», mit einer der schlimmsten Methoden von «Seelenzwang» «in ihrer Hand» zu behalten (Jaspers, 1962, S. 85, 86); um so wirksamer, als die Kirche, sobald «sie die Macht dazu besaß», diese «geistige Methode des Seelenzwangs» durch von ihr initiierte diesseitige Zwangsmethoden ergänzte: Folterung und qualvolle Hinrichtungsarten führten zu einer «vorher nie dagewesenen Vergewaltigung der Seelen und Völker» (Jaspers, 1962, S. 89). (Scharf wendet sich Karl Jaspers gegen die auch hier beflissen auftretenden akademischen «Weißwäscher» [Brecht]: «Die historische Methode aus dem Geist der Zeiten zu verstehen und in dem Sinne eines sich für überlegen haltenden historischen Urteils gleichsam zu rechtfertigen, vergißt, daß es jederzeit die anderen Menschen gab, die begriffen. Wir verraten sie, die mit uns im Bunde sind, an den vermeintlich zwingenden Geist der Zeit. Diese historische Haltung erzeugt, wenn sie sich absolut setzt, jene innere Widerstandslosigkeit, die wir schaudernd kennengelernt haben» [a.a.O., S. 90]).

In diesem Zusammenhang muß geradezu abenteuerlich und darüber hinaus fast zynisch anmuten, diese Lehre von der Auferstehung des Leibes zu einer ewigen qualvollen und leiblich vollzogenen Höllenstrafe mit einem Kampf um «die Würde des menschlichen Leibes» in Verbindung zu bringen, ebenso wie die Feststellung, daß eine solche «Lehre von den letzten Dingen die tiefste übernatürliche Sinngebung der Weltgeschichte, die zuletzt *Heils*geschichte zur *Verherrlichung Gottes* ist»: Beide Aussagen finden sich im zusammenfassenden Kommentar der immerhin, noch einmal sei darauf hingewiesen, von Karl Rahner (!), nach dem erst kürzlich ein Platz vor der Universität, an der ich lehre, benannt wurde, herausgegebenen Sammlung verbindlicher Lehraussagen der katholischen Kirche (Neuner, J. u. Roos, H. / Rahner, K. u. Weger, K. H., 1986^{12}, S. 529).

Wie offen und uneingeschränkt im übrigen der Glaube an die ewige Höllenstrafe und die Drohung mit ihr nicht nur in dem vielen heutigen katholisch erzogenen Erwachsenen als schulisches Religionsbuch noch bekannten «Einheitskatechismus» von Theodor Mönnichs, sondern auch in dem entsprechenden Nachfolgewerk, dem 1955 im Auftrag der deutschen Bischöfe herausgegebenen «Katholischen Katechismus der Bistümer Deutschlands» (mit Untermauerung durch die entsprechenden katechetischen Handbücher) intellektuell noch weitgehend wehrlosen Kindern indoktriniert wurde, vermittelt eindrucksvoll mit vielen Belegen und Zitaten Haag (1974, S. 74ff., vgl. dazu auch unten S. 382ff.).

Neben den an zahllosen christlich erzogenen Menschen früherer und auch noch dieser Zeit angerichteten psychischen Verheerungen ist auch auf die – explizit oder implizit – hemmende Wirkung dieser neutestamentlichen Lehre über eine extreme, ewig dauernde und *endgültige* Bestrafung auf die Ausbildung humaner Einstellungen zum Strafvollzug hinzuweisen, auf die zentrale, ja tendenziell ausschließliche Betonung des Vergeltungs- und Sühneaspekts von Strafen. Pius XII. hat diesen Sachverhalt, biblisch konsequent, klar herausgestellt, wenn er die «modernen Theorien», die «die Sühnung des begangenen Verbrechens als *wichtigste* Aufgabe der Bestrafung nicht in Betracht ziehen», verwirft und unter ausdrücklicher Berufung auf Mt. 16; 27 u. Röm 2; 6 und 13; 4 feststellt: «Aber der Höchste Richter wendet in seinem Letzten Gericht *einzig* den Grundsatz der Vergeltung an. Dieser muß also von großer Bedeutung sein» (Pius XII., 1952, S. 117ff.; Kursiv vom Verf.; vgl. auch Kaufmann, 1965, S. 197). Obwohl an einen großen Internationalen Kongreß von Strafrechtswissenschaftlern gerichtet, ist mir nicht zu Ohren gekommen, daß juristische Fakultäten oder Kriminologen gegen diese päpstliche (und biblische) Botschaft vernehmbar protestiert hätten.

Die Amtskirchen und ihr offizielles Lehramt sind in Fragen der ewigen Höllenstrafen meist konsequenter, wenn auch weniger human als eine Reihe moderner Universitätstheologen. Aber können sich die Kirchen denn von dieser Lehre überhaupt distanzieren, ohne sich zugleich von der Bibel, und zwar auch und gerade der neutestamentlichen, zu distanzieren? Kehren wir zu dieser Quelle des christlichen Glaubens zurück.

Allein 38 Stellen, sämtlich im Neuen Testament, führt der Index der von der württembergischen Bibelanstalt Stuttgart 1952 herausgegebenen Lutherbibel unter dem Stichwort «ewige Verdammnis» an (das Sachwortverzeichnis der hier herangezogenen Einheitsübersetzung der Bibel von 1980, das «Himmel» enthält, verschweigt schamhaft sowohl «Hölle», «ewige Verdammnis» und «Verdammnis» wie sogar «Strafe»).

Einige ausgewählte Beispiele aus den synoptischen Evangelien: Mit am ausdrücklichsten und wohl auch mit den verhängnisvollsten psychischen Folgen, nicht zuletzt auch über den Weg zahlloser grauenhaft ausmalender Darstellungen großer und weniger großer Kunst, wird die Höllendrohung vielleicht im 25. Kapitel des Evangeliums nach Matthäus ausgesprochen, dem «ersten» Evangelium, das «in der alten Kirche am meisten gelesen und beachtet wurde und so zu *dem* Evangelium der Kirche wurde» (Einheitsausgabe, S. 1097). Besonders deutlich wird wieder gerade an dieser Stelle die schon mehrfach aufgezeigte Einbettung ethisch positiver Aussagen (Werke der Barmherzigkeit: «Was ihr für einen meiner geringsten Brüder [nicht] getan habt...») in einen an archaisch-inhumaner Grausamkeit kaum zu überbietenden Drohrahmen *ewiger* Peinigung: «Wenn der Menschensohn in seiner Herrlichkeit kommt und alle Engel mit ihm, dann wird er sich auf den Thron seiner Herrlichkeit setzen. Und alle Völker werden vor ihm zusammengerufen werden, und er wird sie voneinander scheiden wie der Hirt die Schafe von den Böcken scheidet. Er wird die Schafe zu seiner Rechten versammeln, die Böcke aber zur Linken... Dann wird er sich auch an die auf der linken Seite wenden und zu ihnen sagen: ‹Weg von mir, ihr Verfluchten, in das *ewige* Feuer, das für den Teufel und seine Engel bestimmt ist...› Und sie werden weggehen und die *ewige* Strafe erhalten, die Gerechten aber das ewige Leben» (Mt. 25; 31,32,41,46).

Auch die immer wieder sehr positiv aufgenommene Tatsache,

daß das Kriterium der ewigen Verdammnis *an dieser Stelle* die Unterlassung karitativer Werke (Hungrigen, Durstigen, Obdachlosen, Nackten, Kranken, Gefangenen zu helfen oder sie zu besuchen) darstellt, kann die unter einem auch nur bescheidenen Maßstab von Humanität und Ethik moralisch vernichtende Substanz dieser und entsprechender anderer biblischer Stellen nicht aufheben: Hier wird ein zeitlich beschränktes Fehlverhalten – Egoismus, das Unterlassen von Werken der Nächstenliebe, Unbarmherzigkeit – durch die extreme, ja die überhaupt denkbar extremste Unbarmherzigkeit und Grausamkeit vergolten, eine *ewige, zeitlich unbegrenzte,* qualvolle Strafe, ein «ewiges Feuer».

Dieser Tatbestand wird noch verstärkt durch den an anderer Stelle sichtbar werdenden extremen Rigorismus Jesu, was die Gründe ewiger Höllenstrafen angeht (ebenfalls wieder Bestandteil der meist nur sehr selektiv vermittelten *Bergpredigt*): «Ihr habt gehört, daß zu den Alten gesagt worden ist: ‹Du sollst nicht töten; wer aber jemand tötet, soll dem Gericht verfallen sein.› Ich aber sage euch: ‹Jeder, der seinem Bruder auch nur zürnt, soll dem Gericht verfallen sein; und wer zu seinem Bruder sagt: Du Dummkopf!, soll dem Spruch des hohen Rates verfallen sein; wer aber zu ihm sagt: Du Narr!, *der soll dem Feuer der Hölle verfallen sein...*› Ihr habt gehört, daß gesagt worden ist: ‹Du sollst nicht die Ehe brechen.› Ich aber sage euch: ‹Wer eine Frau auch nur lüstern ansieht, hat in seinem Herzen schon Ehebruch mit ihr begangen. Wenn dich dein rechtes Auge zum Bösen verführt, dann reiß' es aus und wirf' es weg! Denn es ist besser für dich, daß eines deiner Glieder verlorengeht, als daß *dein ganzer Leib in die Hölle geworfen wird*›» (Mt. 5; 21,22,27–29). Auch an anderer Stelle vertritt Jesus diesen Rigorismus: «Ich sage euch: ‹Über *jedes* unnütze Wort, das die Menschen reden, werden sie am Tag des Gerichts Rechenschaft ablegen müssen; denn aufgrund deiner Worte wirst du freigesprochen und aufgrund deiner Worte wirst du verurteilt werden›» («verdammt» heißt es noch in der Lutherbibel) (Mt. 12; 36,37).

Auch in der «großzügigen» Zuerkennung ewiger Höllenstrafen war die Kirche bzw. die Christenheit ein gelehriger Schüler der biblischen Vorbilder. Nicht nur Unglaube (gemäß dem Bibelwort «Wer nicht glaubt, wird verdammt werden», Mk. 16; 16), sondern nach katholisch-kirchlicher unfehlbarer Konzilslehre wurde auch Christlichkeit außerhalb der katholischen Kirche mit ewiger Höllenstrafe geahndet: «Die Heilige Römische Kirche, durch das Wort unseres Herrn und Erlösers gegründet, glaubt fest, bekennt und verkündet, daß niemand außerhalb der katholischen Kirche, weder Heide noch Jude, noch Ungläubiger oder ein von der Einheit Getrennter des ewigen Lebens teilhaftig wird, *vielmehr dem ewigen Feuer verfällt,* das dem Teufel und seinen Engeln bereitet ist, wenn er sich nicht vor dem Tod ihr (der katholischen Kirche) anschließt...» – «Mag einer noch so viele Almosen geben, ja selbst sein Blut für den Namen Christi vergießen, so kann er doch nicht gerettet werden, wenn er nicht im Schoß und in der Einheit der katholischen Kirche bleibt (Fulgentius)» (Neuner / Roos, Rahner / Weger, S. 255).

Entsprechend heißt es in Luthers «Großem Katechismus», ebenfalls eine der verbindlichen evangelisch-lutherischen Bekenntnisschriften und als solche in das Konkordienbuch aufgenommen als «die Laienbibel, darin alles begriffen, was in Heiliger Schrift weitläufig gehandelt und einem Christenmenschen zu seiner Seligkeit zu wissen vonnöten ist» (S. 769): «Denn was außer der Christenheit ist, es seien Heiden, Türken, Juden oder falsche Christen und Heuchler, ob sie gleich nur einen wahrhaftigen Gott glauben und anbeten, so wissen sie doch nicht, was (wie) er gegen ihn gesinnet ist, können sich auch keiner Liebe noch Guts zu ihm versehen, darum sie in ewigem Zorn und Verdammnis bleiben» (S. 661).

Fairerweise muß gesagt werden, daß auch die katholische Kirche seit etwa Mitte des letzten Jahrhunderts in zunehmendem Maße für «schuldlos der katholischen Kirche äußerlich nicht Angehörende» eine allerdings ebenfalls allein durch die katholische Kirche vermittelte Heilsmöglichkeit sieht, unbeschadet der weiterhin aufrechterhaltenen verbindlichen Lehre von der Existenz einer von Jesus verkündeten ewigen, qualvollen, leiblich wie seelisch vollzogenen Höllenstrafe. Jedoch steht dieses neuerliche Zugeständnis in scharfem Widerspruch zu eindeutigen früheren lehrverbindlichen Aussagen – hier haben die Traditionalisten um Lefebvre schon recht –, die als Heilsvoraussetzung eine auch sichtbar-äußerliche Zugehörigkeit zur katholischen Kirche verlangten. Nach katholischer offizieller Lehre wird oder wurde die ewige Höllenstrafe bis vor kurzem (?) auch für so schwerwiegende Vergehen wie schuldhaftes Fernbleiben von der sonntäglichen Meßfeier, für «freiwillig herbeigeführte» (auch gedankliche) sexuelle Lust aller Art außerhalb der Ehe, Empfängnisverhütung usw. verhängt.

Aber ist das Lehramt der katholischen Kirche, sind die Fundamentalisten und Evangelikalen zwar nicht gerade die humansten, aber doch die konsequentesten, d. h. bibeltreuesten Christen? Ist es nicht gravierend, wie fraglos und selbstverständlich der Jesus der synoptischen Evangelien die Vorstellung von einer ewigen Höllenpein bestätigt und gezielt als Drohung einsetzt, ja explizit zur entsprechenden Angst auffordert? «Fürchtet euch vor dem, der nicht nur töten kann, sondern die Macht hat, euch auch noch in die Hölle zu werfen. Ja, das sage ich euch: ‹Ihn sollt ihr fürchten›» (Lk. 12; 5). Und er verschärft die entsprechenden Drohungen und sucht die entsprechenden Ängste zu steigern, nicht nur durch den oben angeführten Rigorismus, sondern auch durch die Androhung seines überraschend-überfallartigen und mit großem Schrecken behafteten Kommens zum Gericht: «Bedenkt: Wenn der Herr des Hauses wüßte, in welcher Stunde der Dieb kommt, so würde er verhindern, daß man in sein Haus einbricht. Haltet auch ihr euch bereit! Denn der Menschensohn kommt zu einer Stunde, da ihr es nicht erwartet» (Lk. 12; 39,40). «Denn wie der Blitz von einem Ende des Himmels bis zum anderen leuchtet, so wird der Menschensohn an seinem Tag erscheinen... Und wie es zur Zeit des Noah war, so wird es auch in den Tagen des Menschensohnes sein. Die Menschen aßen und tranken und heirateten bis zu dem Tag, an dem Noah in die Arche ging; dann kam die Flut und vernichtete alle. Und es wird ebenso sein wie es zur Zeit des Lot war: Sie aßen und tranken, kauften und verkauften, pflanzten und bauten. Aber an dem Tag, als Lot Sodom verließ, regnete es Feuer und Schwefel vom Himmel und alle kamen um. *Ebenso wird es an dem Tag sein, an dem sich der Menschensohn offenbart.* Wer dann auf dem Dach ist und seine Sachen im Haus hat, soll nicht hinabsteigen, um sie zu holen, und wer auf dem Feld ist, soll nicht zurückkehren. Denkt an die Frau des Lot!» (Lk. 19; 24,26–32). Auch in den Gleichnissen wird dieses Überraschungs-Drohmotiv vermittelt: «Dann wird der Herr an einem Tag kommen, an dem der Knecht es nicht erwartet, und zu einer Stunde, die er nicht kennt; und der Herr wird ihn in Stücke hauen und ihm seinen Platz unter den Heuchlern zuweisen. Dort wird er heulen und mit den Zähnen knirschen» (Mt. 24; 50,51; entspr. Lk. 12; 46,47).

Jesus droht aber auch seinen Gegnern und ganzen Städten, die ihn oder seine Jünger ablehnen, mit der Hölle (Lk. 10; 12,15; Mt. 10; 15; Mt. 23; 33).

Dieselbe Grundeinstellung, von den eigenen, für absolut verbindlich gehaltenen sittlichen Normen und / oder Glaubensvorstellungen abweichende Menschen durch extreme physische Strafen zu verfolgen, zeigt sich ebenfalls in den Gleichnissen Jesu. Diese gehören nach Auffassung der modernen Bibelwissenschaft zu den ältesten und noch am ehesten authentischen Jesusworten, zum «Urgestein». Deshalb dürfte es auch für «dialektisch» hochgewandte Spitzenkönner unter den modernen Theologen (die «Figaros des Christentums» nach einem bissigen, aber nicht ganz schiefliegenden Wort Franz Overbecks) recht schwierig sein, diese Tendenz zum exzessiven Bestrafen, vorzüglich zum Verbrennen, Inden-Feuerofen-Werfen usw., nicht zum Kern dessen, was wir über Jesu Einstellungen und Haltungen wissen, zu zählen: «Und Jesus erzählte ihnen noch ein anderes Gleichnis: ‹Mit dem Himmelreich ist es wie mit einem Mann, der guten Samen auf seinen Acker säte. Während nun die Leute schliefen, kam sein Feind, säte Unkraut unter den Weizen und ging wieder weg. Als die Saat aufging und sich die Ähren bildeten, kam auch das Unkraut zum Vorschein. Da gingen die Knechte zu dem Gutsherrn und sagten: Herr, hast du nicht guten Samen auf deinen Acker gesät? Woher kommt dann das Unkraut? Er antwortete: Das hat ein Feind von mir getan. Da sagten die Knechte zu ihm: Sollen wir gehen und es ausreißen? Er entgegnete: Nein, sonst reißt ihr zusammen mit dem Unkraut auch den Weizen aus. Laßt beides wachsen bis zur Ernte. Wenn dann die Zeit der Ernte da ist, werde ich den Arbeitern sagen: Sammelt zuerst das Unkraut und bindet es in Bündel, um es zu verbrennen; den Weizen aber bringt in meine Scheune...› Dann verließ er die Menge und ging nach Hause. Und seine Jünger kamen zu ihm und sagten: ‹Erkläre uns das Gleichnis vom Unkraut auf dem Acker.› Er antwortete: ‹Der Mann, der den guten Samen sät, ist der Menschensohn; der Acker ist die Welt; der gute Samen, das sind die Söhne des Reiches; das Unkraut sind die Söhne des Bösen; der Feind, der gesät hat, ist der Teufel; und die Ernte ist das Ende der Welt; die Arbeiter bei dieser Ernte sind die Engel. Wie nun das Unkraut aufgesammelt und im Feuer verbrannt wird, so wird es auch am Ende der Welt sein: Der Menschensohn wird seine Engel aussenden, und sie werden aus seinem Reich alle zusammenholen, die andere verführt und Gottes Gesetz übertreten haben, und *werden sie in den Ofen werfen, in dem das Feuer brennt. Dort werden sie heulen und mit den Zähnen knirschen*»» (Mt. 13; 24–30, 36–42).

Wer sich von der (zugegeben meist überstarken) Macht frühkindlicher und kindlicher Indoktrination und durch vieles Hören eingetretenen Abstumpfung freimachen und diesen Text, soweit es ihm noch möglich ist, unbefangen lesen und aufnehmen kann, dem müßte eigentlich die implizite archaische Inhumanität und Gewalttätigkeit spätestens dann aufgehen, wenn von Menschen als «Unkraut» (zu vergleichen mit der Bezeichnung von Menschen als «Ungeziefer»; es assoziieren sich Begriffe wie «Säuberung» usw.) und vom Ins-Feuer-Werfen von Menschen die Rede ist. Auch hier kann es sich nicht um einen «Ausrutscher», «Fremdkörper» o. ä. handeln, denn nach wenigen Versen wird dieselbe Vorstellung noch einmal durch ein weiteres Gleichnis bekräftigt und eingeschärft: «Weiter ist es mit dem Himmelreich wie mit einem Netz, das man ins Meer warf, um Fische aller Art zu fangen. Als es voll war, zogen es die Fischer ans Ufer; sie setzten sich, lasen die guten Fische aus und legten sie in Körbe, die schlechten aber warfen sie weg. So wird es auch am Ende der Welt sein: Die Engel werden kommen und die Bösen von den Gerechten trennen und *in den Ofen werfen, in dem das Feuer brennt. Dort werden sie heulen und mit den Zähnen knirschen*» (Mt. 13; 47–50).

So wie Menschen in biblischer Sicht Gutes nicht um des Guten selbst willen, sondern um einen Lohn zu empfangen oder um einer Strafe zu entgehen, tun (sollen), so werden sie auch offenbar weniger um ihrer selbst willen akzeptiert, sondern nur aufgrund ihrer religiösen und sittlichen *Leistung,* ihres «Ertrages», ihrer «Früchte», ein Maßstab, der für Bäume bei einer sehr utilitaristischen Einstellung noch angehen mag, bei Übertragung auf den Menschen aber mehr als problematisch erscheint, vor allem in Verbindung mit der wieder deutlich werdenden Einstellung der Gewalttätigkeit («umhauen», «ins Feuer werfen»): «Jeder gute Baum bringt gute Früchte hervor, ein schlechter Baum aber schlechte. Ein guter Baum kann keine schlechten Früchte hervorbringen und ein schlechter Baum keine guten. Jeder Baum, der keine guten Früchte hervorbringt, wird umgehauen und ins Feuer geworfen» (Mt. 7; 17–19).

Jeder einigermaßen psychologisch Bewanderte weiß, wie falsch, gefährlich und inhuman die hier implizierte Entdifferenzierung des Menschen in «gute» und «böse» ist, wie wenig sie der psychischen Realität entspricht und zu welchen grauenhaften Folgen sie als psychische Vorbereitung von Verfolgung und «Liquidierung» immer wieder geführt hat. Jesus aber bestätigt diese, einem frühen, archaisch-undifferenzierten Denken eigene Dichotomie, die allenfalls für Bäume zutreffen mag, in ihrer Geltung auch für Menschen, wenn er ausdrücklich sagt: «Entweder: Der Baum ist gut – dann sind auch seine Früchte gut. Oder: Der Baum ist schlecht, dann sind auch seine Früchte schlecht. An den Früchten also erkennt man den Baum. Ihr Schlangenbrut, wie könnt ihr Gutes reden, wenn ihr böse seid?... Ein guter Mensch bringt Gutes hervor, weil er Gutes in sich hat, und ein böser Mensch bringt Böses hervor, weil er Böses in sich hat» (Mt. 12; 33–35).

Die Einstellung, den Menschen nicht um seiner selbst willen an-

zunehmen, sondern aufgrund seiner «Früchte», seiner (sittlich-re-
ligiösen) Leistung, verbunden mit der schon hinlänglich bekannten
Neigung zur gewalttätig-excessiven Bestrafung, hier eines aus
Angst vor dem strengen Herrn (!) Versagenden, zeigt sich auch in
den folgenden Gleichnissen: «Es ist wie mit einem Mann, der auf
Reisen ging: Er rief seine Diener und vertraute ihnen sein Vermögen an. Dem einen gab er fünf Talente Silbergeld, einem anderen
zwei, wieder einem anderen eines, jedem nach seinen Fähigkeiten,
dann reiste er ab. Sofort begann der Diener, der fünf Talente erhalten hatte, mit ihnen zu wirtschaften, und er gewann noch fünf
dazu... Der aber, der das eine Talent erhalten hatte, ging und grub
ein Loch in die Erde und versteckte das Geld seines Herrn. Nach
langer Zeit kehrte der Herr zurück, um von den Dienern Rechenschaft zu verlangen. Da kam der, der die fünf Talente erhalten hatte,
brachte fünf weitere und sagte: ‹Herr, fünf Talente hast du mir gegeben; sieh’ her, ich habe noch fünf dazu gewonnen.› Sein Herr
sagte zu ihm: ‹Sehr gut, du bist ein tüchtiger und treuer Diener...
Komm’, nimm teil an der Freude deines Herrn!...› Zuletzt kam
auch der Diener, der das eine Talent erhalten hatte, und sagte:
‹Herr, ich wußte, daß du ein strenger Mann bist; du erntest, wo du
nicht gesät hast und sammelst, wo du nicht ausgestreut hast; *weil
ich Angst hatte*, habe ich dein Geld in der Erde versteckt. Hier hast
du es wieder.› Sein Herr antwortete ihm: ‹Du bist ein schlechter
und fauler Diener! Hättest du mein Geld wenigstens auf die Bank
gebracht, dann hätte ich es bei meiner Rückkehr mit Zinsen zu-
rückerhalten. Darum nehmt ihm das Talent weg, und gebt es dem,
der die zehn Talente hat! Denn wer hat, dem wird gegeben, und er
wird im Überfluß haben; wer aber nicht hat, dem wird auch noch
weggenommen, was er hat. *Werft den nichtsnutzigen Diener hinaus in
die äußerste Finsternis. Dort wird er heulen und mit den Zähnen knirschen*» (Mt. 25; 14−16,18−21,24−30). Die entsprechende Fassung
bei Lukas enthält noch die zusätzliche Bestrafung von Menschen,
deren Verbrechen es war, nicht zu wollen, «daß dieser Mann unser
König wird»: «Doch meine Feinde, die nicht wollten, daß ich ihr
König werde – bringt sie her und macht sie vor meinen Augen

nieder!» (Lk. 19; 14,27). In der Luther-Übersetzung steht noch «und erwürget sie vor mir!». Walter Jens kritisiert sinngemäß die blaß-fade Sprache der Einheitsübersetzung im Vergleich mit dem Luther-Text!

Eine ebenfalls der Einstellung von Barmherzigkeit und einem einigermaßen normalen Gefühl für Gerechtigkeit noch mehr entgegenstehende Haltung, wieder verbunden mit der Neigung zu exzessiv-gewalttätiger Bestrafung, zeigt auch das folgende Gleichnis: «Jesus erzählte ihnen noch ein anderes Gleichnis: ‹Mit dem Himmelreich ist es wie mit einem König, der die Hochzeit seines Sohnes vorbereitete. Er schickte seine Diener, um die eingeladenen Gäste zur Hochzeit rufen zu lassen. Sie aber wollten nicht kommen... Dann sagte er zu seinen Dienern: Das Hochzeitsmahl ist vorbereitet, aber die Gäste waren es nicht wert (eingeladen zu werden). Geht also hinaus auf die Straßen und ladet alle, die ihr trefft, zur Hochzeit ein. Die Diener gingen auf die Straßen hinaus und holten alle zusammen, die sie trafen, Böse und Gute, und der Festsaal füllte sich mit Gästen. Als sie sich gesetzt hatten und der König eintrat, um sich die Gäste anzusehen, bemerkte er unter ihnen einen Mann, der kein Hochzeitsgewand anhatte. Er sagte zu ihm: Mein Freund, wie konntest du hier ohne Hochzeitsgewand erscheinen? Darauf wußte der Mann nichts zu sagen. Da befahl der König seinen Dienern: Bindet ihm Hände und Füße und *werft ihn hinaus in die äußerste Finsternis. Dort wird er heulen und mit den Zähnen knirschen.* Denn viele sind gerufen, aber nur wenige auserwählt›» (Mt. 22; 1–3, 8–14).

Wie durchaus konkret und wörtlich Jesus die Drohung mit den jenseitigen Feuerqualen ganz offenbar meint, zeigt auch die folgende, von Jesus ausdrücklich als Lehrbeispiel herangezogene Geschichte vom reichen Mann und vom armen Lazarus: «Auch der Reiche starb und wurde begraben. In der Unterwelt★, wo er qualvolle Schmerzen litt, blickte er auf und sah von weitem Abraham und Lazarus in seinem Schoß. Da rief er: ‹Vater Abraham, hab’

★ Schonend-blasserer Ausdruck für «Hölle», der bei Luther steht, vgl. oben.

Erbarmen mit mir, und schicke Lazarus zu mir; er soll wenigstens die Spitze seines Fingers in Wasser tauchen und mir die Zunge kühlen, denn ich leide große Qual in diesem Feuer›» (was, welche Fülle der Barmherzigkeit, nicht geschieht – Lk. 16; 22–24).

Auch die uns schon von anderen Stellen bekannte eigenartige Intention, eine Botschaft so zu verkünden, daß sie nicht adäquat verstanden wird, somit nicht zur Bekehrung führt und die (offenbar gewünschte) Bestrafung nicht verhindert wird, findet sich hier wieder, offenbar ein oder das Hauptmotiv, warum Jesus überhaupt in Gleichnissen lehrt: «Als er mit seinen Begleitern und den zwölf allein war, fragten sie ihn nach dem Sinn seiner Gleichnisse. Da sagte er zu ihnen: ‹Euch ist das Geheimnis des Reiches Gottes anvertraut, denen aber, die draußen sind, wird alles in Gleichnissen gesagt; denn sehen sollen sie, sehen, aber nicht erkennen: hören sollen sie, hören, aber nicht verstehen, *damit* sie sich nicht bekehren, und ihnen nicht vergeben wird›» (Mk. 4; 10–12; entspr. Mt. 13; 10–15).

3. Die Legierung von Liebesgebot und exzessiv-inhumanen Strafphantasien und -drohungen in den Briefen des Apostels Paulus＊

Auch die Apostelbriefe brechen nicht mit dieser offenbar durchgängigen biblischen Grundeinstellung, von den eigenen Glaubensüberzeugungen und Sittennormen abweichendes Verhalten durch härteste Strafen zu «bewältigen».

Auch der Apostel Paulus, der einerseits immer wieder zu Liebe, Güte und an einigen Stellen auch zum gegenseitigen Verzeihen auffordert, vorwiegend vor allem gegenüber den eigenen Glaubensgenossen, wenngleich nicht ganz ausschließlich, der den Heilswillen

---

＊ Zur Ergänzung sollten wieder die oben S. 59 ff. schon angeführten, an dieser Stelle aus Ökonomiegründen nicht mehr anzuführenden Zitate herangezogen werden.

Gottes gegenüber den Menschen verkündet, geht doch andererseits wie selbstverständlich von einem Gott aus, der Liebe zwar fordert, wird diese aber nicht gewährt oder besteht der Mensch auf seinem eigenen Willen oder lebt nach anderen Normvorstellungen als denen der damaligen Sekte der Christen, mit harter, extremer Strafe reagiert.

Das heißt, das vielgerühmte und von den (heutigen) Kirchen immer nur sehr einseitig herausgestellte Liebesgebot erscheint eingefaßt und untrennbar eingebunden in einen Gesamtrahmen archaisch-inhumaner Intoleranz und extremer Strafbedürfnisse. Die von Paulus geforderte und an einigen Stellen auch Gott zugeschriebene (projizierte) Liebe ist keineswegs eine unbedingte, vollkommene oder gar unendliche, wie die christlichen Kirchen bis heute und in ihrem Gefolge auch Küng (vgl. unten S. 215) oft darzustellen versuchen, sondern eine sehr bedingte, beschränkte, unvollkommene, ja, im Hinblick auf die auch hier immer wieder durchbrechenden Strafphantasien und -bedürfnisse eine psychologisch sehr suspekte Liebe. (Schon Nietzsche weist auf den entsprechenden psychologischen Sachverhalt hin: «Wie? Ein Gott, der die Menschen liebt, vorausgesetzt, daß sie an ihn glauben, und der fürchterliche Blicke und Drohungen gegen den schleudert, der nicht an diese Liebe glaubt! Wie? Eine verklausulierte Liebe als die Empfindung eines allmächtigen Gottes! Eine Liebe, die nicht einmal über das Gefühl der Ehre und der gereizten Rachsucht Herr geworden ist? Wie orientalisch ist das alles! ‹Wenn ich dich liebe, was geht's dich an?› ist schon eine ausreichende Kritik des ganzen Christentums» [«Die fröhliche Wissenschaft», Aph. 141]).

Aber auch hier und gerade hier im Falle der von den Kirchen sehr selektiv einseitig vermittelten Briefe des Paulus, eines «Apostels der Liebe», soll es nicht bei Behauptungen bleiben; vielmehr sollen auch hier, um scheinbare Selbstverständlichkeiten erschüttern zu können, die folgenden Belegstellen zur eigenen Urteilsbildung anregen.

Schon der erste der Paulusbriefe, eine «Zusammenfassung der Verkündigung und Theologie des Apostels» und «das ‹Testament

des Paulus› genannt» (Kommentar der Einheitsübersetzung,
S. 1263), beginnt mit der Darstellung jenes offenbar genuin biblischen düsteren Bildes eines zwar gute Taten und vor allem Gehorsam im Glauben wie auch Handeln belohnenden, Unglaube
und abweichendes Verhalten aber hart und exzessiv bestrafenden
Gottes.

Den ungläubigen und sich nicht nach den Normen des biblischen
Gottes richtenden Nichtchristen wird zunächst (in einem klassischen primitiven Egozentrismus bzw. religiösen Ethnozentrismus)
Unentschuldbarkeit angelastet, insofern als der wahre (= christlich-biblische) Gott als solcher erkennbar sei, sie ihn aber dennoch
nicht ehrten und ihm dankten: «Der Zorn Gottes wird vom Himmel herab offenbart wider alle Gottlosigkeit und Ungerechtigkeit
der Menschen, die die Wahrheit durch Ungerechtigkeit niederhal-
ten. Denn was man von Gott erkennen kann, ist ihnen offenbar;
Gott hat es ihnen offenbart. Seit Erschaffung der Welt wird seine
unsichtbare Wirklichkeit aus den Werken der Schöpfung mit der
Vernunft wahrgenommen, seine ewige Macht und Gottheit. Daher
sind sie unentschuldbar. Denn sie haben Gott erkannt, ihn aber
nicht als Gott geehrt und ihm nicht gedankt... Sie vertauschten die
Herrlichkeit des unvergänglichen Gottes mit Bildern, die einen
vergänglichen Menschen und fliegende, vierfüßige und kriechende
Tiere darstellen» (Röm. 1; 18–21,23).

Das Bild der so von den eigenen Glaubens- und Sittenvorstel-
lungen des Paulus abweichenden, offensichtlich anderen Kulten
anhängenden Menschen wird weiter in kaum zu überbietender
Lieblosigkeit in negativsten Farben gemalt, offenbar um die entsprechenden Straf- und Vergeltungsbedürfnisse um so «gerechtfer-
tigter» erscheinen zu lassen (Röm. 1; 29–32; vgl. oben S. 59).

Auch die folgende, zunächst sehr positiv anmutende Warnung,
nicht über andere zu richten, ist in das düstere Bild eines Vergeltung
und Strafe ausübenden Gottes fest eingefügt: «Weil du aber starr-
sinnig bist und dein Herz nicht umkehrt, sammelst du Zorn gegen
dich für den ‹Tag des *Zornes*›, den Tag der Offenbarung von Gottes
gerechtem Gericht. Er wird *jedem vergelten, wie es seine Taten verdie-*

nen:..., denen aber, die selbstsüchtig nicht der Wahrheit, sondern der Ungerechtigkeit gehorchen, widerfährt Zorn und Grimm. Not und Bedrängnis wird jeden Menschen treffen, der das Böse tut, zuerst den Juden (!), aber ebenso den Griechen...» (Röm. 2; 5,6,8,9).

In einem anderen Zusammenhang, auf den wir unten bei der Frage des biblisch vermittelten menschlichen Selbstbildes noch zu sprechen kommen werden (s. u. S. 151 ff.), stellt Paulus die (jedem, der das Weltgeschehen unbefangen betrachtet, nicht unverständliche) Frage: «Ist Gott – ich frage sehr menschlich – nicht ungerecht, wenn er seinen Zorn walten läßt?» und beantwortet sie mit einem für sein Gottesbild sehr enthüllenden (logisch zirkulären) Satz: «Keineswegs! Denn wie könnte Gott die Welt sonst richten?» (Röm. 3; 5,6).

Das Bedürfnis zu richten scheint bei Paulus und den Christen, den «Heiligen», generell tief verankert zu sein: «Wißt ihr denn nicht, daß die Heiligen die Welt richten werden?... Wißt ihr nicht, daß wir über Engel richten werden?» (1 Kor. 6; 2,3).

Exzessive Strafen und Strafandrohungen werden wie selbstverständlich auch in den folgenden Textstellen Gott zugeschrieben: «Gott aber hatte an den meisten von ihnen kein Gefallen; *denn* er ließ sie in der Wüste umkommen. Das aber geschah als warnendes Beispiel für uns: Damit wir uns nicht von der Gier nach dem Bösen beherrschen lassen... Laßt uns nicht Unzucht treiben, wie einige von ihnen Unzucht trieben. *Damals kamen an einem einzigen Tag dreiundzwanzigtausend Menschen* um. Wir wollen auch nicht den Herrn auf die Probe stellen, wie es einige von ihnen taten, die dann von Schlangen getötet wurden. Murrt auch nicht, wie einige von ihnen murrten; sie wurden vom Verderber umgebracht. Das aber geschah an ihnen, damit es uns als Beispiel dient; uns zur Warnung wurde es aufgeschrieben...» (1 Kor. 10; 5,6,8–11).

Wie selbstverständlich geht Paulus auch offenbar davon aus, daß die übrige, nichtchristliche Welt verdammt werden wird (1 Kor. 11; 32).

Die immer wieder in den Paulinischen Briefen aufscheinende

Zwiespältigkeit, die innere Verkettung von Liebesgebot und -be-
dürfnissen und Straf- und Vergeltungswünschen zeigt sich besonders drastisch in der Tatsache, daß derselbe erste Korintherbrief,
der im 13. Kapitel das berühmte, vielzitierte «Hohe Lied der
Liebe» enthält, sicher eine der positiv-eindrucksvollsten Stellen der
ganzen Bibel, nur wenig später schließt mit dem alle vorherigen
Preisungen der Liebe psychologisch so fraglich erscheinen lassen-
den Ausruf: «Wer den Herrn nicht liebt, sei verflucht!» (1 Kor.
16; 22).

Die Vorstellung eines vergeltenden und mit ewigen Verderben
strafenden Gottes findet sich auch am Beginn des 2. Briefes an die
Thessaloniker: «Denn es entspricht der Gerechtigkeit Gottes, denen mit Bedrängnis zu vergelten, die euch bedrängen, euch aber,
den Bedrängten zusammen mit uns Ruhe zu schenken, wenn Jesus,
der Herr, sich vom Himmel her offenbart mit seinen mächtigen
Engeln in loderndem Feuer. Dann übt er Vergeltung an denen, *die
Gott nicht kennen und dem Evangelium Jesu, unseres Herrn, nicht gehorchen..., mit ewigem Verderben werden sie gestraft...*» (2 Thess. 1;
6–9).

Diese Gottesvorstellung kommt ebenso gegenüber persönlichen
Gegnern zum Tragen: «Alexander, der Schmied, hat mir viel Böses
getan; der Herr wird ihm vergelten, wie es seine Taten verdienen»
(2 Tim. 4; 14).

Der aus den Evangelien (s. o. S. 109) schon bekannte «utilitari-
stische» Vergleich von Menschen mit gute oder schlechte Früchte
bringenden Bäumen wird hier wieder analog aufgenommen:
«Wenn ein Boden den häufig herabströmenden Regen trinkt und
denen, für die er bebaut wird, nützliche Gewächse hervorbringt,
empfängt er Segen von Gott; trägt er aber Dornen und Disteln, so
ist er nutzlos und vom Fluch bedroht; sein Ende ist die Vernichtung
durch Feuer» (Hebr. 6; 7,8).

Wie präsent der alttestamentarische vergeltende und furchtbar
strafende Gott auch im Neuen Testament und speziell auch in den
Paulinischen Briefen (die sehr problematische Frage, ob und inwieweit sie von Paulus stammen oder nicht, sei an diesem Ort dahin-

gestellt) ist, zeigt auch die folgende Stelle: «Denn wenn wir vorsätzlich sündigen, nachdem wir die Erkenntnis der Wahrheit empfangen haben, gilt es für diese Sünden kein Opfer mehr, sondern nur die Erwartung des *furchtbaren Gerichts und ein wütendes Feuer,* das die Gegner verzehren wird. Wer das Gesetz des Mose verwirft, muß ohne Erbarmen auf die Aussage von zwei oder drei Zeugen hin sterben» (Hebr. 10; 26–28).

Die Strafwürdigkeit der Abwendung von der christlichen Lehre, nachdem der betreffende Mensch sich ihr schon einmal zugewandt hatte, soll besonders schwer erscheinen, eventuell noch vorhandene psychologische Hemmnisse des weitgehend ungezügelten Strafbedürfnisses sollen abgebaut werden. Deshalb wird die Wiederabwendung vom christlichen Glauben mit extrem schwerem und aggressiv-feindseligem Verhalten gegen die höchsten und heiligsten Repräsentanten der christlichen Glaubensgemeinschaft gleichgesetzt («den Sohn Gottes mit Füßen treten»), eine in religiösen und auch politischen («dem Führer in den Rücken fallen») analogen Umfeldern sehr verbreitete Methode, psychischer oder auch physischer Vernichtung Andersdenkender psychologisch den Weg zu ebnen. So fährt auch der biblische Text konsequent fort: «Meint ihr nicht, daß *eine noch viel härtere Strafe der verdient,* der den Sohn Gottes mit Füßen getreten, das Blut des Bundes, durch das er geheiligt wurde, verachtet und den Geist der Gnade geschmäht hat? *Wir kennen doch den, der gesagt hat:* ‹Mein ist die Rache, ich werde vergelten›, und ferner: ‹Der Herr wird sein Volk richten. *Es ist furchtbar, in die Hände des lebendigen Gottes zu fallen*›» (Hebr. 10; 29–31).

4. Entsprechungen in den nichtpaulinischen Apostelbriefen

Auch in den nichtpaulinischen Apostelbriefen, den sog. katholischen Briefen, scheint die Vorstellung eines strafsüchtigen Gottes selbstverständlich zu sein. «Gott hat auch die Engel, die gesündigt haben, nicht verschont, sondern sie in die finsteren Höhlen der Unterwelt verstoßen und hält sie dort eingeschlossen bis zum Gericht. Er hat auch die frühere Welt nicht verschont, nur Noah, den Verkünder der Gerechtigkeit, hat er zusammen mit sieben anderen als achten bewahrt, als er die Flut über die Welt der Gottlosen brachte. Auch die Städte Sodom und Gomorra hat er eingeäschert und zum Untergang verurteilt, als ein Beispiel für alle Gottlosen in späteren Zeiten... Der Herr kann die Frommen aus der Prüfung retten; bei den Ungerechten aber kann er warten, um sie am Tag des Gerichts zu bestrafen, besonders die, die sich von der schmutzigen Begierde ihres Körpers beherrschen lassen und die Macht des Herrn verachten» (2 Petr. 2; 4–6,9,10a).

Es schließt sich die oben (s. S. 61 f.) schon zitierte extrem negative Beschreibung nach anderen Glaubens- und Sittenlehren lebender und sie verkündigender Gegner an.

Ebenso ist die Strafvernichtung der jetzigen Erde am Tag des Gerichts auch hier Bestandteil des biblisch-christlichen Welt- und Gottesbildes: «Der jetzige Himmel aber und die jetzige Erde sind durch dasselbe Wort *für das Feuer aufgespart* worden: Sie werden bewahrt bis zum Tag des Gerichts, an dem die Gottlosen zugrunde gehen» (2 Petr. 3; 7).

Auch das oben schon angeführte, aus den Evangelien schon bekannte, die Angst der Angesprochenen offenbar noch zusätzlich verstärken sollende Moment des Überraschend-Unberechenbaren fehlt hier ebensowenig wie die Interpretation des «Tages des Herrn» als Tag des Richtens und des großen Verbrennens (doch immer wieder mehr eine Droh- denn eine Frohbotschaft?, vgl. auch unten S. 214). «Der Tag des Herrn wird aber kommen wie ein Dieb. Dann wird der Himmel prasselnd vergehen, die Elemente werden verbrannt und aufgelöst, die Erde und alles, was auf ihr ist, werden (nicht mehr) gefunden» (2 Petr. 3; 10).

5. «Und er wird mit Feuer und Schwefel gequält vor den Augen der heiligen Engel und des Lammes»: Die Offenbarung des Johannes, neutestamentlicher Gipfelpunkt der in der biblisch-christlichen Religion enthaltenen sadistisch-inhumanen Aspekte

Ein kaum noch zu überbietender Gipfel an extremen sadistischen Strafphantasien und -ankündigungen (-wünschen) gegenüber von eigenen christlichen Glaubens- und Sittenmaßstäben Abweichenden, also «Gottlosen», «Götzendienern», «sündigen» Menschen usw., zeigt sich noch einmal im letzten Buch der Heiligen Schrift, der Offenbarung des Johannes, nach kirchlicher Lehre eine Niederschrift «himmlischer Botschaften», «eine echt christliche Schrift», «das große Trost- und Mahnbuch der Kirche», so der Kommentar der Einheitsübersetzung (S. 1390). Nur eine auch hier wieder hochselektive Zitierpraxis der christlichen Kirchen macht es einigermaßen erklärlich, daß ein Buch so vielfacher extrem sadistisch-inhumaner Inhalte immer noch so weitgehend unwidersprochen als genuiner Bestandteil der «Heiligen Schrift», also als höchste Autorität und Leitbildlichkeit beanspruchendes «Wort Gottes» akzeptiert und als solches bis heute in Predigten und religiösen Rundfunksendungen zitiert wird.

Schon zu Beginn dieser Schrift wird das offenbar in erster Linie Ängste erweckende Kommen Christi angesprochen: «Siehe, er kommt mit den Wolken...; und alle Völker der Erde werden *seinetwegen* jammern und klagen» (Offb. 1; 17), eine eigenartige Auffassung eines Erlösers und einer «frohen Botschaft».

Verfolgen wir weiter, wie der Christus der Apokalypse eingangs mit einer Frau verfährt, die offenbar abweichende Lehren vertritt, eine Andersgläubige ist (und entweder tatsächlich oder nur zugeschrieben aufgrund ihrer Eigenschaft als Irrlehrerin, wie wir es schon an anderer Stelle kennengelernt haben, vielleicht auch nach anderen sittlichen Normen oder einer anderen, freieren Sexualmoral als die «rechtgläubigen» Christen lebt?): «Aber ich werfe dir vor, daß du das Weib Isebel gewähren läßt; sie gibt sich als Prophe-

tin aus und lehrt meine Knechte und verführt sie, Unzucht zu treiben und Fleisch zu essen, das den Götzen geweiht ist. Ich habe ihr
Zeit gelassen, umzukehren; sie aber will nicht umkehren und von
ihrer Unzucht ablassen. Darum werfe ich sie auf das Kranken-
bett... *Ihre Kinder werde ich töten**, der Tod wird sie treffen, und alle
Gemeinden werden erkennen, daß ich es bin, der Herz und Nieren
prüft, und ich werde jedem von euch vergelten, wie es seine Taten
verdienen» (Offb. 2; 20–23).

Als offenbar völlig Selbstverständliches, Legitimes und Positives
wird auch hier (im Neuen Testament!) der Wunsch nach Rache und
Vergeltung dargestellt: «Als das Lamm das fünfte Siegel öffnete,
sah ich unter dem Altar die Seelen aller, die hingeschlachtet worden
waren wegen des Wortes Gottes und wegen des Zeugnisses, das sie
abgelegt hatten. Sie riefen mit lauter Stimme: ‹Wie lange zögerst du
noch, Herr, du Heiliger und Wahrhaftiger, Gericht zu halten und
unser Blut an den Bewohnern der Erde zu rächen?› Da wurde jedem von ihnen ein weißes Gewand gegeben; und ihnen wurde gesagt, sie sollten noch kurze Zeit warten, bis die volle Zahl erreicht
sei durch den Tod ihrer Mitknechte und Brüder, die noch sterben
müßten wie sie» (Offb. 6; 9–11).

Extreme Angst scheint bei der nicht zur Schar der Auserwählten gehörenden Menschen die adäquate Reaktion auf den Gott
der Apokalypse und seinen Erlöser: «Und die Könige der Erde,
die Großen und die Heerführer, die Mächtigen, die Reichen und
alle Sklaven und alle Freien verbargen sich in den Höhlen und
Felsen der Berge. Sie sagten zu den Bergen und Felsen: ‹Fallt
auf uns und verbergt uns vor dem Blick dessen, der auf dem
Thron sitzt, und vor dem Zorn des Lammes; denn der große Tag
ihres Zornes ist gekommen. Wer kann da bestehen?›» (Offb. 6;
15–17).

Dieses Verhalten äußerster auswegloser Ängstigung erscheint
nur allzu begründet, wenn man weiter verfolgt, welche extremen

---

* Wieder findet sich hier das schon häufiger aufgezeigte biblische Motiv der
Vergeltung an Kindern.

sadistischen Strafen Gott, das Lamm und seine Beauftragten nach der göttlich inspirierten Aussage dieses letzten Buches der Heiligen Schrift für die große Zahl der nicht(= anders)gläubigen Menschen bereithält, deren Vergehen es ist, nicht zu den auserwählten Rechtgläubigen zu gehören, die «ihre Gewänder gewaschen und im Blut des Lammes weiß gemacht» haben (Offb. 7; 14) und «von deren Augen Gott alle Tränen abwischen wird» (Offb. 7; 17), eines der (wenigen) von den Kirchen gerne und häufig zitierten, zugegebenermaßen sehr tröstlichen Worte der Offenbarung. Dabei wird aber so gut wie immer verschwiegen, welche grauenhaft-sadistischen Strafen und Qualen dem nichtauserwählten (nichtgläubigen, nichtchristlichen) Teil der Menschheit wie auch der außermenschlichen Kreatur in den unmittelbar auf diese Stelle folgenden Kapiteln zugedacht werden:

«Und ich sah: Sieben Engel standen vor Gott; ihnen wurden sieben Posaunen gegeben... Dann machten sich die sieben Engel bereit, die sieben Posaunen zu blasen. Der erste Engel blies seine Posaune. Da fielen Hagel und Feuer, die mit Blut vermischt waren, auf das Land. Es verbrannte ein Drittel des Landes... Der zweite Engel blies seine Posaune... Und ein Drittel der Geschöpfe, die im Meer leben, kam um, und ein Drittel der Schiffe wurde vernichtet. Der dritte Engel blies seine Posaune... Ein Drittel des Wassers wurde bitter, und viele Menschen starben durch das Wasser, weil es bitter geworden war... Der fünfte Engel blies seine Posaune. Da sah ich einen Stern, der vom Himmel auf die Erde gefallen war; ihm wurde der Schlüssel zu dem Schacht gegeben, der zu dem Abgrund führt. Und er öffnete den Schacht des Abgrunds: Da stieg Rauch aus dem Schacht auf... Aus dem Rauch kamen Heuschrecken über die Erde, und ihnen wurde Kraft gegeben, wie sie Skorpione auf der Erde haben. Es wurde ihnen gesagt, sie sollten dem Gras auf der Erde, den grünen Pflanzen und den Bäumen keinen Schaden zufügen, sondern *nur den Menschen*, die das Siegel Gottes nicht auf der Stirn haben. *Es wurde ihnen befohlen, die Menschen nicht zu töten, sondern nur zu quälen*, fünf Monate lang, und der Schmerz, den sie zufügen, ist so stark, wie wenn ein Skorpion einen Menschen sticht. In jenen Tagen werden die Menschen den Tod suchen, aber nicht finden; sie werden sterben wollen, aber der Tod wird vor ihnen fliehen... Der sechste Engel blies seine Posaune: Da hörte ich eine Stimme, die von den vier Hörnern des goldenen Altares herkam, *der vor Gott steht.* Die Stimme sagte zu dem sechsten Engel, der die Posaune hält: ‹Binde die vier Engel los, die am großen Strom, am Euphrat, gefesselt sind.› Da wurden die vier Engel losgebunden, die auf Jahr und Monat, auf Tag und Stunde bereit standen, *um ein Drittel der Menschheit zu töten... Ein Drittel der Menschen wurde durch diese drei Plagen getötet durch Feuer, Rauch und Schwefel...»* (Offb. 8; 2,6–11 u. 9; 1–6,13–15,18).

Was sind das für Menschen, denen solche Strafen und Quälereien zugedacht werden? Ihre Hauptverfehlung scheint wieder darin zu liegen, einem anderen Glauben, einer anderen als der christlichen Religion anzuhängen: «Aber die übrigen Menschen, die nicht durch diese Plagen umgekommen waren, wandten sich nicht ab von den Machwerken ihrer Hände: Sie hörten nicht auf, sich niederzuwerfen vor ihren Dämonen, vor ihren Götzen aus Gold, Silber, Erz, Stein und Holz, den Götzen, die weder sehen, noch hören, noch gehen können» (Offb. 9; 20).

Diesen Menschen, «Götzendienern», sprich Andersgläubigen, werden allerdings unmittelbar folgend in bekannter undifferenziert-primitiver Schwarzweißmanier vorurteilsbehafteten Denkens und ausgrenzender Diskriminierung Andersdenkender und -handelnder auch noch die üblichen sittlichen Verfehlungen zugeschrieben: «Sie ließen nicht ab von Mord und Zauberei, von Unzucht und Diebstahl» (Offb. 9; 21).

Die düstere Atmosphäre von Gewalttätigkeit, Drohung, Tötung, Gericht, Strafe usw. setzt sich auch in den nächsten Kapiteln fort, und immer wieder sind es die Nicht- oder Andersgläubigen, die Nichtchristen, gegen die sich vor allem das Gericht des zürnenden biblischen Gottes richtet: «Dann sah ich: Ein anderer Engel flog hoch am Himmel... Er rief mit lauter Stimme: ‹Fürchtet Gott und erweist ihm die Ehre! Denn die Stunde seines Gerichts ist gekommen...› Ein anderer Engel, ein dritter, folgte ihnen und rief mit lauter Stimme: ‹Wer das Tier und sein Standbild anbetet und wer das Kennzeichen auf seiner Stirn oder seiner Hand annimmt, der muß den Wein des Zornes Gottes trinken, der unverdünnt im Becher seines Zorns gemischt ist›» (Offb. 14; 6,7,9).

Wieder sind die Folgen dieses Zornes Gottes *ewige qualvolle Strafen*, wobei die Opfer dieses Mal «vor den Augen der heiligen Engel und des Lammes» gequält werden (wie muß es in der Psyche des Verfassers dieser «heiligen Schrift» ausgesehen haben!): «Und er wird *mit Feuer und Schwefel gequält vor den Augen der heiligen Engel und des Lammes. Der Rauch von ihrer Peinigung steigt auf in alle Ewigkeit,* und alle, die das Tier und sein Standbild anbeten und die seinen Namen als Kennzeichen annehmen, werden bei Tag und Nacht keine Ruhe haben» (Offb. 14; 10,11). Noch einmal wird, mit dem Stilmittel des Kontrasts, die Hauptsünde dieser auf ewig Gequälten festgestellt, nämlich kein Anhänger des biblisch-christlichen Gottes und Jesu zu sein: «Hier muß sich die Standhaftigkeit der Heiligen bewähren, die an den Geboten Gottes und an der Treue zu Jesus festhalten» (Offb. 14; 12).

Es folgt unmittelbar der bei christlichen Begräbnissen gerne zitierte Vers: «Selig die Toten, die im Herrn sterben…» (Offb. 14; 13), ohne daß je sein zu dem vermittelten Trost kontrastierender Hintergrund eines extrem gewalttätig-grausam strafenden Gottes erwähnt würde: Welche Verschleierung ist hier offenbar notwendig, um dem «Wort Gottes» den Respekt der Unwissenden zu erhalten!

Aber immer noch nicht ist das Repertoire an Sadismus des Autors dieser «Offenbarung» (und des von ihm gezeichneten Gottes) erschöpft, einer «Persönlichkeit von hoher Autorität» der frühen Christenheit, der nach biblischem Zeugnis (Offb. 1; 10–20) «den Auftrag», diese Apokalypse zu schreiben «in einer Vision (Schau) vom himmlischen Christus erhalten hat» (Einheitsübersetzung, Kommentar, S. 1390). Immer noch nicht sind seine entsprechenden expliziten oder impliziten Bestrafungswünsche befriedigt; denn unmittelbar anschließend an den eben angeführten Trostvers fährt er mit folgendem blutig-gewalttätigem Bild fort: «Dann sah ich

eine weiße Wolke. Auf der Wolke thronte einer, der wie ein Menschensohn aussah. Er trug einen goldenen Kranz auf dem Haupt
und eine *scharfe Sichel* in der Hand... Und der, der auf der Wolke
saß, schleuderte seine Sichel über die Erde, und die Erde wurde
abgeerntet. Und ein anderer Engel trat aus dem himmlischen Tempel. Auch er hatte eine scharfe Sichel... Da schleuderte der Engel
seine Sichel auf die Erde, erntete den Weinstock der Erde ab und
warf die Trauben in die große Kelter *des Zornes Gottes.* Die Kelter
wurde draußen vor der Stadt getreten, und *Blut strömte aus der Kelter; es stieg an bis an die Zügel der Pferde, 1600 Stadien weit.* Dann sah
ich ein anderes Zeichen am Himmel, groß und *wunderbar.* Ich sah
sieben Engel mit sieben Plagen... Und die Sieger über das Tier,
über sein Standbild und über die Zahl seines Namens... trugen die
Harfen Gottes. Sie sangen das Lied des Mose, des Knechtes Gottes,
und das Lied zu Ehren des Lammes: ‹*Groß und wunderbar sind deine
Taten*, Herr, Gott und Herrscher über die ganze Schöpfung...›
Dann hörte ich, wie eine laute Stimme aus dem Tempel den sieben
Engeln zurief: ‹Geht und gießt die sieben Schalen mit dem Zorn
Gottes über die Erde!› Der erste ging und goß seine Schale über das
Land. Da bildete sich ein böses und schlimmes Geschwür an den
Menschen, die das Kennzeichen des Tieres trugen und sein Stand-
bild anbeteten» (Offb. 14; 14,16,17,19,20 u. 15; 1–3 u. 16; 1,2).

Der Text fährt so fort; es wird weiterhin getötet, verbrannt, die
Menschen «zerbeißen sich vor Angst und Schmerz die Zunge»
(Offb. 16; 3,9,10) usw.

Das Bedürfnis nach Rache, hier an «Babylon», womit nach Meinung der Bibelkundigen das Römische Reich gemeint sei, feiert
Triumphe: «Zahlt ihr mit gleicher Münze heim, gebt ihr doppelt
zurück, was sie getan hat. Mischt ihr den Becher, den sie gemischt
hat, doppelt so stark. Im gleichen Maß, wie sie in Trunk und Luxus
lebte, laßt sie Qual und Trauer erfahren... Sie dachte bei sich: ‹Ich
throne als Königin, ich bin keine Witwe und werde keine Trauer
kennen.› Deshalb werden an einem einzigen Tag die Plagen über sie
kommen, die für sie bestimmt sind: Tod, Trauer und Hunger. Und
sie wird im Feuer verbrennen;... freue dich über ihren Untergang,

du Himmel – und auch ihr, Heilige, Apostel und Propheten, freut euch! Denn Gott hat euch an ihr gerächt» (Offb. 18; 6–8,20). Der an Brutalität kaum noch zu überbietende gewalttätige Sadismus, u. a. eine Einladung zum «Großen Mahl Gottes», zum «Fleischfressen», «Fleisch von allen, von Freien und Sklaven, von Großen und Kleinen», wie er sich im anschließenden Kapitel 19 manifestiert, ist schon oben (S. 54 f.) dargestellt worden.

Und wieder und wieder wird gerichtet und bestraft: «Die Toten wurden nach ihren Werken gerichtet... Wer nicht im Buch des Lebens verzeichnet war, wurde *in den Feuersee geworfen*» (Offb. 20; 12,15).

In diesen exzessiven Ausdruck von Strafsucht und Sadismus ist auch das berühmte und von den christlichen Kirchen und Glaubensgemeinschaften aller Richtungen gerne und häufig selektiv in seinen Anfangsversen zitierte, scheinbar so trostreiche Kapitel 21 eingebunden, wenn unmittelbar auf die wohl jedem Christen bekannten Verse «Er wird alle Tränen von ihren Augen abwischen» und «Seht, ich mache alles neu» der so gut wie immer unterschlagene Vers 8 folgt: «Aber die Feiglinge und Treulosen, die Befleckten, die Mörder und Unzüchtigen, die Zauberer, Götzendiener und alle Lügner – *ihr Los wird der See von brennendem Schwefel sein*» (Offb. 21; 8).

Als möchte der Autor des letzten Buches der Heiligen Schrift dieses von den Kirchen praktizierte selektive, willkürlich auswählende und unterschlagende Zitieren des Wortes Gottes verhindern, und als hätte er die entsprechenden Rettungsversuche moderner und weniger moderner Theologen vorausgesehen, besteht der göttlich inspirierte Text zum Abschluß des Buches ausdrücklich auf der *unverändert-vollständigen* Verkündigung des Textes unter Androhung der zuvor so ausführlich geschilderten Strafen: «Ich bezeuge jedem, der die prophetischen Worte dieses Buches hört: ‹Wer etwas hinzufügt, dem wird Gott die Plagen zufügen, von denen in diesem Buch geschrieben steht. Und wer etwas *wegnimmt* von den prophetischen Worten dieses Buches, dem wird Gott seinen Anteil am Baum des Lebens und an der Heiligen Stadt wegneh-

men, von denen in diesem Buch geschrieben steht. Er, der dies
bezeugt, spricht ja, ich komme bald›» (Offb. 22; 18–20).

Der hier in Auszügen dargestellte grausam-sadistische und inhumane Charakter dieses Buches hinderte einen deutschen Intellektuellen wie Walter Jens nicht daran, ausgerechnet diesen Teil der Bibel
neu zu übersetzen (Jens, 1987) und dem deutschen Publikum wieder nahezubringen. Mit dem entsprechenden publizistischen Beifall: Eine «ebenso poesievolle wie unkomplizierte hymnisch-di-
stanzierte Neuübersetzung», lobte etwa die «Zeit» (ähnlich die
FAZ und andere deutsche Publikationsorgane).

Hat man richtig gelesen, Texte wie etwa die folgenden (um nur
drei eklatante Beispiele für zahlreiche andere mögliche anzuführen)
werden in Deutschland schon wieder als «poesievoll» akzeptiert?
«Befohlen wurde den Tieren: Tötet die Menschen nicht, aber quält
sie fünf Monate lang... Sorgt dafür, daß die Menschen den Tod
ersehnen..., so grauenvoll sollen sie sein, ihre Qualen» (S. 37ff.).
«Foltern wird man sie, die Knechte des Tiers, martern mit Feuer
und Schwefel vor dem Angesicht (!) des Lamms und den heiligen
Engeln. Der Rauch ihrer Todesqual steigt von Ewigkeit zu Ewigkeit zum Himmel empor» (S. 57). «Und ich sah abermal einen Engel: Aufrecht stand er, umhüllt von der Sonne, und sprach mit ge-
waltiger Stimme zu den Vögeln...: ‹Herbei, versammelt euch zum
großen Mahl, das Gott (!) euch schenkt. Kommt alle! Kommt!
Freßt vom Fleisch der Könige..., der Sklaven und Freien, der Großen und Kleinen!» (S. 78ff.). Wohlgemerkt, hier werden nicht,
zum wiederholten Male sei es betont, einfach nur entsprechende,
aber nun einmal faktische Ereignisse geschildert, sondern das im
höchsten Maße *leitbildliche* Wirken des biblisch-christlichen Gottes
dargestellt, immerhin «poesievoll»!

Walter Jens stellt sich hier idealtypisch als jener deutsche nicht
selten inkonsequent-schizoide Intellektuelle dar, mutig, verdienst-
voll aufbegehrend, soweit es gegen politische Fehlentwicklungen
wie etwa Aufrüstung und den Verfall der politischen Kultur geht.
Diese dennoch nicht häufige und anzuerkennende Zivilcourage findet sich aber offenbar nur gegen eine «Obrigkeit», die in unserem

Verfassungsrahmen nicht eigentlich gefährlich werden kann. (Man wird zu einer begrenzten Geldstrafe verurteilt – der Richter entschuldigt sich fast dafür –, behält aber weiter seine Professorenstelle und alle Privilegien, die damit verbunden sind, ja man erhält sogar zusätzliche informelle soziale Prämien, wird gar mit einem renommierten Preis, der nach dem ersten Präsidenten der Bundesrepublik benannt ist, ausgezeichnet.)

Dann aber kommt die Nagelprobe: Gegenüber dem biblisch-christlichen Gott, der offenbar aufgrund einer entsprechenden (früh)kindlichen Indoktrination noch als wirklich mächtig erlebt wird, der möglicherweise nicht nur Show-Strafen verhängen könnte, gegen diesen mächtigen himmlischen Herrscher, gegen den, konsequent gedacht, in noch viel stärkerem Maße rebelliert werden müßte, versagen diese sonst mutigen Rebellen.

Kommt hier der alte deutsche Untertan dann doch nicht wieder zum Vorschein, der den biblischen Gott (trotz seiner biblisch bezeugten Kriegsverbrechen und Greueltaten und die Bibel trotz ihrer extrem inhumanen Implikationen) lobpreist und ver-«herr»-licht, ja selbst beflissen eigene Übersetzungen, Nachdichtungen anfertigt und unter das (intellektuelle) Volk bringt?

Zum wiederholten Male: Man lese die Bibel wirklich einmal vollständig und nicht nur in den von den Kirchen verordneten hochselektiven homöopathischen Dosen, und man wird die tiefe Enttäuschung und Trauer über das schizoid-inkonsequente Verhalten und Denken eines Mannes verstehen, der auf der anderen Seite sich in so verdienstvoller Weise für Humanität und geistige Freiheit eingesetzt hat. (Kann man wenigstens in seinem Falle auf eine kritische Selbstbesinnung hoffen oder wird die Kritik an seinem Vorgehen nur «rhetorisch» erledigt werden?)

c. Resümee: Das biblische Modell, normabweichendes Verhalten zu «bewältigen»

Wie geht die Bibel, wie gehen Gott, Christus und andere biblische Autoritäten, als absolute Vorbilder und Verhaltensmodelle darge- stellt, mit Menschen um, die Verhalten zeigen, das von den bi- blischen Normen abweicht, Verhalten, dessen Spannweite von dem «Verbrechen», einem anderen als dem biblischen Gottesglau- ben anzuhängen oder die entsprechenden rituellen Vorschriften nicht zu erfüllen über sexuell abweichendes Verhalten bis zur Tö- tung anderer Menschen (es sei denn im Krieg!) reicht?

Wieder ist die Bilanz für eine mit dem Anspruch göttlich-absolu- ter, letzter moralischer Autorität antretenden Schrift vernichtend: Da gibt es zwar auch, insgesamt eher zurücktretend und so gut wie immer untrennbar in den Bezugsrahmen von Gewalttätigkeit und extremer Strafsucht eingebettet, die Aufforderung zur Barmher- zigkeit und zum Verzeihen, vor allem und weitestgehend, wenn auch nicht ganz ausschließlich, gegenüber dem «Bruder», dem Mitglied der eigenen «Ingroup». Ganz vorherrschend jedoch fin- det sich die extrem gewalttätige Praxis der Liquidierung, der Sank- tionierung des Abweichenden durch exzessive, sadistische Strafen, gipfelnd in den neutestamentlichen *ewigen* psychisch und körper- lich zugefügten Höllenqualen.

Die psychischen Folgen einer so mit göttlicher Autorität ver- ordneten und vorgelebten «Bewältigung» normabweichenden Verhaltens waren und sind verheerend: Ein Blick auf die Ge- schichte des Christentums, das erst durch die Aufklärung am Schlimmsten gehindert werden mußte, wie auch auf die heute noch bestehenden, mehr oder minder sublimen psychischen Re- pressionsmechanismen kann dies bestätigen (man vergegenwär- tige sich die psychische Not vieler kirchlich gebundener, aber von Zweifeln und Konflikten bedrängter Menschen, etwa auch einer beträchtlichen Zahl katholischer Priester). «Es ist keine Übertrei- bung zu sagen, daß die christliche Kirche den Menschen ein grö- ßeres Maß unverdienten Leides zugefügt hat als irgendeine andere

Religion», stellt der britische Historiker William E. H. Lesky fest (zit. n. Kahl, 1968).

Die Kirchen müssen sich so die Frage gefallen lassen, warum sie, trotz dieser extrem inhumanen Inhalte, die Bibel immer noch *ungekürzt* mit sehr großem finanziellen und personellen Aufwand und nach wie vor mit dem Anspruch verbreiten, eine absolute, letzte, göttliche Quelle von Verhaltensnormen zu vermitteln, ja geradezu eine Renaissance der Bibellektüre anstreben und, soweit erreicht, freudig begrüßen.

Aber auch alle verantwortlichen (Sozial-)Wissenschaftler, Ethiker, Pädagogen, Eltern, darüber hinaus jedes nicht gedankenlos-unkritisch dahinlebende Mitglied einer human-demokratischen, aufgeklärten Lebensnormen verpflichteten Gesellschaft müssen sich fragen lassen, warum sie diese Praxis der Kirchen unwidersprochen über sich und über ihre Kinder ergehen lassen, durch archaisch-inhumane, angsterzeugende Inhalte Verhalten und Erleben mit allen bekannten verheerenden psychischen Folgen kontrollieren zu wollen sowie weiterhin Vorbilder extremer Gewalttätigkeit und inhumanen Sadismus als Verhaltensleitbilder absoluter Autorität zu vermitteln. Wie kann man heute noch, und dies gilt für die Bibel insgesamt, die vor mehreren tausend Jahren in den Himmel projizierte archaisch-inhumane Verfassung damaliger Menschen als göttlich-verbindliche Inhalte «zurückholen» und sie dadurch verstärken und stabilisieren?

Wie können wir erwarten, jemals die nicht nur für den einzelnen Menschen, sondern inzwischen für die ganze Menschheit überaus gefährliche Reaktionstendenz zu überwinden, im Verhalten und Verhaltensnormen wie im Für-wahr-Halten bestimmter Sachverhalte (Glauben, Ideologien) von den eigenen Vorstellungen und Normen abweichende, bekehrungsunwillige Menschen zu «liquidieren», solange einem Großteil der Menschheit (Christentum, Islam) ein göttliches Leitbild vermittelt wird, das sich genau durch diese Reaktionstendenzen auszeichnet? Allein in den USA, es sei noch einmal daran erinnert, wird die Zahl der biblischen Fundamentalisten, also der Personen (und Wähler), die die Bibel wörtlich nehmen wollen (was ja eigentlich bei einem «Wort Gottes» ohne verhängnisvolle Konsequenzen möglich sein müßte!), vorsichtig auf mindestens 40 bis 60 Millionen geschätzt (Martz und Carrol 1988, S. 23). Wen wundert da noch die für das Überleben der Menschheit zeitweise überaus gefährliche, exzessive Aufrüstungspolitik der vorigen, zu einem Gutteil gerade von religiös-fundamentalistischen Kreisen gestützten amerikanischen Administration und ihres Präsidenten?

E. Die archaisch-inhumanen Implikationen der zentralen neutestamentlich-christlichen Lehre vom Kreuzestod Jesu als Erlösungstat und Sühneopfer

Verbreitet findet sich der Versuch, die Bibel als göttlich inspirierte Quelle heute noch absolut verbindlicher ethischer Normen und religiöser Grundlehren gegenüber einem auch nur gemäßigt kritischen Maßstab moderner Humanität dadurch zu retten, daß eine deutliche Unterscheidung zwischen Altem und Neuem Testament gemacht und das letzte als ethisch höher stehend propagiert wird.

Dieses Vorgehen muß schon deswegen als sehr problematisch, wenn nicht unmöglich erscheinen, weil derselbe *unwandelbare,* absolut vollkommene Gott nach dem offiziell verkündeten Glauben fast so gut wie aller christlichen Kirchen und Glaubensgemeinschaften letztlich der verantwortliche Urheber beider Testamente ist.

Zum anderen war zu zeigen, daß neben ethisch positiven Inhalten das Ausmaß an archaisch-sadistischer Grausamkeit im Neuen Testament im ganzen nicht geringer ist, ja in bestimmten Teilen, wie etwa der Lehre von den ewigen Höllenstrafen, das Alte Testament noch übertrifft.

Insbesondere aber wird die Lehre vom erlösenden, Gott versöhnenden Kreuzestod Jesu, das Kernstück aller christlichen Verkündigung (auch nach Auffassung moderner Theologen wie etwa Paul Tillich), nur verstehbar und psychologisch stimmig vor dem Hintergrund des als real genommenen alttestamentarischen archaischen Gottesbildes.

a. Die Faszination des biblischen Gottes und seiner Anhänger für (vergossenes) Blut

Dabei ist zunächst hinzuweisen auf die auffallende Faszination des biblischen Gottes und seiner Anhänger für Blut, und zwar angesichts von Tötungen mannigfacher Art vergossenen Bluts. Aus den vielen entsprechenden Stellen der Bibel – eine ganze Reihe wurde schon oben zitiert – seien hier nur noch einige wenige ergänzend zur Veranschaulichung und zum Beleg herausgegriffen.

Schon der alttestamentarische Bundesschluß wird, übereinstimmend mit der ausgesprochenen Vorliebe (und entsprechenden rituellen Anordnungen) des alttestamentarischen Gottes für Schlachtopfer, aber auch für Blut, das im Krieg fließt (vgl. oben Abschnitt II, B.), mit Blut besiegelt: «Mose... schickte die jungen Männer Israels aus. Sie brachten Brandopfer dar und schlachteten junge Stiere als Heilsopfer für den Herrn. Mose nahm die Hälfte des Blutes und goß es in eine Schüssel, mit der anderen Hälfte besprengte er den Altar..., dann nahm Mose das Blut, besprengte damit das Volk und sagte: Das ist das Blut des Bundes*, den der Herr aufgrund all dieser Worte mit euch geschlossen hat» (Ex. 24; 4–6,8).

Auch in den von Gott befohlenen kultischen Handlungen spielt Blut immer wieder eine eigenartig-bedeutsame Rolle: «Nimm vom Blut des Jungstiers und gib etwas davon mit deinem Finger auf die Hörner des Altars! Das ganze übrige Blut aber gieß am Sokkel des Altars aus!... Schlachte den Widder, nimm sein Blut und gieß es ringsum an den Altar!... Schlachte den Widder, nimm von seinem Blut und streich es auf das rechte Ohrläppchen Arons und seiner Söhne, auf den Daumen ihrer rechten Hand und auf die große Zehe ihres rechten Fußes! Das übrige Blut gieß ringsum an den Altar! Nimm vom Blut auf dem Altar und vom Salböl und bespreng damit Aron und dessen Gewänder sowie seine Söhne und

---

* Ein Wort, das nach dem übereinstimmenden Zeugnis des Neuen Testamentes (Mt. 26; 28; Mk. 14; 24; Lk. 22; 20; 1 Kor. 11; 26) von Jesus ausdrücklich wieder aufgenommen wurde.

deren Gewänder! Er und seine Gewänder werden so geweiht sein und mit ihm auch seine Söhne und deren Gewänder!» (Ex. 29; 12,16,20,21).

Diese Faszination für Blut und Blutvergießen zieht sich durch alle fünf Bücher Mose, insbesondere auch, aber nicht nur, im Rahmen der detaillierten Kultvorschriften, die die Gestaltung der blutigen Tieropfer betreffen, aber auch in den göttlichen Vorschriften zur Gestaltung der Strafjustiz, wobei die Vorstellung, durch vergossenes Blut werde Sühne geleistet, den Autoren dieser Texte selbstverständlich und grundlegend zu sein scheint: «Dieses Blut habe ich euch gegeben, damit ihr auf dem Altar für euer Leben die Sühne vollzieht; denn das Blut ist es, das für ein Leben sühnt» (Lev. 17; 11).

Auch den anderen hier berücksichtigten zentralen Büchern des Alten Testamentes ist diese Faszination für (vergossenes) Blut, kultisch, innerhalb der Strafjustiz oder durch Krieg, nicht fremd; so heißt es etwa bei Jesaia, um nur noch ein Beispiel aus dem Bereich der Kriegsführung für viele andere mögliche (und zusätzlich zu den oben schon angeführten) zu zitieren: «Die Erde und alles, was sie erfüllt, die Welt und alles, was auf ihr sproßt, sollen es hören, daß der Herr über alle Völker erzürnt ist, daß er zornig ist auf alle ihre Heere. Er hat sie dem Untergang geweiht und zum *Schlachtopfer* bestimmt. Die Erschlagenen wirft man hinaus, der Gestank ihrer Leichen steigt auf, die Berge *triefen von ihrem Blut*... Am Himmel erscheint das Schwert des Herrn. Seht her, es fährt auf Edom herab, auf das Volk, das der Herr im Gericht dem Untergang weiht. *Das Schwert des Herrn ist voll Blut,* es trieft vom Fett, vom Blut der Lämmer und Böcke, vom Nierenfett der Widder; denn der Herr hält in Bozra ein Opferfest ab, ein großes Schlachtfest in Edom. Ihr Land wird betrunken vom Blut, ihr Erdreich ist getränkt von Fett. Denn der Herr hat einen Tag der Rache bestimmt, ein Jahr der Vergeltung für den Streit um Zion» (Jes. 34; 1–8).

b. «Ohne daß Blut vergossen wird, gibt es keine Vergebung»: Die eindeutig-klare neutestamentliche Interpretation des Kreuzestodes Jesu als Sühneopfer setzt das alttestamentarische archaisch-inhumane Gottesbild voraus

Läßt man einmal die Versuche einer Reihe moderner Theologen unbeachtet, das (peinliche) Faktum des blutigen Kreuzestodes Jesu und seiner biblischen Interpretation «dialektisch» umzudeuten oder hinter einer verbalen Nebelwand abstrakt-vager, aber «tief» klingender Begrifflichkeit zu verstecken, läßt man vielmehr die entsprechenden biblischen Texte und ihren Inhalt unvoreingenommen auf sich wirken, so ergibt sich in eindeutiger Klarheit: Der Kreuzestod Jesu reiht sich nahtlos ein in die alttestamentarisch als offenbar selbstverständlich angenommene Vorstellung eines gekränkten, durch menschliche Missetaten beleidigten, zürnenden und strafwilligen Gottes, der durch Opfer und insbesondere das dabei oder auch anläßlich von Strafaktionen geflossene Blut wieder zu versöhnen ist.

Das Neue Testament schließt ausdrücklich an diese alttestamentarische Tradition bis in kultische Einzelheiten an, wenn es sagt: «Christus aber ist gekommen als hoher Priester der künftigen Güter; und durch das erhabene und vollkommene Zelt, das nicht von Menschenhand gemacht, d. h., nicht von dieser Welt ist, ist er ein für allemal in das Heiligtum hineingegangen, nicht mit dem Blut von Böcken und jungen Stieren, sondern *mit seinem eigenen Blut, und so hat er eine ewige Erlösung bewirkt.* Denn wenn schon das Blut von Böcken und Stieren und die Asche von einer Kuh die Unreinen, die damit besprengt werden, so heiligt, daß sie leiblich rein werden, wieviel mehr wird das *Blut Christi,* der sich selbst kraft ewigen Geistes *Gott als makelloses Opfer dargebracht hat,* unser Gewissen von toten Werken reinigen... *Sein Tod hat die Erlösung* von den im ersten Bund begangenen Übertretungen *bewirkt...* Daher ist auch der erste Bund mit Blut in Kraft gesetzt worden. Nachdem Mose jedes Gebot dem Gesetz gemäß dem ganzen Volk vorgele-

sen hatte, nahm er das Blut der jungen Stiere und der Böcke,...
besprengte das Buch selbst und das ganze Volk und sagte: ‹Das ist
das Blut des Bundes, den Gott für euch eingesetzt hat.› Dann besprengte er auch das Zelt und alle gottesdienstlichen Geräte auf
gleiche Weise mit dem Blut. Fast alles wird nach dem Gesetz mit
Blut gereinigt, und *ohne daß Blut vergossen wird, gibt es keine Vergebung*...

Jetzt aber ist er (Christus) am Ende der Zeiten ein einziges Mal
erschienen, um durch *sein Opfer die Sünde zu tilgen*... *So wurde
auch Christus ein einziges Mal geopfert, um die Sünden vieler hinweg-
zunehmen*... Wir haben also die Zuversicht, Brüder, durch *das
Blut Jesu in das Heiligtum einzutreten.* Er hat uns den neuen und
lebendigen Weg erschlossen durch den Vorhang hindurch, das
heißt durch sein Fleisch» (Hebr. 9; 11−15,18−22,26,28 u. 10;
19,20).

Auch die Offenbarung des Johannes knüpft unmittelbar an das
alttestamentarische Sühneschlachtopfer an, wenn sie die vier Lebewesen und die Ältesten zu dem Lamm (= Christus) sagen läßt:
«Würdig bist du, das Buch zu nehmen und seine Siegel zu öffnen;
denn du wurdest *geschlachtet* und hast *mit deinem Blut* Menschen für
Gott erworben» (Offb. 5; 9).

Gerade weil diese biblisch-authentische Interpretation des
Kreuzestodes Jesu als alttestamentarisch-begründetes blutiges
Sühnopfer so zentral für jede Kritik des Christentums ist und
von einer Reihe moderner Theologen (darunter auch Küng, s. u.
S. 219 ff.) aus verständlichen Gründen problematisiert oder zumindest verunklart wird, seien noch einige weitere eindeutige biblische Zeugnisse und Belege angeführt:

«*Christus* ist schon zu der Zeit, da wir noch schwach und gottlos waren, *für uns gestorben*... Nachdem wir jetzt *durch sein Blut
gerecht gemacht sind,* werden wir durch ihn erst recht vor dem Gericht Gottes gerettet werden. Da *wir mit Gott versöhnt werden durch
den Tod seines Sohnes*...» (Röm. 5; 6,9,10).

«Gnade sei mit euch und Friede von Gott, unserem Vater, und
dem Herrn Jesus Christus, *der sich für unsere Sünden hingegeben hat,*

um uns aus der gegenwärtigen bösen Welt zu befreien, nach dem Willen unseres Gottes und Vaters» (Gal. 1; 3,4).

«... *durch sein* (Jesu) *Blut haben wir die Erlösung, die Vergebung der Sünden* nach dem Reichtum seiner Gnade» (Eph. 1; 7). «Jetzt aber seid ihr, die ihr einst in der Ferne wart, durch Christus Jesus, *nämlich durch sein Blut,* in die Nähe gekommen» (Eph. 2; 13).

«Denn Gott wollte mit seiner ganzen Fülle in ihm (Jesus) wohnen, um *durch ihn alles zu versöhnen.* Alles im Himmel und auf Erden wollte er zu Christus führen, der Friede gestiftet hat *am Kreuz durch sein Blut.* Auch ihr standet ihm einst fremd und feindlich gegenüber; denn euer Sinn trieb euch zu bösen Taten. Jetzt aber hat er euch *durch den Tod seines sterblichen Leibes versöhnt...*» (Kol. 1; 19–22).

«Ihr wißt, daß ihr aus eurer sinnlosen, von den Vätern ererbten Lebensweise nicht um einen vergänglichen Preis *losgekauft* wurdet, nicht um Silber oder Gold, sondern *mit dem kostbaren Blut Christi,* des Lammes ohne Fehl und Makel» (1 Petr. 1; 18,19). «Wenn wir aber im Lichte leben wie er im Licht ist, haben wir Gemeinschaft miteinander, und *das Blut seines Sohnes Jesus reinigt uns von aller Sünde*» (1 Joh. 1; 7).

«Er (Jesus) liebt uns und hat uns *von unseren Sünden erlöst durch sein Blut*» (Offb. 1; 5). «...sie haben ihre Gewänder... *im Blut des Lammes weiß gemacht*» (Offb. 7; 14) usw.

Aus diesen und anderen biblischen Stellen ergibt sich für den unbefangenen Leser als eindeutige Tatsache: Die Bibel interpretiert den Kreuzestod Jesu, übrigens in Übereinstimmung mit der *offiziellen* bis heute verkündeten Lehre so gut wie aller maßgeblichen christlichen Kirchen und Glaubensgemeinschaften, als Sühneopfer, um den durch die Sünden der Menschen ungnädigen, erzürnten, strafwilligen Gott zu versöhnen.

Wieder kann man es nur der eminenten Wirksamkeit entsprechender frühkindlicher Indoktrination zuschreiben, daß dieser Sachverhalt mit wenigen Ausnahmen von der ganz großen Mehrheit heutiger, humanaufgeklärter Menschen, Gläubiger, Indifferenter und z. T. auch Ungläubiger so beinahe selbstverständlich akzeptiert und so wenig als extreme

Provokation jedes auch nur gemäßigt human-aufgeklärt denkenden Menschen empfunden wird; denn akzeptiert man das Kreuzesopfer Jesu, das Kerngeschehen der Erlösung und allen Christentums, so akzeptiert man damit auch (vielleicht implizit-halbbewußt, aber psychologisch notwendig) das entsprechende archaisch-inhumane, alttestamentarische Gottesbild, ohne welches das Kreuzesopfer gar nicht als sinnvoll zu verstehen wäre.

Durch (früh)kindliche Indoktrination wird so das Bild eines Gottes verinnerlicht, der zu seiner Versöhnung den Kreuzestod, bekanntlich eine der grausamsten Hinrichtungsarten – auch hier sollte man die durch Gewohnheit eingetretene Abstumpfung überwinden und sich dieses grauenhafte Geschehen einmal in allen Einzelheiten vorzustellen versuchen –, eines Menschen und darüber hinaus eines Menschen, zu dem er in einem Vater-Kind-Verhältnis steht, seines Sohnes, nicht nur annimmt, sondern auch nach mehrfachem biblischem Zeugnis ausdrücklich wünscht: «Er (Jesus) sprach: ‹Abba, Vater, alles ist dir möglich. Nimm diesen Kelch von mir! Aber nicht, was ich will, sondern was *du willst* (soll geschehen)» (Mk. 14; 36; entspr. Mt. 26; 39; Lk. 22; 42). «Nach dem Willen unseres Gottes und Vaters» (Gal. 1; 4). «Es war nämlich Gottes gnädiger Wille, daß er für alle den Tod erlitt» (Hebr. 2; 9 u. a.). Die Verinnerlichung und Verfestigung eines solchen Gottesbildes stellt einen Eingriff in die Psyche eines Kindes von kaum zu überschätzender psychologischer Problematik dar und kann eine möglicherweise lebenslang wirksame Quelle interner tiefliegender Ängste und aggressiver Impulse sowie eines bedrohlich-verdüsterten Weltbildes werden.

Die Lehre vom Kreuzestod Jesu, als Sühneopfer nach genuin biblischer Auffassung Voraussetzung und Beweggrund Gottes für Erlösung und Sündenvergebung, dürfte so als eine der Kernaussagen christlicher Dogmatik auch die oben angeführten als positiv einzustufenden Gebote der Gottes- und Nächstenliebe weitgehend neutralisieren, wenn nicht in ihr Gegenteil verkehren. Weil diese so untrennbar eingebunden sind in die Vermittlung eines archaischen, extrem inhuman-grausamen Gottesbildes, dürften sich die möglichen positiven Auswirkungen des Liebesgebotes durch die

Koppelung mit massiven Strafdrohungen und Angstmechanis-
men aus psychologischen Gründen zu einem Gutteil paralysieren.
Wer sich die unbeschönigte Geschichte des Christentums vor Augen führt, dürfte dieser These eine gewisse empirische Stützung
kaum versagen.

c. Zu modernen theologischen Versuchen, den Skandal des Kreuzestodes Jesu und seiner biblischen Interpretation als Sühne- und Erlösungsopfer auch gegenüber einem fortgeschrittenen ethisch-humanen Standard akzeptierbar erscheinen zu lassen

Auch in der Frage des Kreuzestodes Jesu gibt es «dialektische» Versuche von seiten der modernen Theologie, diesen für einen unbe-
fangen-objektiven Leser eigentlich sehr klaren biblischen Sachverhalt umzuinterpretieren oder zu verunklaren, um ihn auch vor
einem modern-aufgeklärten ethischen Standard eher als akzeptierbar erscheinen zu lassen. Abgesehen von der Unredlichkeit gegenüber den ursprünglichen biblischen Texten und dem schon angesprochenen Skandalon, das hier so eindeutige «Wort Gottes» durch
menschliche Uminterpretation akzeptierbar machen zu müssen,
bleiben m. E. alle diese Versuche höchst unbefriedigend, weil sie
inkonsistent sind und bei kritisch-konsequenter Analyse, bei Auflösung der häufig schwärmerisch-emotional dargebotenen «Wortnebel» ihre Unvereinbarkeit mit zentralen biblisch-christlichen
Aussagen klar zutage tritt.

Einer der verbreitetsten Versuche, das Faktum des Kreuzestodes
Jesu auch dem heutigen human-aufgeklärten Menschen akzeptierbar zu machen, lautet etwa so: Da Jesus Gott sei, zeige sich im
Kreuzestod Jesu gerade die unendliche Liebe Gottes, der sich selbst
für die Menschen als Sühneopfer darbringe.

Abgesehen davon, daß die Gottheit Jesu nicht ursprünglich biblisch sein (vgl. die nachweislichen Irrtümer Jesu oder Stellen wie «Was nennst du mich gut, niemand ist gut außer Gott allein», Mk. 10; 18 u. a.), sondern eine spätere Dogmenentwicklung der Gemeinde darstellen dürfte (was selbst Küng verschlüsselt-implizit zu vermitteln scheint), so führt die These auch bei Annahme der Gottheit Jesu zu großen Schwierigkeiten, um nicht zu sagen Absurditäten. Denn selbst wenn Jesus Gott war, so war er nach übereinstimmender Glaubensüberzeugung so gut wie aller heute existierender christlicher Konfessionen eben auch in vollem Sinne Mensch, und nur als solcher, nicht aber als unsterblicher, unwandelbarer Gott konnte er den Kreuzestod erleiden. Vor allem aber wird von den Verfechtern dieses Rettungsversuchs übersehen, daß die provozierende Tatsache eines Gottes, der ein solches archaisch-inhumanes Opfer zu seiner Versöhnung akzeptiert, ja verlangt, nicht aus der Welt geschafft, sondern bestätigt wird: Anders wäre ein so entsprechend interpretierter Kreuzestod Jesu unverständlich-sinnlos. Entsprechendes ist auch zur sehr verwandten Position des gerade in Deutschland (!) fast schon schwärmerisch als evangelischer Kirchenvater des 20. Jahrhunderts verehrten Karl Barth zu sagen, den offenbar die implizite Inhumanität dieser Hin«richtung» in keiner Weise anficht, die Jesus stellvertretend für die Rettung *des* Menschen von «Verdammnis» und «Hölle», die «des von ihm abgefallenen Menschen Teil sein *müßten*» (K. Barth, 1976³, S. 146), erleidet, sondern dies gar als «gnädige Fügung Gottes» (a. a. O., S. 143) preist.

Auch andere moderne und modernste Theologen, die den Kreuzestod als Solidarität Jesu oder gar Gottes mit dem leidenden und unterdrückten Teil der Menschheit interpretieren, argumentieren hier nicht richtiger, wenn vielleicht auch zugegebenermaßen effektiver. Sie unterscheiden sich von älteren Versuchen vor allem dadurch, daß sie durch die Verwendung aktueller, insbesondere bei Jugendlichen hohen affektiven Wert besitzender (was an sich sehr zu begrüßen ist) Worte und Begriffe wie «Solidarität mit Unterdrückten und Leidenden» eine gefühlsmäßig-unklare Akzeptierung zu erreichen versuchen, die bei klarem Denken nicht erreichbar wäre; denn daß man von einem allmächtigen Gott, der «der Weltregent..., der Lenker allen großen und kleinen Geschehens» (so etwa nach Karl Barth, a. a. O., S. 41, und sinngemäß auch Küng, s. u. S. 245 f.; im übrigen in Übereinstimmung mit der verkündeten Lehre so gut wie aller christlichen Kirchen und Glaubensgemeinschaften zu allen Zeiten), der gleichzeitig unendlich gütig und liebevoll, ja die unendliche Liebe selbst sein soll, eher erwarten sollte, die unsäglichen Leiden der vielen Unterdrückten und Gepeinigten zu beheben (man denke neben unzählig vielen anderen möglichen Beispielen etwa an den Leidensweg des jüdischen Volkes bis nach Auschwitz und in andere Vernichtungslager) als diese Leiden durch eine grausame Sühneopfer-Hinrichtung noch zu vermehren, scheint den modernen (subjektiv sicher gutmeinenden) theologischen Verteidigern der Akzeptierung des Kreuzestodes Jesu offenbar nicht in den Sinn zu kommen.

Die entsprechende Zurückweisung gilt auch für den gerade bei «progressiven» Theologen sehr beliebten Versuch Jürgen Moltmanns («Der gekreuzigte Gott», 1981[4]), die zentrale christliche Lehre vom erlösenden, mit Gott versöhnenden Kreuzestod Jesu angesichts seiner heute nicht mehr annehmbaren archaischen Inhumanität und des ihm impliziten Gottesbildes doch noch in eine – hoffentlich – humanere Zukunft hinüberzuretten.

Sind die in diesem Buch unternommenen gutgemeinten (allerdings auch für die Theologen selbst und ihr Gewerbe) Versuche der Humanisierung anzuerkennen, so erscheint die Art, wie das versucht wird, teilweise als recht «dialektisch»-abenteuerlich. Und man wird, ich gestehe es, zunehmend unwillig, je mehr man die für moderne theologische Werke so typische Grundstruktur wiederentdeckt: Man erklärt die heute weithin akzeptierten, teilweise durchaus sehr konsequent, ja radikal vertretenen Standards von Mitmenschlichkeit und Gewaltlosigkeit zur eigentlichen = eigenen = authentischen christlichen Botschaft, unter souveräner Außerachtlassung genuiner biblischer Quellen christlicher Religiosität; dem eigenen Argumentationsgang zuwiderlaufende biblische Aussagen werden dabei einfach unterschlagen oder zu «Religion» (im Sinne Karl Barths), «Idolatrie» usw. erklärt.

Die Lektüre dieses Buches muß auch deswegen unwillig machen, weil für einen Zeitgenossen mit einem gewissen Minimalwissen über Bibel und christliche Botschaft sich immer wieder aufdrängende fundamentale Einwände entweder gar nicht gesehen oder nicht aufgenommen werden. Vielmehr werden sie wie üblich unter vielen Zitaten renommierter theologischer und nichttheologischer Zeitgenossen wie durch einen abstrakt-undeutlichen, teilweise auch etwas schwärmerisch-verquasten Sprach- und Denkstil zugedeckt, weggeschoben, ohne daß die vielen Inkonsistenzen zu zentralen biblischen Aussagen oder die Widersprüche zwischen einzelnen Aussagen des Buches aufgelöst würden.

So wird etwa einerseits Gottes absolute Souveränität und Unabhängigkeit herausgestellt, «daß Gott keiner Nötigung durch Nicht-Göttliches unterliegt» ausdrücklich bestätigt, wenn auch in einer etwas verharmlosenden Abschwächung des biblischen, alles bestimmenden Gottes, «ohne dessen Willen kein Sperling vom Dach fällt», «der jedes Unglück bewirkt» usw. usw., der also auch den grausam-archaischen Sühnetod Jesu hätte verhindern können, dessen Charakter als Sühnetod im übrigen von Moltmann bestätigt wird (S. 169–174).

Dieser selbe Gott ist dann aber, offenbar um das gespürte extrem Archaisch-Inhumane, Grausame eines solchen Gottesbildes in eine moderne Mitmenschlichkeitsethik hinüberzuretten, doch wieder ein fast hilfloser, ja «gottverlassener» Gott, der mit dem Menschen fühlt und leidet und sich selbst (unbiblisch) als Sühneopfer darbringt.

Dieses Sühneopfer ist auch nach Moltmann von unendlichem Wert und macht alle sonstigen zusätzlichen Sühneleistungen überflüssig: Warum dann Gott nach diesem ihm dargebrachten unendlichen und alles abgeltenden Sühneopfer die Zahl der zu einem beträchtlichen Teil ja grauenhaften Leiden, die er über seine Geschöpfe kommen läßt, nicht aufgehoben oder auch nur wesentlich

vermindert hat, warum dieser Gott nun nicht endlich das Reich
Gottes anbrechen läßt und die Menschen wirklich erlöst, eine Antwort auf diese und viele andere legitime Fragen heutiger Menschen
(denen es wohl wieder an echter deutsch-christlicher «Tiefe» mangelt) erwartet man auch bei Moltmann wie bei fast allen modernen
Theologen vergebens.

Dafür liest man immer wieder, teilweise in emotionalisieren-
dem Predigtton, humanitäre und gutgemeinte, aber unredliche,
weil eindeutigen Aussagen der Bibel widersprechende (man lese
selbst nach, wie der «Gottlose» in der Bibel eingeschätzt und
was ihm an Strafen angedroht wird) Angebote an «Gottlose».
Da heißt es dann etwa auf der Basis einer wohl nur einem heutigen modernen Theologen möglichen entdifferenzierenden («gottlos» ist nicht gleich «gottlos»!) Argumentationslogik: «Indem
Gott seinen Sohn nicht verschont, liegt darin eine Verschonung aller Gottlosen. Sie sind als Gottlose gerade darum nicht
gottverlassen, weil Gott seinen eigenen Sohn verlassen und für sie
dahingegeben hat. Darum liegt in der Hingabe des Sohnes an die
Gottverlassenheit der Grund für die Rechtfertigung der Gottlosen
und die Annahme der Feinde durch Gott» (S. 229). Ja schließlich
heißt es dann gar: «Nur ein Atheist kann ein guter Christ sein»
(S. 182).

Auch das schöne, aber auf die Bibel bezogen nur als Wunschdenken zu bezeichnende Wort von Gottes «unbedingter und grenzenloser Liebe» (S. 234) wird hier zum wiederholten Male in durchaus
menschenfreundlicher Absicht, aber dennoch (zumindest objektiv)
unredlich vermittelt. Die Unlösbarkeit der Theodizee-Frage wird
thematisiert, es werden aber auch hier keinesfalls die allein möglichen Konsequenzen gezogen, sondern sie wird in einer für Nicht-
theologen ebenfalls wieder schwer nachvollziehbaren Weise in
eine «Theologia crucis» (S. 262) übergeführt usw. Wir wollen es
dabei belassen; das nächste Kapitel wird sich exemplarisch einem
verbreiteten modernen apologetischen Werk und den von heutigen Theologen herangezogenen Harmonisierungsversuchen zu-
wenden.

Liest man das Buch von Moltmann und andere entsprechende Bücher moderner Theologen (z. B. auch von Dorothee Sölle) und anschließend unbefangen biblische Texte, die ja nicht für Theologen, sondern für die «Kleinen» geschrieben sind, so fällt es schwer, die modernen, teilweise «akademisch» aufgestockten theologischen Doktrinen in den (viel klareren) biblischen Texten wiederzuerkennen. *Es drängt sich so zuweilen die zugegebenermaßen ein bißchen böse Frage auf, wieweit hier das Geschäft der Auflösung biblisch-christlicher Religiosität (und ihrer Institutionen?) zugunsten einer modernen Humanität von innen betrieben wird, vielleicht nicht klar intendiert, aber tatsächlich, was für die Agenten dieses Geschäfts den großen Vorteil hätte, von den entsprechenden Institutionen dafür noch stattlich bezahlt zu werden.*

Zum anderen kommen solche Texte der ja bekannten Vorliebe eines Großteils des deutschen Publikums für «tiefgründig» verunklarende Lektüre entgegen. Man kann dann scheinbar gleichzeitig seinem intellektuellen Gewissen gerecht werden und muß dennoch nicht seine durch frühkindlich induzierte Anhänglichkeit und Angstgefühle tief verankerte Kirchenzugehörigkeit aufgeben: ein Angebot einer fast schon klassisch zu nennenden Konfliktverarbeitung.

Über einen *nur* menschlich zu sehenden Jesus brauchen wir im übrigen bei einer *Religions*kritik des Christentums kein weiteres Wort zu verlieren, zumal es hier Alternativen gibt, die an menschlich-ethischer Größe Jesus zumindest nicht nachstehen, ja ihn eher übertreffen (vgl. oben S. 97 ff.).

Nicht viel besser steht es m. E. mit anderen Versuchen moderner Theologen, den «Skandal» des Kreuzesopfers Jesu zu «bewältigen», für einen aufgeklärt-human denkenden Menschen akzeptierbar zu machen.

Wir werden uns unten in einem eigenen Kapitel (III) noch ausführlich mit entsprechenden Versuchen Hans Küngs auseinandersetzen, den «in sich stimmigen biblischen Gottesglauben» mit einer aufgeklärten, modernen Weltsicht und humanen Ethik vereinbar erscheinen zu lassen. Entsprechende Einwände wären gegen Rudolf Bultmann vorzubringen, der recht willkürlich alle biblischen

Inhalte, die mit dem modernen Weltbild nicht übereinstimmen, einem nicht verpflichtenden «mythischen» Anteil der Bibel zuordnet, so auch neben naturwissenschaftlich-kosmologischen Aussagen die eindeutige biblische Interpretation des Kreuzestodes Jesu als «Schlachtopfer» (Bultmann, 1964, S. 81). Andererseits sind nach Bultmann gerade und in erster Linie solche biblischen Aussagen über Gott auch für heutige Menschen gültig und bedeutsam, «die die Existenzbeziehung zwischen Gott und Mensch ausdrücken» (a. a. O., S. 81), im Gegensatz zu kosmologischen, naturwissenschaftlichen oder politisch-juridischen biblischen Aussagen, und «das Geheimnis, für das der Glaube sich interessiert, ist nicht, was Gott an sich ist, sondern wie er mit den Menschen handelt» (a. a. O., S. 47). Was aber, wenn nicht die biblische Interpretation des Kreuzestodes Jesu als Sühneopfer und Erlösungstat, wäre denn nun eine biblische Aussage über die «Existenzbeziehung» oder, als Nichttheologe würde ich es etwas einfacher ausdrücken, das Grundverhältnis des biblischen Gottes zum Menschen?

Man wüßte auch gerne einmal, bevor man sich als «flacher Rationalist» vorschnell etikettieren oder mit dem so beliebten letzten Notbegriff «Geheimnis» abspeisen läßt, worin denn nun eigentlich der zur so eindeutigen biblischen Interpretation alternative Sinn des Kreuzestodes liegt, der sich ebenso stimmig wie die offenliegende biblische Interpretation in das Gesamt, in den Geist der biblischen und christlichen Lehre integrieren ließe und der, wie das bei allen mir bekannten entsprechenden modernen Bewältigungs- oder Interpretationsversuchen ist, zu anderen *wesentlichen* biblisch-christlichen Aussagen nicht in eklatantem Widerspruch stünde – soweit dies noch möglich ist, d. h., soweit sich diese Versuche nicht in wohlklingend erbaulichen, aber abstrakt-inhaltsleeren, alles und nichts aussagenden Wortwolken darbieten, was leider nicht selten der Fall ist.

Und wie ließe sich denn eine zur biblischen Interpretation alternative Auslegung mit einer anderen Kernaussage Bultmanns wie der folgenden in Übereinstimmung bringen: «Genügt es zu sagen, daß der Glaube aus der Begegnung mit der Heiligen Schrift als dem

Wort Gottes erwächst, daß Glaube nichts als *einfaches Hören* ist? Die Antwort darauf lautet: ‹Ja›» (Bultmann, 1964, S. 83; vgl. dazu etwa auch Augstein, 1972, S. 64 ff.). (Allerdings wird diese Aussage sogleich in den folgenden Sätzen so verunklart, daß sie fast schon wieder beliebig interpretierbar wird.)

Sucht man bei Bultmann eine Antwort auf die hier gestellte Frage, wie denn nun eine *spezifisch christliche* Sinninterpretation des Kreuzestodes Jesu aussehen könnte, so bleibt man ohne befriedigende Antwort, wenn man sich nicht mit sehr allgemeinen, geheimnisvoll-unklar klingenden Auskünften zufriedengibt, wie etwa der, daß «das Wort vom Kreuz» ein «echter Anstoß» bedeute (a. a. O., S. 38), wobei es nach dem folgenden Text offensichtlich oder auch um die ja richtige, aber keineswegs spezifisch christliche oder kreuzestheologische, ja eigentlich eher triviale Aussage geht, daß durch Menschen «gemachte» und «organisierte Sicherheit» keine «wahre», meint wohl vollkommene Sicherheit bedeute (a. a. O., S. 41 ff.), daß «die christliche Predigt Kerygma ist, d. h., eine Verkündigung, die . . . an den Hörer als ein Selbst gerichtet ist» (a. a. O., S. 38) usw.

Wir wollen an dieser Stelle keine umfassende Auseinandersetzung mit Bultmann und seiner Theologie leisten, weil wir hier auf die Ausführungen Hans Alberts in seinem «Traktat über kritische Vernunft», besonders Kap. 5, Abschn. 18, und die dort angeführte kritische Literatur verweisen können, einer Analyse und Kritik, der wir uns hier voll anschließen können.

Resümierend läßt sich jedenfalls zu Bultmann und im Hinblick auf den hier angesprochenen Kreuzesopfer-Skandal sagen, daß wir außer der Aufforderung, den «Ärgernis»-Charakter, die «Nichtausweisbarkeit» des Evangeliums «nicht im philosophischen Dialog, sondern nur im gehorsamen Glauben zu überwinden» (vgl. H. Albert, 1980[4], S. 110), eine Aufforderung, auf die wir seit den kürzlich zu Ende gegangenen 1000 Jahren besonders mißtrauisch reagieren, auf unsere eingangs gestellte Frage, wo denn der zur biblischen Interpretation alternative, humanere, für einen Menschen heute zu erwartenden ethischen Standards akzeptablere Sinn des

Kreuzestodes Jesu liege, keine auch nur einigermaßen befriedigende Antwort erhalten. Dies mag nun wieder an «mangelnder Tiefe» oder auch «ungenügender Weite» usw. liegen (vgl. wieder H. Albert, 1973), wir werden unten noch darauf zurückkommen.

Suchen wir, provoziert, ratlos, ja empört über die uns zugemutete neutestamentliche Lehre vom Kreuzestod Jesu als Sühneopfer, unbefriedigt, weil bislang ohne Antwort auf unsere entsprechenden Fragen, weiter und fragen wir bei einem weiteren «großen» Theologen unserer Tage an, Karl Rahner, und seinem umfangreichen «Grundkurs des Glaubens. Einführung in den Begriff des Christentums» (1984), «einem großen Buch» (Kardinal Ratzinger), das «man später einmal die einzige ‹theologische Summe› dieser Zeit nennen wird, die diesen Namen verdient» (J. B. Metz in «Süddeutsche Zeitung»). Rahner verweist (a. a. O., S. 279) zum einen zum Thema «klassische Christologie» und «Soteriologie» (= Erlösungs- und / oder Erlöserlehre) auf eine von ihm und K. H. Weger neubearbeitete und herausgegebene Sammlung verpflichtender Lehrtexte der katholischen Kirche («Der Glaube der Kirche in den Urkunden der Lehrverkündigung», 1986[12], ursprünglich von J. Neuner und H. Roos verfaßt). Dort findet sich, wie sich jeder selbst überzeugen kann, wiederholt und wie selbstverständlich die biblische Lehre vom Kreuzestod als blutigem Sühneopfer und Voraussetzung der Versöhnung Gottes und Erlösung von Sünde und Höllenstrafe (ebenso wie im übrigen auch in den evangelisch-lutherischen «Bekenntnisschriften», 1956[3], und in zahlreichen Äußerungen Luthers. «Ich kenne nämlich einen, der für mich gesühnt hat» u. v. a.; ebenso in ungebrochener Selbstverständlichkeit in unzähligen Lehr-, Gebets- und Gesangstexten so gut wie aller christlichen Glaubensgemeinschaften).

Daß biblisch-neutestamentlich «in einem wahren Sinn (aber welchem genau?) der Tod Jesu als Ursache unseres Heils betrachtet wird», bestätigt Rahner ausdrücklich und fährt fort: «Diese Ursächlichkeit wird unter anderem vorgetragen als die eines Opfers, das Gott dargebracht wird, seines Blutes, das für uns oder für ‹die vielen› vergossen wird» usw. (Rahner, 1984, S. 276).

Im folgenden stellt Rahner dann fest, «daß im Umkreis des Neuen Testamentes solche Aussagen für das Verständnis der Heilsbedeutsamkeit des Todes Jesu *hilfreich* waren, weil damals die Idee der Versöhnung der Gottheit durch ein Opfer eine gängige, als gültig voraussetzbare Vorstellung war» (a. a. O., S. 276). Im Klartext bestätigt Rahner die biblisch-neutestamentliche, ein extrem inhuman-archaisches Gottesbild implizierende Vorstellung eines blutigen Sühneopfers, das in der Hinrichtung des eigenen Sohnes bestand, als dem verbindlichen Gotteswort entsprechend.

Dann aber gibt er im folgenden doch zu, daß «uns heute mit einer solchen Vorstellung wenig Hilfe für das gesuchte Verständnis geboten wird» (a. a. O., S. 277). Rahner sieht allerdings offenbar weniger das Problem in der archaisch-grausamen, heute bei nur wenig Nachdenken kaum akzeptierbaren ethisch-humanen Qualität der implizierten Gottesvorstellung, als vielmehr in dem Widerspruch zwischen theologischer Spekulation bzw. Grundüberlegungen, wie etwa der Unumstimmbarkeit Gottes und der Versöhnbarkeit Gottes durch ein Opfer, ein Konflikt, der nicht nur an dieser Stelle zwischen «dem Gott der Theologen» (nicht nur dem der Philosophen) und dem der Bibel offen zutage tritt oder untergründig schwelt.

Zwar kommt Rahner zu keiner Lösung, hält aber fest an dem «Zusammenhang (der ja nicht bezweifelt werden soll) zwischen dem Tod Christi (als Gnade Gottes) und unserer durch die Gnade befreiten Freiheit» (a. a. O., S. 277). Das heißt, er greift zu den immer wieder von Theologen gebrauchten Hilfsmitteln, hier der Anhebung sehr klar und konkret ausgesprochener biblischer Aussagen auf ein abstrakteres, damit inhaltsärmeres und weniger provokantes Niveau (eine in Deutschland bei weiten Kreisen ungemein Eindruck machende und effektive Methode): Die enge konditionale Verknüpfung zwischen konkret-blutigem Sühnetod und Versöhnung eines beleidigten Gottes bzw. der Erlösung wird zu einem abstrakten «Zusammenhang zwischen dem Tod Christi», der eben konkret kein einfacher «Tod», sondern eine von Gott (Vater!) gewollte, grausame und qualvolle Hinrichtung war (die auch

noch als «Gnade» verschönt wird), und «unserer durch die Gnade
befreiten Freiheit» (dem Erlaß einer eigentlich verdienten Verdammung zu ewiger Höllenpein; Barth sagt dies noch deutlicher und
konkreter, vgl. oben S. 139). Dabei usurpiert Rahner geschickt
den emotional-assoziativen positiven Wert des Wortes «Freiheit»,
verstärkt gar noch durch eine «befreite Freiheit».

Der Skandal eines Gottes, der ein blutiges Sühneopfer fordert,
ist so durch Abstraktion und positives Assoziationsmanagement
verschleiert, aber noch nicht aus der Welt geschafft. Wer sich damit immer noch nicht zufriedengibt oder letztlich, sagen wir es
hart, emotional «einlullen» läßt, dem wird nun noch einmal in
einem das 6. Kapitel des «Sechsten Ganges» abschließenden Abschnitt «Die Grundlage der soteriologischen Interpretation des
Todes Jesu» eine begrifflich-verbale Nebelwand aufgebaut, hinter
der er die, so er nur will (und wie viele wollen das, ja können offenbar gar nicht ohne solche Zuflüchte und Krücken existieren,
davon lebt ja zu einem großen Teil moderne Theologie), Zweifel
und Einwände, welche die einschlägigen eindeutig-klaren und
deshalb so provozierenden Aussagen des Neuen Testamentes erzeugen müssen, wegschieben kann. Das liest sich dann in den uns
noch am ehesten Antwort auf unsere Frage versprechenden Kern-
sätzen so:

«Der rein initiative Heilswille Gottes setzt dieses im Tod sich
vollendende Leben Jesu und bringt sich selber so als Unwiderruf-
licher in Wirklichkeit und Erscheinung. Leben und Tod Jesu (in
einem genommen) sind somit insofern ‹Ursache› des Heilswillen
Gottes (insofern beide Größen als unterschieden betrachtet werden), als in eben diesen dieser Heilswille sich real und irreversibel
setzt, insofern als – mit anderen Worten – also Leben und Tod Jesu
(oder der das Leben zusammenfassende und vollendete Tod) eine
Ursächlichkeit quasisakramentaler, real-symbolischer Art haben,
in der das Bezeichnete (hier: der Heilswille Gottes) das Zeichen
(den Tod Jesu mit seiner Auferweckung) setzt und durch es hindurch sich selbst bewirkt. Wird der Tod Jesu so gesehen, so wird
wohl einmal verständlich, daß seine soteriologische Bedeutung

(diese richtig verstanden!) schon in der Erfahrung der Auferstehung Jesu mitgegeben ist, als auch zum anderen, daß die ‹späte›
Soteriologie im Neuen Testament (richtig verstanden!) eine be-
rechtigte, aber in etwa doch sekundäre, abgeleitete Aussage der
Heilsbedeutung des Todes Jesu ist, weil sie mit Begriffen arbeitet,
die zu der ursprünglichen Erfahrung dieser Heilsbedeutung (einfach: wir sind gerettet, weil dieser Mensch, der zu uns gehört,
durch Gott gerettet ist und dadurch Gott seinen Heilswillen ge-
schichtlich real und unwiderruflich in der Welt anwesend gemacht
hat) von außen als (mögliche, aber nicht einfach unentbehrliche)
Interpretamente herangetragen worden sind» (a. a. O., S. 278 ff.).

Es wäre verlockend, die einzelnen hier verwendeten Begriffe
und Aussagen kritisch zu analysieren; wir überlassen das an dieser
Stelle dem Leser und verweisen auf das nächste Kapitel, wo wir uns
mit solchen entsprechenden theologischen Versuchen, Unrettbares
doch noch als rettbar, Unakzeptables als akzeptabel erscheinen zu
lassen, im einzelnen befassen werden.

Immerhin gelten solche Texte in Deutschland, wo auch auf pro-
testantischer Seite moderne Theologen es schon dahin gebracht haben, «atheistisch an Gott zu glauben» (Sölle, 1968) und von einem
«gottverlassenen Gott» zu reden (Moltmann, 1981[4], S. 214), als
große, höchstrangige Theologie. Wie stark müssen die entsprechenden Bedürfnisse sein, die eigene kindlich induzierte, lieb-
gewordene Weltanschauung auch gegenüber eigentlich klar er-
sichtlichen Widersprüchen, wie sie sich ethisch wie kognitiv aus
der modernen Weltsicht ergeben, zu retten, wie partiell korrumpiert muß die heutige deutsche philosophisch-theologische Kultur
des Denkens und Sprechens erscheinen, welche Anfälligkeit für unklar, verblasen verschwommene, aber assoziativ eindrucksvolle,
emotionalisierende («Je schiefer, je tiefer», meinte treffend schon
Ludwig Feuerbach) «Wortwolken» hat sich hier breitgemacht, ver-
gleicht man diese Sprech- und Schreibweise etwa mit der klaren,
verständlichen Sprache beispielsweise eines David Hume, eines
Schopenhauer, Nietzsche oder auch Albert Einstein (vgl. dazu auch
H. Albert, 1979, S. 158), gerade wenn es um die Darstellung welt-

anschaulicher Sachverhalte geht, ohne daß diesen und anderen klar und prägnant schreibenden Autoren «Tiefe» in einem guten Sinne abzusprechen wäre. Aber: Diese Autoren hatten nichts zu verschleiern, zu verunklaren, Unakzeptierbares akzeptierbar erscheinen zu lassen, sondern wollten möglichst verständlich mitteilen, klarstellen, auf*klären*.

F. Die absolute Willkür des biblischen Gottes und die Forderung nach bedingungslos-rechtloser Unterwerfung des zum Guten aus eigener Kraft unfähigen, die ewige Verdammnis verdienenden Menschen unter die völlig frei-ungebundene Gnade Gottes

Neben den schon bislang deutlich gewordenen problematischen Eigenschaften des biblischen Gottes, seiner Gewalttätigkeit, Grausamkeit, seinem Gefallen an vergossenem Blut, seiner Eifersucht usw. scheint auch gerade unter psychologischen Aspekten seine an keine vorgegebenen Normen gebundene Willkür gefährlich im Hinblick auf eine adäquate psychische Entwicklung.

Der biblische Gott, alt- wie neutestamentarisch, verhärtet und verschließt die Herzen der Menschen, damit er sie anschließend bestrafen und schlagen kann (Ex. 4; 21 u. 10,1,20 u. a., vgl. auch oben S. 112): «Gott läßt sie der Macht des Irrtums verfallen, so daß sie die Lüge glauben; denn alle müssen gerichtet werden, die nicht der Wahrheit geglaubt, sondern die Ungerechtigkeit geliebt haben» (2 Thess. 2; 11,12).

Der Willkür dieses biblischen, auch neutestamentlichen Gottes, der liebt und haßt, verstockt macht, wen er will, und sich erbarmt, wessen er will, wird das entsprechende, ergänzende Bild des Menschen gegenübergestellt, dem eigenes Wollen und Streben nicht nützt, der sich vielmehr der «Vorherbestimmung», der «freien Wahl» und dem «Erbarmen Gottes» wie ein willenloses Tongefäß auszuliefern und zu unterwerfen hat, dem es nicht zusteht, mit Gott zu rechten, also um Begründung einer Entscheidung zu bitten oder gar Einwände zu machen; so heißt es etwa im Römerbrief: «So war es aber nicht nur bei ihr (Sarah), sondern auch bei Rebecca: ... ihre

Kinder waren noch nicht geboren, und *hatten weder Gutes noch Böses getan*; damit aber Gottes *freie Wahl* und *Vorherbestimmung* gültig bleibe, nicht abhängig von Werken, sondern von ihm, der beruft, wurde ihr gesagt: Der Ältere muß dem Jüngeren dienen; denn es steht in der Schrift: Jakob habe ich geliebt, Esau aber gehaßt. Heißt das nun, daß Gott ungerecht handelt? Keineswegs! *Denn zu Mose sagt er:* ‹*Ich schenke Erbarmen, wem ich will, und erweise Gnade, wem ich will.*› *Also kommt es nicht auf das Wollen und Streben des Menschen an, sondern auf das Erbarmen Gottes.* In der Schrift wird zu Pharao gesagt: ‹Eben dazu habe ich dich bestimmt, daß ich an dir meine Macht zeige und daß auf der ganzen Erde mein Name verkündet wird.› Er erbarmt sich also, wessen er will und *macht verstockt, wen er will.*» Der konsequent erscheinende Einwand wird zugleich in entlarvender Weise abgewehrt: «Nun wirst du einwenden: ‹Wie kann er dann noch anklagen, wenn niemand seinem Willen zu widerstehen vermag?› Wer bist du denn, daß du als Mensch mit Gott rechten willst? *Sagt etwa das Werk zu dem, der es geschaffen hat:* ‹*Warum hast du mich so gemacht?*› *Ist nicht vielmehr der Töpfer Herr über den Ton? Kann er nicht aus derselben Masse ein Gefäß herstellen für Reines, ein anderes für Unreines?* Gott, der seinen Zorn zeigen und seine Macht erweisen wollte, *hat die Gefäße des Zorns, die zur Vernichtung bestimmt sind,* mit großer Langmut ertragen…» (Röm. 9; 10–22). Die entsprechende alttestamentarische Auffassung vom Verhältnis des Menschen zu Gott – «Weh dem, der mit seinem Schöpfer rechtet, er, eine Scherbe unter irdenen Scherben. Sagt denn der Ton zu dem Töpfer: ‹Was machst du mit mir?› Und zu dem, der ihn verarbeitet: ‹Du hast kein Geschick›?» (Jes. 45; 9) – wird hier ausdrücklich durch eine der zentralsten Schriften des Neuen Testamentes, den Römerbrief, bestätigt. Die Kirchengeschichte zeigt auch hier die unermeßlich verhängnisvollen psychischen Auswirkungen dieser Theo- und Anthropologie, gipfelnd und am ausgeprägtesten etwa in der an düsterer Inhumanität kaum zu übertreffenden calvinistischen Lehre von der absoluten, unbeeinflußbaren Vorherbestimmung des Menschen für ewige Verdammnis oder Seligkeit.

Dieses biblische (Selbst-)Bildnis des Menschen als eines der Willkür und Gnade seines Schöpfers bedingungs- und rechtlos ausgelieferten Geschöpfes wird noch weiter geschwächt und abgewertet durch den immer wieder erfolgenden Hinweis auf seine grundlegende Sündhaftigkeit und Verderbtheit: «Denn wir haben vorher die Anklage erhoben, daß *alle,* Juden wie Griechen, unter der Herrschaft der Sünde stehen, wie es in der Schrift heißt: ‹Es gibt *keinen,* der gerecht ist, *auch nicht einen;* es gibt keinen Verständigen, *keinen,* der Gott sucht. *Alle* sind abtrünnig geworden, *alle miteinander taugen nichts. Keiner tut etwas Gutes, auch nicht ein einziger.* Ihre Kehle ist ein offenes Grab, mit ihrer Zunge betrügen sie; Schlangengift ist auf ihren Lippen, ihr Mund ist voll Fluch und Gehässigkeit...›» usw. (Röm. 3; 9–14).

Gerecht oder gut wird dieser biblisch so gesehene Mensch nie durch eigene Anstrengung, durch eigenes Handeln oder eigenes Verdienst, sondern nur durch die *unverdiente* Gnade Gottes; in der Luther-Übersetzung des Römerbriefs: «Denn es ist hier kein Unterschied: Sie sind allzumal Sünder... und werden ohne Verdienst gerecht...» (Röm. 3; 23,24). «Er hat uns gerettet – nicht weil wir Werke vollbracht hätten, die uns gerecht machen können, sondern aufgrund seines Erbarmens» (Tit. 3; 5).

Diese – psychologisch verheerende – Lehre von der Verderbtheit, Verworfenheit und Verdammungswürdigkeit des Menschen wurde zu einem ganz wesentlichen und über Jahrhunderte bis in unsere Zeit wirkkräftigen Aspekt der Anthropologie der christlichen Kirchen; sie wurde der Bibel entnommen und weiterentwikkelt von den maßgeblichen Kirchenlehrern (bis in unsere Tage, so etwa von Karl Barth), wie, um nur ein Beispiel anzuführen, von dem heute noch hochverehrten, in der katholischen Kirche heiliggesprochenen Kirchenlehrer Augustinus: «Alle Menschen sind eine Sündenmasse, eine Masse der Verdammnis, die unmündigen Kinder nicht ausgenommen» (De diversis quaestionibus..., I, 2; 16; zitiert nach Haag, 1978, S. 138). Der katholische Theologe Haag, um einen der Kirchenfeindlichkeit unverdächtigen «Insider» zu zitieren, beschreibt das Menschenbild des Augustinus weiter wie folgt: «Der Mensch ist völlig hilflos und ohnmächtig, er erstickt in Schuld und Sünde, wenn Gottes Gnade ihn nicht rettet. Aber Gottes Gnade rettet nur den, den er retten will. Sein Beschluß ist unwiderruflich. Er berücksichtigt weder ein Verdienst des Menschen noch eine gute Absicht, noch irgendeine Initiative. Unberechenbar und willkürlich greift er in die Menge der sündigen Menschen. Immer wieder betont Augustinus: ‹Aus Gerechtigkeit sind alle verdammt, aus Barmherzigkeit einige erwählt...›» (a. a. O., S. 139).

Es ist bekannt und kann hier nicht weiter ausgeführt werden, wie durchgehend sich diese negative Sicht des Menschen in der Geschichte des Christentums und der christlichen Kirchen, teils stärker (Calvinismus, Luther: «Gott lieben heißt, sich selber hassen»), teils nur wenig gemildert (Katholizismus) gehalten hat und, wenngleich dies vielleicht weniger bewußt sein mag, welche vielfachen psychischen Schäden sie angerichtet hat, nicht zuletzt und gerade auch über den Weg einer christlich bestimmten Erziehung von Kindern, die nach dieser biblisch-christlichen Lehre «alle von Mutterleib an voll böser Lust und Neigung sind». «Wir glauben, lehren und bekennen..., daß *nichts* Gesundes oder Unverderbtes an Leib, Seel des Menschen, seinen innerlichen und äußerlichen Kräften geblieben... daß des Menschen unwiedergeborener Wille... *nur* Lust und Willen hat zum Bösen... Demnach verwerfen und verdammen wir, wenn gelehrt wird, daß im Menschen nicht gar verderbet sei menschlich Natur und Wesen, sondern der Mensch habe noch etwas Gutes an ihm...» usw. (*Bekenntnisschriften* der evangelisch-lutherischen Kirche, 1956[3], S. 53, 772, 773, 777 u. a.). Da wundert es denn auch nicht, daß der biblisch-christliche Gott «dreinschlagen und strafen muß» (a. a. O., S. 569), und «wo nicht Schrecken ist vor Gottes Zorn, da ist nicht Glauben» (a. a. O., S. 80); folgerichtig, daß alle Menschen der ewigen Verdammnis würdig sind, vor der sie nur durch Gottes völlig freien Gnadenakt bewahrt werden können (so auch noch neben anderen Karl Barth, vgl. oben S. 139).

Daß im übrigen eine analoge Haltung der Unterwerfung auch

gegenüber menschlichen Machthabern angeordnet wird, ist dann psychologisch nur noch stimmig: «Erinnere sie daran, sich den Herrschern und Machthabern unterzuordnen und ihnen zu gehorchen» (Tit. 3; 1; und andere Stellen).

All dies geht ganz vorwiegend auf *neutestamentliche Aussagen* zurück; auf eine ins einzelne gehende Analyse entsprechender weiterer Stellen, auch des Alten Testamentes, zur grundlegenden Verderbtheit des Menschen (schon Gen. 6; 5 sagt: «Der Herr sah..., daß *alles* Sinnen und Trachten seines [des Menschen] Herzens *immer nur böse war.*» Gen. 8; 21: «..., denn das Trachten des Menschen ist *böse von Jugend an*» usw.) oder zur Forderung nach absoluter Unterwerfung und Gehorsam (wie sie sich in einem der bekanntesten, auch in Schulbibeln gern ausgewählten Beispiel als Befehl der Schlachtung Isaaks und der Bereitschaft zur Ausführung darstellt: «Nimm deinen Sohn, deinen einzigen, *den du liebst*, Isaak... und bring ihn... als Brandopfer dar!» – Gen. 22; 2) sei hier verzichtet.

Nicht zuletzt die moderne klinische Psychologie hat aufgezeigt, wie sehr eine so induzierte Selbstabwertung, die Vermittlung eines so extrem negativen Selbstbildes sowohl im Sinne der «Hilflosigkeit», d. h. des Glaubens und des Gefühls, durch eigene Anstrengung und Aktivität nichts selbst bewirken zu können, wie auch der moralischen Selbstabwertung als völlig «verderbter» Sünder zur Quelle psychischer Störungen, insbesondere, aber nicht allein, depressiver Störungen werden kann. So kann es den klinisch-psychologisch Informierten nicht überraschen, daß wesentliche Teile der biblischen Moralvorschriften, der Willkür Gottes und der frag- und bedingungslosen Unterwerfung des Menschen entsprechend, willkürlich-ritualistische Züge tragen und nicht selten zu entsprechenden zwangsneurotisch anmutenden Versuchen der Bewältigung führen, eine Eigenschaft der (biblischen) Religiosität, die schon Freud gesehen hat.

Es ist auch zu fragen, wieweit hier Wurzeln der gerade in Deutschland so verbreiteten Haltung der Unterwürfigkeit gegenüber «herrschenden Gewalten» und des so oft zu beobachtenden

auffälligen Mangels an prometheischem Geist, wie er unten stellvertretend in den religiösen Schriften C. F. v. Weizsäckers (vgl.
Kap. IV.3.) aufzuzeigen sein wird, zu suchen sind, vielleicht auch
der gerade von nichtprotestantischen Ausländern so oft konstatier-
ten sauertöpfischen Unfähigkeit, sich zu freuen («Erlöster müßten
mir seine Jünger aussehen...», meinte schon Nietzsche).

G. Biblische Einstellungen gegenüber diskriminierten gesellschaftlichen Teilgruppen

Immer schon gab es in menschlichen Gesellschaften benachteiligte, unterdrückte und diskriminierte Teilgruppen oder Minderheiten, wie Geisteskranke, Sklaven, Behinderte und insbesondere die Frauen, die immerhin die Hälfte der Menschheit ausmachen.

Der Kampf um die Beseitigung der entsprechenden mannigfachen Diskriminierungen, ebenfalls eine der wichtigsten moralischen und sozialen Gegenwartsaufgaben, dauert bis heute an. So liegt es auch hier nahe zu fragen: Welche Aussagen und Normen vermittelt die Bibel in ihrem Anspruch als letzte, verbindliche, göttliche Quelle entsprechender Einstellungs- und Verhaltensanweisungen zum Umgang mit solchen benachteiligten und unterdrückten Teilgruppen und Minderheiten? Inwieweit unterscheiden sich ihre entsprechenden Aussagen, wie es nach ihrem Selbstverständnis und nach der Einschätzung der Christen aller Konfessionen zu erwarten wäre, von den sonst zu findenden Aussagen allein (un)menschlichen Ursprungs? Wieweit können die Aussagen der Bibel im Kampf gegen Diskriminierung und Verfolgung von Teilgruppen und Minderheiten hilfreich sein?

a. Das biblische (Leit-)Bild der Frau als Quelle und Recht-
fertigungsgrund von Diskriminierung und Verfolgung

Wenden wir uns zunächst der Einschätzung der Frau, ihrer Persön-
lichkeitsrechte, ihrer Rolle und ihrer Stellung in der Gesellschaft
und gegenüber dem Mann zu, wie sie die Bibel mit göttlicher Autorität als Leitbild darstellt. Geht die von manchen heutigen Kirchenvertretern als genuin christliche Errungenschaft in Anspruch
genommene Gleichberechtigung der Frau tatsächlich auf die Bibel
als Gottes Wort zurück, oder ist auch sie in Wirklichkeit, wie fast
alle Menschen- und Grundrechte, von humanistisch-aufkläreri-
schen Kräften außerhalb der kirchlichen Tradition betrieben und
erkämpft worden? Wie stellen sich für den unbefangenen Leser
Bild und Stellung der Frau in der Bibel dar?

Versucht man auch hier, sich von den mannigfachen theologischen Um- und Weginterpretationsversuchen einmal frei zu
machen und die Bibel unbefangen zu lesen, so zeichnet sich an
den Stellen, an denen die Rolle der Frau in der Gesellschaft und
ihre Stellung gegenüber dem Mann angesprochen werden, eindeutig das Bild eines eher unmündigen, dem Mann untergeordneten, für ihn und um seinetwillen geschaffenen menschlichen Wesens zweiter Klasse ab: Der Mann ist das Haupt der Frau, und wie
sich Gott zum Manne und Christus zur Kirche verhält, so verhält
sich der Mann zur Frau. Aber lassen wir wieder die Bibel selbst
sprechen, die, vergessen wir es nicht, «all das und *nur* das, was er
(Gott) geschrieben haben wollte» (II. Vatikanisches Konzil), enthält.

Es dürfte dabei noch relativ bekannt sein, deshalb sei hier nur
kurz darauf verwiesen, daß schon im Alten Testament die Frau offenbar als Besitz des Mannes und als unmündiges, untergeordnetes
Wesen dargestellt wird; nur zwei Stellen seien deshalb hier angeführt, die eine, wegen ihrer Verbreitung und ihrer großen, z. T.
vielleicht nur implizit-halbbewußten Wirksamkeit besonders bedeutsam, findet sich im Dekalog, wo die Frau wie selbstverständlich in einer Reihe mit Haus (bzw. nach Haus), Sklaven, Rindern,

Eseln und sonstigem Besitz genannt wird: «Du sollst nicht nach dem Haus deines Nächsten verlangen. Du sollst nicht nach der Frau deines Nächsten verlangen, nach seinem Sklaven oder Sklavin, seinem Rind oder seinem Esel oder nach irgend etwas, *das deinem Nächsten gehört*» (Ex. 20; 17). Die untergeordnete Stellung der Frau wird hier implizit auch dadurch deutlich, daß die zehn Gebote, wie die obige Formulierung nahelegt, offenbar wie selbstverständlich nur an den Mann gerichtet sind.

Für die unterschiedliche Bewertung von Mann und Frau und die Entmündigung und Abhängigkeit der Frau zeugen etwa neben anderen Stellen die folgenden göttlichen Anordnungen: «Mose teilte den Israeliten alles genau so mit, wie es ihm der Herr aufgetragen hatte. Das befiehlt der Herr: ‹Wenn ein *Mann* dem Herrn ein Gelübde abgelegt oder sich durch einen Eid zu einer Enthaltung verpflichtet, dann darf er sein Wort nicht brechen; genauso, wie er es ausgesprochen hat, muß er es ausführen. Wenn aber eine *Frau* dem Herrn ein Gelübde ablegt oder sich zu einer Enthaltung verpflichtet, während sie noch ledig im Haus ihres Vaters lebt, dann soll ihr Vater von ihrem Gelübde oder von der Enthaltung, zu der sie sich verpflichtet hat, erfahren. Schweigt ihr Vater dazu, dann treten die Gelübde oder jede Enthaltung, zu der sie sich verpflichtet hat, in Kraft; versagt aber ihr Vater an dem Tag, an dem er davon erfährt, seine Zustimmung, dann tritt das Gelübde oder die Enthaltung, zu der sie sich verpflichtet hat, nicht in Kraft; der Herr wird es ihr erlassen, weil ihr Vater seine Zustimmung versagt hat›» (Num. 30; 1–6). Nach der Heirat tritt der Ehemann in die Rechte des Vaters als Vormund ein (Num. 30; 7–13): «Ihr Mann kann jedes Gelübde und jeden Eid, der zu einer Enthaltung verpflichtet, anerkennen oder außer Kraft setzen» (Num. 30; 14). Auf viele Benachteiligungen und unmenschliche Konsequenzen, die sich für die Frau aus dem alttestamentarischen, den Mann eindeutig bevorzugenden Eherecht ergeben, soll hier nicht eingegangen werden.

Fragen wir vielmehr, ob das Neue Testament (obwohl, das muß immer wieder betont werden, nach Aussagen der Kirchen das Alte Testament «mit allen seinen Teilen» ebenfalls den unwandelbaren «Gott zum Urheber» hat; II. Vatikanisches Konzil, vgl. oben S. 21) diese Unterordnung und Entmündigung aufhebt. Dies ist keineswegs der Fall: An den Stellen, an denen das Neue Testament die Stellung der Frau anspricht, in den Apostelbriefen, schließt es sich grundsätzlich an die Auffassung des Alten Testamentes von der Nach- und Unterordnung der Frau unter den Mann an und bestätigt sie ausdrücklich, und zwar für jeden, der noch unbefangen lesen kann, in eindeutiger Klarheit und zu wiederholten Malen: «Ihr sollt aber wissen, daß Christus das Haupt des Mannes ist, *der Mann das Haupt der Frau* und Gott das Haupt Christi... Eine Frau aber entehrt ihr Haupt, wenn sie betet oder prophetisch redet und dabei ihr Haupt nicht verhüllt... Der Mann darf sein Haupt nicht verhüllen, *weil er Abbild und Abglanz Gottes ist; die Frau aber ist der Abglanz des Mannes.* Denn der Mann stammt nicht von der Frau, sondern die Frau vom Mann. *Der Mann wurde auch nicht für die Frau geschaffen, sondern die Frau für den Mann*» (1 Kor. 11; 3,5,7–9).

«Ihr Frauen, ordnet euch euren Männern unter wie dem Herrn (Christus); denn *der Mann ist das Haupt der Frau, wie auch Christus das Haupt der Kirche ist*; er hat sie gerettet, denn sie ist sein Leib. Wie aber die Kirche sich Christus unterordnet, sollen sich die Frauen *in allem den Männern unterordnen*» (Eph. 5; 22–24).

«Eine Frau soll sich still und *in aller Unterordnung* belehren lassen. Daß eine Frau lehrt, erlaube ich nicht★, auch nicht, daß sie über ihren Mann herrscht; sie soll sich still verhalten. Denn zuerst wurde Adam erschaffen, danach Eva. *Und nicht Adam wurde verführt, sondern die Frau ließ sich verführen und übertrat das Gebot.* Sie wird aber dadurch gerettet werden, daß sie Kinder zur Welt bringt, wenn sie in Glaube, Liebe und Heiligkeit ein besonnenes Leben führt» (1 Tim. 2; 11–15).

«Ebenso seien die älteren Frauen würdevoll in ihrem Verhalten..., damit sie sie jungen Frauen dazu anhalten können, ihre Männer und Kinder zu lieben, besonnen zu sein, ehrbar, häuslich,

---

★ Gibt es *auch* deshalb bis heute so wenige Professorinnen?

gütig und *ihren Männern gehorsam, damit das Wort Gottes nicht in Verruf kommt*» (Tit. 2; 3–5).

Auch die dann folgende Verpflichtung der Männer, ihre Frauen zu lieben, ist eindeutig in eine hierarchische Oben-Unten-Beziehung eingebettet; *wie* Christus die Kirche liebt und rein und heilig macht, *so* soll der Mann seine Frau lieben· «Ihr Männer, liebt eure Frauen, wie Christus die Kirche geliebt und sich für sie hingegeben hat, um sie im Wasser und durch das Wort heilig zu machen» (Eph. 5; 25,26). Dabei braucht nicht bestritten zu werden, daß man im Gebot, seine Frau zu lieben und in der eherechtlichen Besserstellung der Frau einen Fortschritt gegenüber dem Alten Testament mit seinen teilweise sehr harten eherechtlichen Benachteiligungen der Frau, insbesondere was die Möglichkeit der Trennung von der Frau durch den Mann angeht, sehen kann. Dies ändert aber nichts an dem schon genannten Grundsachverhalt, daß im Neuen Testament das Gebot, seine Ehefrau zu lieben oder ihr rücksichtsvoll zu begegnen, immer in das feste, fundamental theologisch-begründete Gefüge der völligen Nach- und Unterordnung der Frau unter den Mann eingebettet ist; so auch in den nichtpaulinischen Apostelbriefen, etwa im ersten Petrusbrief:

«Ebenso *sollt ihr Frauen euch euren Männern unterordnen*... Nicht auf äußeren Schmuck sollt ihr Wert legen..., sondern was im Herzen verborgen ist, das sei euer unvergänglicher Schmuck: ein sanftes und ruhiges Wesen. Das ist wertvoll in Gottes Augen. So haben sich einst auch die heiligen Frauen geschmückt, die ihre Hoffnung auf Gott setzten: *Sie ordneten sich ihren Männern unter. Sarah gehorchte Abraham und nannte ihn ihren Herrn*... Ebenso sollt ihr Männer im Umgang mit euren Frauen rücksichtsvoll sein, denn sie sind der schwächere Teil; ehrt sie, denn auch sie sind Erben der Gnade des Lebens» (1 Petr. 3; 1,3–7).

Wie wichtig und zentral den biblischen Autoren diese Aussagen sind, und daß es sich hier nicht nur um zeitlich und lokal oder gar individuell bedingte Vorurteile des Paulus (und Petrus?) handeln dürfte, wie moderne Theologen gerne abwiegeln, sondern um verbindliche Normen, zeigt ihre immer wieder ausdrücklich herausgestellte theologische Begründung und Einbettung (wie Christus das Haupt der Kirche, so ist der Mann das Haupt der Frau; die Erschaffung des Mannes vor der Frau und der Frau für den Mann; die Verführung der *Frau* im Paradies und der dadurch bedingte Einbruch von Sünde und Leid; bei Nichtbefolgung der hier propagierten Normen besteht Gefahr, daß «das Wort Gottes in Verruf kommt» usw.).

Auch die Stellung der Frau in den Evangelien widerspricht diesem Bild nicht, wie es manche gerade feministische Theologinnen bisweilen darstellen. Zwar deutet einiges darauf hin, daß Jesus Frauen gegenüber ein eher unbefangeneres Verhältnis gehabt haben könnte (andere Stellen, wie etwa Mt. 5; 28, könnten andererseits auch als gegenteilige Hinweise verstanden werden). Dennoch spielen auch in den Evangelien Frauen wie selbstverständlich eine (be)dienende (Mk. 15; 41; Mt. 27; 55; Lk. 10; 38,39), unterstützende (Lk. 8; 2,3) Rolle, sie können allenfalls den Jüngern (nicht Jüngerinnen) die Nachricht von der Auferstehung überbringen (Mt. 28; 7–10; Mk. 16; 7). Daß sie bei der Kreuzigung und beim Begräbnis nach dem Zeugnis zweier Evangelien (Mt. 27; 55; Mk. 15; 40,47) – nach Lukas standen «*alle* seine Bekannten in einiger Entfernung» (Lk. 23; 49) – zu den treuesten Anhängern Jesu gehörten (das verhält sich auch in unseren heutigen patriarchalischen Kirchen noch so), widerspricht diesem Gesamtbild keineswegs. Andererseits spielen die führenden Rollen auch in den Evangelien Männer: Nicht nur Jesus selbst als Gottes *Sohn*, auch die zwölf Apostel sind sämtlich Männer; Gott ist auch für Jesus wie selbstverständlich «Vater» usw.

Es bedarf m. E. schon erheblicher, von starkem Wunschdenken bestimmter «dialektischer» Um- und Hineininterpretationskünste, um aus der Bibel insgesamt, aber auch aus dem Neuen Testament, eine gleichberechtigte, autonome Frauenrolle herauszulesen, wie es feministische Theologinnen, aus im Prinzip sehr anerkennenswerten Motiven, heute immer wieder versuchen. (Weitere Argumente, wie sie neben der Bibel auch den späteren dogmatischen Ausbau der christlichen Lehre betreffen und deren genuin patriarchalischen Charakter aufweisen und entsprechende feministische Bemühungen «als nichts anderes» erscheinen lassen «als die Anstrengungen eines Schwarzen, der versucht, den Ku-Klux-Klan zu reformieren», finden sich etwa knapp und prägnant bei Mary Daly, «Der qualitative Sprung. Über die patriarchalische Religion», in: Moltmann-Wendel, 1983, S. 110ff.) Die so auch im Neuen Testament zu findende explizite und implizite Abwertung der Frau gegenüber dem Mann dürfte neben anderen wichtigen Faktoren, insbesondere der Sexualfeindlichkeit des jungen (paulinischen) und auch späteren Christentums und der Kirche wie auch dem mittelalterlichen und nachmittelalterlichen (ebenfalls biblisch gestützten, s. u. S. 164ff.) Teufelswahn den psychologischen Nährboden für die in der Geschichte des Christentums weitverbreitete Diskriminierung von Frauen abgegeben haben (Tertullian: «Einfallspforte des Teufels», Hieronymus, Augustinus spricht der Frau die Gottebenbildlichkeit ab, Chrysostomus, Thomas von Aquin: «mißlungener Mann», Luther: «ein Tolltier» u. v. a., vgl. Deschner, 1974, S. 205ff., und die dort angeführten Belege und Literatur).

Ihren grauenvollen Höhepunkt fand diese in der Hexenverfolgung, die zur Folter und zum qualvollen Feuertod Hunderttausender bis Millionen von Frauen, auch schon im Kindesalter, führte. Im berüchtigten «Hexenhammer» (Malleus maleficarum), einer 1489 im Anschluß an die 1484 veröffentlichte Bulle Papst Innozenz' VIII. «Summis desiderantes affectibus», die zur Hexenverfolgung aufrief und diese unter Androhung strengster Strafen zur Pflicht machte, von den beiden deutschen Dominikanermönchen Heinrich Institoris und Jakob Sprenger verfaßten und weitverbreiteten ausführlichen Anweisung zur Hexenverfolgung, werden ganz dominierend die Frauen als der Hexerei zugeneigt verdächtigt, da sie, die Autoren berufen sich dabei zu Recht auf prominenteste Kirchenväter, von schwächerer Verstandeskraft, d. h. dümmer, weniger glaubensstark und mehr der Fleischeslust zugeneigt seien als der Mann. Bei der Propagierung der Hexenverfolgung stützten sich die beiden geistlichen Autoren, übrigens wie schon Papst Innozenz VIII., ausdrücklich auf die Bibel (u. a. Ex. 22; 17: «Eine Hexe sollst du nicht am Leben lassen»).

Auch heute noch ist diese biblische Tradition wirksam: Immer noch besetzen die Männer sowohl in der römisch-katholischen, den reformiert-protestantischen wie auch den orthodoxen Kirchen mit Ausnahme einiger seit kurzem existierender Alibi-Kirchenrätinnen alle führenden Positionen, während den Frauen nach wie vor die dienenden, untergeordneten Stellen und Funktionen zugeordnet sind. Dennoch sind es die Frauen, die nicht nur in der ganz großen Mehrzahl die Kirchen füllen, sondern auch darüber hinaus die treuesten, anhänglichsten und aktivsten Kirchenmitglieder darstellen, ein Phänomen, das man sich nur aufgrund einer der traditionellen, nicht zuletzt biblisch-christlich bestimmten Frauensozialisation immanenten Tendenz zur Unterordnung und Selbsterniedrigung erklären kann.

b. Das große Gewicht des Teufels- und Dämonenglaubens beim Jesus der Evangelien und seine verhängnisvolle Funktion bei der Diskriminierung und Verfolgung von Geisteskranken, Häretikern, Atheisten und Juden

Eine ganz wesentliche Rolle bei der Hexenverfolgung, eines der grauenhaftesten Geschehnisse in der Geschichte der Menschheit, spielte der biblisch-kirchliche Teufelsglaube. Selbst der «Insider» und katholische Theologe Haag muß konstatieren: «Jede Hexe war zu eliminieren. Die theologische Begründung dafür lieferte die Kirche mit ihrer Teufelslehre. Wäre der Teufel nicht zu einer überdimensionalen Gestalt aufgebaut worden, hätte ein derartiger Vernichtungsapparat nicht in Bewegung gesetzt werden können, hätte die Säuberungswelle beim von der Teufelsangst geplagten Volk nicht diesen Widerhall gefunden. So aber wurde der Scheiterhaufen zum einfachsten und zugleich wirkungsvollsten Mittel der Krisenbewältigung» (Haag, 1978, S. 164).

Damit steht eine besondere Ausprägung des biblischen und in der Folge kirchlichen Teufels- und Dämonenglaubens in Zusammenhang, der Glaube an die Besessenheit, d. h. an das enge Zusammenwirken von Teufel / Dämonen und bestimmten Menschen bis zur Besitznahme eines Menschen und seines Körpers als «Wohnung» durch den Teufel oder Dämon. Die Zeiten der Hexenverfolgung waren so auch die Zeiten größter Besessenheitsepidemien, die «Behandlungsmethoden» austauschbar: «Man exorzierte Hexen und mißhandelte Besessene. Beides sollte ja dazu dienen, die Menschen vom Teufel zu befreien... Und es ist konsequent, wenn die Folterung der Hexe mit dem Exorzismus Besessener verglichen wird... Zumindest für die beiden Verfasser des Hexenhammers stellt sich die Hexenverfolgung letztlich als ein massiver Exorzismus dar» (Haag, 1978, S. 161).

Eine besonders verhängnisvolle Rolle spielte dabei die Tatsache, daß die Bibel und gerade das Neue Testament bzw. der Jesus der Evangelien Besessenheit mit göttlichem Autoritätsanspruch als *das* Erklärungsmodell für Geisteskrankheit propagiert. Dieses Faktum hat die Einstellung zu Geisteskrankheiten über viele Jahrhunderte der Herrschaft des Christentums in sehr problematischer Weise beeinflußt und beeinflußt es in seinen nur teilweise säkularisierten Nachwirkungen zeitweise noch bis heute, etwa in der häufig noch zu findenden Doppeletikettierung «geisteskrank / böse-aggressiv-gefährlich» (vgl. etwa die im Rahmen der Forschungsarbeit an unserem Institut von Kagelmann durchgeführte Untersuchung über das Bild des Geisteskranken in der Trivialliteratur; Kagelmann, 1982).

Insgesamt und nach alldem dürften die grauenhaften Auswirkungen des biblischen Teufels- und Dämonenglaubens nicht mehr ernsthaft zu bestreiten sein. In welchem Ausmaß er jeweils als Quelle oder als Rechtfertigung der vorgekommenen Greuel gedient hat, ist von Fall zu Fall zu diskutieren und zu gewichten, ist an dieser Stelle aber von untergeordneter Wichtigkeit. Viel bemerkenswerter erscheint wieder (vergleichbar der Lehre von den ewigen Höllenstrafen), daß es entgegen dem weitverbreiteten christlich-egozentrischen (gläubige Juden immer noch diskriminierenden) Klischee von der ethisch-anthropologischen Überlegenheit des Neuen Testamentes über das Alte gerade das Neue Testament ist, das die entsprechenden Vorstellungen von Teufeln und Dämonen, bösen und unreinen Geistern in ganz überwiegendem Ausmaß vermittelt, trotz seines viel geringeren Umfangs: Nach Kasper und Lehmann (1978) findet sich der Ausdruck «Teufel» im Neuen Testament 34mal, im gesamten, etwa drei- bis viermal so umfangreichen Alten Testament nur einmal, «Satan» im Neuen Testament 36mal (nach Haag sogar 80mal), im Alten Testament 18mal, «Dämon» im Neuen Testament 64mal, 30mal ist dort von bösen oder unreinen Geistern die Rede.

Tatsächlich spielt die Austreibung von Teufeln, Dämonen und unreinen Geistern durch Jesus selbst oder auch der Auftrag an seine Jünger, dies zu tun, in den synoptischen, also den authentischsten und ältesten Evangelien eine hervorragende Rolle. Das große Gewicht, das die Autoren dieser drei Evangelien der Teufel- oder Dämonenaustreibung durch Jesus zugemessen haben, ergibt sich nicht nur aus der großen Häufigkeit, mit der sie diese Vorgänge erwähnen (an ca. 20 entsprechenden Stellen) und die der von Berichten über Krankenheilungen etwa gleichkommt bzw. häufig eng damit verbunden ist, sondern auch aufgrund der Tatsache, daß die entsprechenden Gegebenheiten für so wichtig und zentral gehalten werden, daß sie zu einem wesentlichen Teil von allen drei Evangelisten berichtet werden.

Die für jeden, der die Geschichte des Christentums kennt, bekannten grauenhaften Konsequenzen und Auswirkungen dieses biblisch so stark und eindeutig propagierten und legitimierten Dämonenglaubens erhalten noch einen zusätzlichen tragisch-inhumanen Akzent. Dieser liegt in der oben schon kurz angesprochenen Tatsache, daß es sich bei den biblisch geschilderten Fällen von Besessenheit, neben körperlichen Krankheiten und Beschwerden, offenbar häufig auch und gerade um Geisteskrankheiten gehandelt haben dürfte. Diese werden hier im biblischen Kontext durch die höchste Autorität, nämlich Jesus selbst, nach dem historisch so verhängnisvollen dämonistischen Modell, ergo als Besessenheit durch Dämonen und unreine Geister interpretiert und behandelt (im Gegensatz allerdings zu manchen seiner späteren christlichen Anhänger von Jesus nach Aussage des Textes durch Heilung und nicht durch Verbrennung). Dazu einige Belege:

«Sie kamen an das andere Ufer des Sees, in das Gebiet von Gerasa. Als er aus dem Boot stieg, lief ihm ein Mann entgegen, der von einem unreinen Geist besessen war... Man konnte ihn nicht bändigen, nicht einmal mit Fesseln. Schon oft hatte man ihn an Händen und Füßen gefesselt, aber er hatte die Ketten gesprengt und die Fesseln zerrissen; niemand konnte ihn bezwingen. Bei Tag und Nacht schrie er unaufhörlich in den Grabhöhlen und auf den Bergen und schlug sich mit Steinen. Als er Jesus von weitem sah, lief er zu ihm hin, warf sich vor ihm nieder und schrie laut: ‹Was habe ich mit dir zu tun, Jesus, Sohn des höchsten Gottes? Ich beschwöre dich bei Gott, quäle mich nicht!› Jesus hatte nämlich zu ihm gesagt: ‹Verlaß diesen Mann, du unreiner Geist!› Jesus fragte ihn: ‹Wie heißt du?› Er antwortete doppelt: ‹Mein Name ist Legion, denn wir sind viele...› Nun weidete dort an einem Berghang gerade eine große Schweineherde. Da baten ihn die Dämonen: ‹Laß uns doch in die Schweine hineinfahren!› Jesus erlaubte es ihnen. Darauf verließen die unreinen Geister den Menschen und fuhren in die Schweine, und die Herde stürzte sich den Abhang hinab in den See; es waren etwa 2000 Tiere und alle ertranken» (Mk. 5; 1–9,11–13; entspr. Lk. 8; 26–39; Mt. 8; 28–34). Abgesehen von den gegenüber Geisteskranken üblichen populären Übertreibungen und Dramatisierungen, von denen sich offenbar auch die (göttlich inspirierte?) Bibel nicht freimachen kann («er hatte die *Ketten gesprengt* und die Fesseln zerrissen»; «*niemand* konnte ihn bezwingen»; «bei Tag und Nacht schrie er *unaufhörlich*»; die legendengemäße Dramatisierung zeigt sich auch darin, daß im später geschriebenen Matthäusevangelium aus einem Geisteskranken schon zwei geworden sind), ist das Bild ziemlich klar und läßt an der Diagnose einer psychischen Erkrankung kaum Zweifel zu.

Auch im folgenden Beispiel ist das psychiatrische Krankheitsbild (Epilepsie), von Fachleuten immer schon erkannt, von Jesus wieder als Besessenheit aufgefaßt, ausdrücklich bestätigt und entsprechend behandelt, unverkennbar: «Einer aus der Menge antwortete ihm (Jesus): ‹Meister, ich habe meinen Sohn zu dir gebracht. Er ist von einem stummen Geist besessen; immer wenn der Geist ihn überfällt, *wirft er ihn zu Boden, und meinem Sohn tritt Schaum vor den Mund, er knirscht mit den Zähnen und wird starr.* Ich habe schon deine Jünger gebeten, den Geist auszutreiben, aber sie hatten nicht die Kraft dazu.› Da sagte er zu ihnen: ‹... bringt ihn zu mir!› und man führte ihn herbei. Sobald der Geist Jesus sah, zerrte er den Jungen hin und her, so daß er *hinfiel und sich mit Schaum auf dem Mund* auf dem Boden wälzte. Jesus fragte den Vater: ‹Wie lange hat er das schon?› Der Vater antwortete: ‹Von Kind auf; oft hat er ihn sogar ins Feuer oder ins Wasser geworfen, um ihn umzubringen...› Als Jesus sah, daß die Leute zusammenliefen, drohte er dem unreinen Geist und sagte: ‹Ich befehle dir, du stummer und tauber Geist: Verlaß ihn und kehr nicht mehr in ihn zurück!› Da zerrte der Geist den Jungen hin und her und verließ ihn mit lautem Geschrei. Der Junge lag da wie tot, so daß alle Leute sagten: ‹Er ist gestorben.› Jesus aber faßte ihn an der Hand und richtete ihn auf, und der Junge erhob sich. Als Jesus nach Hause kam und sie allein waren, fragten ihn seine Jünger: ‹Warum konnten denn wir den Dämon nicht austreiben?› Er antwortete ihnen: ‹Diese Art kann nur durch Gebet ausgetrieben werden›» (Mk. 9; 17–22,25–29; entspr. Lk. 9; 38–42 und Mt. 17; 14–20).

Auch andere Behinderungen werden auf Besessenheit zurückgeführt: «Als sie gegangen waren, brachte man zu Jesus einen Stummen, der von einem Dämon besessen war. Er trieb den Dämon aus, und der Stumme konnte reden» (Mt. 9; 32,33; entspr. Lk. 11; 14). Luther übersetzt hier und an anderen Stellen noch ungenierter mit «Teufel» statt mit dem blasser vornehmen «Dämon» der Einheitsübersetzung, das *etwas* harmloser klingen mag und vielleicht weniger an die grauenhaften Praktiken des christlichen Mittelalters erinnert. Die von modernen Theologen (z. B. Haag, 1978, S. 203 und andere Stellen) in apologetischer Absicht neuerdings hervorgehobene Unterscheidung (in Abweichung von der unfehlbaren Lehre des 4. Lateran-Konzils, die vom Teufel und den übrigen Dämonen spricht; nach Haag, 1978, S. 347) von «Teufel», «Satan», «Dämon» mag etymologisch-religionsgeschichtlich von Interesse sein, unter dem Aspekt der geschichtlich-praktischen und *psychologischen* Auswirkungen war sie (leider!) ohne jede Bedeutung, wie sich jeder leicht durch einen auch nur flüchtigen Blick auf die Geschichte des Christentums und der Kirchen überzeugen kann. Tatsächlich legt das Neue Testament eine zumindest faktische «gattungsmäßige» Gleichsetzung bzw. enge Verbundenheit von Beelzebub, Satan, Teufel und Dämon im Zusammenwirken und Unterordnung zumindest sehr nahe oder setzt sie voraus (vgl. etwa Mt. 12; 24–29; Mk. 3; 22–27; Lk. 11; 15–19 u. Lk. 13; 11–16 u. Lk. 10; 17–20). Dem entsprach auch stets die offizielle Lehre der christlichen Kirchen und ihrer bedeutendsten Lehrer, wie auch Haag ausdrücklich bestätigt: «Wenn Thomas zwischen Teufel und Dämonen grundsätzlich nicht mehr scheidet, folgt er damit einer Tradition, die spätestens seit Beginn des 4. Jahrhunderts bei den Kirchenvätern fest begründet war und bis zu Papst Paul VI. gültig blieb» (Haag, 1978, S. 148).

Generell werden offenbar auch körperliche Krankheiten eng mit Besessenheit in Verbindung gebracht: «Als die Sonne unterging, brachten die Leute ihre Kranken, die alle möglichen Leiden hatten, zu Jesus. Er legte jedem Kranken die Hände auf und heilte alle. *Von vielen fuhren auch Dämonen aus* und schrien: ‹Du bist der Sohn Gottes!› Da fuhr er sie schroff an und ließ sie nicht reden...» (Lk. 4; 40,41).

Ebenso (weibliche!) Sündhaftigkeit: «Als Jesus am frühen Morgen des ersten Wochentages auferstanden war, erschien er zuerst Maria aus Magdala, *aus der er sieben Dämonen ausgetrieben hatte*» (Mk. 16; 9; entspr. Lk. 8; 2).

In welch drastisch-archaischer, konkret-realistischer Weise im übrigen der Jesus der synoptischen Evangelien den Glauben an Teufel / Dämonen und Besessenheit vertritt und bestätigt, zeigt exemplarisch nicht nur das oben zitierte Beispiel, nach dem Jesus die Dämonen in die Schweine fahren ließ, sondern auch die folgende Stelle: «Ein unreiner Geist, der einen Menschen verlassen hat, wandert durch die Wüste und sucht einen Ort, wo er bleiben kann. Wenn er aber keinen findet, dann sagt er: ‹Ich will in mein Haus zurückkehren, das ich verlassen habe.› Und wenn er es bei seiner Rückkehr leer antrifft, sauber und geschmückt, dann geht er und holt sieben andere Geister, die noch schlimmer sind als er selbst. Sie ziehen dort ein und lassen sich nieder. So wird es mit diesem Menschen am Ende schlimmer werden als vorher» (Mt. 12; 43–45; entspr. Lk. 11; 24–26).

Gerade diese Aussage Jesu fiel auf besonders «fruchtbaren Boden» und brachte «tausendfältige Frucht»; so beziehen sich z. B. die Kirchenväter der alten Kirche seit Origenes über Cyrill von Alexandrien, Hilarius von Poitiers, die Heiligen (!) Ambrosius, Hieronymus und andere (vgl. Haag, 1980, S. 479) ausdrücklich auf diese Bibelstelle zur Begründung ihres exzessiven Antisemitismus: Die Juden sind das Haus, in das der Dämon mit sieben weiteren Dämonen zurückgekehrt ist. Aber auch eine der jüngsten Stellungnahmen des kirchlichen Lehramtes, in der die personale Existenz und Bedrohlichkeit des Teufels noch einmal ausdrücklich als von jedem Katholiken zu akzeptierendes Glaubensgut herausgestellt wird, die unten erwähnte Ansprache Papst Pauls VI. vom 15. 11. 1972, beruft sich neben anderen Bibelstellen auch auf die hier angeführte.

Wie wichtig und zentral die Tatsache der Teufels- oder Dämonenaustreibung durch Jesus den nach kirchlicher Lehre göttlich inspirierten Autoren ist, ergibt sich nicht nur aus der schon erwähnten Häufigkeit und Konkordanz, mit der diese Ereignisse berichtet werden, sondern zum anderen aus der Tatsache, daß Jesus seine Teufels- oder Dämonenaustreibungen auch immer wieder in seinen Reden ausdrücklich bestätigt und sich selbst durch diese Tätigkeit ausdrücklich gekennzeichnet haben will: «Geht und sagt diesem Fuchs (Herodes): ‹Ich treibe Dämonen aus und heile Kranke…›» (Lk. 13; 32). Ja, er sieht in der Dämonenaustreibung gar ein Indiz für die Ankunft des Reiches Gottes: «Wenn ich aber die Dämonen durch den Finger Gottes austreibe, dann ist doch das Reich Gottes schon zu euch gekommen» (Lk. 11; 20; entspr. Mt. 12; 28).

Jesus treibt indessen nicht nur selbst Dämonen aus, sondern bevollmächtigt seine Jünger und gebietet ihnen ausdrücklich, ebenfalls Dämonen auszutreiben: «Diese zwölf sandte Jesus aus und gebot ihnen: ‹... heilt Kranke, weckt Tote auf, macht Aussätzige rein, treibt Dämonen aus!›» (Mt. 10; 5,8). So war es nur konsequent und biblisch wohlbegründet, wenn die katholische Kirche noch bis 1972 angehende Priester feierlich dazu verpflichtete, Dämonen auszutreiben (vgl. Haag, 1980, S. 126).

«Jesus... rief die zwölf zu sich und sandte sie aus, jeweils zwei zusammen. Er gab ihnen die Vollmacht, die unreinen Geister auszutreiben... Sie trieben viele Dämonen aus...» (Mk. 6; 6,7,13; entspr. Lk. 9; 1; Mt. 10; 1).

Die Austreibung von Dämonen in Jesu Namen wird geradezu zum bevorzugten, an erster Stelle genannten Zeichen des Glaubens und damit der Rettung vor der Verdammnis: «Wer glaubt und sich taufen läßt, wird gerettet; wer aber nicht glaubt, wird verdammt werden. Und durch die, die zum Glauben gekommen sind, werden folgende Zeichen geschehen: In meinem Namen werden sie Dämonen austreiben...» (Mk. 16; 16,17).

Auch die Austreibung von Dämonen in seinem Namen durch Fremde läßt Jesus ausdrücklich zu: «Da sagte Johannes zu ihm: ‹Meister, wir haben gesehen, wie jemand in deinem Namen Dämonen austrieb; und wir versuchten, ihn daran zu hindern, weil er uns nicht nachfolgt.› Jesus erwiderte: ‹Hindert ihn nicht!›» (Mk. 9; 38,39; entspr. Lk. 9; 49,50).

Liest man diese sehr klaren und eindeutigen biblischen Aussagen unbefangen und versteht sie so, wie sie ganz offensichtlich gemeint sind, so ergibt sich in aller Klarheit und unbezweifelbar: Der Jesus der synoptischen Evangelien bestätigt ausdrücklich durch seine Reden und Anordnungen, insbesondere aber auch durch seine häufigen und wiederholten Austreibungshandlungen den Glauben, daß Teufel oder Dämonen nicht nur als personale (teilweise offenbar ziemlich primitive) Wesen existieren, sondern auch auf Menschen massiv einwirken können bis zur seelischen Besitznahme als sozusagen «zweites Ich» bei der Besessenheit.

Die inhumanen und verheerenden Folgen dieses von Jesus autorisierten Teufels- und Dämonenglaubens in der Geschichte des
Christentums sind jedem, der die Kirchengeschichte nicht nur aus
dem Religionsunterricht kennt, bekannt: Die zum großen Teil *auch*
als Folge des Teufelswahns auf grausamste Art ermordeten Frauen
und Kinder, aber auch Männer, Greise und Greisinnen (Hexenverfolgung), dürfte in die Hunderttausende bis Millionen gehen. Sie
klagen hier eben nicht nur die Kirche und ihr sich auf den Beistand
des Heiligen Geistes berufenden und verlassenden Päpste, Bischöfe, Priester und Mönche und eventuelle Mißstände der Kirche
an, sondern eben auch die Bibel als letzte, göttlich autorisierte
Quelle dieses grauenhaften Wahns. Und man kann Gott als Urheber der Heiligen Schrift schlecht entschuldigen mit dem Hinweis,
die Bibel habe eben in der Sprache ihrer Zeit reden müssen, wenn
Gott selbst als alleiniger Schöpfer, als Urheber dieser inhumanen
Beschränktheit angesehen werden muß, und diese «angepaßten»
Redensarten und Bilder zu solch grauenhaften, für Gott ja vorher-
sehbaren Konsequenzen geführt haben (um einmal auf die Absurdität dieses immer wieder gebrauchten apologetischen «Argumen-
tes» einzugehen).

Als spezifisch verhängnisvollen Sachverhalt hatten wir dabei herausgestellt, daß Jesus speziell und gerade auch Geisteskranke als
Besessene interpretiert und «behandelt» hat. Es ist (sozial-)psycho-
logisch evident, daß ein solches Erklärungsmodell für das Phänomen Geisteskrankheit zu einer verängstigt-abwehrenden, distanzie-
rend-isolierenden bis offen aggressiv-diskriminierenden Haltung
gegenüber Geisteskranken führen kann und tatsächlich auch geführt
hat, zu einem Verkennen realer Strukturen und Ursachen psychischer Störungen und damit auch zu einer Fehlbehandlung.

Wie wenig diese Auffassungen Vergangenheit sind, wie weit
vielmehr immer noch aktuelle Gegenwart, wie sehr auch hier die
Bibel noch Wirkung zeigt, zeigt nicht nur der Fall Klingenberg
(immerhin eine junge Frau mit bayrischem Abitur und in Hoch-
schulausbildung), der ja nur als Spitze eines Eisbergs aus einem viel
verbreiteteren, vor der Öffentlichkeit weitgehend abgedunkelten

Untergrund als Licht kam, weil hier durch einen Todesfall die staatliche Justiz zum Eingreifen veranlaßt war.

Wie präsent noch vor kurzem – in Abhebung von einem verbreiteten, aber offensichtlich zu optimistisch-illusionären Bild einer in diesem Punkt weitgehendst aufgeklärt und rational denkenden Gesellschaft – der Glaube war und wohl auch noch ist (selbst bei Personen mit theologisch-philosophischer Universitätsausbildung), daß auch Geisteskrankheiten bzw. psychiatrische Symptome durch teuflische / dämonische Besessenheit bedingt sein können, zeigen etwa die Ergebnisse einer repräsentativ angelegten Befragung von katholischen und evangelischen Geistlichen (N = 1540, Rücklaufquote 720, auswertbar 663) aus dem Jahre 1972. Folgende beiden Feststellungen wurden jeweils von zwei Dritteln der katholischen und einem Drittel (64 % und 66 % bzw. jeweils 34 %) der evangelischen Geistlichen als zutreffend bezeichnet: «Die rationalistische Auffassung, daß die Besessenen der Heiligen Schrift nur körperlich oder seelisch Kranke seien, ist mit der Würde und der Wahrheit des Gotteswortes unvereinbar.» «Die psychiatrische Diagnose einer Geisteskrankheit oder Epilepsie schließt eine Besessenheit nicht aus. Da der Teufel den Körper des Opfers völlig ergreift, kann er auch diese Krankheitsbilder hervorrufen» (Hammers und Rosin, 1974).* Daß der Teufelsglaube dieser Theologen (und Seelsorger!) eindeutig biblisch begründet ist, zeigt die folgende neben anderen

---

* Wie sehr die Interpretation von psychischen Störungen und von Geisteskrankheit als dämonistische Besessenheit noch präsent ist, zeigt etwa auch das (an intellektueller Einfalt kaum zu überbietende) Buch der amerikanischen Professorin (!) Felicitas Goodman, «Anneliese Michel und ihre Dämonen» (1980), in dem sie die Besessenheitsthese im Falle Klingenberg engagiert verteidigt, und das theologischerseits durch ein Vorwort von Prof. Dr. F. Holböck und einem Nachwort von Prof. Dr. Dr. (!) G. Siegmund ausdrücklich als mit der kirchlichen Lehre übereinstimmend abgesegnet wurde. Und in einem viel herangezogenen Standardwerk der Besessenheitsliteratur (van Dam, 1979) werden neben religiösen (z. B. Abneigung gegen Bibel, Kreuz), körperlichen und parapsychischen auch psychische bzw. psychisch-pathologische Symptome wie Aggressivität, Selbstschädigung, Selbstmordversuche, Depressionen u. a. als Indikatoren von Besessenheit angeführt.

Aussagen, der 63 % der katholischen und immerhin noch 31 % der evangelischen Befragten zustimmten: «Die Aussagen der Bibel sind so klar, daß kein gläubiger Christ ernsthaft an der personalen Existenz des Teufels zweifeln kann» (a. a. O., S. 64).

Mit Recht weisen Hammers und Rosin darauf hin, daß Haag, der sich als einer der wenigen innerkirchlichen Kritiker mutig gegen den religiös motivierten Teufelsglauben gewandt hat, einer gutgemeinten, aber offenbar nichtsdestoweniger illusionären Einschätzung erlegen sein dürfte, wenn er zur gleichen Zeit, als diese Umfrage stattfand, im «Spiegel» feststellte, daß die Mehrheit der katholischen Priester heute nicht mehr an den Teufel glaube («Der Spiegel», 50,1972).

Wie sollten sie auch, da nicht nur die Bibel, sondern auch das sie verpflichtende höchste Lehramt der katholischen Kirche mehrfach und bis heute eindeutig und ganz selbstverständlich von der Existenz des Teufels als personalem Wesen ausgeht und diese zu glaubende Wahrheit erneut durch eine Ansprache Papst Pauls VI. vom 15. 11. 1972 ausdrücklich bestätigte, wenn er den Teufel als «eine wirkende Macht, ein *lebendiges*, geistiges Wesen, verderbt und verderbend, eine schreckliche Realität, geheimnisvoll und beängstigend» vorstellt, und fortfährt: «Wer die Existenz dieser Realität bestreitet, *stellt sich außerhalb der biblischen und kirchlichen Lehre.*» Zu den entsprechenden Feststellungen kommt eine von der Kongregation für Glaubensfragen 1975 veröffentlichte Studie. Die Vollversammlung der katholischen Bischöfe der Bundesrepublik bezeichnete im September 1975 den Teufelsglauben als «unaufgebbare Wahrheit» und «Glaubensinhalt». Dabei begründete sie diese Aussage neben der Berufung auf das 4. Laterankonzil konsequent und mit Recht durch ausdrücklichen Verweis auf die Bibel: «Wir können einfach nicht aus der Bibel herausstreichen, daß sie an vielen Stellen von Mächten und Gewalten, von Engeln und vom Teufel spricht» (zit. nach Haag, 1978, S. 245). Weitere, nur zu eindeutige Belege für das Festhalten der christlichen Kirchen, insbesondere auch der katholischen, am Glauben an die Existenz und die Wirksamkeit von Teufel und Dämonen bis zum heutigen Tag und die

grauenhaften Auswirkungen dieses Glaubens finden sich bei Haag
(1980), der als Resümee feststellt: «Es ist unbestreitbar, daß Existenz und Wirken des Satans und der Dämonen während der ganzen Geschichte der katholischen Kirche Gegenstand ihrer Glaubensverkündigung waren und daß die anderen christlichen Kirchen
sich mit ihr in diesem Glauben weitgehend einig wußten» (Haag,
1980, S. 138). «Die neuesten Stellungnahmen der Dogmatik unterscheiden sich von den früheren durch größere Zurückhaltung, sowohl im Umgang mit biblischen Texten wie im Argumentieren
mit kirchlichen Lehrdokumenten, *ohne daß sich jedoch am Ergebnis
etwas Wesentliches geändert hätte*» (a. a. O., S. 34).

Wie wirksam diese Glaubensverkündigung bis heute und wie tief
der Teufelsglaube auch heute noch bei einem nicht unbeträchtlichen Teil der gläubigen christlichen Bevölkerung verankert ist,
zeigt neben anderen Symptomen gerade auch die Reaktion auf
Haags Schrift «Abschied vom Teufel» (Einsiedeln, 1973/4), eines
vorsichtigen Versuchs einer Revision der traditionellen Teufelsvor-
stellungen der christlichen Kirchen: «Die Reaktion, die die Schrift
auslöste, machte erschreckend deutlich, wie hartnäckig – trotz der
Absage weiter Kreise an den Teufelsglauben – auch heute noch sowohl das Kirchenvolk wie der Klerus und erst recht das höchste
kirchliche Lehramt am herkömmlichen Teufelsglauben festhalten.
Prediger zogen gegen die Schrift zu Feld (meist allerdings ohne sie
gelesen zu haben) und stellten vor versammelter Gemeinde die
Rechtgläubigkeit des Autors in Frage. Reaktionäre Gruppen ließen
sich durch Flugblätter vernehmen. Die ungezählten, natürlich
meist anonymen Schmähbriefe waren voll von Drohungen und
Haßtiraden, die an infantiler und abergläubischer Primitivität
kaum zu überbieten sind. Und in geradezu naiver Simplifizierung
schlossen selbst Theologen von einer Leugnung des Teufels auf
eine Leugnung der Sünde» (Haag, 1980, S. 21).

Im übrigen bleiben die Versuche Haags, trotz der auch von ihm
nicht wegzudiskutierenden eindeutigen Aussagen von Bibel und
kirchlichem Lehramt, den Teufel und die Dämonen aus der christlichen und speziell katholisch-verbindlichen Glaubenslehre zu eli-

minieren, tatsächlich wenig überzeugend. Man findet sich als Au-
ßenstehender, der die Entwicklung der kirchlichen (insbesondere
katholischen) Lehre mit kritischem Interesse verfolgt, wie so häufig in einem Konflikt zwischen der Sympathie mit jenen Theologen, die aus den durch Bibel und lehramtliche Verkündigung gegebenen Prämissen falsch oder unpräzise deduzieren und so (auf
manchmal, logisch gesehen, «wunderbaren» Wegen, vgl. auch Albert, 1973, 1980) zu den humaneren Aussagen kommen (kein Teufel, keine Hölle usw.: Haag, Küng u. a.) und jenen, die konsequent
deduzieren, aber so konsequenterweise auch zu den entsprechenden inhumanen Schlußfolgerungen gelangen (Existenz von Teufel
und ewigen Höllenstrafen bejaht, Antimodernismus usw.: Otta-
viani, Ratzinger u. a., zuletzt die Päpste Paul VI. und Johannes Paul
II.; kirchliches Lehramt; auch Lefebvre und seine Anhänger). Daß
ein kritischer Beobachter der heutigen kirchlichen und theologischen Szene permanent in solche Konflikte kommen muß, daß ein
Mindestbestand an Humanität der biblisch-christlichen Lehre nur
durch ein hohes Ausmaß an intellektueller Unredlichkeit gewonnen und aufrechterhalten werden kann, wirft ein, um es milde zu
sagen, sehr kritisches Licht auf die Bibel und sonstige Quellen
kirchlicher Lehre. Es ist auch hier zu fragen, wieweit die verbreitete
Glaubwürdigkeitskrise gerade der Werte-Repräsentanten (gesell-
schaftlich-staatliche und kirchliche Führer) wie auch eine kurz-
schlüssige kritische bis feindselige Einstellung gegen kritische Rationalität, die geeignet ist, diese unredlichen, aber zu einigermaßen
humanen Konsequenzen führenden Denkfiguren aufzudecken, zumindest teilweise auf diese Grundsituation zurückgeht.

Über diese genannten unbestreitbaren peinlichen Fakten helfen
auch die hier wieder zu findenden verunklarenden Abschwä-
chungsversuche moderner (Universitäts-)Theologen nicht hinweg, so etwa, wenn man auf die Frage nach einer personalen Existenz des oder der Teufel die Antwort erhält: «Der Teufel ist Person
in der Weise der Unperson», oder, nach der Feststellung, daß es den
Teufel gäbe: «An den Teufel kann man nicht glauben, dem Teufel
kann man nur widersagen» usw. (Kasper, 1978, S. 63, 65); oder

wenn moderne Katecheten das Anstößige dieses biblischen Teufels- oder Dämonenglaubens mittels der schon bekannten Methode der Erhöhung des Abstraktionsniveaus und unverbindlicher Verallgemeinerungen hinwegzureden versuchen; so wenn die Dämonenaustreibungen Jesu ihn als «Träger des Geistes» (Feiner und Vischer, 1973, S. 238) erweisen wollen, oder Jesus den Jüngern den Befehl zu Dämonenaustreibungen erteile, um sie an seinem Wirken zu beteiligen (wobei doch wohl wesentlich sein dürfte, worin der Inhalt dieses Wirkens besteht!) (a. a. O., S. 339; vgl. auch Haag, 1980, S. 89 ff.), oder wenn Haag das Skandalon so aus der Welt zu schaffen sucht: «Nach Jesu eigenem Verständnis (?) offenbaren die von ihm gewirkten Exorzismen die befreiende Überlegenheit des göttlichen Heilswillens, dem keine der vom Menschen als dämonisch empfundenen Mächte letztlich zu widerstehen vermag» (Haag 1980, S. 318). So einfach ist das, so leicht vermeint man durch bloßes Aufsteigen auf eine höhere Abstraktionsebene alle provozierenden gedanklichen Inkonsistenzen und inhumanen Implikationen solch eindeutig-konkret biblischer Aussagen weginterpretieren zu können. Allerdings wird man fragen dürfen, ob diese verharmlosenden Interpretationen nicht etwas spät kommen, nachdem der offenbar viel unmittelbarer sich aufdrängende und deutlicher erkennbare Sinn der entsprechenden, nach christlich-kirchlicher Auffassung letztlich von Gott selbst zu verantwortenden Bibelaussagen schon so viel Unheil angerichtet hat.

Denn dieser Teufel ist auch bei den heutigen Gläubigen keineswegs nur ein akademisches Problem, sondern tatsächlich ein nicht zuletzt auch psychohygienisch – jeder auch nur oberflächlich über den Bereich der klinischen Psychologie und psychischer Störungen Informierte weiß um die verhängnisvolle Rolle entsprechender verinnerlichter Ängste und Befürchtungen – höchst und permanent bedrohliches, äußerst verhängnisvolles Agens. Dies geht u. a. auch eindeutig aus den entsprechenden, auf ihre empirischen Ergebnisse gestützten Aussagen und dem Resümee hervor, das Hammers und Rosin aus ihrer Befragung ziehen: «Insgesamt fühlen sich

65 % der antwortenden katholischen Theologen zu jeder Minute
ihres Lebens vom Teufel bedroht. Das sind genausoviel, wie überhaupt an den Teufel glauben» (1974, S. 68). (Der entsprechende
Anteil evangelischer Theologen liegt bei 35 %.) Wenn diese Pro-
zentsätze schon bei Personen, die immerhin ein abgeschlossenes
Universitätsstudium aufzuweisen haben, vor ganz kurzer Zeit
noch so erschütternd hoch lagen, so kann man nur Befürchtungen
hegen, wie die entsprechenden Zahlen bei den sog. einfachen Gläubigen, etwa in ländlichen Gebieten, aussehen, und welches psychische Unheil hier durch die entsprechenden suggerierten Ängste
angerichtet wird. Es wäre inkonsequent und / oder feige, als
Psychologe zu solchen Sachverhalten einfach zu schweigen, um so
mehr, als diese Teufelsangst durch kirchliche Lehre und Katechese
bis in jüngste Zeit kräftig gefördert wurde (ausführliche Belege
u. a. etwa bei Haag, 1980, bes. S. 74 ff., S. 84 und an vielen anderen
Stellen) und so ein nicht unbeträchtlicher Teil der heute lebenden
Bevölkerung noch davon beeinflußt werden dürfte.

Sozial gefährlich wird die kirchliche Teufelslehre aber auch und
vor allem dann, wenn das kirchliche Lehramt Hilfen gibt, um das
Wirken des Teufels zu erkennen. In derselben oben zitierten Ansprache instruiert Papst Paul VI.: «Wir werden sein (des Teufels)
unheilvolles Wirken überall dort vermuten können, wo die *Leugnung Gottes radikale, scharfe* und absurde *Formen annimmt.*» Ebenso
steht für H.-M. Barth hinter der Ablehnung Jesu der Teufel: «Da
ist kein anderer am Werk: Der Teufel» (im *Katechetischen Handbuch I*, 384–86, zit. nach Haag, 1980, S. 86). Auch die von Hammers und Rosin (1974, S. 72) befragten Theologen sehen den Teufel
außer auf dem Gebiet der Sexualität besonders im Atheismus am
Werk.

Die implizite Gefährlichkeit dieser archaischen Auffassung, die
historisch zu den bekannten grauenhaften Konsequenzen von Folterungen und Liquidation von Ungläubigen und Häretikern
geführt hat, ist kaum zu überschätzen: Dem Vertreter einer abweichenden Glaubensauffassung, insbesondere eines radikalen, atheistischen Standpunktes werden nicht so sehr sachliche (gleichgültig
ob richtige oder falsche) Argumente zugestanden, sondern hinter

seinem Standpunkt wird noch immer oder schon wieder das Wirken böser Mächte, des Teufels gesehen. Bis heute gilt intensive Abwehr und Ablehnung des Christentums «unter Kennern» als eines
der Kernmerkmale für Besessenheit (vgl. etwa van Dam, 1970; Rodewyk, 1966; Balducci, 1976; u. a.).

Für jeden, der psychologisch denken kann, muß die hier implizit
drohende Inhumanität und Intoleranz einer solchen Auffassung
deutlich werden. Wehret den Anfängen, oder vielleicht besser gesagt, den Fortsetzungen: Denn diese Verbindung von Andersden-
ken und –glauben mit dem Wirken des Teufels, auf die Paul VI. wie
auch die befragten Theologen hier abheben, hat eine sehr lange und
sehr verhängnisvolle christlich-kirchliche Tradition. Auch sie ist
biblisch wohlbegründet und beginnt schon im Neuen Testament:

«Ihr nehmt es ja offenbar hin, wenn irgendeiner daherkommt
und einen anderen Jesus verkündigt, als wir verkündigt haben,
wenn ihr einen anderen Geist empfangt, als ihr empfangen habt,
oder ein anderes Evangelium, als ihr angenommen habt... Denn
diese Leute sind Lügenapostel, unehrliche Arbeiter; sie tarnen sich
freilich als Apostel Christi. Kein Wunder, denn auch der Satan tarnt
sich als Engel des Lichts. Es ist also nicht erstaunlich, wenn sich
auch *seine Handlanger als Diener der Gerechtigkeit tarnen.*» Und es
fehlt auch nicht die klassische Drohung: «Ihr Ende wird ihren Taten entsprechen» (2 Kor. 11; 4, 13–15).

Die noch heute offizielle Formel der feierlichen Exkommunikation nach dem Pontificale Romanum bestätigt diese Verbindung
der sich vom christlichen Glauben Abwendenden mit dem Teufel
ausdrücklich: «Weil N. N. *unter dem Einfluß des Teufels* vom christlichen Glauben... abgefallen ist..., werde ihm keine Gnade gewährt, er sei verdammt mit dem Teufel und seinen Engeln und
allen Verworfenen im ewigen Feuer» (zit. nach Haag, 1980,
S. 125).

Daß die Verbindung des Häretikers mit dem Teufel zu den
schlimmsten Verbrechen und Sadismen führen kann und in der Geschichte der Kirche und des Christentums auch sehr häufig geführt
hat, bestreiten ja auch kirchentreue «Insider» (zumindest unter sich

in entsprechenden theologischen Fachzeitschriften) nicht mehr: «Aber gerade das Stichwort *Häresie – und in seinem Hintergrund die Gestalt des Teufels*, der sich in der Abirrung der Hexen anbeten und Dienste leisten läßt – ist es, was die Berechtigung verleiht, für eben diese Hexen *ohne jedes Erbarmen* die härtesten Strafen zu verlangen» (Gérest, 1975, S. 181).

Daß diese schon biblisch angelegte Verbindung von Andersgläubigen mit dem Satan mit allen bekannten Folgen besonders die Juden betroffen hat, die gar «den Teufel zum Vater haben» (Joh. 8; 44), wird unten noch näher ausgeführt werden.

Die bisher vorwiegend angeführten (hochselektiven) Belege könnten bei einem das biblisch-christliche Lehrgebäude weniger kennenden Leser den Anschein erwecken, der Teufelsglaube mit seinen grauenhaften historischen Konsequenzen sei eine nur oder vorwiegend die katholische Variante der christlich-biblischen Lehr- und Glaubensinhalte betreffende Angelegenheit. Dieser Eindruck trügt; auch die Tradition des evangelischen Glaubens aller Schattierungen ist reich an entsprechenden Aussagen und aus ihnen sich ergebenden Praktiken.

Der geradezu pathologische Teufelsglaube Luthers, eines Mannes, der in Deutschland zuletzt 1983 wieder fast kultisch gefeiert wurde, seine exzessive Angst vor dem Teufel, die sich zum Verfolgungswahn steigerte und in allen möglichen Ereignissen, nicht nur in widrigen Umständen wie Krankheit, Not, Unglück, sondern durchaus auch in «positiven» Phänomenen wie etwa der Vernunft den Teufel am Werk sah, ist bekannt. «Ich stelle fest, daß die ganze Welt vom Satan besessen ist», sagt er in einer Predigt (zit. nach Haag, 1980, S. 57; dort auch weitere Belege), wobei diese Welt, in der der Teufel herrscht, scharf und ohne Zwischenraum vom Reich Gottes abgetrennt ist (die typische Schwarzweißdichotomie archaischen, wenig entwickelten Denkens). «Luther fühlt sich bis zum Übermaß vom Teufel verfolgt und gequält, wovon vor allem die Briefe ein beredtes Zeugnis ablegen» (Haag, 1980, S. 57), von einem Teufel, der paradoxerweise doch «Gottes Teufel» ist, Gottes, der ihn nicht nur duldet, sondern in ihm wirkt, durch ihn handelt, ihn als Werkzeug seines Zornes benutzen kann, eine Auffassung, deren psychologisch schädigende und belastende Implikationen Generationen von evangelischen Theologen und Gläubigen aufs nachhaltigste beeinflußte.

Die weitere Entwicklung im evangelischen Raum, im Bereich der evangelischen Theologie ist gekennzeichnet durch die Auseinandersetzung zwischen der Offenbarungsrichtung (Karl Barth, Paul Althaus, Helmut Thielicke, Emil Brunner, Otto Weber und ihre Schüler), die die Existenz und das Wirken des Teufels als Faktum anerkennt, und der entmythologisierenden Theologie Bultmanns und seiner Schüler, die in Teufel und Dämonen nur einen mythischen Ausdruck für die Widerspenstigkeit der Welt gegen Gott, für «die Wirklichkeit, in die der Mensch gestellt ist, als eine Wirklichkeit der Widersprüche und des Kampfes, als eine Wirklichkeit des Bedrohlichen und Versucherischen» (Bultmann, zit. nach Haag, 1980, S. 71), sieht. Immerhin ist der Teufel als personales bedrohliches Wesen auch in der evangelischen Katechese erst in allerletzter Zeit zurückgetreten (für weitere Informationen vgl. Haag, 1980, S. 59–100).

Neben den hunderttausend- bis millionenfachen Verbrennungen und Folterungen von Frauen und Kindern als «Hexen» war eine besonders beschämende Implikation des Teufelswahns die jahrhundertelange Diskriminierung und Verfolgung der Juden, ebenfalls neutestamentlich begründet und/oder gerechtfertigt. Im 8. Kapitel des Johannesevangeliums sagt Jesus zu den Juden: «*Ihr habt den Teufel zum Vater*, und ihr wollt das tun, wonach es euren Vater verlangt. Er war ein Mörder von Anfang an. Und er steht nicht in der Wahrheit; denn es ist keine Wahrheit in ihm. Wenn er lügt, sagt er das, was aus ihm selbst kommt; denn er ist ein Lügner und ist der Vater der Lüge» (Joh. 8; 44). In der Geheimen Offenbarung des Johannes spricht Jesus wiederholt von der «Synagoge des Satans» (Offb. 2; 9 u. 3,9). Diese und andere biblische Stellen – besonders auch Psalm 106; 37,38, wo von den alten Juden anklagend-selbstkritisch u. a. gesagt wird: «Sie brachten ihre Söhne und Töchter dar, als Opfer für die Dämonen. Sie vergossen schuldloses

Blut, das Blut ihrer Söhne und Töchter», wurden immer wieder als
Begründung der hartnäckigen Verleumdung, die Juden betrieben
Ritual- und Kindermord, herangezogen – dienten den Antisemiten
von der frühen christlichen Kirche bis in die neueste Zeit als Begründung und Rechtfertigung ihrer verbalen und tätlichen Exzesse.* Konsequent wurden diese vor allem auch immer wieder
abgeleitet aus der von Matthäus «infam erfundenen – wie die historisch-kritische Forschung längst nachgewiesen hat» (Kahl, 1968,
S. 35) und grauenhafte Folgen nach sich ziehenden Selbstverflu-
chung des jüdischen Volkes: «Da rief das ganze Volk: ‹Sein Blut
komme über uns und unsere Kinder!›» (Mt. 27; 25) («Heilige»
Schrift?).

Schon in den Predigten des heiligen (!) Chrysostomus «Gegen
die Juden» vom Jahre 387 werden diese u. a. als minderwertig, un-
moralisch, verflucht, mit Dämonen im Bund stehend, sie ver-
ehrend und von ihnen besessen dargestellt, ihre Synagoge wird
«Bordell» und «Burg des Teufels» genannt. «Nenne einer sie Hu-
renhaus, Lasterstätte, Teufelsasyl, Satansburg, Seelenverderb, jeden Unheils gähnenden Abgrund oder was immer, so wird er noch
weniger sagen, als sie verdient hat» (zit. nach Heer, 1986, S. 63).

---

   * An dieser Stelle läßt sich, um nicht Beifall von der falschen Stelle zu erhalten, die mögliche Strategie, die in diesem Buch ausgeführte Bibelkritik als an-
tisemitisch zu denunzieren, für jeden differenziert Denkenden wohl am eindeutigsten als absurd zurückweisen. Die archaisch-inhumanen Inhalte und
Normen der biblischen Entstehungszeit waren ja keineswegs auf den jüdischen
Kulturkreis beschränkt, sondern weithin Gemeingut der damals existierenden
Kulturen. Daß gerade die Bibel besonderer Gegenstand der Kritik werden
muß, liegt einzig an dem von den christlichen Kirchen und Glaubensgemeinschaften für dieses Buch erhobenen Anspruch, auch noch für die heutige Zeit
absolut verbindliche, göttlich sanktionierte Normen zu vermitteln. Unter der
daraus resultierenden Inhumanität haben gerade die Juden mit am meisten gelitten, und eine entsprechende von Humanität und Rationalität getragene auf-
klärende Kritik der überkommenen archaisch-inhumanen Inhalte und Normen
gehört ebensosehr wie viele andere geistige Leistungen zu dem Beitrag, den das
jüdische Volk in seinen besten Vertretern der Menschheit auf ihrem mühseligen
Weg zu etwas menschlicheren Verhältnissen geleistet hat.

Die Anschauung, daß die Juden als Ungetaufte an Teufel und Dämonen ausgeliefert seien, ist Gemeingut der Kirchenväter und taucht regelmäßig in den Kommentaren zu Mt. 12; 43–46 u. Lk. 11; 24–26 auf (vgl. Haag, 1980, S. 479). Auch die mittelalterliche Theologie vertrat die Auffassung, daß die Juden mit dem Teufel im Bunde ständen und von ihm besessen seien (weitere Daten und Belege im einzelnen bei Haag, 1980, S. 480ff.).

Auch bei Luther, besonders dem älteren, verband sich ein exzessiver Teufelswahn mit einem nicht minder exzessiven Antisemitismus. Auch für ihn stehen die Juden mit dem Teufel und seinen Dämonen im Bund, der Teufel ist ihr Gott, den sie anbeten, er wirkt durch sie usw. (vgl. Haag, 1980, S. 481ff.). Entsprechend waren seine Ratschläge, wie mit den Juden zu verfahren sei (die Hitler dann ausgeführt hat), was, wie oben schon ausgeführt, die deutsche kirchlich-politische Szene z. T. in der in diesem Lande ja nicht ganz unbekannten Unsensibilität (um es milde auszudrücken) nicht hinderte, 1983 eine Art Luther-Jubeljahr zu feiern!

Daß auch diese Reden und dieser von den Vertretern der christlichen Kirchen, auch Päpsten und Konzilien, geförderte, mit dem Teufelsglauben systematisch verbundene, religiös fundierte Antisemitismus zu vielfachen Diskriminierungen, Quälereien, Folterungen und schließlich der Ermordung vieler Juden führten, ist historisch zu vielfältig belegt, als daß es hier noch einmal im einzelnen dokumentiert werden müßte (vgl. Haag, 1980, S. 477 bis 489; Deschner, 1972, Kap. 56, 57, 58).

Die Verbindung, ja fast Gleichsetzung der Juden mit dem Teufel zieht sich kontinuierlich durch die Geschichte der christlichen Völker, insbesondere auch des deutschen, bis zum Nationalsozialismus. Hitler brauchte hier die jahrhundertealte, religiös begründete psychologische Gleichsetzung von Teufel und Juden nur aufzugreifen und für seine Zwecke auszunutzen. So empfahl er etwa, die Juden als «den *bösen Feind der Menschheit*, als den wirklichen *Urheber allen Leids* dem allgemeinen Zorn (zu) weihen» (Hitler, «Mein Kampf», 1934, S. 724). Julius Streicher konnte seine Zuhörer fragen, warum sie nicht auf Christus hörten, der zu den Juden gesagt habe (und er bezieht sich dabei auf die Bibel): «Ihr seid Kinder des Teufels», und vor dem Nürnberger Internationalen Gerichtshof auf Luther «als einen der Kronzeugen für die Notwendigkeit der ‹Endlösung der Judenfrage› hinweisen. Und Streicher hatte recht!» (Maser, 1973, S. 71).

Die hier angeführten, hochselektiven, exemplarischen Belege für die aus dem biblisch-kirchlichen Teufelsglauben erwachsenen physischen Greueltaten und seelischen Verwüstungen sollten durch eigene Lektüre etwa des hier wiederholt zitierten Buches von Haag und der dort angeführten weiteren Quellen ergänzt werden. Man sollte auch hier nicht einfach glauben, sondern sich selbst ein Bild davon machen, welche Früchte auch hier die entsprechenden biblischen Aussagen getragen haben.

Der häufig gehörte Vorwurf christlich-orthodoxer Apologeten, wer die Existenz des Teufels verneine, verschließe die Augen vor der Existenz der dunklen, «bösen» Seiten menschlichen und außermenschlichen Lebens, dürfte vor diesem furchtbaren Horizont in sich zusammenfallen: Gerade wer das «Böse» in der Welt ernst nimmt und es bekämpfen will, darf nicht durch eine falsche, archaisch-inhumane Interpretation im besten Falle seinen Kampf ineffektiv machen, in den meisten Fällen aber tatsächlich das «Böse»* noch vermehren. Nur zu oft verschaffte ja der Teufelsglaube erst das gute Gewissen für Diskriminierung, Folterungen und Hinrichtungen, für umfassende, religiös motivierte sadistische Exzesse (Inquisition, Hexenverfolgung, Kreuzzüge u. a.), ein Tatbestand, den auch kirchliche Theologen eingestehen: «Das *gegenüber den Dämonen und ihren menschlichen Komplizen* empfundene Grauen, das Bewußtsein der Gefährdung, welche sie darstellen... müssen alle Kräfte des Klerus, der öffentlichen Gewalt und des Volkes zum Bündnis gegen den gemeinsamen Feind zusammen-

---

* Es kann hier nicht der Ort sein, auf neuzeitlich-alternative (human-) wissenschaftlich-philosophische Versuche, das «Böse» zu interpretieren, einzugehen.

führen. Die Inquisition, die so offensichtlich an der Spitze dieses gemeinsamen Kampfes stand, mußte infolgedessen der moralischen und tatsächlichen Unterstützung aller zuteil werden... Diejenigen, welche ihr Widerstand leisteten, waren gewissenlos und gefährlich für die allgemeine Sicherheit» (Gérest, 1975, S. 181).

Die moderne Psychologie und Verhaltensbiologie hat aufgezeigt, wie die verbale Herabsetzung, Verunglimpfung und nicht zuletzt Dämonisierung immer wieder die psychologische Vorbereitung zur Realisierung exzessiver kollektiver Aggressionen mit ihrer erbarmungslosen Abschlachtung von Andersdenkenden und Minderheiten dargestellt hat (Religionskriege, Kreuzzüge, Ketzer- und Judenverfolgungen usw.). *Auch* dazu ließ und ließe sich die Bibel gebrauchen.

c. Die biblische Bejahung der Sklavenhaltung

Welche problematischen Einstellungen gegenüber benachteiligten Teilgruppen und Minderheiten die Bibel vermitteln kann, wie wir es bislang am Beispiel der Frauen, der Geisteskranken, der Un- bzw. Andersgläubigen, der Atheisten und Juden aufgezeigt haben, soll abschließend noch an einer letzten Gruppe unterdrückter und diskriminierter Menschen dargestellt werden. Diese ist zwar heute aufgrund der durch Aufklärung und Humanismus (und keineswegs wieder durch die biblisch bestimmten christlichen Kirchen) vermittelten Einstellungsänderungen bis auf wenige Reste in einigen unterentwickelten Regionen der Erde qua Institution weitgehend verschwunden, gehörte aber über Jahrhunderte zu den geächtetsten, wehrlosesten, physisch wie psychisch am meisten gequälten Gruppen: die Sklaven. Sie galten bekanntlich als käufliches, weitgehend rechtloses Eigentum ihrer Herren und waren so ihrer fundamentalen Menschenwürde und -rechte in extremem Maße beraubt. Welches unermeßliche Leid sich mit der Sklaverei über viele Jahrhunderte auch des christlichen Zeitalters verband, kann hier nicht im einzelnen ausgeführt werden, ist jedoch jedem einigermaßen historisch Informierten bekannt, wenn auch den wenigsten Menschen konkret-anschaulich präsent.

Welche Aussagen macht die Bibel zu diesem menschlichen und moralischen Skandal? Wendet sie sich als letzte, göttlich autorisierte ethische Instanz dagegen, verurteilt sie diese völlige Entrechtung und Entwürdigung von Menschen? Wieder hofft man vergebens. Statt dessen findet man wieder keineswegs nur die Spiegelung, sondern die ausdrückliche Bekräftigung der zur jeweiligen Entstehungszeit der entsprechenden Bibeltexte herrschenden archaisch-inhumanen Auffassungen.

So stellt schon das Alte Testament zunächst die Sklaverei in keiner Weise in Frage, sondern geht von ihr als scheinbar völlig unproblematischer Selbstverständlichkeit aus, wobei der Aspekt des gegenständlichen Eigentums an Stellen wie der folgenden besonders hervortritt: «Wenn einer seinen Sklaven oder seine Sklavin mit dem Stock so schlägt, daß er unter seiner Hand stirbt, dann muß der Sklave gerächt werden. Wenn er noch einen oder zwei Tage am Leben bleibt, dann soll den Täter keine Rache treffen; *es geht ja um sein eigenes Geld*» (Ex. 21; 20,21).

Die Sklaverei wird aber nicht nur als völlig selbstverständliches Faktum vorausgesetzt und akzeptiert, sondern darüber hinaus auch ausdrücklich gutgeheißen: «Die Sklaven und Sklavinnen, *die euch gehören sollen, kauft* von den Völkern, die rings um euch wohnen; von ihnen *könnt ihr Sklaven und Sklavinnen erwerben*. Auch von den Kindern der Halbbürger, die bei euch leben, auch ihrer Sippen, die mit euch leben, von den Kindern, die sie in eurem Land gezeugt haben, *könnt ihr Sklaven erwerben. Sie sollen euer Eigentum sein*, und ihr dürft sie euren Söhnen vererben, damit diese sie als *dauerndes Eigentum besitzen, ihr sollt sie als Sklaven haben*» (Lev. 25; 44–46). Wohlgemerkt, dies sind, nach dem ausdrücklichen Zeugnis des biblischen Textes, nicht Anordnungen menschlicher Instanzen, sondern Gottes selbst (Lev. 25; 1). Das Kaufen und Verkaufen von Menschen wird wieder nicht nur als selbstverständliches Faktum dargestellt, sondern auch, wie im folgenden Fall als Strafe, ausdrücklich angeordnet: «Ein Dieb muß Ersatz leisten. Besitzt er nichts, so soll man ihn für den Wert des Gestohlenen verkaufen» (Ex. 22; 2). Die Bibel, Grundlage von Menschenwürde und Menschenrechten?

Verhält es sich im Neuen Testament anders? Keineswegs. Man kann selbstverständlich, wie man es auch im Hinblick auf das Alte Testament tun könnte, bestimmte allgemeine ethische Anweisungen, wie etwa das Gebot der Nächstenliebe, herausgreifen und daraus eine implizite Ablehnung der Sklaverei ableiten. Dem steht aber entgegen, daß das Neue Testament immer dann, wenn es konkret die Sklaverei anspricht, ebenfalls nicht nur von dieser als selbstverständlichem und keinesfalls problematisiertem Faktum ausgeht, sondern sie ausdrücklich bestätigt und die Sklaven zu einer entsprechenden «sklavisch»-unterwürfigen Einstellung und Verhaltensweise auffordert.

Das Verhältnis Herr – Sklave wird etwa im folgenden Gleichnis vom unnützen Sklaven nicht nur als Selbstverständlichkeit akzeptiert und implizit gutgeheißen, sondern auch ausdrücklich als vorbildlich im Hinblick auf das Verhältnis des Menschen zu Gott dargestellt: «Wenn einer von euch einen Sklaven hat, der pflügt oder das Vieh hütet, wird er etwa zu ihm, wenn er vom Feld kommt, sagen: ‹Nimm gleich Platz zum Essen?› Wird er nicht vielmehr zu ihm sagen: ‹Mach mir etwas zu essen, gürte dich, und bediene mich; wenn ich gegessen und getrunken habe, kannst auch du essen und trinken.› Bedankt er sich etwa bei dem Sklaven, weil er getan hat, was ihm befohlen wurde? So soll es auch bei euch sein: Wenn ihr alles getan habt, was euch befohlen wurde, sollt ihr sagen: ‹Wir sind unnütze Sklaven; wir haben nur unsere Schuldigkeit getan›» (Luk. 17; 7–10).

Auch in den anderen Teilen des Neuen Testaments, etwa in den (echten oder unechten) Briefen des Paulus findet sich kein Hinweis auf eine Ablehnung oder Kritik der Sklaverei, ganz im Gegenteil, die Sklaven werden ausdrücklich zum Verbleib in ihrem entrechteten und entwürdigenden Zustand und zu entsprechend «sklavisch»-unterwürfigem Verhalten aufgefordert. Darüber hinaus wird dieses Sklaverei-konforme Verhalten ausdrücklich theologisch untermauert bzw. ausdrücklich als dem Willen Gottes und christlicher Lehre entsprechend herausgestellt: «Ihr Sklaven, gehorcht euren irdischen Herren *mit Furcht und Zittern und aufrichtigem Herzen*, als wäre es Christus… Dient freudig, als dientet ihr dem Herrn und nicht den Menschen» (Eph. 6; 5,7). «Alle, die das Joch der Sklaverei zu tragen haben, sollen ihrem Herrn alle Ehre erweisen, *damit der Name Gottes und die Lehre nicht in Verruf kommen*… So sollst du lehren, dazu sollst du ermahnen. *Wer aber etwas anderes lehrt* und sich nicht an die *gesunden* Worte Jesu Christi, unseres Herrn, und an die Lehre unseres Glaubens hält, *der ist verblendet…*» (1 Tim. 6; 1–3).

«Die Sklaven sollen ihren Herren gehorchen, ihnen *in allem gefällig sein, nicht widersprechen*, nichts veruntreuen; sie sollen zuverlässig und treu sein, *damit sie* in allem *der Lehre Gottes*, unseres Retters, *Ehre machen*» (Tit. 2; 9,10).

«Ihr Sklaven, ordnet euch in *aller Ehrfurcht* euren Herren unter, nicht nur den guten und freundlichen, sondern auch den launenhaften. Denn es ist eine Gnade, wenn jemand deswegen Kränkungen erträgt und zu Unrecht leidet, weil er sich in seinem Gewissen nach Gott richtet. *Ist es vielleicht etwas Besonderes, wenn ihr wegen einer Verfehlung Schläge erduldet?* Wenn ihr aber recht handelt und trotzdem Leiden erduldet, das ist eine Gnade in den Augen Gottes. *Dazu seid ihr berufen*; denn auch Christus hat für euch gelitten und euch ein Beispiel gegeben, damit ihr seinen Spuren folgt» (1 Petr. 2; 18–21). Von einer «Theologie der Befreiung» ist hier wenig zu vernehmen!

Die Geschichte der Kirchen und des Christentums entsprachen bis weit in die Neuzeit diesen biblischen Weisungen: Die Kirche(n) – mit ganz wenigen Ausnahmen –, ihre Päpste, Bischöfe und großen Lehrer (wie z. B. Ambrosius, Chrysostomus, Augustinus, Thomas von Aquin) stellten sich bis in die Neuzeit hinein nicht nur nicht gegen die Sklaverei und bekämpften sie, sondern bestätigten sie als quasi selbstverständliche Institution. Die Kirche hielt selbst über lange Zeit Sklaven, wobei es für diese Kirchensklaven als unveräußerliches «Kirchengut» im Unterschied zu anderen Sklaven kaum die Möglichkeit der Freilassung gab (vgl. Deschner, 1972, S. 438).

Wie in anderen Fragen (z. B. Hexenverfolgung, Religionsfreiheit, Arbeiterbewegung, soziale Fragen des Frühkapitalismus u. a.) des (menschen)rechtlichen, sozialen und humanen Fortschritts haben zumindest die «Amtskirchen» auch in der Sklavenfrage zunächst versagt und sich erst relativ spät dem humanitären neuzeitlichen Trend der prinzipiellen Verurteilung der Sklaverei und der Sklavenbefreiung angeschlossen. Wir verweisen wieder zur Vertiefung und im Hinblick auf ausführliche Belege auf Deschner (1972, S. 436–440), der das entsprechende Kapitel wie folgt schließt und dabei einen so unverdächtigen Zeugen und «Insider» wie Martin Dibelius zitiert: «Alle sozialen Erleichterungen der Neuzeit wurden nicht durch die Kirche, sondern gegen sie geschaffen. Fast alle humaneren Formen und Gesetze des Zusammenlebens verdankt die Gesellschaft verantwortungsbewußten außerkirchlichen Kräften. Ehrliche Theologen leugnen dies nicht. Noch einem der bedeutendsten, Martin Dibelius, ist die Kirche geradezu als ‹Leibwache von Despotismus und Kapitalismus› erschienen. ‹Darum waren alle, die eine Verbesserung der Zustände in dieser Welt wünschten, genötigt, gegen das Christentum zu kämpfen›» (Deschner, 1972, S. 440; Dibelius, 1953, S. 153 ff.; siehe auch Kahl, 1968, S. 120 ff.).

H. Weitere, hier bislang nicht berücksichtigte kritische Aspekte der biblischen Botschaft

Wir brechen an dieser Stelle die Darlegung biblischer Aussagen ab, die die Funktion haben sollten, die in diesem Buch vertretenen provokativen, d. h. weithin verbreiteten Selbstverständlichkeiten diametral widersprechenden Thesen argumentativ zu begründen und so dem Leser ein eigenes *informiertes* Urteil zu erlauben.

Nicht nur quantitativ wären diese Aussagen und Belege leicht zu vermehren, nicht zuletzt auch durch Heranziehen der hier nicht berücksichtigten Bücher der Bibel, sondern auch thematisch. So könnte man noch ausführlicher eingehen auf nicht wenige andere problematische Aspekte der vorherrschenden biblischen Moral, etwa den ausgeprägten, teilweise tatsächlich an kollektive zwangsneurotische (Freud) Züge erinnernden Ritualismus, wie er uns besonders im Alten Testament entgegentritt, oder auf die in der Bibel sich immer wieder zeigende Lohnmoral, den immer wieder zu findenden Appell an den (Heils-)Egoismus des einzelnen (u. a. besonders eindrucksvoll zu sehen in dem – deshalb? – so beliebten Gleichnis von den törichten und klugen Jungfrauen [Mt. 25; 1–15]), einen Egoismus, wie er tatsächlich im Hinblick auf die in der authentischen kirchlichen Lehre wie offensichtlich auch bei nicht wenigen Gläubigen noch zu findende Akzeptierung ewiger Höllenstrafen, wenn nur die eigene Person nicht betroffen ist, nicht mehr zu überbieten ist (auch die von hochangesehenen und heiliggesprochenen Kirchenlehrern wie etwa Thomas von Aquin wiederholt verkündete Lehre gehört hierher, nach der ein wesentlicher Teil der himmlischen Seligkeit darin bestehe, die Leiden der Verdammten mitansehen zu dürfen!).

Ein besonders düsteres Kapitel stellen die biblisch empfohlenen Erziehungspraktiken dar. In ihnen dürfte historisch eine der verhängnisvollsten Quellen einer «schwarzen Pädagogik» zu suchen sein, wie sie etwa von Alice Miller in einigen Aspekten beschrieben wurde (1980 u. a.); sie dürften so zur Ursache unsäglichen Leidens ungezählter Kinder, neurotischer Verbiegungen und Verklemmungen mit ihren verhängnisvollen Folgen für die Erzogenen selbst wie für ihre Bezugspersonen geworden sein, aber auch für die bedrückend-unfrohe Atmosphäre so vieler orthodox-fundamentalistisch bestimmter Familien. Für eine entsprechende gewalttätige Prügelpädagogik ließen sich gerade in den hier nicht berücksichtigten Schriften des Alten Testaments eine Fülle entsprechender Aussagen zitieren: «Wer die Rute spart, haßt seinen Sohn» (Spr. 13; 24). «Blutige Striemen läutern den Bösen, und Schläge die Kammern des Leibes» (Spr. 20; 30). «Erspar dem Knaben die Züchtigung nicht; wenn du ihn schlägst mit dem Stock, wird er nicht sterben» (Spr. 23; 13), um nur einige wenige entsprechende biblische Aussagen für zahlreiche andere mögliche zu zitieren.

Andererseits wäre unter einem anderen Aspekt noch einmal auf die ausgeprägten Defizite der Bibel als Quelle ethischer Normen und Handlungsrichtlinien hinzuweisen, bei dem hohen Alter der Bibel nicht verwunderlich, erhebt man nur nicht den Anspruch einer übermenschlich-göttlichen Qualität dieser Schriften.

Sieht man von sehr allgemein gehaltenen Richtlinien ab, wie etwa dem Gebot, seinen Nächsten zu lieben wie sich selbst, einer im übrigen psychologisch gesehen unrealistisch-überzogenen Forderung, die bei konsequenter Akzeptierung zu dauernder Heuchelei und Verlogenheit – man muß dabei nicht nur an den Mercedes fahrenden Bischof denken – oder zu jenem bei engagierten Christen nicht selten zu findenden «Krampf» führt, so läßt einen die Bibel angesichts der heute drängenden Probleme hilflos und allein, weil sie entweder keine oder widersprüchliche oder gar

ausgesprochen gefährliche Maximen und / oder Handlungsmodelle
anbietet.

Es ließe sich im einzelnen zeigen, daß die Bibel zu den dringend-
sten heutigen Weltproblemen, wie Aufrüstung und Kriegsgefahr
(vgl. die oben eingehend belegte biblische Neigung zu Gewalttätigkeit und gewalttätigen Lösungen und entsprechende Auffassungen einflußreicher bibelgläubiger Kräfte in den USA, insbesondere
auch bei Mitgliedern der vergangenen Reagan-Administration und
Reagan selbst), atomaren Gefahren (hier wird die Bibel bezeichnenderweise sowohl von christlichen Gegnern wie Befürwortern
der weiteren Anwendung und des Ausbaus der Atomenergie
herangezogen), Bevölkerungsexplosion («Wachset und mehret
euch!»; vgl. den konsequenten Kreuzzug des heutigen Papstes gegen eine verantwortliche Bevölkerungspolitik auch in den Ent-
wicklungsländern), Hunger, Unterernährung und Umweltproble-
men, keine oder gefährlich-falsche Handlungsanweisungen gibt,
die teilweise angesichts der Nöte, Probleme oder Katastrophen
gerade der Dritten Welt im besten Falle naiv-egozentrisch, im
schlimmsten zumindest *objektiv* zynisch klingen müssen. Wie müssen etwa Sätze wie die folgenden auf eine der zahllosen Mütter der
Dritten Welt wirken, die ein eben verhungertes Kind begraben
muß: «Sorgt euch nicht um euer Leben und darum, daß ihr etwas
zu essen habt... Ist nicht das Leben wichtiger als die Nahrung...
Seht euch die Vögel des Himmels an: Sie säen nicht, sie ernten nicht
und sammeln keine Vorräte in Scheunen... Lernt von den Lilien,
die auf dem Felde wachsen: Sie arbeiten nicht und spinnen nicht...
Macht euch also keine Sorgen und fragt nicht: Was sollen wir essen...» (Mt. 6; 25,26,28,31). «Bittet, dann wird euch gegeben...,
denn wer bittet, der empfängt... Oder ist einer unter euch, der
seinem Sohn einen Stein gibt, wenn er um Brot bittet, oder eine
Schlange, wenn er um einen Fisch bittet? Wenn nun schon ihr, die
ihr böse seid, euren Kindern gebt, was gut ist, wieviel mehr wird
euer Vater im Himmel denen Gutes geben, die ihn bitten» (Mt. 7;
7–11). Man lese diese Sätze noch einmal langsam und aufmerksam
und konfrontiere sie, wenn man trotz der eigenen Sattheit sich auch

nur ein Minimum an Vorstellungskraft und Sensibilität erhalten hat, mit dem millionenfachen gegenwärtigen Elend, dem Hunger(tod) und andern Leiden zahlloser Menschen der Dritten und Vierten Welt, aber auch vergangener Zeiten, und urteile dann selbst, wenn man die «metaphysische Zivilcourage» (Günther Anders) besitzt, ob die Bezeichnung «naiv» oder (ungewollt) «zynisch» angemessen ist.

I. Erstes Fazit: Die unlösliche biblische Legierung von ethisch positiven und negativen Zügen, archaisch-grausamer Gewalttätigkeit und Forderungen nach Nächstenliebe und einige ihrer psychologischen und gesellschaftlich-politischen Implikationen

Versucht man ein erstes Fazit aus dem bisher Gesagten inklusive der angeführten Bibelstellen zu ziehen, so sieht man sich mit der provozierend-erstaunlichen Tatsache konfrontiert, daß unserer institutionalisierten und auch weitgehend privaten Religiosität und der aus ihr abgeleiteten Moral ein Buch zugrunde liegt, das weithin bestimmt ist durch eine archaisch-inhumane Grundhaltung, durch eine Haltung der Gewalttätigkeit, durch den Ausdruck ausgeprägter Strafphantasien und -bedürfnisse, durch düstere Drohungen mit extremsten Strafen. Einem weithin gewalttätig-willkürlichen Gott steht ein als sündig und verderbt gezeichneter Mensch gegenüber, der nichts für sein eigenes Heil bewirken kann, sondern allein auf Gottes Gnade angewiesen ist.

Dieser provozierende Sachverhalt wird nicht dadurch geheilt, daß die Bibel, wie wohl jeder Niederschlag menschlichen Denkens, Fühlens und Wertens, auch positive Aspekte enthält, wie etwa das Liebesgebot oder einige Aussagen über Züge der Liebe, des Heilswillens, der Güte und Barmherzigkeit des biblischen Gottes. Denn zunächst werden diese biblisch eher zurücktretenden positiven Züge bei weitem durch die immer wieder zu findenden und im vorigen umfassend belegten gewalttätig-düsteren, grausam-inhumanen Züge des biblischen Gottes mehr als kompensiert, wie sich jeder über die oben angeführten Belege hinaus durch eigene Bibellektüre überzeugen kann. Die zweifellos vorhandenen, wenn auch insgesamt eher zurücktretenden positiven Züge, ich habe dies ausführlich zu zeigen versucht, sind darüber hinaus im einzelnen und insgesamt untrennbar eingebunden in die angeführten negativ-inhumanen Aspekte.

Dies läßt sich selbst, ich hatte dies ebenfalls ausführlich dargelegt, am Beispiel der Bergpredigt aufzeigen, immer wieder als Höhepunkt neutestamentlicher Ethik hervorgehoben, oder am zentralsten Glaubensinhalt aller christlichen Kirchen und Glaubensgemeinschaften, dem blutigen Sühneopfer Jesu am Kreuz, das überhaupt nur Sinn erhält, so auch die eindeutige biblische Interpretation, wenn man es auf dem Hintergrund des alttestamentarisch-archaischen Gottesbildes sieht. Noch einmal muß an dieser Stelle gefragt werden: Wie ist es um die Liebe und Güte eines Gottes bestellt, die eingebunden ist in eine Gesinnung, die, wieder nach klarem biblischem Zeugnis, eine der grausamsten Hinrichtungsarten, vollzogen an einem Menschen, zu dem er in einem Vater-Kind-Verhältnis steht, nicht nur akzeptiert, sondern ausdrücklich wünscht und verlangt, um so durch das Blut seines eigenen Sohnes versöhnt zu werden und von ewiger Bestrafung abzusehen (immerhin nur bei einem Teil der Menschheit)? Daß dieser Kern der christlichen Botschaft auf heute lebende Menschen nicht in höherem Ausmaß provozierend wirkt, kann wieder nur psychologisch mit der intensiven Wirkung frühkindlicher Indoktrination und der durch ein Heer von Theologen geleisteten Verunklarung und Immunisierung, die auf Kosten einer redlichen Rezeption der entsprechenden biblischen Texte gehen muß, erklärt werden. Wer würde heute, durch keine frühkindliche Indoktrination beeinflußt, als Erwachsener eine solche Lehre nicht entrüstet zurückweisen? Welche Macht der Projektion gegenüber der biblischen Realität, welche Stärke der zugrundeliegenden Bedürfnisse und welches Ausmaß an Desinformation offenbart sich in der heute immer noch so weit verbreiteten Bibelverehrung!

Auch der häufig gehörte Rettungsversuch, man dürfe nicht alles, was in der Bibel stehe, als göttliche Offenbarung ansehen, dürfe nicht alles wörtlich, sondern manches nur «symbolisch» usw. ver-

stehen, kann nicht verfangen. Denn zum einen macht das, was aus
humanen Erwägungen gestrichen werden müßte, einen so wesentlichen Anteil aus, daß die Bibel ohne diese Anteile eben nicht mehr
das wäre, was sie in Wirklichkeit ist; zum anderen sind es eben auch
gerade ganz zentrale Kernaussagen, die untrennbar diesen archaisch-inhumanen Charakter tragen, wie eben z. B. die zentrale
Aussage über den Kreuzestod Jesu und seine eindeutige Interpretation als Sühneopfer. Es geht gar nicht so sehr um ein «Wörtlich-
nehmen» (bei einem göttlich inspirierten Text so gefährlich?) der
biblischen Texte, ob im alten fundamentalistischen oder modernen
gattungs- oder formgeschichtlich modifizierten Verständnis (vgl.
Overhage & Rahner, 1961, S. 40 ff.), schon gar nicht in naturwissenschaftlichen Dingen oder von historischen Berichten, sondern
um die in der Bibel umfassend deutlich werdenden und mit dem
Anspruch letzter Verbindlichkeit und göttlichen Ursprungs vermittelten archaisch-inhumanen *ethischen und religiösen* Grundeinstellungen. Dabei ist es von untergeordneter Bedeutung, ob diese
deutlich werdenden und in der bisherigen Geschichte des Christentums in teilweise überaus verhängnisvoller Weise wirksamen religiösen und ethischen Grundeinstellungen in der einen oder anderen
Literaturgattung ausgedrückt werden.

Und weiter muß auch hier noch einmal darauf hingewiesen werden, daß die offiziellen Kirchen bis heute keine entsprechenden
Konsequenzen gezogen haben. So definiert etwa die katholische
Kirche nach wie vor als für alle Gläubigen verbindliche Aussage –
wir wiederholen dieses Zitat hier nach den vorangegangenen vielfachen biblischen Belegen bewußt noch einmal –, daß «die Bücher
des Alten wie des Neuen Testaments *in ihrer Ganzheit mit allen ihren
Teilen* als heilig und kanonisch» gelten müßten, «weil sie unter der
Einwirkung des Heiligen Geistes geschrieben, Gott zum Urheber
haben… Zur Abfassung der heiligen Bücher hat Gott Menschen
erwählt, die ihm dazu dienen sollten, all das und *nur* das, was er – in
ihnen und durch sie wirksam – geschrieben haben wollte, als echte
Verfasser schriftlich zu überliefern. Da also *alles*, was die inspirierten Verfasser oder Hagiographen aussagen, als vom Heiligen Geist

ausgesagt zu gelten hat, ist von den Büchern der Schrift zu bekennen, daß sie sicher, getreu und *ohne Irrtum die Wahrheit lehren*,
die *Gott* um unseres Heiles willen in Heiligen Schriften aufgezeichnet *haben wollte*» (Neuner, B. u. Roos, H., Rahner, K. und Weger,
K. H., 1986¹², S. 109).

Die psychologischen Folgen dieses Sachverhaltes erscheinen fa-
tal; denn es werden heute außer der eher seltenen konsequenten
Ablehnung der Bibel als Quelle göttlich autorisierter Sinngebung
und letztverbindlicher Normen vor allem zwei mögliche Konsequenzen sichtbar: Die erste liegt darin, der offiziösen kirchlichen
(hier katholischen) Lehre folgend die Bibel «in ihrer Ganzheit, mit
all ihren Teilen» als von Gott geoffenbart und «alles, was die inspirierten Verfasser aussagen, als vom Heiligen Geist ausgesagte», irr-
tumslose, von Gott garantierte Wahrheit anzusehen. Dann ergibt
sich der psychologisch in seiner Gefährlichkeit kaum zu überschät-
zende Sachverhalt, daß die der Bibel spezifische genuine Einbin-
dung humaner Züge in eine inhuman-archaische Grundhaltung der
Gewalttätigkeit übernommen und durch das letztlich verbindliche
Vorbild des biblischen Gottes als des unbedingten und höchsten
Maßstabes innerpsychisch in kaum zu überbietendem Maße stabili-
siert wird.

Diese Legierung von «Liebe» und Gewalttätigkeit, Strafsucht,
hat sich in der Geschichte der biblischen Religionen, insbesondere
der verschiedensten Ausprägungen des Christentums, nicht nur als
typisch, sondern als extrem gefährlich und folgenreich erwiesen.
Hier u. a. dürfte ein Grund zu suchen sein, warum jedem psychologisch nur durchschnittlich Sensiblen die «Liebeshaltung» vieler
Fundamentalisten aller Schattierungen, die die Heilige Schrift im
doppelten Sinne sehr ernst und beim Wort nahmen und nehmen,
oft so suspekt und aufgesetzt-unecht erscheint, warum gerade die
orthodoxesten Bibelanhänger von den kreuzzugs- und raketen-
freundlichen amerikanischen Fundamentalisten und «Evangelisten»-Anhängern bis zu den strengen bibelgläubigen jüdischen Orthodoxen in Jerusalem in ihren Äußerungen und, soweit sie die
Macht haben, auch in ihren Handlungen häufig so gewalttätig-dü-

stere, strafsüchtige Einstellungen (nicht selten schon an ihren finsteren Physiognomien eindrucksvoll deutlich) vermitteln.

Hier dürfte ein wesentlicher Grund der sonst nur schwer verständlichen Tatsache liegen, daß, worauf Bertrand Russell schon
hingewiesen hat, die Zeiten der ungehindertsten, uneingeschränk-
testen Herrschaft des Glaubens meist auch die Zeiten größter psychischer und physischer Grausamkeit waren, belegbar durch die
Fakten der Geschichte des Christentums für jeden, der bereit ist, sie
zur Kenntnis zu nehmen. (Entsprechende Beziehungen für den Bereich des Islam lassen sich an der derzeitigen Herrschaft der irani-
schen Koran-Fundamentalisten aufzeigen.)

Hier könnte, daran sei im Anschluß an die obigen Ausführungen
noch einmal erinnert, auch ein Grund dafür liegen, daß lange Zeit
gerade so viele «christliche», d. h. traditionell christlich soziali-
sierte Politiker (man denke etwa an die C-Parteien verschiedener
Länder, insbesondere etwa in Bayern), eine so ausgeprägte *tatsächliche* Affinität zur Lösung der Weltprobleme (außen- wie innenpoli-
tisch, insbesondere des Ost-West-Problems) durch Drohung mit
Gewaltanwendung, zu Militär und Aufrüstung bis zur exzessiven
Überrüstung mit Massenvernichtungswaffen zeigten; dabei muß
ihnen möglicherweise zugestanden werden, auch darauf hatten wir
oben schon hingewiesen, daß sie selbst bewußtseinsnah an ihre ver-
bal geäußerte Friedensliebe glaubten, daß ihre friedliebenden Reden oberflächlich-bewußt gesehen ehrlich gemeint sein konnten;
ihre Taten sprachen aber häufig eine andere Sprache: Man vergegenwärtige sich etwa die gerade bei «christlichen» Politikern lange
und bis in jüngste Zeit so wenig zu findende *tatsächliche* (d. h., *sich in
Handlungen zeigende*) Bereitschaft, bei einem weltweiten Vernich-
tungsarsenal von 1,6 Millionen Hiroshima-Bomben und der Fä-
higkeit zu einer etwa zwanzigfachen Auslöschung des jeweiligen
Gegners einen *ersten, auch einseitigen Schritt der Rüstungsbegrenzung
zu machen.*

Dies alles könnte, wenn auch nicht allein, so doch z. T. auf die
frühkindliche Implementierung eines absoluten göttlichen Leitbil-
des, das Aspekte der Liebe untrennbar mit inhuman-archaischen

Aspekten, Drohung mit Gewalt und Liquidation von Andersdenkenden, Abweichenden, «Bösen» verbindet, zurückgeführt
werden, ein Leitbild, das sich dann in der vielleicht weitgehend
unbewußten, aber sehr handlungswirksamen Affinität zu Gewalttätigkeit und Strafaktionen äußert.

Diese biblische Legierung von Gewalttätigkeit und «Liebe»,
inklusive der psychologisch permanent gegebenen und in der
Geschichte des Christentums vielfach zu belegenden Gefahr, von
einer Haltung in die andere zu «kippen» oder gar die eine (Gewalttätigkeit) durch die andere (Liebe) zu rechtfertigen, wie sie sich bei
nicht wenigen gerade westlichen Politikern noch in der jüngsten
Vergangenheit fand (und noch findet?), teils noch in ihren religiösen Ursprüngen erkennbar, teils in säkularisierter, über bürgerliche
Erziehungsmaximen vermittelter (vgl. etwa A. Miller, 1980)
Form, stellte lange Zeit und stellt vielleicht auch heute noch ein für
das Überleben der Menschheit überaus gefährliches Potential dar
(vgl. etwa die zunächst öffentlich geäußerten und dann eher intern
gehaltenen Auffassungen der Reagan-Administration über die Sowjetunion als «Reich des Bösen» oder die versehentlich bekannt
gewordene «scherzhafte» Äußerung des sehr bibelgläubigen US-
Präsidenten Reagan, in fünf Minuten mit der Bombardierung der
Sowjetunion beginnen zu wollen). Ein besonderes Moment dieser
Gefährlichkeit liegt darin, daß diese eigentümliche göttlich autorisierte Legierung von Gewalttätigkeit und «Liebe» Gewalttätigkeit
mit «gutem» Gewissen ermöglicht. Daß diese gefährliche Legierung von «Liebe» und Gewalttätigkeit – entgegen aller zur Selbstverständlichkeit gewordenen Abwehr – einer genuin biblischen
Grundeinstellung entspricht, davon sollte sich der Zweifelnde anhand der bisher geführten umfangreichen Belege und eigener wei-
terführender Bibellektüre selbst überzeugen.

Im Abdrängen und Übersehen dieses verhängnisvollen Doppel-
charakters der Bibel, auch der neutestamentlichen, scheint die
Schwäche der anderen, zweiten (vgl. oben S. 197) Position etwa
ansonsten so anerkennenswert humanistisch engagierter Personen
wie Franz Alt zu liegen. Er bestätigt einerseits den angeführten

Sachverhalt zunächst unfreiwillig, indem er ebenfalls auf die mannigfachen Beispiele «christlicher» Politiker, ihre Affinität zu Gewalt und Gewaltandrohung in den internationalen, vor allem den Ost-West-Beziehungen, ihre Schwierigkeiten mit *wirklicher* (und nicht nur verbaler) Abrüstung hinweist, zum anderen in seiner vielgelesenen Schrift «Friede ist möglich. Die Politik der Bergpredigt» (1983) seinen Friedens- und Abrüstungsappell auf die Bergpredigt stützt und diese zu Beginn zitiert.

Obwohl die Bergpredigt als Höhepunkt der neutestamentlich-biblischen, jesuanischen Ethik gilt, zeigt schon der von Alt zitierte kurze Abschnitt wieder den typischen Doppelcharakter, d. h. neben der Aufforderung zu Friedens- und Feindesliebe und zur Gewaltlosigkeit offenbar untrennbar die andere Seite des Jesus der Evangelien, wie wir sie oben (D.b.2.) schon ausführlich dargestellt haben, gipfelnd in der mehrfachen Drohung mit der ewigen Höllenstrafe für vergleichsweise geringfügige Vergehen, etwa für das Vergehen, zu seinem Bruder «du Narr» zu sagen oder das «lüsterne» Ansehen einer Frau.

Wird selbst einem Mann wie Franz Alt nicht deutlich, daß die neutestamentliche *ewige* Höllenstrafe, von Jesus immer wieder ausdrücklich bestätigt und angedroht, selbst einen noch so schrecklichen atomaren Holocaust in ihrer unmenschlichen Grausamkeit in dem Maße noch weit übertrifft, als die Höllenqualen nach ausdrücklich biblisch-jesuanischem Zeugnis im Gegensatz zu den atomar verursachten Qualen eben von unendlich langer, ewiger Dauer sind? Ein Text, der solche extrem inhumanen Drohungen enthält, soll *die* Grundlage einer Politik der Gewaltfreiheit sein? Kann eine Aufforderung zur Gewaltlosigkeit als Fundament einer modernen Friedensgesinnung glaubwürdig sein, wenn gleichzeitig Menschen wegen vergleichsweise geringfügiger Verfehlungen mit unendlichen extremen Strafen und Quälereien bedroht werden? Hier, in dieser partiellen Blindheit Franz Alts dokumentiert sich exemplarisch – neben einer verbreiteten, zwischen Gleichgültigkeit und Denkverzicht anzusiedelnden Haltung – ein heute gerade auch unter Intellektuellen sehr häufig anzutreffender Verarbeitungsmodus der oben skizzierten Problematik, die sich aus dem Konflikt zwischen humanistisch-aufgeklärten ethischen Standards und biblischen Aussagen ergibt: eine selektive, *objektiv* unredliche Haltung, die die biblischen Aussagen entgegen dem ausdrücklichen biblischen Gebot verfälschend verkürzt, indem sie nur die dem eigenen (modern-humanistischen) ethischen Standard nicht widersprechenden Aussagen aus dem Gesamtzusammenhang herausgreift, entgegenstehende, damit genuin verbundene Aussagen aber stillschweigend übergeht oder verleugnet. (Wie sehr dieser unredlich-selektiven «Lösung» des angesprochenen Konfliktes von theologischer Seite zugearbeitet wird, zeigt etwa als eines von vielen möglichen Beispielen das Buch von Alfons Deissler, «Die Grundbotschaft des Alten Testaments», 1981³, das sehr einseitig positive Textstellen selegiert, kritische weitgehendst unberücksichtigt läßt und so zu der angesichts der oben angeführten und vieler anderer Bibelstellen schon einigermaßen erstaunlichen Aussage kommt, daß «Jahwes Heiligkeit auch höchste ethische Lauterkeit ist»; man überzeuge sich durch eigene Bibellektüre selbst von dieser «höchsten ethischen Lauterkeit Jahwes» und dem Ausmaß entstellender Selektion, das dieser und anderen entsprechenden Aussagen zugrunde liegt.) Nur so wird es möglich, den Konflikt zwischen dem eigenen ethischen Standard und dem durch frühkindliche Indoktrination mit absolut-göttlicher Autorität ausgestatteten biblischen Text zu «bewältigen», die eigenen ethischen Standards und Lösungen der Sinnfrage auf die Bibel zu projizieren, um sie mit absolut-göttlicher Authentizität ausgestattet als fest verbindliche, absoluten Halt und Sicherheit gebende Normen und «Lösungen» wieder zurückzuholen.

Gerade dieser Sachverhalt macht es dem etwa in Friedensfragen oder sozial engagierten Christentumskritiker im Umgang mit «modern-aufgeklärten» Christen so schwer. Er ist ständig mit dem Konflikt zwischen der Sympathie mit den für humanistische Ziele engagierten «progressiven Christen» und der fundamentalen Kritik an der Quelle ihres Engagements und ihrer damit verbundenen intellektuellen (zumindest objektiven) Unredlichkeit konfrontiert.

Diese Unredlichkeit läßt an eine Denk- und Entwicklungs-
hemmung denken, wie sie neben möglicherweise hohen Intelli-
genzleistungen auf unbetroffenen Gebieten im Bereich des Weltanschaulich-Religiösen offensichtlich immer wieder zu einem
Stehenbleiben auf der «voroperationalen» Denkstufe (sensu Piaget) führt, mit ihrer typischen Unsensibilität für Widersprüche,
ihrer Zentriertheit auf partielle Aspekte bzw. Unverbundenheit
einzelner kognitiver Bereiche untereinander und ihrem partiellen
naiven Egozentrismus (Buggle, 1985).

Die Korrumpierung des menschlichen Denkens durch frühkindlich (offensichtlich insbesondere auch unter Ausnützung der frühkindlichen Elternbindung, worauf viele entsprechende Biographien hindeuten) induzierte Affekte (Zuwendung, Ängste usw.,
durch Versprechen höchsten Lohnes und Androhung extremster
Strafen und Vorstellungen) sowie durch illusionäres Wunschdenken geht in wenigen Bereichen so weit und erweist sich so resistent
wie im Bereich des Weltanschaulich-Religiösen. Offenbar ist, dadurch bedingt, bis heute eine nicht geringe Zahl der Menschen
durch das geforderte Maß an «metaphysischer Zivilcourage»
(G. Anders) und intellektueller Widerstandskraft überfordert.

Aber wir wollen es uns nicht zu leicht machen. Kommt nicht
Hans Küng, immerhin Festredner bei Universitätsjubiläen und allseits hochgeschätzt, selbst von so nüchtern-intelligenten (und so
sympathisch-engagierten) Männern wie etwa Hoimar v. Ditfurth,
entgegen der von uns hier angeführten biblischen Aussagen zu der
oben zitierten Meinung, daß «der biblische Gottesglaube in sich
stimmig, zugleich rational verantwortbar» sei «und sich in einer
mehrtausendjährigen Geschichte bewährt» habe (Küng, 1978 b,
S. 685)? Er kommt trotz der oben beschriebenen biblischen Aussagen und des bisherigen Verlaufs der Kirchen- und Weltgeschichte
mit ihrem unsäglichen Elend und grauenhaften Ereignissen nicht
nur zu der Auffassung eines «Gottes mit menschlichem Antlitz»
(a. a. O., S. 749), sondern sogar «eines Gottes grenzenlosen Erbarmens und alles übersteigender Güte» (Küng, 1978 a, S. 328).

Wir wollen uns also im folgenden mit zwei Hauptwerken Küngs

auseinandersetzen, in denen wie kaum in einem anderen apologetischen Werk der Gegenwart eine Fülle von Literatur verarbeitet
wurde und in denen somit, soweit das zwei einzelne Bücher überhaupt vermögen, das Wesentliche, was heute an ernst zu nehmender christlicher Apologetik versucht werden kann, berücksichtigt
sein dürfte.

III. Zu Versuchen, den biblisch-christlichen
   Gottesglauben mit dem modernen
   Weltbild und humanistisch-aufgeklärter
   Ethik in Einklang zu bringen,
   dargestellt am Beispiel «Existiert Gott?»
   und «Christ sein» von Hans Küng

A. Zur Wahl der Küngschen Hauptwerke «Existiert Gott?» und «Christ sein»

a. Von der Anhänglichkeit an alte Weltanschauungen, auch wenn sie klar Vernunft und Erfahrung widersprechen

Vor allem seit der Aufklärung findet sich im Bereich der christlichen Theologie eine Vielzahl von Versuchen, in erster Linie das biblisch-christliche Gottes- und Weltbild und in zweiter Linie auch die biblisch-christlichen Moralvorstellungen gegen die immer stärker werdenden Einwände aus der zunehmenden Welterkenntnis des modernen Menschen und gegenüber den sich immer stärker durchsetzenden humanistisch-aufgeklärten ethischen Standards zu verteidigen. Dies geschieht teilweise durch die Strategie, die religiösen Vorstellungen und Ideologien als völlig eigenständigen Bereich abzuschotten und damit gegen alle Einwände zu immunisieren, teilweise durch «dialektische» Versuche der Uminterpretation oder inhaltlichen Entleerung durch Anhebung auf höhere bis sehr hohe Abstraktionsstufen um so den Anschein der Vereinbarkeit mit zentralen Aspekten des modernen Weltbildes und humanistischer Ethik zu erwecken (ein, wie die Geschichte der letzten beiden Jahrhunderte eindrucksvoll gezeigt hat, gerade im deutschen Bereich, wir haben schon darauf hingewiesen, mit seiner beliebten Gleichsetzung von abstrakt = wissenschaftlich und unklar = tief keineswegs erfolgloses Vorgehen).

Wieder stellt sich die Frage, warum nicht nur viele auch nur einigermaßen klar denkende, sondern auch nicht wenige in anderen
Bereichen sich durch hohe Intelligenz auszeichnende Menschen
nicht stringent aus den eindeutig vorliegenden Fakten (was die Bibel angeht: s. vorhergehendes Kapitel; Leid und Grausamkeit der
nach christlicher Lehre von Gott bis ins Kleinste gelenkten
«Schlachtbank» Weltgeschichte usw.) die einzig naheliegenden und
eigentlich zwingenden Schlüsse ziehen, sondern mit allen, in anderen Wissensbereichen wohl eindeutig abgelehnten und verpönten
Winkelzügen und intellektuellen Verbiegungen unhaltbar gewordene Inhalte und Botschaften um fast jeden Preis (z. B. den der
intellektuellen Unredlichkeit) als weiterhin wahr und gültig ansehen möchten. Und wieder ist dieser eigentlich provozierend-
paradoxe Sachverhalt wohl am ehesten durch die psychologisch
übermäßig starke Wirksamkeit (früh)kindlicher Indoktrination zu
erklären*, zum anderen auch durch die verbreitete Dominanz
menschlicher Wünsche und Interessen über die Wahrnehmung und
Akzeptierung selbst klar erkennbarer Sachverhalte. Hier stehen wir
vor einer grundsätzlichen «Korrumpierung» des menschlichen
Denkens, die sich bis weit in den Bereich der Wissenschaft hinein-
zieht, um so mehr als Interessen, Wünsche, Wertungen im betreffenden Gegenstandsbereich impliziert sind (Buggle, 1974, 1985);
und da man eben glauben *will* (oder muß?), ersetzt man die Überprüfung an der Realität durch Gruppenübereinstimmung, *eine*
wesentliche Basis aller religiösen oder ideologischen Gruppierungen.

Wieweit wir hier, angesichts der offensichtlichen Tatsache, daß
Denken und Intelligenz in ihren phylogenetisch-biologischen Ur-

---

* «... wie denn überhaupt die Religion das rechte Meisterstück der Abrichtung ist, nämlich die Abrichtung der Denkfähigkeit; da man ja bekanntlich
nicht früh genug damit anfangen kann. Es gibt keine Absurdität, die so hand-
greiflich wäre, daß man sie nicht allen Menschen fest in den Kopf setzen
könnte, wenn man nur schon vor ihrem sechsten Jahre anfinge, sie ihnen einzu-
prägen, indem man unablässig und mit feierlichem Ernst sie ihnen vorsagte»
(Schopenhauer, «Parerga und Paralipomena», II, Kap. 26, § 344).

sprüngen sich als instrumentelle Fähigkeiten im Dienste des (Über-) Lebens und Handelns entwickelt haben, von einer uralten einprogrammierten Denkstruktur gegängelt werden, sei dahingestellt. Die Sachlage wird dadurch allerdings nicht einfacher, daß auch das dialektisch-alternativ historisch und individuell immer wieder durchbrechende, dem Menschen offensichtlich ebenso eingegebene Streben nach «Wahrheit» ebensowenig übersehen werden kann: Spätestens nach dem Aufbau einer zweiten inneren, vorstellungshaften Welt bildhafter und symbolischer Repräsentationen war es für Überleben und effektives Handeln außerordentlich wichtig, im Sinne des aristotelischen Wahrheitsbegriffs eine Übereinstimmung der inneren Repräsentationen und der äußeren sensomotorischen Wirklichkeit anzustreben (vgl. Buggle, 1985; dort weitere Ausführungen auch über weitere erkenntnistheoretische Fragen, die hier nicht behandelt werden können).

Zweifellos hat sich das Streben nach «Wahrheit» im aristotelischen Sinne der Übereinstimmung oder Angleichung innerer, vorstellungshafter Repräsentationen und äußerer Realität vor allem im elementareren Bereich materieller Objekte und Relationen, also etwa im Handwerklichen und später im Technisch-Physikalischen für Überleben und komfortables Leben als effizient erwiesen, wurde, lernpsychologisch gesprochen, verstärkt und hat sich deshalb auf dem Gebiet des Handwerklich-Technischen und der Naturwissenschaften in eindrucksvoller Weise durchgesetzt.

Dagegen wurden angesichts der Komplexität der belastenden und das menschliche Selbstgefühl eher kränkenden Qualitäten des Gesamtaspekts der Realität, des Weltbildes und vieler Aspekte des sozialen Bereichs wohl eher durch Wunschdenken verfälschte Realitätsrepräsentationen verstärkt, da sich offensichtlich anhand solcher wunsch- und angstdeterminierter Weltentwürfe die Belastungen des Lebens besser ertragen ließen wie auch Handlungsfähigkeit eher gewährleistet war. Dies hat bislang einigermaßen «funktioniert» und wurde hingenommen, weil neben dem angeführten Nutzen die «Kosten» dieses partiellen Irrationalismus zwar furcht-

bar, aber bis in die neueste Zeit nie so hoch waren, daß sie nicht nur
das Wohlergehen und Leben vieler einzelner Individuen, sondern
das Überleben der ganzen Art bedrohten. Diese Situation ist heute
eingetreten (*ein* Grund, dieses Buch zu schreiben. Zu weiteren hier
betroffenen, aber nicht detailliert anzuführenden Fragen vgl. u. a.
Jaspers, 1954[4], Topitsch, 1979).

b. Warum in der folgenden Auseinandersetzung «Existiert Gott?» und «Christ sein» von Hans Küng exemplarisch herangezogen werden sollen

Zu den verbreitetsten, umfassendsten und offenbar auch erfolg-
reichsten Versuchen, die tradierte biblisch-christliche Religion als
mit dem modernen Weltbild und den heute zumindest im Prinzip
weithin akzeptierten humanistischen ethischen Standards, wie sie
seit der und durch die Aufklärung propagiert wurden, vereinbar
erscheinen zu lassen, gehören die Bücher von Hans Küng, insbesondere «Existiert Gott?» und «Christ sein». Diese Werke sollen
hier exemplarisch herangezogen werden, um aufzuzeigen, wie
auch sehr aufwendig angelegte Versuche, biblisch-christliches Got-
tes- und Weltbild einerseits und moderne Weltsicht und humani-
stisch-aufgeklärte ethische Standards andererseits vereinbar erscheinen zu lassen, es als möglich darzustellen, intellektuell redlich
und doch überzeugter Christ zu sein, auch bei vergleichsweise
eher liberaler Interpretation biblisch-christlicher Sachverhalte zum
Scheitern verurteilt sein müssen.

Die beiden genannten Bücher von Hans Küng wurden vor allem
aus zwei weiteren Gründen ausgewählt: Sie dürften zum ersten
einen der sowohl umfassendsten wie differenziertesten Versuche
gegenwärtiger biblisch-christlicher Apologetik darstellen. Sie verarbeiten sehr umfangreiches Material und gehen (im Gegensatz zu
anderen entsprechenden Unternehmen) auf die meisten wesentlichen modernen Einwände ein, wenngleich nicht auf alle und kei-

neswegs immer befriedigend, wie noch zu zeigen sein wird. Sie dürften dabei den ganz wesentlichen Teil heute noch möglicher christlicher Apologetik ausschöpfen.

Diese Tatsache u. a. hatte zur Folge, daß diese beiden Bücher, insbesondere «Existiert Gott?», gerade bei sonst durchaus nüchtern-kritisch denkenden Intellektuellen, auch Naturwissenschaftlern, mit teilweise großer entsprechender Multiplikatorenfunktion (etwa H. v. Ditfurth), auf ein eigentlich nicht zu erwartendes positives Echo stießen; ja man hat teilweise den Eindruck, daß sie für viele die offenbar sehr ersehnte Hilfe wurden, den mehr oder minder bewußt wahrgenommenen Konflikt zu beheben oder zumindest zu mildern, kritisch-aufgeklärter Zeitgenosse oder gar Wissenschaftler und gleichzeitig gläubiger Christ zu sein, eine eigentlich redlich heute nicht mehr zu rechtfertigende Doppelexistenz als offener und rational-kritisch denkender Intellektueller und / oder Wissenschaftler und Christ (scheinbar) doch noch rechtfertigen zu können.

Und noch aus einem weiteren Grund bieten sich diese beiden Bücher Küngs zu einer entsprechenden Auseinandersetzung an: Küng bietet als zwar relativ liberaler, aufgeklärter, deshalb verschiedentlich auch kirchlich gemaßregelter, aber letztlich doch nach eigenem Verständnis gläubiger Katholik noch relativ konturierte Angriffsflächen. Er macht (wenn auch nicht durchgängig), im Gegensatz etwa zu manchen anderen, insbesondere auch protestantischen Theologen eine Reihe so weit eindeutig-greifbarer Aussagen, daß eine intellektuell-sinnvolle Auseinandersetzung noch möglich erscheint.

Wir machen es uns also auch hier wie schon im Falle der Bibel, wo wir uns ebenfalls nicht auf Randphänomene, sondern auf die Kernstücke der Bibel stützten, nicht leicht. Anstatt wesentlich traditionell-dogmatischer geschriebene Texte heranzuziehen, wie sie insbesondere im Bereich der katholischen Kirche noch weitgehend die offizielle Verkündigung beherrschen (von der ebenfalls weitverbreiteten und wirksamen Traktatliteratur «für das Volk» ganz abgesehen) und kritischen Einwänden viel offensichtlichere An-

griffsflächen bieten, setzen wir uns mit einem Autor auseinander,
der in stärkerem Ausmaße als die meisten der noch innerhalb der
katholischen Kirche lehrenden Theologen unhaltbar-kritische Positionen aufgegeben hat – allerdings, und das wird zu zeigen sein, auf
Kosten logischer Konsequenz und, so zumindest *objektiv* zu sehen,
intellektueller Redlichkeit.

c. Thematischer Überblick über die im folgenden geführte Auseinandersetzung mit der Küngschen Apologetik

Die folgende Auseinandersetzung mit Küng kann (u. a. wieder aus
zeitökonomischen Gründen) nur unvollständig und exemplarisch
geschehen, u. a. auch deswegen, weil eine ganze Reihe wesentlicher Einwände, insbesondere und gerade auch wissenschaftslogischer und methodologischer Art, schon von Hans Albert in seinem
Buch «Das Elend der Theologie» dargelegt wurden. Hier sollen
ergänzend Argumente aus eher inhaltlicher und psychologischer
Sicht berücksichtigt werden, wenngleich an einigen Stellen entsprechende Überschneidungen nicht zu vermeiden sein werden.

Wir werden auf folgende uns zentral erscheinende kritische
Punkte der Küngschen Argumentation eingehen:

– die verfälschend-idealisierende, hochselektive Darstellung der
  Bibel als der Grundlage des christlichen Glaubens durch Küng;
– die Küngsche Interpretation des Kreuzestodes Jesu;
– die Küngsche apologetische Unterscheidung zwischen dem partiell verderbten historisch-institutionalisierten und dem «eigentlichen», «wahren», d. h., vermeintlich konsequent biblischen
  Christentum;
– die von Küng behauptete Vereinbarkeit aufgeklärt-wissenschaftlicher Weltsicht mit einem Bekenntnis zu Christentum und
  Kirche. Die Küngsche «praktische» Lösung des Theodizeeproblems;
– die Darstellung und Kritik atheistischer Positionen durch Küng.

B. Die selektive, verfälschend-idealisierende Darstellung der Bibel durch Küng. Seine Versuche, eine auch heute noch akzeptierbare Interpretation des Kreuzestodes Jesu zu finden

a. Der selektiv-verfälschende Umgang Küngs mit biblischen Aussagen

Über eines dürfte bei Anhängern und Gegnern des Christentums Einigkeit bestehen: Die Akzeptierung christlicher Religiosität, welcher konfessionellen Ausprägung auch immer, steht und fällt mit der Frage, ob es einem Menschen mit einem heute zumindest im Grundsatz wohl allgemein geteilten Minimum an humanitär-ethischen Standards noch möglich ist, *redlicherweise* die Bibel, Altes *und* Neues Testament, als Quelle göttlich geoffenbarter Wahrheiten und ethischer Normen zu akzeptieren. Dies ist eine der entscheidenden Kernfragen, aufgrund deren Beantwortung eigentlich jeder, soweit trotz (früh)kindlicher Indoktrination noch Entscheidungsfreiheit besteht, über eine christliche oder nichtchristliche Existenz entscheiden müßte. Ich habe im vorigen Kapitel zu zeigen und mit vielen Zitaten zu belegen versucht, daß diese Frage redlicherweise kaum bejaht werden kann. Wie geht Küng mit diesem provokativen Sachverhalt um?

Zunächst wie fast alle heutigen Theologen: Er stellt die Bibel hochselektiv dar, eine offenbar fundamentale Überlebensstrategie aller heutigen biblisch begründeten Religiosität. So sehr kann man sich offenbar auf die vielfach bewährte Erfahrung verlassen, daß «Klassiker» tatsächlich nur von einer zu vernachlässigenden Minderheit vollständig und nicht nur in vorselegierten Auszügen gelesen werden, daß man auch heute noch eine Weltreligion darauf bauen kann!

Die im vorigen Kapitel im einzelnen dargestellten überaus problematischen Aspekte der biblischen Botschaft werden von Küng weitestgehend negiert, entweder nicht zur Kenntnis genommen oder gegen besseres Bewußtsein unterschlagen, so als gäbe es sie gar nicht. Dadurch erspart er sich fast völlig eine die eigenen Positionen radikal in Frage stellende Auseinandersetzung mit diesen kritischen Sachverhalten.

Mit Hilfe dieser einfachen Strategie wird dann zunächst aus den tatsächlich zum großen Teil als düstere Drohbotschaft wirkenden biblischen Aussagen (etwa von einem Gericht, durch das ein sehr großer Teil oder die große Mehrzahl der Menschen ewigen seelischen und körperlichen Höllenstrafen überantwortet wird; von einem Gott, der, um wieder gnädig gestimmt zu werden, die blutige Hinrichtung grausamster Art eines Menschen, zu dem er in einem Vater-Sohn-Verhältnis steht, als Sühneopfer verlangt und akzeptiert usw. usw., vgl. voriges Kapitel) eine «Frohbotschaft», eine «gute Botschaft...», anders als die finstere Gerichtsdrohung des Asketen Johannes, von Anfang an eine freundliche, erfreuliche Botschaft von der Güte des nahenden Gottes und einem Reich der Gerechtigkeit, der Freude und des Friedens» (Küng, 1978a, S. 213; entspr. auch S. 253).

Eine frohe Botschaft von der Güte Gottes, hat man recht gehört, von einem Reich der Freude und des Friedens, in der allein über dreißigmal von der *ewigen Hölle als einem Ort unausdenkbar schwerer und nie aufhörender Qualen* eines Großteils (oder der Mehrzahl) der Menschen die Rede ist, die man sich für so schlimme Taten wie etwa der, zu einem Bruder «du Narr» zu sagen, verdient? Wo Menschen mit Unkraut und unrentablen Bäumen, schlechten Fischen usw. verglichen werden, die man ins Feuer wirft?

All dies hindert Küng nicht, unter souveräner Außerachtlassung der oben angeführten und vieler anderer zitierbarer biblischer Gegenaussagen an der Feststellung: «So erscheint Gott durch

alle Parabeln hindurch in immer wieder neuen Variationen als
der generöse... Immer wieder neu ein Gott *grenzenlosen Erbarmens* und *allesübersteigender Güte*» (a. a. O., S. 328; Kursives
hier wie in allen folgenden Zitaten immer vom Verfasser).
Man vergegenwärtige sich noch einmal die einzelnen Bibelzitate
des letzten Kapitels, um sich zu veranschaulichen, wie weit die
verfälschende Selektion heutiger Theologen gehen kann – offensichtlich ungestraft und akzeptiert von einer in anderen Dingen
durchaus kritischen, gerade auch wissenschaftlichen Öffentlichkeit.

In einem kurzen Abschnitt nimmt Küng dann allerdings das
Thema Hölle doch auf. Dabei wird zuerst versucht, die biblische
Aussage durch einen nicht sehr schlüssigen Versuch einer Art «Ent-
mythologisierung» zu entschärfen: «Die Hölle ist in jedem Fall
nicht mythologisch als Ort in der Ober- oder Unterwelt zu verstehen, sondern theologisch als ein in vielen Bildern umschriebener,
aber doch unanschaulicher Ausschluß von der Gemeinsamkeit mit
dem lebendigen Gott als extreme letzte Möglichkeit» (a. a. O.,
S. 446).

Das mag *etwas* tröstlicher klingen als das übliche von Bibel und
Kirche Vernommene. Nur, es verharmlost die klaren Aussagen der
Bibel, insbesondere auch des Jesus der synoptischen Evangelien,
und des kirchlichen Lehramtes (heute noch besonders dezidiert des
Lehramtes der katholischen Kirche, vgl. oben S. 99 ff.), welche die
höllischen Qualen sehr konkret und anschaulich immer wieder
auch als körperlich zugefügte Strafe beschreiben, «die mit Heulen
und Zähneknirschen» verbunden ist, und als solche ganz gezielt als
Drohmittel einsetzen (vgl. voriges Kapitel S. 97 ff.).

Und weiterhin ist dann vielleicht doch zu fragen, wie es um die
göttliche Urheberschaft eines Textes stehen soll, der fast zwei
Jahrtausende lang gerade durch diese düstere Strafandrohungs-
theologie psychisch und physisch unübersehbare Schäden angerichtet hat. Wie steht es mit Gott als Urheber eines Textes, einer
Botschaft, die, wenn Küngs (gut gemeinte!) Ansichten über die
biblischen Höllenaussagen stimmten, so mißverständlich formu-

liert wäre, daß sie nach fast zwei Jahrtausenden verheerender Mißverständnisse durch Menschen endlich mühsam – z. B. durch abstrahierende Verunklarung – humanisiert werden muß? Fragen wie
viele, die sich anläßlich der Lektüre der Küngschen Bücher immer wieder aufdrängen und auf die man vergeblich eine Antwort
sucht.

Denn die von Küng weiter gemachten Aussagen verunklaren die
Situation eher, als daß sie auf die jedem mit Bibel und kirchlicher
Lehre Vertrauten sofort sich stellenden Fragen eine Antwort gäben:
«Sie (die biblischen Aussagen über die Hölle) wollen gerade für das
Diesseits den unbedingten Ernst des Anspruches Gottes und die
Dringlichkeit der Umkehr des Menschen hier und jetzt vor Augen
stellen» (a. a. O., S. 446). Man kann durchaus Ansprüche mit dem
Charakter unbedingten Ernstes und die Dringlichkeit einer Umkehr vor Augen stellen; es ist aber als höchst inhuman und bei
einem auch nur bescheidenen Standard an humaner Ethik aufs
schärfste abzulehnen, diesen Anspruch und diesen Appell mit der
Drohung *ewiger* körperlicher und psychischer Strafen zu verbinden. Genau dies aber tut der biblische Gott, tut Jesus, und auch in
diesem wie unzähligen Fällen moderner Theologie muß der Versuch, die peinliche Situation durch Einführung einer abstrakteren,
verallgemeinernden Ausdrucksweise zu retten («unbedingter
Ernst des Anspruchs Gottes», «Dringlichkeit der Umkehr des
Menschen»), als unredlich zurückgewiesen werden.

Die Absichten Küngs, sein Bemühen um Humanisierung der biblischen Botschaft sind lobenswert, dennoch bleiben seine Aussagen, zumindest objektiv, unredlich, weil sie wesentliche Teile der
biblischen und der offiziell-authentischen Lehraussagen der Kirche
verleugnen. Dies gilt ganz besonders auch für die weiteren Versuche Küngs, die Provokation der so eindeutig biblisch und kirchlich
bezeugten ewigen Höllenstrafen abzumildern oder aus der Welt zu
schaffen: Denn was soll angesichts der biblisch klar geäußerten
göttlichen Absicht, die ewige Höllenstrafe zu praktizieren und der
Drohung mit ihr der dunkel andeutende, den tatsächlichen Sachverhalt unzulässig abschwächende bzw. verniedlichende Satz:

«Die in manchen neutestamentlichen Bildworten bejahte ‹Ewigkeit› der Höllenstrafe (des ‹Feuers›) bleibt Gott und seinem Willen untergeordnet» (a. a. O., S. 446)! Um so schlimmer, wenn dann der unwandelbare Gott diese ewige Höllenstrafe schon als Faktum verkündet und festgelegt hat! Daß der bei Küng wiederaufgenommene (von allen christlichen Kirchen mehrfach feierlich verworfene!) Humanisierungsversuch des Origenes im Hinblick auf die schließliche Rettung aller Menschen, auf ein «Allerbarmen» (a. a. O., S. 446), einem frommen Wunschdenken entspricht, zeigt sich jedem, der das entsprechende klare Zeugnis der Bibel von der Ewigkeit der Höllenqualen und der konsequent auf sie gestützten (ausdrücklich als verpflichtend-unfehlbar deklarierten, vgl. oben S. 99 ff.) kirchlichen Lehraussagen zur Kenntnis nimmt.

Die von Küng zur Stützung seiner Allversöhnungsthese angeführten drei biblischen Stellen (1 Kor. 15; 24–28; Röm. 5; 18; 1 Petr. 4; 6) können dagegen aufgrund ihrer hohen Unbestimmtheit und Vieldeutigkeit die entgegenstehenden sehr klaren und eindeutigen biblischen Aussagen (vgl. oben S. 97 ff.) nicht entkräften. Sie zeigen, wie so oft bei Küng und anderen modernen Theologen, daß ihre Aussagen eher von Wunschdenken (deren Inhalt sie ehrt) als von den eindeutig dagegenstehenden biblischen Fakten bestimmt wird.

Dasselbe gilt analog für Küngs Versuch, die Lehre vom Jüngsten Gericht, das nach ebenfalls eindeutig-klarer biblischer Aussage zur endgültig-ewigen Scheidung der Menschen in gute und dem ewigen Feuer überantwortete böse führen wird, zu verharmlosen. Selbst wenn man mit Küng die entsprechenden biblischen Aussagen als «Bilder» auffaßt (von der Bibel bzw. dem Jesus der Evangelien ganz offenbar nicht nur bildhaft verstanden, vgl. oben S. 111 ff.), so ändert das nichts an dem extrem inhumanen, archaisch-grausamen Gehalt, der hinter diesen drohenden «Bildern» steht und den sie zum Ausdruck bringen (demgegenüber wieder «naturwissenschaftliche» Fragen, wie konkret-real dieses Gericht sich vollzieht, ziemlich gleichgültig werden).

Von diesen grausam-inhumanen Implikationen, die immerhin

fast zwei Jahrtausende lang eine psychologisch verheerende Wirkung ausgeübt haben und – auch in verschleierter, nach außen häufig nur noch schwer erkennbarer, weil hinter Rationalisierungen versteckter Form, man übersehe das nicht naiverweise! – noch ausüben (man führe sich hierzu auch die inzwischen wieder – wenn auch nicht in jedem Falle mit amtlicher kirchlicher Bewilligung, aber doch häufig stillschweigender Duldung bzw. teilweise auch mit theologischer Absegnung – teilweise in hohen Auflagen verbreiteten Teufels- und Höllenschriften vor Augen, etwa Rocca, 1966; Rodewyk, 1966; Beda, 1974; Brik, 1975; Balducci, 1976; van Dam, 1979; Meyer, 1979; Goodman, 1980; u. a.), bleiben bei Küng nur noch sehr abstrakt-abgeschwächte Eigenheiten des Jüngsten Gerichtes (eines von vielen Beispielen, wie in der modernen Theologie eindeutig-klare Aussagen umgedeutet und so verwischt werden), nämlich,

– «daß ich mich und mein Leben letztlich nicht beurteilen und das Urteil darüber auch keinem anderen menschlichen Tribunal überlassen kann;

– daß meine undurchsichtige und ambivalente Existenz wie die zutiefst zwiespältige Menschheitsgeschichte überhaupt nach einem endgültigen Durchsichtigwerden und dem Offenbarwerden eines endgültigen Sinnes verlangt;

– daß alles Bestehende – die religiösen Traditionen, Institutionen, Autoritäten eingeschlossen – provisorischen Charakter hat;

– daß eine wahre Vollendung und ein wahres Glück der Menschheit nur gegeben ist, wenn nicht nur die letzte Generation, sondern *alle* (?) Menschen daran teilhaben werden;

– daß die bessere Zukunft einer vollkommenen Gesellschaft in Frieden, Freiheit und Gerechtigkeit von dem Menschen immer nur angestrebt, aber, wenn man nicht Illusionen oder gar dem Terror gewaltsamer Volksbeglücker verfallen will, nie voll realisiert werden kann; . . .

– daß es zu einer Sinnerfüllung meines Lebens, zu einem Durchsichtigwerden der Menschheitsgeschichte, zu einer wahren Vollendung des Individuums und der menschlichen Gesellschaft erst
in der Begegnung mit der offenbaren letzten Wirklichkeit Gottes
kommen wird;

– daß auf dem Weg zur Vollendung für die tätige und leidende Verwirklichung des wahren Menschseins in der Einzelexistenz wie
in der Gesellschaft jener gekreuzigte und doch lebendige Jesus
letzter Richter, verläßlicher, bleibender, letzter, definitiver Maßstab ist» (a. a. O., S. 487).

Wie Küng im übrigen angesichts der massiven, an Schwere nicht zu
überbietenden Strafandrohungen, gerade auch für Unglaube (vgl.
Kap. II), zu der Feststellung kommen kann, man könne sich für
diesen Glauben «in *aller* Freiheit entscheiden» (Küng, 1978b,
S. 720), bleibt rätselhaft bzw. stellt eine psychologische Unmöglichkeit dar, ebenso psychologisch unglaubwürdig wie die viel-
beschworene «Freiheit der Kinder Gottes», die Küng ebenfalls
anführt (Küng, 1978a, S. 576), oder sein Postulat, die Kirche müsse
«eine Gemeinschaft von Freien» sein (a. a. O., S. 588).

b. Die Interpretation des Kreuzestodes Jesu durch Küng

Ein Beispiel für die verbreitete Strategie heutiger Theologen, biblisch klar und eindeutig bezeugte, aber heute bei etwas Nachdenken und der Lösung von frühkindlich induzierten Selbstverständlichkeiten höchst provokative und unakzeptierbare Sachverhalte
durch abstrahierende Verunklarung und teilweise geradezu aben-
teuerliche logische Sprünge doch akzeptierbar erscheinen zu lassen,
stellen Küngs Ausführungen zu einer *der* Zentralaussagen des
christlichen Glaubens dar, dem Kreuzestod Jesu und seiner Interpretation.

Wie geht Küng mit dem oben (vgl. S. 134ff.) dokumentierten

Sachverhalt um, daß das Neue Testament den Kreuzestod Jesu mehrfach eindeutig und klar als von Gott gewolltes Sühneopfer seines Sohnes als Voraussetzung seiner Versöhnung mit dem Menschen ansieht, nur zu verstehen – und auch biblisch so einzuordnen – vor dem Hintergrund der entsprechenden alttestamentarischen Auffassungen?

Zunächst ist immerhin festzuhalten, daß auch für Küng der «gekreuzigte Jesus» das Wesentliche und eigentlich Unterscheidende des Christentums darstellt: «Das Kriterium des Christentums, das unterscheidend Christliche – das gilt wie für die Dogmatik so konsequenterweise auch für die Ethik – ist nicht ein abstraktes Etwas, auch nicht eine Christusidee, eine Christologie oder ein christozentrisches Gedankensystem, sondern ist dieser konkrete *gekreuzigte* Jesus als der lebendige Christus, als der Maßgebende» (Küng, 1978b, S. 756).

Auch daß der Kreuzestod Jesu einerseits dem Willen des göttlichen Vaters (Küng, 1978a, S. 386; 482), einem «Muß Gottes» (a. a. O., S. 392), einem «Plan Gottes» (a. a. O., S. 401) entsprach, kann man bei Küng, in klarer Übereinstimmung mit Bibel und kirchlichem Lehramt, lesen; ebenso, daß der Kreuzestod Jesu nach gemein-christlicher Lehre als Sühneopfer zu verstehen und darzustellen ist: «Freilich läßt sich nicht bestreiten, daß der Tod Jesu – vielleicht im Anschluß an eine Deutung des seinen Tod vorausahnenden Jesus selbst und wohl im Rückgriff auf das Alte Testament – in der apostolischen Verkündigung als Sühnetod verstanden wird: Jesus als Sühnemal der Erlösung, als geschlachtetes Passahlamm, als Lamm Gottes, das die Sünden der Welt trägt» (a. a. O., S. 516).

Wenn nun diese grausame Hinrichtung durch Kreuzigung unbestreitbar dem Willen und dem Plan Gottes entsprach und andererseits ebenso unbestreitbar und eindeutig nach den klaren Aussagen der Heiligen Schrift und des kirchlichen Lehramts als blutiges Sühneopfer, als Voraussetzung der Versöhnung ebendieses Gottes (und Vaters!) zu verstehen ist, so kann man aus diesen eindeutigen Prämissen eigentlich nur die schwerwiegendsten Konsequenzen für das archaisch-inhumane Gottesbild ziehen, das hinter diesen

Vorstellungen steht: Ein Gott, der die extrem grausame Hinrichtung des Menschen Jesus, zu dem er zudem in einem Vater-Sohn-Verhältnis steht, wünscht und fordert und konsequenterweise auch zuläßt, um sich versöhnen zu lassen, kann ein solcher Gott reflektiert-bewußt denn nicht allenfalls von einem sklavisch-geängstigten Menschen akzeptiert werden?

Wie geht Küng mit diesem ebenso eindeutigen wie schwerwiegend provokativen Sachverhalt um? Zunächst bezeichnet er die entsprechenden interpretativen Aussagen als «populär» (soll wohl heißen unverbildet textgetreu und noch nicht theologisch umgefälscht), als «heidnisch», als «Mißverständnis», wobei er souverän darüber hinweggeht, daß sie neutestamentlich eindeutig zu belegenden Aussagen entsprechen: «Läßt sich bestreiten, daß gerade der Begriff des Sühneopfers, zumindest in populären Vorstellungen oft geradezu peinliche heidnische Mißverständnisse aufkommen ließ: als ob Gott so grausam, ja sadistisch sei, daß sein Zorn nur durch das Blut seines eigenen Sohnes besänftigt werden könne?» (a. a. O., S. 515, 516). Küng führt also, man sollte dies nicht übersehen, *kein* Gegenargument gegen die oben gezogenen argumentativ-konsequenten Schlußfolgerungen an, sondern *etikettiert* sie einfach als heidnisch-nichtchristlich und «peinliches Mißverständnis». Von entsprechender logischer Stringenz stellt sich der weitere Abwehrversuch dar, wenn er schreibt: «Das ‹Opfer› Jesu *darf* tatsächlich nicht im alttestamentlichen oder heidnischen Sinn verstanden werden» (a. a. O., S. 516) (in reinstem Morgenstern-Korfschem Denken, daß nicht sein kann, was nicht sein darf!).

Wie wenig Küng sich im Grunde offenbar in der Lage sieht, das im Kerndogma des mit Gott versöhnenden Kreuzesopfers implizite extreme Ausmaß an Unmenschlichkeit (oder, wenn man will, auch Ungöttlichkeit) angesichts der so eindeutigen biblischen und kirchlichen Lehre zu negieren, zeigen seine an dieser Stelle besonders gewundenen und inkonsistenten Versuche, die peinliche Situation zu verharmlosen. So sagt er etwa in klarem Widerspruch zu seinen zuletzt zitierten Äußerungen, daß die «Vorstellung vom Kreuzestod als einem Sühneopfer... nur eines», wenn auch «keineswegs das zentrale Interpretationsmodell» sei (a. a. O., S. 517). Selbst wenn die letzte Aussage zuträfe, die in ihrer relativierenden Abschwächung m. E. nachweislich Text und Geist der biblischen Texte wie auch dem von fast allen christlichen Gemeinschaften Verkündeten widerspricht (vgl. oben S. 134 ff.), so genügte ja schon die Tatsache, daß das Sühneopfer-Verständnis eben doch *ein* gültiges Interpretationsmodell darstellt, um die oben gezogenen Konsequenzen für das biblisch-christliche Gottesbild und seine archaisch-inhumanen Implikationen zu bestätigen.

Und wenn Küng im folgenden meint: «Der kultisch verstandene Opferbegriff (Sühneopfer!) wird deshalb in der heutigen Verkündigung tunlichst *vermieden* zugunsten verständlicherer Begriffe wie ‹Versöhnung›, ‹Stellvertretung›, ‹Erlösung› und ‹Befreiung›»», so beschreibt dies eher die heute gebräuchliche Sprachregelung und verharmlosend-zudeckende Terminologie kirchlicher Verkündigung, als daß es irgendeine substantielle Argumentation enthielte. Ebenso ändert der für Küng offenbar so wichtige Begriff der «Stellvertretung» (a. a. O., S. 473 ff.; S. 518) ja nichts an dem eigentlichen Skandalon, daß der biblisch-christliche Gott eben doch die grausame Hinrichtung eines Menschen als Sühneopfer, wenn man will auch stellvertretend für die anderen Menschen, ausdrücklich gewollt und akzeptiert hat.

Vor diesem, für heutige Theologen zugegebenermaßen sehr harten Tatbestand, diesem «rocher de bronze» aller Christentumskritik, erscheinen auch die anderen Rettungsversuche Küngs als wenig substantiell, so auch etwa die folgende Aussage: «In jedem Fall sollten im ‹für uns›» (gestorben oder geopfert) «nicht wie bei Anselm die Sünden, sondern die Menschen im Vordergrund stehen» (a. a. O., S. 518). Abgesehen von der zwar schön klingenden, aber dennoch eher nebulösen Unklarheit dieses und anderer Sätze, die viele Fragen aufwerfen, könnte man hier, tiefenpsychologisch interpretiert, allenfalls einen (unbewußten) Appell Küngs an seinen Gott sehen. Auch eine von Küng (a. a. O., S. 511 ff.) geforderte Entkleidung des christlichen Kerndogmas des Erlösungstodes Jesu von mittelalterlichen Rechtsvorstellungen, wie sie vor allem auf

Anselm von Canterbury zurückgehen, kann an der genuin biblischen Kerninterpretation eines blutigen Sühneopfers nichts Wesentliches ändern.

Ebenso inkonsistent scheinen die Versuche Küngs (und anderer moderner Theologen, etwa Moltmanns, 1981 [4], vgl. oben S. 140), den Sühnetod Jesu am Kreuz in einen Solidaritätsakt Gottes mit den Menschen umzuinterpretieren: «Es ist ein Gott, der als Mit-Betroffener neben den Menschen steht, ein Gott solidarisch mit den Menschen. Kein Kreuz der Welt kann das Sinn-Angebot widerlegen, das im Kreuz des zum Leben Erweckten ergangen ist. Nirgendwo deutlicher als in Jesu Leben und Wirken, Leiden und Sterben ist es mir sichtbar geworden: Dieser Gott ist ein Gott für die Menschen, ein Gott, der ganz auf unserer Seite steht» (Küng, 1978 b, S. 759).

Hier spekuliert Küng (zumindest implizit) auf die positive Gefühlsresonanz, die heute (zu Recht!) das Ansprechen von Solidarität mit Menschen, mit leidenden Menschen zumal, auslöst, obwohl er als Theologe doch wohl weiß, daß der biblisch-christliche Gott nach übereinstimmender Lehre von Schrift und kirchlichem Lehramt ein absolut-souveräner, *all*mächtiger, also *alles* bewirken und verhindern könnender Gott ist, ein Gott, der Jesu Hinrichtung am Kreuz als Sühneopfer nicht nur zugelassen, sondern nach eindeutigem biblischem Zeugnis ausdrücklich gewollt und angenommen hat. Gegen wen sollte sich denn dieser allmächtige Gott, der absolute «Herr und Lenker der Geschichte» (Küng, 1978 b, S. 683), mit den Menschen solidarisieren? Etwa gegen sich selbst, gegen all das unermeßliche Leid, das er über den Kreuzestod Jesu hinaus allein in der uns bekannten Geschichte wenn nicht bewirkt, so doch nicht verhindert hat und auch heute noch nicht verhindert («Kein Sperling fällt vom Dach ohne den Willen des Vaters»)? Es wird deutlich, läßt man sich sein klares Denkvermögen nicht durch Appelle an bestimmte Emotionen vernebeln, so öffnet sich ein Abgrund von Fragen, Widersprüchen, Absurditäten und berechtigten Anklagen.

Fazit: Läßt man sich durch die Nebelwolken verunklarender, emotionalisierender Terminologie und logischer Inkonsistenzen nicht ablenken, so findet sich auch bei Küng kein einziges tragfähiges Argument, das die für einen heutigen *denkenden* Menschen ungeheuerliche Zumutung aus der Welt schaffte, an einen Gott glauben zu sollen, der die blutige, extrem grausame Hinrichtung eines Menschen, zu dem er in einem Vater-Sohn-Verhältnis steht, als Vorbedingung seiner Wiederversöhnung mit den Menschen ausdrücklich wollte und akzeptierte.

c. Weitere Abwehrstrategien: Die bloße Nennung von Problemen soll ihre Lösung vortäuschen. Uminterpretation problematischer Handlungen und Eigenschaften des biblischen Gottes in ihr Gegenteil

Auch Küng gelingt es angesichts der erdrückenden Tatsachen nicht, den im II. Kapitel aufgezeigten Sachverhalt zu entkräften, daß eben ganz zentrale Aussagen der Bibel von extrem archaisch-inhumaner und für das christliche Gottesbild und die biblisch-christlichen Religionen insgesamt vernichtender Qualität sind.

Gegen diesen Sachverhalt, von dem sich jeder selbst überzeugen kann, der sich nur einmal die Mühe macht, die Bibel *vollständig*, so wie sie wirklich ist, und nicht nur in hochselektiven Auszügen zur Kenntnis zu nehmen, gegen diesen Sachverhalt helfen auch von Küng herangezogene weitere Ablenkungsstrategien nicht; so wenn er einmal (Küng, 1978b, S. 730ff.) durchaus einige sehr negative Züge des alttestamentarischen Gottes anführt, die daraus sich ergebenden kritischen Fragen teilweise auch artikuliert, sie dann aber keineswegs beantwortet, sondern an den gelegentlich provokativen Sachverhalten völlig vorbei Randphänomene diskutiert, den neutestamentlichen Gott Jesu davon abhebt – unzulässigerweise, wie oben durch zahlreiche Belege nachgewiesen wurde und wie es gerade das eben angeführte Faktum des Kreuzestodes und seiner authentisch-biblischen Interpretation am deutlichsten zeigen kann – und schließlich den Abschnitt in hymnisch-unklaren, allgemeinen Aussagen enden läßt, ohne die eigentliche und brennende

Frage, wie denn ein so inhumaner, grausamer, würgender, tötender und töten lassender Gott in eine vom Heiligen Geist garantierte Offenbarungsquelle kommt, auch nur im geringsten beantwortet zu haben. Der ganze Abschnitt (a. a. O., S. 730–734) kann als beispielhaft angesehen werden, wie manche modernen Theologen schwere Einwände und Fragen dadurch zu erledigen und zuzudekken suchen, daß sie sich über die eigentlichen Fragen gar nicht treffende Nebenphänomene auslassen, hochselektive und damit z. T. falsche Argumente (z. B. über das neutestamentliche Gottesbild) anführen und, wenn all dies nicht helfen sollte, durch sehr allgemein-vage, aber hymnisch-wohlklingende Aussagen erbaulich-positive religiöse Gefühlswallungen mobilisieren.

Das Vorgehen, Schwierigkeiten, Widersprüche, Absurditäten, moralisch-ethische Inkonsistenzen zu *nennen*, hat natürlich große psychologische Vorteile. Dadurch, daß ein renommierter Theologe diese Dinge artikuliert, entsteht der Eindruck, als seien die damit sich erhebenden schwerwiegenden Einwände gelöst oder lösbar, da er offensichtlich um sie weiß, aber dennoch am biblisch-christlichen Glauben festhält: eine häufig verwendete apologetische Strategie, zu der sich auch nicht wenige (Natur-)Wissenschaftler hergeben. Denkverzicht, «schizoides» Akzeptieren widersprüchlicher Positionen werden als verarbeitete Vereinbarkeit «verkauft» («wenn der berühmte Wissenschaftler X gläubig ist, so müssen Glaube und Wissenschaft ja vereinbar sein»). Die Kirchen arbeiten explizit wie implizit sehr gerne und mit einigem Erfolg mit dieser Strategie gerade in Deutschland, wo man in einer verhängnisvollen Tradition weltanschauliche Standpunkte immer noch viel mehr autoritativ als argumentativ übernimmt und beibehält (vgl. auch unten S. 404), dank nicht zuletzt auch des verbreiteten Opportunismus, der inneren Abhängigkeit und der mangelnden «metaphysischen Zivilcourage» (Günther Anders) vieler Wissenschaftler.

An anderen Stellen interpretiert Küng die in der Bibel berichteten sehr negativen Eigenschaften des biblischen Gottes mit einem kühnen «dialektischen» Sprung einfach in ihr Gegenteil um: «Gottes Zorn (Haß, Abscheu, Rache) meint keinen irrationalen Ausbruch, keine eigenständige Unheilsamkeit, sondern *die andere Seite seiner Liebe*, seines heiligen Willens, Ausdruck nämlich seines Widerwillens gegen alles Böse und seines Unwillens gegen den Sünder» (Küng, 1978a, S. 369). Aufforderung zu grausamen Eroberungskriegen, zum vielfachen Massenmord auch an Frauen und Kindern, zum Genozid, Anordnung extremer und grausamer Strafen auch für vergleichsweise geringfügige Vergehen, Gefallen am Vergießen menschlichen und tierischen Blutes, Zufügung oder Zulassung grausamster Qualen für die von ihm abhängigen Menschen, auch Kinder, Lohn-Straf-Moral mit eindeutigem Appell an den menschlichen, teilweise kaum verdeckten Heilsegoismus usw. usw. – der Leser vergegenwärtige sich noch einmal das oben in Kapitel II Gesagte –, all das soll nur die «andere Seite seiner Liebe» sein? Man muß dies wirklich zweimal lesen, um sich zu überzeugen, daß dies tatsächlich von Küng so niedergeschrieben wurde. «Wahrhaftig, wer einen solchen Gott als einen Gott der Liebe preist, denkt nicht hoch genug von der Liebe selber» (Nietzsche, «Also sprach Zarathustra»).

d. Zur Unterscheidung der biblischen «Botschaft» von naturwissenschaftlichen und historischen biblischen Aussagen

Weil es eben gerade *religiöse* Kernaussagen sind, die die biblische Botschaft durch ihre exzessive Inhumanität und ethische Problematik so disqualifizieren, deshalb kann der auch bei anderen modernen Theologen sehr beliebte Versuch Küngs, die unhaltbare Situation durch eine Trennung von «biblischem Weltbild» und «biblischer Botschaft» (Küng, 1978b, S. 151) zu retten, nicht verfangen. Es geht ja hier längst nicht mehr um die historische (Küng, 1978a, S. 505) oder naturwissenschaftliche Faktizität des in der Bibel Berichteten – man sollte dies endlich zur Kenntnis nehmen und nicht länger durch solche Nebenschauplätze von den eigentlichen Konfliktthemen abzulenken versuchen –, sondern um den *religiösen* und *ethischen* Gehalt der biblischen Kernaussagen, nicht um naturwissenschaftliche oder historische «Wahrheiten», sondern durchaus um das, was Küng «Heilswahrheit» nennt, nicht um «Informationen», sondern um «Botschaften»; um das, «was das für uns bedeutet» (a. a. O., S. 505). (Wenngleich man von einer göttlichen Offenbarung, von einem göttlich inspirierten Text ja eigentlich doch erwarten müßte, daß er «Botschaften» nicht über das Medium historischer und naturwissenschaftlicher Unwahrheiten vermittelt; hier wäre auch die Vortäuschung bestimmter Autoren, z. B. von Aposteln, für bestimmte Teile der Bibel zu nennen.)

e. Die Bibel: Gottes Wort und letztverbindliches Leitbild christlichen Glaubens und Handelns?

Als exemplarisch für den Umgang eines großen Teils moderner Theologen mit offen zutage liegenden Problemen und Widersprüchen biblisch begründeter Religiosität kann ferner die Strategie Küngs angesehen werden, mit der er angesichts der genannten gravierenden Inhumanismen zentraler biblischer Aussagen das provokative Problem der göttlichen Inspiration, die Frage, ob die Bibel «Gottes Wort» ist, zu «lösen» versucht.

Wie an anderen Stellen verunklart er die Situation im Widerspruch zu der in diesem Punkt sehr eindeutigen und klaren verbindlichen Lehre gerade auch seiner eigenen Kirche (vgl. oben S. 21), indem er zu sehr unpräzisen und vieldeutigen Formulierungen Zuflucht nimmt: «Die Bibel ist nicht einfach Gottes Wort.» Sie «enthält auch nicht einfach Gottes Wort». «Die Bibel... wird Wort Gottes für jeden, der sich vertrauend, glaubend auf ihr Zeugnis und damit den in ihr bekundeten Gott und Jesus Christus einläßt.» Das geht so fort und bleibt verschwommen, unklar, beliebig, ein Muster theologischer Verunklarung (der Leser möge sich selbst überzeugen: Küng, 1978a[3], S. 569ff.).

Immerhin muß auch Küng schließlich, und läßt sich so doch noch einigermaßen fassen, zumindest für das Neue Testament (gibt es ein Gotteswort erster und zweiter Klasse?) konstatieren: «Das Neue Testament hat seine unersetzliche normative Autorität und Bedeutung immer wieder neu bewiesen. Und wir bleiben an diese Norm verwiesen, solange wir im ursprünglichen Sinne Christen bleiben und nicht irgend etwas anderes werden wollen. Das Neue Testament bleibt als das ursprüngliche schriftliche Zeugnis die (glücklicherweise) unveränderliche Norm auch für alle spätere kirchliche Verkündigung und Theologie» (a. a. O., S. 568). «Die *biblische Botschaft ist entscheidendes Kriterium aller Rede von Gott*» (Küng, 1978b, S. 581). Man überdenke diese Sätze vor dem Hintergrund des oben (Kap. II) auch und gerade für das Neue Testament Ausgesagten, und man wird versucht sein, in Anlehnung an Goethe zu sagen: Nicht nur die Kirche, sondern auch noch die moderne Theologie «hat einen großen Magen».

Es bleibt Küngs Geheimnis, wie er angesichts der im letzten Kapitel dargelegten biblischen Aussagen, die leicht zu vermehren wären, und angesichts der unsäglichen Greueltaten der Christentums- und Kirchengeschichte von den Kreuzzügen, der Inquisition und den Ketzerverfolgungen bis zu den ebenfalls biblisch begründeten Hexenverbrennungen, den unzählbaren seelischen Verbiegungen und Quälereien, psychischen Zwängen und Repressionen, die erst durch lange von den offiziellen Vertretern der christlichen Kirche bekämpfte Kräfte der Aufklärung zurückgedrängt wurden, zu der Feststellung kommen kann: «Der biblische Gottesglaube ist in sich stimmig, ist zugleich rational verantwortbar und hat sich in einer mehrtausendjährigen Geschichte bewährt» (Küng, 1978b, S. 685), und «Der Gott schon des Alten Testaments ist – ohne daß ich deshalb meine philosophischen Einsichten aufgeben müßte – der göttlichere Gott, der konkrete Gott mit Eigenschaften, mit menschlichem Antlitz» (Küng, 1978b, S. 749).

Immerhin verfällt Küng nicht in den biblischen Egozentrismus und Absolutismus eines Karl Barth, für den Jesus und die Bibel (inkl. der Aussagen um «Seligkeit und Verdammnis») «das eine, das einzige Licht des Lebens», jede nichtbiblische oder «natürliche» Religion «Götzendienst», schon die «Analogia Entis», eine «Erfindung des Antichrist» ist, usw. usw. (hier zitiert nach Küng, 1978b, S. 578, 570). Hier steigert sich der christliche «Ethnozentrismus», wie er wohl allen dogmatischen Religionen in mehr oder minder starkem Ausmaß eigen ist, zu einem kaum zu überbietenden biblisch-jesuanischen Egozentrismus, den Karl Barth auch in seinem in manchen Formulierungen etwas abgemilderten Alterswerk («Kirchliche Dogmatik», 1959) beibehält.

Es wirft ein bezeichnendes Licht auf die vielbezeugte Anfälligkeit gerade des deutschen Denkens für noch so verabsolutierende ideologische Einseitigkeiten, daß diese Lehrauffassung gerade im deutschen Protestantismus bis in die heutigen Tage ein so umfassendes und begeistertes Echo gefunden hat. Je einseitiger, abgeblendeter gegen die Fülle und den Reichtum gerade auch religiöser Phänomene eine Lehre ist, desto begieriger wurde und wird sie offenbar von einem Teil des deutschen Bürgertums als Vehikel inbrünstiger Identifikation und partiellen Denkverzichts aufgegriffen.

Zurück zu Küng: Welches Ausmaß an Selektion, um nicht den harten Ausdruck «Unterschlagung» zu verwenden, ist notwendig, um angesichts der oben (S. 97 ff.) angeführten Gerichtsdrohungen und der sehr konkreten und wiederholt von ihm ausdrücklich bestätigten Aussagen des neutestamentlichen Jesus über die Hölle und ihre *nie* aufhörenden Qualen, über die Vergleiche ungläubiger und / oder sündiger, teilweise durchaus durchschnittlich anmutender Menschen mit Unkraut, unfruchtbaren Bäumen, die umgehauen und in das (ewig brennende) Feuer geworfen werden, vom Christus der Offenbarung des Johannes ganz zu schweigen, usw. (man vergegenwärtige sich die oben angefülnten Stellen anhand Kap. II noch einmal) die Aussage wagen zu können: «Anders als die finstere Gerichtsdrohung des Asketen Johannes ist seine (Jesu) Botschaft von Anfang an eine freundliche, erfreuliche Botschaft von der Güte des nahenden Gottes und seinem Reich der Gerechtigkeit, der Freude und des Friedens. Statt der Drohbotschaft eine Frohbotschaft: Nicht als Gericht, sondern als Gnade für alle...» (Küng,

1978b, S. 733). Kann man in Jesus wirklich, bei Anerkennung
auch aller positiven Züge, bei den aber doch ebenfalls nicht zu
übersehenden eher kritisch zu beurteilenden Eigenschaften und
Schwächen, wie sie oben herausgearbeitet wurden, ohne zumindest starke Einschränkungen «ein Modell des Menschseins» und
«den bleibend verläßlichen *letzten* Maßstab des Menschseins» sehen?

Um ein anderes für zahlreiche mögliche Beispiele ablenkender
Umdeutung und Rehabilitierungsversuche des biblischen Gottes
durch Küng anzuführen: Es bedarf keineswegs notwendig entsprechender frühkindlicher Erlebnisse mit dem eigenen Vater und der
eigenen Mutter, um das Bild des biblischen, zumindest bis in neueste Zeit auch schon jungen Kindern indoktrinierten Gottes (vgl.
unten S. 382 ff.) partiell so düster, bedrohlich und repressiv und damit so sehr geeignet als Instrument repressiver Angsterziehung erscheinen zu lassen, sondern dies sind vielmehr die genuinen Züge
dieses zumindest partiell sehr düsteren, strafsüchtigen, ja blutlie-
benden biblischen Gottes selbst; ebenso wie die von Küng angeführten negativen Implikationen der biblisch-christlichen Religion
und ihrer Institutionalisierungen sich zumindest zu einem wesentlichen Anteil psychologisch stimmig und folgerichtig aus den oben
belegten biblischen Inhalten herleiten lassen: «*Welch eine Fülle* von
Machtarroganz und Machtmißbrauch in der Geschichte der Kirchen: Intoleranz und Grausamkeit gegenüber Abweichlern, Kreuzzüge, Inquisition, Ketzerausrottung, Hexenwahn, Kampf gegen
theologische Forschung, Unterdrückung der eigenen Theologen –
bis heute. Welch eine Überich-Wirkung der Kirchen durch die
Jahrhunderte: Herrschaft über die Seelen im Namen Gottes, Abhängigkeit und Unmündigkeit der armen Sünder, Tabugehorsam
gegenüber ungeprüfter Autorität, immer wieder neue Unterdrük-
kung der Sexualität und Mißachtung der Frau (Zölibat, Ausschluß
der Frau von kirchlichen Ämtern) – bis heute. Welch eine Anzahl
ekklesiogener Neurosen: Neurosen aufgrund von Zwängen des
kirchlichen Systems, klerikaler Herrschaft, Beichtpraxis, sexueller
Verdrängung, Fortschritts- und Wissenschaftsfeindlichkeit bis

heute» (Küng, 1978 b, S. 349): Welch eine Bilanz einer doch eigentlich vom Heiligen Geist zu gewährleistenden Entwicklung, wohlgemerkt hier nicht von einem Gegner, sondern von einem «Insider», einem Vertreter dieser Religion gezogen! Und: Diese Züge, diese negativen Auswirkungen der christlichen Religion dürften – noch einmal muß es gesagt werden – keineswegs nur Entartungen, Mißverständnisse, Abweichungen von den ursprünglichen Intentionen darstellen – wie hätte denn der der Kirche garantierte Beistand des Heiligen Geistes eine solche Fülle von Irrwegen und Verbrechen im Namen des Christentums zulassen dürfen –, sondern lassen sich durchaus psychologisch stimmig aus biblischen Grundpositionen ableiten, wie sie oben im Kapitel II ausführlich dargelegt wurden, auch wenn diese Grundpositionen nicht ausschließlich (es sei ebenfalls zum wiederholten Male ausdrücklich vermerkt) die biblischen Aussagen bestimmen mögen. Eine zu harte, das religiöse Gefühl verletzende Feststellung? Man lese die Bibel selbst und frage sich, ob es nicht sie selbst ist, die das religiöse Gefühl verletzt, und weniger derjenige, der sie referiert.

Um noch ein letztes – in Deutschland darf dies am wenigsten unterschlagen werden – besonders trauriges Kapitel christlicher Verhaltensweisen, das den Boden für einen der grauenhaftesten Exzesse an Inhumanität bis in unsere Zeit mitgelegt hat, wieder mit den Worten des unverdächtigen kirchlichen «Insiders» Küng anzuführen: «Judenschlächterei in Westeuropa während der ersten drei Kreuzzüge und Ausrottung der Juden in Palästina. Die Vernichtung von 300 jüdischen Gemeinden im Deutschen Reich 1548/49... Später dann aber auch die greulichen antijüdischen Hetzreden des alten Luther, Judenverfolgung nach der Reformation, Pogrome in Osteuropa... In dieser Zeit – kann man es verschweigen? – hat die Kirche wohl mehr Märtyrer umgebracht als hervorgebracht. Alles unfaßbar für den Verstand eines heutigen Christen. Nicht die Reformation, sondern der Humanismus (Reuchlin, Scaliger), der Pietismus (Zinzendorf) und besonders die Toleranz der Aufklärung (Menschenrechtserklärung in den Vereinigten Staaten und in der Französischen Revolution) haben eine Änderung vorbe-

reitet und teilweise auch durchgesetzt... es wäre vermessen, hier
die vierhundertjährige Leidens- und Todesgeschichte des Juden-
volkes nachzuzeichnen, die im nazistischen Massenwahn und Massenmord kulminierte, dem ein Drittel der gesamten Judenheit zum
Opfer fiel..., der nazistische Antijudaismus war das Werk gottlo-
ser antichristlicher Verbrecher. Aber: *Ohne die fast zweitausendjäh-
rige Vorgeschichte des ‹christlichen› Antijudaismus, der auch die Christen
in Deutschland an einem überzeugten und energischen Widerstand auf
breiter Front hinderte, wäre er unmöglich gewesen!* ... keine der antijüdischen Maßnahmen des Nazismus – Kennzeichnung durch besondere Kleidung, Ausschluß von Berufen, Mischeheverbot, Plünde-
rungen, Vertreibungen, Konzentrationslager, Hinmetzelungen,
Verbrennungen – war neu. Dies alles gab es schon im ‹christlichen›
Mittelalter (das große vierte Laterankonzil, 1215!) und in der
‹christlichen› Reformationszeit. Neu war nur die rassistische Begründung... Nach Auschwitz gibt es nichts mehr zu beschönigen:
Um das klare Eingeständnis ihrer Schuld kommt die Christenheit
nicht herum» (Küng, 1978a, S. 195–197). Ein anerkennenswert
offenes und kritisches Eingeständnis; nur läßt es die schon biblischen Ursprünge des Antijudaismus allzusehr im verborgenen.
Diese lassen sich, wie oben (S. 181 ff.) dargelegt, schon im Neuen
Testament aufzeigen; und der geschichtsnotorische Antijudaismus
der katholischen wie auch der reformierten Kirchen erscheint so
nur konsequent (daß hier möglicherweise noch andere Einflüsse
wirksam waren, ändert nichts am Kern dieses Skandals).

Die Fülle der möglichen Einwände gegen die Solidität und
Wahrhaftigkeit der neutestamentlichen Texte (immerhin Schriften
mit dem Anspruch göttlicher Urheberschaft und Wahrheitsgaran-
tie und somit «letzte» verbindliche religiöse und ethische Quellen
darstellend) – Legendenbildung im Sinne der quantitativ und quali-
tativ zunehmenden Ausgestaltung der berichteten Wunder, auch
des Sterbens Jesu; Widersprüche zwischen einzelnen Teilen der Bibel, auch des Neuen Testaments; historische Unrichtigkeit einer
Reihe neutestamentlicher Aussagen; willkürliche Umdeutung alt-
testamentarischer Texte, um sie auf Jesus und die neutestament-

lichen Geschehnisse beziehen zu können, usw. – seien hier nur gestreift, nicht aber ausgeführt.

Würde man jedenfalls biblische Texte an denselben kritischen Maßstäben messen, die man bei der Textkritik anderer Quellen als selbstverständlich voraussetzt, so müßte auch unter diesem Gesichtspunkt der Solidität und Glaubwürdigkeit der neutestamentlichen Quellen das Urteil über das Neue Testament als göttlich inspirierte und garantierte Quelle sehr kritisch, um es milde zu sagen, ausfallen. Ein Tatbestand, der unter Fachleuten des längeren bekannt ist und zugestanden wird, gegenüber dem einfachen bibelgläubigen Kirchenmitglied aber aus naheliegenden Gründen praktisch immer noch weitgehend verschwiegen, verdrängt oder durch kühne Hilfskonstruktionen (z. B. «nicht Quellen-, sondern Bekenntnisschriften») verschleiert wird. Wir lassen es hier bei diesen wenigen Ausführungen und gehen nicht weiter auf diese umfangreiche Thematik ein, da es hier primär um die ethischen Qualitäten und die psychologischen Auswirkungen der den durchschnittlichen Gläubigen *tatsächlich* als göttliche Offenbarung vermittelten biblischen Texte geht.

f. Zusammenfassung

Zusammenfassend läßt sich sagen: Auch Hans Küng vermag es nicht, auf die Frage, wie man angesichts der in Kapitel II dargestellten Sachverhalte redlicherweise die Bibel, Altes *und* Neues Testament, als Quelle göttlicher Offenbarung und höchster und letztverbindlicher Maßstäbe ethischen Handelns und religiöser Orientierung akzeptieren kann, eine auch nur einigermaßen befriedigende Antwort zu geben.

Vielmehr nimmt auch er prinzipiell zu den üblichen Strategien moderner Theologie Zuflucht, Unhaltbares als auch heute noch vertretbar, Schwarz als Weiß erscheinen zu lassen, wenngleich er differenzierter vorgeht, in größerem Ausmaß ältere und neuere Einwände berücksichtigt, als dies durchschnittlich in der kirchlichen (besonders katholischen) apologetischen Literatur geschieht. Dies kann allerdings leicht zu der Täuschung führen, mit der Aufnahme, der Artikulation solcher Einwände seien diese auch schon befriedigend beantwortet bzw. widerlegt, eine erste implizite oder explizite partielle Abwehrstrategie Küngs.

Läßt man sich durch die Fülle der von Küng angeführten Literatur nicht blenden und prüft man hart und unbestechlich Küngs Argumentationsstruktur, die hinter dem Vorhang seiner umfassenden Belesenheit letztlich sichtbar wird, so finden sich wieder die bekannten illegitimen Strategien älterer und modernster Theologen.

Zunächst werden die biblischen Inhalte nur hochselektiv vermittelt, die provokativ-inhumanen Aspekte, wie sie oben nachgewiesen wurden, werden weitgehendst verschwiegen bzw. verdrängt. Dadurch wird die biblische Botschaft verfälscht und unredlicherweise viel positiver dargestellt, als sie sich in Wirklichkeit jedem unbefangenen Leser darbietet.

Andere inzwischen schon bekannte Strategien sind die Verunklarung durch Anhebung sehr konkreter biblischer Aussagen auf ein relativ hohes und damit vages Abstraktionsniveau, eine gerade angesichts provokativer Sachverhalte häufig sehr unbestimmt-vieldeutige Sprache, deren mangelnde Präzision nicht selten durch emotionalisierend-hymnische Diktion ersetzt wird und so geeignet erscheint, anstelle kritischen Denkens unkritisch-erbauliche Emotionalität zu erzeugen.

Eine besondere Rolle spielt dabei die teilweise Ausschaltung kritisch-klaren Denkens durch emotional getönte Appelle an sehr verbreitete und sehr positiv bewertete Gefühle der Solidarität mit Leidenden und Unterdrückten, so auch mit dem leidenden Christus bei der «Bewältigung» des provokativen Sühnetods Jesu am Kreuz («ein solidarischer Gott», der andererseits den Kreuzestod ausdrücklich gewollt und zugelassen hat).

Die Trennung von biblischem Weltbild und biblischer «Botschaft» soll den (verbreiteten) Eindruck erwecken, die kritischen Punkte einer heutigen Bibelauslegung lägen nur in der Frage der damaligen biblischen Natur- und Weltinterpretation und nicht vielmehr gerade im Kern der religiös-ethischen Botschaft, ihrer expliziten und impliziten (partiellen) Inhumanität.

Wo es gar nicht anders zu gehen scheint, scheut Küng auch nicht davor zurück, durch (fast an Orwell erinnernde) Umetikettierung in das jeweilige Gegenteil («Zorn, Abscheu, Rache: die andere Seite seiner Liebe») oder Morgensternsches Abwehrdenken (daß nicht sein kann, was nicht sein darf) die Situation doch noch rettbar erscheinen zu lassen.

Ich weiß, dies alles wird man wieder als «rationalistisch» (oder durch ähnliche Etikettierungen), ein ebenso schwammiges und gerade deshalb in Deutschland beliebtes Etikett, abzuwehren, zu «erledigen» versuchen; wobei, gewollt oder ungewollt, auf die Nichtunterscheidung des vielen, das die menschliche Ratio *über*steigt, was sie nicht fassen kann (z. B. die Welt und ihre Sinninterpretation als Ganzes, die menschliche Motivationsstruktur als Ganzes und viele andere noch nicht oder prinzipiell vielleicht nie transparent zu machende hochkomplexe Erscheinungen dieser sich zugleich überwältigend großartig und düster-tragisch darstellenden Welt) und dessen, was vor der menschlichen Ratio und entwickelteren ethischen Standards nicht bestehen kann, sie *unter*schreitet (archaisch-inhumane Deutungs- und Moralsysteme wie weitgehend das biblische), spekuliert wird. Der (naive) «Rationalist», der heute noch behauptet, alles erklären zu können (und der selbst bei so verdienten Forschern wie Schmidtchen, 1979, bei wissenschaftlichen Umfragen immer noch herumspukt!), ist längst zu einem jener ebenfalls gerade in Deutschland nicht seltenen und beliebten «Pappkameraden» geworden, auf die man einschlägt, weil man sich vor dem reflektierten, (selbst)kritischen Rationalisten fürchtet, dessen Maßstäbe von Rationalität und Humanität man keineswegs *über*-, sondern *unter*schreitet, ihnen noch nicht einmal gerecht wird: ein Denkfehler, eine unsaubere apologetische Strategie, auf die auch (Natur-)Wissenschaftler und viele Angehörige des Bildungsbürgertums ziemlich kritiklos in erstaunlich großer Zahl hereinfallen. Davon aber noch ausführlicher an anderer Stelle (vgl. S. 257, 259, 319, 341 f.).

C. Die apologetische Unterscheidung Küngs zwischen dem partiell verderbten historisch-institutionalisierten und dem «eigentlichen» oder «wahren» Christentum

Aus dem im vorigen Abschnitt und in Kapitel II Gesagten ergibt sich konsequent, daß die beinahe bei allen «real existierenden» ideologisch-weltanschaulich totalitären Systemen zu findende Argumentationsfigur auch im Falle des Christentums nicht akzeptabel erscheint, nach der die ursprüngliche Basis, das ideologische Fundament inklusive des Ideologiebegründers (Jesus, Evangelium usw.) gut, ideal bis vollkommen, über Kritik erhaben, die Realisierungen durch die jeweiligen Institutionen und die sie verkörpernden Menschen oder Funktionsträger aber mangelhaft, zumindest partiell verfälscht seien, und so das eigentliche Gute oder sogar Vollkommene der jeweiligen religiösen oder politischen Ideologie sich nicht oder nur sehr eingeschränkt auswirken könne. Damit wird seit jeher erklärt, warum die aufgrund der jeweiligen ideologischen oder religiösen Grundaussagen zu erwartenden positiven Auswirkungen in meist doch recht enttäuschendem Ausmaß ausbleiben oder gar gegenteilige negative Wirkungen solcher totalitären ideologischen Systeme auftreten. Auch in den christlichen Kirchen und ganz besonders bei modernen Theologen ist diese Argumentationsfigur überaus geschätzt und verbreitet, und auch Küng bedient sich ihrer in sehr ausgiebiger Weise.

«Konsequenz ist nötig», fordert er programmatisch (Küng, 1978a, S. 144). Dabei stellt sich die Situation eher tragisch dar: Konsequent erscheint eher das von Küng angegriffene kirchliche (katholische) Lehramt, das aus den in Kapitel II dargelegten, zu einem großen Teil inhumanen biblischen Prämissen konsequent partiell inhumane Aussagen deduziert (Interpretation des Kreuzestodes Jesu, Lehre von Hölle und Teufeln inklusive Besessenheit usw. usw.); dagegen postulieren Küng und andere «progressive» Theologen eher humane, aber zu einem beträchtlichen Teil inkonsequente Lehraussagen, indem sie die zugrundeliegenden biblischen Prämissen nicht oder nur selektiv-verfälschend zur Kenntnis nehmen.

So kommt der aufgeklärter Humanität *und* konsequent-redlicher Intellektualität sich verpflichtet fühlende Kritiker der biblisch-christlichen Religion in eine paradoxe Gespaltenheit: Er muß die Aussagen des kirchlichen (vor allem katholischen) Lehramts und seiner orthodoxen Glaubensverkünder aus Gründen der Humanität ablehnen, sie aber gleichzeitig gegen die tatsächlich stärker um Humanität bemühten und unter diesem Aspekt viel sympathischeren Vertreter einer modern-aufgeklärten Theologie im Hinblick auf den Vorwurf mangelnder Konsequenz in Schutz nehmen.

Dies kennzeichnet generell die gespaltene Grundsituation, in der sich der Christentumskritiker heute gestellt sieht, und die ihn immer wieder in Gefahr bringt, als böswilliger Schwarzfärber angesehen zu werden: Einem noch durchaus vorhandenen fundamentalistischen, biblisch konsequenten (und deshalb zu wesentlichen Teilen im Hinblick auf heute zu fordernde Standards fortgeschrittener Ethik und Humanität abzulehnenden) Teilbereich des «real existierenden» Christentums steht ein innerhalb und außerhalb der Kirche zunehmend gerade auch bei jüngeren Christen zu findender Teilbereich gegenüber, der die Ideale moderner Humanität und aufgeklärter Ethik durchaus und teilweise in sehr idealistischer und engagierter Weise zu realisieren versucht, allerdings, und das dürften die Darlegungen im Kapitel II gezeigt haben, zu einem beträchtlichen Teil auf Kosten der intellektuellen (objektiven!) Redlichkeit und Klarheit des Denkens.

Küng tut dem (katholischen) kirchlichen Lehramt zu einem guten Teil Unrecht, wenn er dessen weitgehende Unbeweglichkeit

auf die Unfähigkeit, das Christentum so zu sehen, wie es «eigentlich» sei und daraus die erforderlichen Konsequenzen zu ziehen,
zurückführt. «Das römische Studiendokument zur Dämonenlehre
(1975), das Sexualdokument bezüglich Masturbation und Homo-
sexualität (1976) und die diffamierenden Aussagen über die Frau
und das Verbot der Frauenordination (1977)» etwa, aber auch die
Aussagen über Gericht und ewige Höllenstrafen, über einen Gott,
der zu seiner Versöhnung die blutige Hinrichtung eines Menschen
fordert, zu dem er in einem Vater-Kind-Verhältnis steht, usw. usw.,
sind eben nicht nur Ausdruck «eines überholten mittelalterlichen
Denkens» (Küng, 1978b, S. 145), sondern sind vielmehr eindeutig
biblisch fundiert (vgl. dazu die ausführlichen Belege in Kap. II).

Noch einmal muß es gesagt werden: Es ist nicht nur oder auch
nur primär Schuld der Kirche, ihrer Amtsträger und Mitglieder
und der Theologie, daß «das traditionelle Christentum in eine tiefe
Krise» (Küng, 1978b, S. 240) geraten ist. Es sind nicht nur die heutigen mangelhaften institutionellen Einkleidungen einer ursprünglich makellosen und guten Botschaft, die den heutigen, christlich
erzogenen und zugleich kritisch und human denkenden Menschen
in einen tiefen Konflikt stürzen müssen, der m. E. redlicherweise
nur durch ein – allerdings ein beträchtliches Ausmaß an «metaphysischer Zivilcourage» (G. Anders) forderndes – klares «Nein» zu
lösen ist.

Dieses entschiedene Nein auch gegenüber der ursprünglichen
christlichen Botschaft zu vollziehen, erfordert ein um so höheres
Maß an innerer Unabhängigkeit, als eine bei fast allen Ideologie-
und Religionsbildungen zu findende psychologische Gesetzmäßigkeit eben zu einer weitgehenden Idealisierung und Tabuisierung
der Ursprünge inklusive der Gründerpersonen (Jesus, auch Mo-
hammed u. v. a.) zu führen pflegt.

Diese Gesetzmäßigkeit scheint so stark, ihre Überwindung ein
so hohes Maß an innerer Autonomie und Stärke zu fordern, daß
ihre Wirkmacht auch noch weit ins Lager der Kirchen- und Christentumskritiker (mit Ausnahme einer eher kleinen Minderheit;
Nietzsche, Russell, aber auch Hans Albert könnte man dazu zäh-

len), der wissenschaftlichen wie literarischen, hineinzureichen scheint, so daß Küng zu Recht feststellen kann: «Eines freilich fällt bei der heutigen Religionskritik auf: So sehr Kirche und Christenheit kritisiert werden, so sehr wird der Christus Jesus bei der Kritik ausgespart, ja oft als Gegeninstanz gegen Kirche und Christenheit ins Feld geführt» (a. a. O., S. 365), und sich dabei unter anderem selbst auf Horkheimer berufen kann.

In diesem Sachverhalt dürfte schon der Keim der dann im Laufe der historischen Entwicklung eher wachsenden Unredlichkeit liegen, die den von der Kirche verkündigten Jesus des Neuen Testaments (von einem anderen wissen wir nichts, er stellt deshalb allenfalls eine beliebig auszustattende Projektionsfigur dar) mit seinen positiven, aber eben auch eher dunklen Seiten (Höllen- und Strafphantasien, Säuberungs- und «Ausreiß»vorstellungen usw., s. o. Kap. II, S. 97 ff.) zuungunsten seiner Anhänger zu idealisieren sucht. Schon hier wird der Grund für das heute vorzufindende «Elend» der religiös-weltanschaulichen Auseinandersetzung mit ihrer Neigung zu falschen Harmonisierungen, verwaschenen Kompromissen und unehrlich-verbogenen Argumentationsfiguren gelegt und eine wirklich redliche, d. h. weiterführende und produktive, zumindest partielle Klärung der heute anstehenden weltanschaulichen Problematik und Orientierungskrise zu einem guten Teil schon im Ansatz blockiert.

Auch Küng muß der Vorwurf gemacht werden, es sich etwas zu einfach zu machen und die Prämissen zu verfälschen (aus wohl sehr humanen und ethisch gutgemeinten Motiven, wir gestehen ihm dies zum wiederholten Male gerne zu), wenn er etwa im Widerspruch zu den hier sehr eindeutigen Bibeltexten einfach *behauptet*, Jesus habe die «frohe Botschaft von Gottes *grenzenloser* Güte und *unbedingter* Gnade für die Verlorenen und Elenden» verkündet (Küng, 1978 a, S. 619).

In Wirklichkeit ist die auch und gerade im Neuen Testament verkündete Güte Gottes nur allzu begrenzt, seine Gnade nur allzu bedingt. Dies stellt ja, psychologisch und ethisch gesehen, gerade eine der Hauptschwächen des biblischen Gottes dar, der «noch nicht

einmal über das Gefühl der Rache Herr geworden ist» (Nietzsche),
der Liebe und Glaube unter Androhung extremer, grausamer Strafen bei Verweigerung *befiehlt* usw.

Küng fordert so eigentlich von der Kirche Unwahrhaftigkeit,
Inkonsequenz und Widerspruch zur biblischen Botschaft, wenn er
von ihr verlangt, «in der Nachfolge Jesu Christi die frohe Botschaft
von dieser *grenzenlosen* Güte und *unbedingten* Gnade zu verkünden»
(Küng, 1978a, S. 619). Die (Amts-)Kirche, das kirchliche Lehramt,
handelt dagegen zwar inhuman, aber durchaus konsequent, wenn
sie sich (auch) als angstmachende Institution gebärdet.★ Muß man
vor einem Gott, wie er sich etwa in den im Kapitel II dargestellten
Bibelzitaten darstellt, die ohne Schwierigkeiten vermehrt werden
könnten, nicht Angst haben? (Hier dürfte auch der tiefere Grund
für die oft so zögerliche, «reaktionäre» Haltung der kirchlichen
Amtsträger liegen: Straf-Angst, nicht so sehr Machtgelüste oder
bösartige Unbeweglichkeit, dürfte zu einem wesentlichen Teil da-
hinterstehen.) Ist es psychologisch nicht verständlich, daß gerade
die konsequentesten Christen und kirchlichen Amtsinhaber so häufig einen innerlich unfreien Eindruck machen (so wenig «erlöst»
aussehen, wie schon Nietzsche feststellte)? Waren nicht etwa Augustinus und die ihm folgende mittelalterliche Kirche eher konsequent, wenn sie, um vor ewigen Höllenstrafen zu bewahren, auch
Zwangsbekehrungen für gerechtfertigt hielten? Werden auf dem
Hintergrund der umfassenden, in Kapitel II belegten gewalttätig-
strafsüchtigen Züge des biblischen Gottes und der daraus resultierenden permanenten Angst um das eigene und, daran eng gekoppelt, das Seelenheil der anvertrauten Gläubigen die von Küng
(Küng, 1978a, S. 522; 1978b, S. 563) mit Recht beklagten vielfälti-

---

★ Hier dürfte letztlich auch der Grund für den für «progressive» Sympathi-
santen so oft unbefriedigenden Ausgang von (allerdings eher seltenen) Diskus-
sionen zwischen progressiven und konservativen Theologen liegen, die einfach
den Vorteil stringenterer Konsequenz aus den gemeinsamen Prämissen auf ihrer Seite haben (vgl. etwa die Diskussion zwischen Norbert Greinacher und
dem damaligen Wiener konservativ-fundamentalistischen Weihbischof Krenn
am 1. 2. 89 im SWF 3).

gen antiaufklärerischen Reaktionen der (katholischen) Kirche gegen die Verwirklichung der modernen Menschen- und Freiheitsrechte psychologisch nicht allzu verständlich, wie sie sich etwa noch in der päpstlichen «Sammlung modernistischer Irrtümer» von 1864, dem sog. «Syllabus», finden, auf die bis vor kurzem noch jeder katholische Geistliche zumindest formell verpflichtet wurde (Antimodernisteneid)? (Vielleicht wird man hier wieder einwenden, es werde ein veraltetes Gottesbild vorgestellt: Veraltet ist es sicher, aber ebenso sicher genuin biblisch!)

Wenngleich sich hier in jüngster Zeit auch in der katholischen Kirche ein Anpassungsprozeß in Richtung stärkerer Anerkennung der Menschenrechte vollzogen hat, so kann man doch auch heute nicht übersehen, wie allenfalls halbherzig-gezwungen nicht wenige offiziöse Vertreter gerade der katholischen Kirche (Papst, römische Kongregationen, Bischöfe) sich gegenüber fundamentalen menschlichen Freiheitsrechten verhalten: Die immer wieder laut werdenden Klagen Küngs und anderer theologischer «Insider» über entsprechende repressive Haltungen der offiziösen Kirchenvertreter, über die Doppelmoral, Freiheitsrechte *für* die Kirche zu fordern, sie aber *in* der Kirche nach wie vor zu verweigern usw. usw., stellen nur *einen* Beleg für diesen Sachverhalt dar. Ebenso steht es um die vielen Beispiele unheiliger Allianzen bis in jüngste Vergangenheit mit Freiheits- und Menschenrechte unterdrückenden politischen Mächten, wenn sie nur Einfluß und Wirkungsmöglichkeiten der Kirche garantierten, wie noch jüngst die erst spät zurückgenommene Unterstützung des gerade auch religiöse Freiheitsrechte von Nichtkatholiken unterdrückenden Franco-Regimes in Spanien durch die katholische Kirche.

Und: Sind nicht die vielen Sünden, die Küng – durchaus verständnisvoll – von den «Gegnern der Kirche» dieser vorhalten läßt, psychologisch durchaus stimmig ableitbar aus den oben angeführten und vielen nichtzitierten biblischen Aussagen über den biblischen Gott, sein «vorbildliches» Handeln, seine Anweisungen und das Verhalten seiner engsten Auserwählten und Anhänger: «Judenverfolgungen und Kreuzzüge, Ketzerprozesse und Hexenverbren-

nungen, Kolonialismus und ‹Religionskriege›, . . . falsche Verurtei-
lungen von Menschen und Problemlösungen. . . die Verquickung
der Kirche mit bestimmten Gesellschafts-, Regierungs- und Denk-
systemen, . . . ihr vielfältiges Versagen in der Sklavenfrage, in der
Kriegsfrage, in der Frauenfrage, in der sozialen Frage und in wissenschaftlichen Fragen wie der Evolutionstheorie oder manchen
historischen Fragen. . .» (Küng, 1978 b, S. 630)?

Wieder mag es auf der Basis der unter dem Einfluß der kirchlichen Sozialisation fast völlig vorherrschenden hochselektiven Bibelkenntnisse willkürlich, voreingenommen, vorurteilshaft-affek-
tiv erscheinen, solche und andere Phänomene, die im wesentlichen
erst von der (von der Kirche lange bekämpften) Aufklärung zurückgedrängt wurden, mit zentralen biblischen Inhalten in Beziehung zu bringen. Aber auch hier sollte man kritisch sein und sich
ein *eigenes* Urteil bilden durch *vollständige* Lektüre der Bibel oder
wenigstens der oben in Kapitel II angeführten Belege.

Daß insbesondere die katholische Kirche, was ihre Amtsträger,
aber auch einen großen Teil gerade ihrer treuesten Gläubigen angeht, für den Außenstehenden, und auch Küng schließt sich neben
anderen «progressiven» Christen diesem Urteil an, den Eindruck
einer ewigen Nachhut macht, von der kaum noch eigene schöpferi-
sche gesellschaftliche Anregungen ausgehen, der «Mangel an
schöpferischen Menschen in der Kirche und die langweilige Mittelmäßigkeit» (Küng, 1978 a, S. 630), das weithin sich aufdrängende
Bild der Kirchen als «hoffnungslos zurückgebliebene Subkulturen
und Organisationen des ungleichzeitigen Bewußtseins» (a. a. O.,
S. 631), dieser auffällige Mangel an Kreativität und Originalität läßt
sich unschwer *auch* als psychische Folge des «Gehorsams aus
Furcht» (a. a. O., S. 621), der (Straf-)Angst herleiten, unter der *konsequente* Christen, die die Aussagen der Bibel ernst nehmen, eigentlich leben müssen. (Nicht erst die moderne Psychologie konnte
plausibel machen, wie sehr gerade Straf-Angst Kreativität zum Erliegen bringen kann, und die Geschichte der kirchlichen Pastorale
war bis in jüngste Zeit ganz wesentlich durch Angst-Induktion gekennzeichnet, was sich leicht durch Lektüre noch bis vor kurzem

gebrauchter kirchlicher Katechismen, Religionslehrbücher usw. überprüfen läßt; vgl. unten S. 382 ff.)

Die von Küng und vielen anderen festgestellte und beklagte «tiefe Krise» des Christentums – «Viele Menschen leiden an der Kirche. Resignation breitet sich aus» (a. a. O., S. 633) –, der inzwischen vielfach als «unglaubwürdig» empfundene biblisch-christliche Gottesglaube (Küng, 1978 b, S. 240), die «vielschichtige Führungs- und Vertrauenskrise» der (katholischen) Kirche, ihre Unfähigkeit, in dringenden Fragen der gegenwärtigen Welt zu konstruktiven Resultaten zu kommen (Küng, 1978 a, S. 632), gehen nicht nur und nicht einmal primär, wie Küng es darzustellen versucht, auf eine verstellende, verfälschende Institutionalisierung einer an sich und ursprünglich guten, ja vollkommenen Sache zurück. Die tiefe Glaubwürdigkeitskrise der christlich-biblischen Religion und der Kirchen ist nicht nur und in erster Linie eine Sache des (kirchlichen) Systems, der «Einkleidung» (auch Jazz in der Kirche hilft da nicht weiter), sondern eben der ursprünglichen biblischen Botschaft mit ihren oben dargelegten sehr problematischen Aspekten selbst, Aspekten und dunklen Seiten, die als zentrale biblische und kirchliche Aussagen von vielen kritisch denkenden Menschen heute nur schwer noch akzeptiert werden können.

So muß als Fazit dieses Abschnitts aus Gründen der intellektuellen Redlichkeit auch der Versuch Küngs, die ursprünglich christlich-biblische Botschaft auf Kosten ihrer Institutionalisierung zu entlasten, zurückgewiesen werden.

D. Vereinbarkeit aufgeklärt-wissenschaftlicher Weltsicht mit einem Bekenntnis zu Christentum und Kirche? Küngs «praktische» Lösung des Theodizeeproblems

Neben dem archaisch-inhumanen Gehalt eines sehr großen Teils der biblischen Schriften stellt das Faktum des unendlichen Leidens der menschlichen und außermenschlichen Kreatur in Vergangenheit und Gegenwart, die ungeheuer große Zahl an bösartigen und absurd-sinnlos erscheinenden Ereignissen einen der schwersten Einwände gegen den christlich-biblischen Glauben dar.

Vergegenwärtigt man sich das ungeheure Ausmaß an Leiden in Vergangenheit und Gegenwart – Schmerzzufügung von seiten anderer Menschen, aufgrund von Krankheiten oder sonstigen, nicht von Menschen hervorgerufenen Ereignissen, psychische Leiden etwa durch körperliche Entstellungen, tiefe Enttäuschungen und Depressionen, Verzweiflung bis zur Selbsttötung aufgrund nicht erfüllter basaler Lebenserwartungen und Bedürfnisse, millionenfache Hinschlachtung unschuldiger Menschen, auch von Kindern aller Altersstufen, Trennung von Müttern und ihrer unmündigen Kinder durch Krankheit und Tod, nicht zuletzt auch in der Vergangenheit durch kirchlich gutgeheißene Verfolgung als Hexen, gemeinste Erniedrigungen von Menschen und die vollständige Brechung ihres Selbstwertgefühls, von den Grausamkeiten und Gewalttätigkeiten in der nichtmenschlichen Natur ganz zu schweigen, usw. usw. –, so ist man versucht zu sagen: Die christlichen Kirchen und Religionsgemeinschaften bestehen nur deswegen angesichts all dieser schreienden Widersprüche zur Verkündigung eines gleichzeitig allmächtigen, allwissenden *und* unendlich liebevollen und gütigen Gottes weiter, weil die Vorstellungskraft der meisten Menschen zu schwach oder zu abstrakt verbildet ist, sich das ganze Ausmaß dieser Leiden und Greuel anschaulich vorzustellen.

Überwindet man die durch Gewohnheit eingetretene Abstumpfung und vergegenwärtigt man sich all dies, so fällt es schwer zu verstehen, wie angesichts dieser erdrückenden Tatsachen ein noch einigermaßen zu rationalem Denken und zur Wahrnehmung eindeutiger Widersprüche fähiger Mensch an einen gleichermaßen allmächtigen wie unendlich gütigen und liebevollen Gott, der darüber hinaus ja die unendliche Liebe selbst sein soll, glauben kann, zöge man auch hier wieder nicht die ungeheure Wirkkraft frühkindlicher und kindlicher Suggestionen und die Korrumpierbarkeit des menschlichen Verstandes durch Wunschdenken in Betracht.

Wie geht Küng mit diesem fundamentalen Widerspruch zur christlichen Botschaft um, wie entkräftet er diesen doch eigentlich für die christliche Gotteslehre vernichtenden Sachverhalt?

Zunächst jedenfalls nicht so, daß er Gott zum zwar liebenden, aber ohnmächtigen Zuschauer degradiert; er weiß wohl zu gut, daß er sich damit in einen eindeutigen Widerspruch zu Bibel und kirchlicher Lehre stellen würde. Nein, Gott ist trotz aller Greuel und allen Leidens der «Herr und Lenker der Geschichte, der Schöpfer der Welt» (Küng, 1978 b, S. 683), «der sich in die Geschichte der Welt durchaus einmischt», «in der Welt handelt» (a. a. O., S. 712), «ohne den nichts geschieht» (a. a. O., S. 736), er ist überhaupt nur für den erkennbar, der ihn «in den geschichtlichen Fakten am Werk sieht» (Küng, 1978 a, S. 356 f.). Diese Auffassung wird ausdrücklich und zu Recht als die Auffassung Jesu und der Bibel herausgestellt: «Für Jesus wirkt Gott nicht nur in einem ‹übernatürlichen› Bereich, sondern er waltet mitten in der Welt und sorgt so für des Menschen große und kleine Welt. Diese Fürsorge Gottes macht jedes ängstliche Sichsorgen des Menschen überflüssig» (a. a. O., S. 365). «Der Gott Israels und Jesu ist in aller Unterschiedenheit von Welt und Mensch nicht ferne, sondern nahe: ... Der *weise Lenker der Geschichte*, der von Anbeginn die Geschichte des Volkes und der gesamten Menschheit nicht willkürlich, sondern nach einem Plan auf sein Ziel hin lenkt…» (a. a. O., S. 366 f.).

Gott ist nach biblisch-christlicher Lehre nicht nur der unumschränkte Herr und Lenker der Geschichte (eine «Schlachtbank» hat sie bekanntlich Hegel genannt, man erinnere sich), sondern auch Ursprung und Herr des «grausamen Spiels» der Evolution, deren Mechanismen, Abläufe, Ausleseprozesse, für jeden erkennbar, der seine Augen nicht verschließt, nicht gerade auf einen Gott verweisen, dessen Hauptmerkmal Güte und Sorge für jedes seiner einzelnen Geschöpfe darstellt, ja der die unendliche Liebe selbst sein soll: «Und gerade das Grundgesetz der Evolution – die Auslese des Starken, der überlebt, auf Kosten des Schwachen, der untergeht – ist ein grausames Spiel. Aber auch hier hat sich, so darf der Glaubende sagen, Gott an Gesetze gebunden, die, alles begründend, in ihm begründet sind» (Küng, 1978 b, S. 713).

Auch hier kommt Küng wieder zu der oben (vgl. oben S. 223) schon angesichts der Kreuzesproblematik aufgezeigten absurden, aber offenbar emotional-propagandistisch sehr wirksamen Denkfigur: Dieser selbe Gott, der Lenker und absoluter Herr alles historischen und alles Naturgeschehens bis ins kleinste und in jede Einzelheit hinein ist, «ohne dessen Willen kein Sperling vom Dache fällt», der alles bewirken kann und alles verhindern hätte können, derselbe Gott soll sich gleichzeitig durch Mitleid, Sympathie und Solidarität mit seiner unendlich leidenden Kreatur auszeichnen: «Ein sympathischer, mitleidender Gott. Kurz: ein Gott mit menschlichem Antlitz!» (a. a. O., S. 369, auch S. 702 u. a. Stellen), «ein Gott, der ganz auf unserer Seite steht! … Ein menschenfreundlicher, mitleidender Gott…, der sich in Jesus mit dem leidenden Menschen solidarisiert hat» (a. a. O., S. 529). (Wir haben oben schon im Zusammenhang mit der Küngschen Interpretation des Kreuzestodes Jesu darauf hingewiesen, wie absurd und widersprüchlich diese These vom gleichzeitig allmächtigen, alles bewirken und verhindern könnenden und dennoch mitleidenden, solidarischen Gott jedem noch einigermaßen klar Denkenden erscheinen muß, um so mehr, wie wir oben [vgl. S. 137] schon eindeutig nachgewiesen haben, als derselbe Gott diesen Kreuzestod nach mehrfachem und eindeutigem biblischem Zeugnis nicht nur akzeptiert, sondern darüber hinaus ausdrücklich gewollt hat.)

Auch das zweite antinomische Element dieses christlich-biblischen Grundwiderspruchs wird so von Küng nicht geleugnet, sondern vielmehr, wieder konsequent nach kirchlicher und biblischer Lehre, ausdrücklich herausgestellt: Trotz aller Leiden und Greuel der vom biblischen Gott bis ins kleinste gelenkten Geschichte ist der Gott der Bibel, der Gott Jesu «immer wieder neu ein Gott grenzenlosen Erbarmens und alles übersteigender Güte» (a. a. O., S. 328) (man denke kurz einmal an Hexen- und Ketzerverbrennungen, Hiroshima oder Auschwitz usw. usw.), «ein Gott dem Menschen nahe in unbegreiflicher Güte, ihm großzügig und großmütig durch die Geschichte nachgehend…, ein Gott, der *nie* enttäuscht, der Liebe nicht fordert, sondern schenkt: der selber ganz Liebe ist» (a. a. O., S. 529).

Und auch das dritte Glied dieses fundamentalen Widerspruchs zwischen Wirklichkeit und biblisch-christlicher Botschaft wird von Küng durchaus gesehen. Auch für ihn ist die Geschichte «ein endloser Strom von Blut, Schweiß und Tränen, Schmerz, Trauer und Angst, Verlassenheit, Verzweiflung und Tod» (a. a. O., S. 520). Er *sieht* auch das Dilemma, den Widerspruch zwischen postulierter Allmacht und unendlicher Liebe und Güte Gottes und den tatsächlich in Natur und Geschichte vorzufindenden und unendlichen Leiden, Grausamkeiten, Absurditäten (a. a. O., S. 521).

Dann aber macht er halt: Dann blockt offensichtlich die Macht (früh)kindlicher Indoktrination und tief verankerten Wunschdenkens den weiteren Denkvollzug: Küng vermag offenbar nicht die einzig mögliche, ja zwingende Konsequenz aus den auch von ihm nicht bestrittenen Teilaussagen zu ziehen: Ein Gott, wie ihn das Christentum verkündet, der gleichzeitig allmächtig *und* unendlich gütig und liebevoll sein soll, also der christliche Gott, kann angesichts des überwältigenden Gegenarguments der historischen und auch biologisch-naturgeschichtlichen Realität nicht existieren.

Hier steht jeder denkende, sich selbst achtende Mensch vor der entscheidenden Frage, der sich jeder stellen und deren Beantwortung er vor seinem Selbstbild verantworten muß: Entscheidet er sich für intellektuelle Redlichkeit oder für illusionäres Wunschdenken, hat er die Kraft, sich von frühkindlichen Indoktrinationen freizumachen, oder bleibt er darin gefangen, auch wenn er sich selbst und andere über diese Gefangenschaft, Unfreiheit mit nachträglichen, letztlich ebenfalls unredlichen Rationalisierungen hinwegtäuscht? Macht er aus möglicherweise sehr tief sitzenden Ängsten, es könne doch etwas an den Gerichts- und Strafdrohungen des biblisch-christlichen Gottes gegenüber Ungläubigen sein, unredliche Kompromisse?

Die entsprechende Selbsttäuschung beginnt schon damit, daß der zugrundeliegende offensichtliche Denkverzicht als solcher *geleugnet* werden muß: «Soll ich mit meiner Vernunft einfach abdanken, meinen Verstand einfach opfern (‹sacrificium intellectus›)? Nein...: Kein blinder, sondern ein verantwortbarer Glaube: Der Mensch soll nicht geistig vergewaltigt, sondern mit Gründen überzeugt werden... Ein wirklichkeitsbezogener Glaube... Seine Aussagen sollen im Kontakt mit der Wirklichkeit, im Erfahrungshorizont des Menschen und der Gesellschaft von heute sich bewahrheiten und sich bewähren und sollen so durch die konkrete Erfahrung der Wirklichkeit gedeckt sein» (Küng, 1978 b, S. 582). Auch hier finden wir Programmatik anstatt Durchführung, hehre Forderungen sollen das tatsächliche Defizit verbergen.

Zwar geht Küng durchaus einen Schritt weiter als viele andere Theologen, deren Abschirmung gegen «Argumente, Informationen, Fakten» er strikt ablehnt (a. a. O., S. 377); er nimmt viele Argumente, Informationen und Fakten zur Kenntnis, aber er zieht eben nicht die einzig möglichen Konsequenzen aus ihnen, vielleicht aus dem untergründigen Wissen heraus, daß ein Ernstnehmen, eine Realisierung eines «Plädoyers für eine kritische Theologie», «für eine unbedingt redliche, aufrichtige, ernsthafte Theologie» «in weitestmöglicher intellektueller Redlichkeit... vor dem Horizont dieser Welt, wie sie wirklich ist...» (a. a. O., S. 377) zur Aufhebung dieser Theologie selbst führen müßte, «weitestmöglich» hier also in einem sehr problematisch-doppeldeutigen Sinne verstanden werden muß.

Aber tun wir Küng nicht Unrecht? Zwar zieht er nicht die uns allein möglich und zwingend erscheinende Konsequenz, scheint nicht zu sehen, daß die Anerkennung der Existenz eines allmächtigen *und* zugleich unendlich gütigen und liebevollen Gottes angesichts des tatsächlich vorzufindenden Zustandes der Welt ein sacrificium intellectus, einen weitgehenden Denkverzicht erfordert; vielleicht aber bietet er andere, von uns bisher nicht gesehene Möglichkeiten an, dieses Dilemma zu lösen. Sehen wir zu.

Dabei sei zuvor zustimmend vermerkt, daß auch Küng den Versuch, das Theodizeeproblem durch die Einführung eines sich erst entwickelnden, sich erst im Laufe dieses Entwicklungsprozesses vervollkommnenden Gottes zu lösen, eine Gedankenkonstruktion, wie sie seit Hegel immer wieder zur Rettung christlicher Positionen herangezogen wurde, neuerdings etwas modifiziert auch von Hoimar v. Ditfurth (1981), als mit dem biblisch-christlichen Gottesverständnis (und nur um dieses geht es hier, unbeschadet möglicher außerchristlicher Lösungsversuche) unvereinbar ansieht (vgl. a. a. O., S. 176–219).

Tatsächlich ist die Vorstellung eines einem Entwicklungsprozeß oder dem Zeitablauf unterworfenen* Gottes, einem Entwicklungsprozeß, der über die eben angeführten Stufen unendlicher Leiden, Grausamkeiten, Absurditäten, über die «Schlachtbank» der Geschichte führte, der Vorstellung eines souveränen, allmächtigen, absolut autonomen Gottes diametral entgegengesetzt. Man kann solchen Gottesvorstellungen anhängen, aber man sollte dann um der Redlichkeit und Klarheit der Begriffe willen auch eindeutig sagen, daß man den Bereich des Christlichen verlassen hat: Der Hegelsche Gott und andere evolutionäre Götter sind weder all-

---

* Gegen die einer solchen Vorstellung implizite anthropozentrische Absolutsetzung der Zeit könnten auch neuere Überlegungen mikrophysikalischer und physikalisch-kosmologischer Herkunft eingewendet werden.

mächtig, noch verkörpern sie das reine und absolute Gute und die
unendliche Liebe. Dasselbe gilt für den Whiteheadschen Gott
(Whitehead, 1926/1960; 1929/1960) und seine Ablehnung – auch
durch Küng (a. a. O., S. 306–311) – als mit fundamentalen christlich-biblischen Aussagen nicht vereinbare Gottesauffassung.

Entsprechendes ist zu dem oben schon erwähnten Versuch Hoimar v. Ditfurths zu sagen, die christliche Religion und Theologie
durch Einbeziehung des Evolutionsaspektes zu retten, mit einer
aufgeklärt-modernen Weltsicht zu versöhnen: Die vielen einzelnen
individuellen Leiden, die vielen zerstörten individuellen Hoffnungen bis zu tiefer Verzweiflung und Selbsttötung werden nicht aus
der Welt geschafft, ein allmächtiger Gott, wie es der christliche
Gott nach übereinstimmender Lehre der christlichen Kirchen ist,
wird nicht gerechtfertigt durch einen möglicherweise einmal nach
einem langen Evolutionsprozeß erreichten besseren Zustand (vgl.
v. Ditfurth, 1981, und unten S. 348 f.).

Positiv zu vermerken ist weiter, daß Küng gar nicht erst zu dem
bei orthodoxen Christen sehr verbreiteten, weil biblisch durchaus
nahegelegten Versuch greift, die beschriebenen unendlichen Leiden, Grausamkeiten und Absurditäten als Strafen Gottes für
menschliche Vergehen, für die «Sünden» der Menschen zu «erklären». Wie katastrophal sich dieses Erklärungsmuster insbesondere
bei der häufig sehr willkürlich-ungerechten Verhängung dieser
Strafen (auch Kleinstkinder werden ja so schon «bestraft»), aber
auch angesichts der vielfach zu findenden extremen Intensität des
Leidens im Verhältnis zu den von den meisten Menschen begangenen «Sünden» ausmacht, wie provokativ sich das dahinterstehende
Straf- und Rachebedürfnis des biblischen Gottes darstellen müßte,
ist ihm offenbar im Gegensatz zu vielen anderen «orthodoxen»
Christen zumindest untergründig bewußt. Wer würde als Mensch
mit einem Minimum an Selbstachtung von einem Menschen oder
Gott noch ein Stück Brot nehmen, der z. B. Menschen, auch
Kinder, lebenslänglich grausam entstellt existieren läßt, der millionenfache Quälereien psychischer und physischer Art, auch an Kindern, bevor sie überhaupt sündigen konnten, nicht nur durch an-

dere Menschen, sondern auch durch von Menschen unverschuldete Krankheiten und Mißbildungen hervorgerufen, als Strafen verhängt? Nein, die archaische Primitivität und Peinlichkeit eines so strafenden und strafsüchtigen Gottes wird offenbar allmählich und zunehmend auch mehr und mehr gläubigen Christen bewußt.

Analoges gilt für das ebenso unhaltbare, nichtsdestoweniger auch heute noch verbreitete Argument, diese Leiden gingen auf den Mißbrauch des von Gott als höheres Gut zugestandenen freien Willens zurück: dagegen spricht schon die große Zahl der den Menschen ungewollt und ohne ihr eigenes Zutun zustoßende Leiden (vgl. auch Kaufmann, 1965*).

Entsprechendes gilt für die Vertröstung auf später oder im Jenseits folgende Erlösung oder Freude: Die Frage nach der Berechtigung gegenwärtigen Leidens wird dadurch nicht beantwortet, die Tatsache der von Gott nicht verhinderten millionenfachen Qualen der menschlichen und außermenschlichen Kreatur nicht gerechtfertigt.

Welchen Ausweg bietet nun Küng an, diese unendlichen Leiden

---

* Das Buch von Kaufmann ist mir erst nach weitgehender Fertigstellung dieses Textes bekannt geworden: Ein sehr redliches und mutiges Buch, um so mehr, als es in seinem englischsprachigen Original in einem durch fundamentalistisch-intolerante Bigotterie immer stärker bedrohten Umfeld geschrieben wurde. Seine Thematik überschneidet sich in einigen Punkten mit der hier behandelten. Neben den zweifellos überwiegenden vielen Vorzügen des Buches scheint mir ein kritischer Aspekt darin zu liegen, daß Kaufmann zwar verschiedene Schwächen der christlich-neutestamentlichen Religion sehr hellsichtig herausstellt, daß er aber andererseits die alttestamentarisch-mosaische Religiosität teilweise ebenso einseitig idealisiert, das Alte Testament mittels einer Praxis sehr weitgehender Selektion, von der, stärker auf das Neue Testament bezogen, auch die christlichen Kirchen leben, unzutreffend einseitig positiv darstellt. Ich kann diese Abwehrreaktion eines jüdischen Menschen nach der jahrhundertelang erfolgreich betriebenen feindselig-unzutreffenden Indoktrination, nach der das Neue Testament dem Alten ethisch weit überlegen sei, sehr gut verstehen; dennoch scheint sie mir bei Kaufmann zu einer m. E. nur mehr schwer zu rechtfertigenden Glorifizierung der eigenen Herkunftsreligion zu führen.

und Qualen wahrzunehmen und doch redlicherweise an einen allmächtigen und unendlich gütigen und liebevollen christlichen Gott
zu glauben?

Zunächst fällt an Küngs Büchern immer wieder auf, daß er um
so mehr in einen hymnischen, verunklarend-emotionalisierenden
Predigtton verfällt, je schwächer seine Argumentationsbasis erscheint: Anstelle überzeugender Argumente soll offenbar die Erzeugung einer global-positiven, erhaben-feierlichen Gemütslage
für die Akzeptierung der von ihm vermittelten Thesen sorgen.

Küng versucht zunächst einmal, unter Verweis auf Jesus eine
«praktische» (?) Antwort auf die Theodizeefrage zu vermitteln, ein
Glanzbeispiel geradezu abenteuerlich «dialektischer» theologischer
Argumentation: «Selbstverständlich kannte Jesus auch vor seinem
Tod am Kreuz all das Übel in der Welt, all die Ungerechtigkeit,
Bosheit, Grausamkeit, alles Leid, allen Schmerz, alle Trauer. Aber
Jesus hat angesichts allen Übels keine philosophische oder theologische Rechtfertigung Gottes, keine ‹Theodizee› gegeben. Seine
Antwort ist praktisch orientiert – sie ist Hinweis auf Gott als den
Vater: Gott als der Vater, der in seiner tätigen Vorsehung und Für-
sorge sich um jeden Sperling und um jedes Haar kümmert, der um
unsere Bedürfnisse weiß, bevor wir ihn bitten, der unsere Sorgen
als überflüssig erscheinen läßt; Gott als der Vater, der um alles in
dieser so gar nicht heilen Welt weiß *und ohne den nichts geschieht*, dem
der Mensch unbedingt vertrauen und auf den er sich auch im Leid,
Ungerechtigkeit, Schuld und Tod ganz verlassen kann. Dies also ist
Jesu praktische Antwort auf die Theodizeefrage, nach den Lebensrätseln, dem Leid, der Ungerechtigkeit, dem Tod in der Welt: Ein
Gott nicht mehr in unheimlicher transzendenter Ferne, sondern
nahe in unbegreiflicher Güte...» (Küng, 1978 b, S. 736).

Man muß diese Ausführungen Küngs zweimal lesen, weil man
angesichts der Abenteuerlichkeit und der Zumutung der hier gebotenen «Argumentation» zunächst seinen Augen nicht traut. Jesus
kennt alle Grausamkeit, alles Leid und allen Schmerz dieser Welt.
Er glaubt an einen Gott, der der allmächtig-absolute und allwis-
sende Lenker alles Geschehens ist, der sich um jeden Sperling und

jedes Haar kümmert, «der um alles in dieser so gar nicht heilen Welt weiß und *ohne den nichts geschieht*». Anstatt nun die für jeden noch einigermaßen klar Denkenden notwendige Schlußfolgerung zu ziehen, daß *dieser* Gott entweder nicht existieren oder nicht gleichzeitig allmächtig und allwissend *und* unendlich gütig und liebevoll sein kann, setzt sich dieser Küngsche Jesus einfach über diesen eindeutigen Sachverhalt hinweg und behauptet angesichts des unendlichen, von Gott selbst bewirkten oder nicht verhinderten Leids («ohne den nichts geschieht»), dieser Gott sei ein fürsorglicher, unendlich gütiger Vater, auf den man sich vertrauensvoll verlassen könne, ja, der «unsere Sorgen als überflüssig erscheinen läßt». Diesen Denkverzicht, d. h. den Verzicht, die argumentativ allein möglichen Schlüsse zu ziehen und statt dessen einfach in logisch absurder Weise das Gegenteil zu behaupten, diesen Sprung aus dem radikal-klaren Denken in das bare Wunschdenken, basierend auf dem Bedürfnis, angesichts der aufgezählten Leiden bei einem himmlischen fürsorglichen Übervater seine Zuflucht und Anlehnung zu finden, diese Abdankung und Bankrotterklärung des eigenen Denkens nennt Küng eine «praktische Antwort auf die Theodizeefrage» (a. a. O., S. 736).

Dieses «Umdrehen» einer unbequemen, aber sachlich-zwingenden Einsicht in reines bedürfnisgeleitetes Wunschdenken wird in der folgenden Aussage Küngs besonders deutlich: «Gewiß kann einer sagen: Wenn man das unendliche Leid der Welt anschaut, kann man nicht glauben, daß es einen Gott gibt. Aber läßt sich das nicht auch umdrehen? Nur wenn es einen Gott gibt, kann man dieses unendliche Leid der Welt überhaupt anschauen!» (Küng, 1978a, S. 525).

Im übrigen zeigt sich hier in der Weigerung, Tatsachen miteinander zu konfrontieren und die logisch allein gerechtfertigten Schlüsse zu ziehen, als vielmehr widersprüchliche Sachverhalte unverknüpft nebeneinander stehenzulassen, ebenso wie in der Korrumpierung des Denkens durch Wünsche ein klassisches Merkmal unreifen oder angstblockierten Denkens, wie es auch heute noch weitgehend das ideologisch-steuernde Denken gegenüber dem instrumentell-tech-

nischen Denken charakterisiert: *eine* der Wurzeln der Selbstver-
nichtungsgefahr der Menschheit (vgl. auch Buggle, 1985).

Nicht weniger ungereimt und absurd, falls man nicht zuvor in
diesem Punkt auf den Gebrauch seines Verstandes verzichtet hat,
scheint der andere Versuch Küngs, die Tatsache des unendlichen
Leidens und die Qual der menschlichen und außermenschlichen
Kreatur mit der christlichen Lehre eines absolut souveränen, allmächtigen und gleichzeitig unendlich gütigen und liebevollen Gottes vereinbar erscheinen zu lassen. Es ist der Hinweis auf das Leiden, das Kreuz Jesu.

Zunächst fällt gerade bei der entsprechenden Passage in Küngs
Buch (Küng, 1978a, S. 526ff.) der oben schon angesprochene, in
reichem Ausmaß emotionalisierende Assoziationen anstelle klarer
Argumente anbietende «Predigtstil» auf. Entsprechend dieser bei
Theologen aller Stufen nicht gerade unbeliebten Strategie wird zunächst einfach wiederholt behauptet, «von Jesu definitiver Passion,
seinem Leiden und Sterben her, könnte die Passion eines jeden
Menschen, die Menschheitspassion überhaupt einen Sinn erhalten...» (a. a. O., S. 526).

Man fragt als «oberflächlich-aufgeklärt» denkender Mensch,
dem es an echter deutscher und christlicher «Tiefe» mangelt,
warum durch die extrem grausame Hinrichtung eines Menschen,
des eigenen Sohnes Gottes, alles andere menschliche Leid einen
Sinn erhalte. Und worin soll denn der Sinn dieses grausamen Sterbens liegen, wenn nicht entsprechend der biblisch-eindeutigen
Interpretation in einem von Gott gewünschten und akzeptierten
Sühneopfer, eine archaische Vorstellung, deren Unvereinbarkeit
mit heutigen, auch bescheidenen menschlichen und ethischen Standards oben schon ausführlich ausgeführt wurde? Worin sonst soll
der Sinn dieses Leidens und Sterbens liegen?

Hören wir Küng: «Allein von der geglaubten Auferweckung
Jesu zu neuem Leben mit Gott kommt ein Sinn in dieses sinnlose
Sterben: Erst im Licht dieses neuen Lebens aus Gott wird es deutlich: daß der Tod doch nicht umsonst war. Daß der Gott, der ihn in
aller Öffentlichkeit fallenzulassen schien, ihn doch durch den Tod

hindurch gehalten hat. Daß Gott ihn, der wie kein anderer zuvor die Gottverlassenheit zu spüren bekam, nicht verlassen hatte. Daß Gott in seiner öffentlichen Abwesenheit verborgen anwesend geblieben war. Von daher also kommt ein Sinn in dieses sinnlose menschliche Leiden und Sterben...» (Küng, 1978a, S. 526, 527).

Läßt man sich durch den hier wieder besonders intensiv eingesetzten vagen, emotionalisierenden und gezielt basale Bedürfnisse nach Sinn und göttlicher Zuwendung ansprechenden (Predigt-)Stil nicht einlullen, sondern behält einen klaren Kopf und verlangt eine klare argumentativ-befriedigende Antwort auf die Frage, worin denn nun letztlich und endlich dieser von Küng einfach behauptete Sinn liege, so entpuppt sich auch diese «Antwort» Küngs als völlig unbefriedigend, als «Wortnebel»: Wieso und warum erhält denn die grausame Hinrichtung eines Menschen einen Sinn dadurch, daß dieser selbe Mensch, nachdem er diese Folterqualen und den Tod erlitten hat, dann wieder zu neuem Leben erweckt wird, oder wenigstens daran glaubt, daß derselbe Gott, nach dessen ausdrücklichem Willen diese grausame Hinrichtung vollzogen wurde, Jesus entgegen dessen eindeutiger subjektiver Wahrnehmung doch nicht verlassen hatte, «in seiner öffentlichen Abwesenheit verborgen anwesend» geblieben war?

Küng läßt den Leser, der sich nicht durch den genannten emotionalisierenden, vagen Sprachduktus, durch die stetigen, teils impliziten, teils expliziten Appelle an tröstliches Wunschdenken einfangen läßt, sondern weiter hartnäckig nach rational akzeptierbarer Argumentation fragt, weiterhin ohne befriedigende Antwort.

Es gibt indessen Hinweise, daß dieser fatale Sachverhalt auch Küng selbst – zumindest unterschwellig – bewußt ist. Dafür spricht neben dem schon angeführten vagen und emotionalisierenden Predigtstil, daß Küng anstelle überzeugender Argumente einfach unbegründete und immer wiederholte Behauptungen aufstellt. Dafür spricht weiter, daß er zu einer Taktik greift, die ebenfalls bei modernen Theologen sehr beliebt, weil bei vielen weniger kritischen Lesern und Hörern im allgemeinen recht effizient zu sein scheint: das, was man implizit tatsächlich tut, durch explizite Aussagen abzu-

streiten («nicht, daß ich Ihnen Angst einjagen möchte, aber es gibt
nun einmal die Hölle»): «Es soll hier kein menschliches Wunschdenken befriedigt..., kein psychisches Beruhigungsmittel und
kein billiger Trost vermittelt werden, wohl aber ein freibleibendes
Sinn-Angebot» (a. a. O., S. 527).

Was die Motive angeht, aus denen heraus ein Mensch dieses
«freibleibende Sinn-Angebot» ablehnen kann, so macht es sich
Küng an dieser Stelle doch etwas zu leicht: «Der Mensch hat zu
entscheiden. Er kann diesen – verborgenen – Sinn ablehnen, in
Trotz, Zynismus oder Verzweiflung» (a. a. O., S. 527).

Durch dieses dreifache Angebot an Motivationsmöglichkeiten
suggeriert Küng psychologisch geschickt – weil implizit und nicht
direkt ausgesprochen und so als quasi-selbstverständlicher Tatbestand bei mangelnder kritischer Wachsamkeit sehr effizient –, ein
solches Sinnangebot sei objektiv-rational begründbar, werde es abgelehnt, so könne dies nur aus emotional-irrationalen Gründen geschehen: aus mehr oder minder blindem Trotz oder aus voreinge-
nommen-vorurteilshaftem, eher böswilligem Zynismus oder aus
einem das klare Denken ebenfalls beeinträchtigenden Zustand der
Verzweiflung.

Daß man dieses «verborgene», «freibleibende Sinn-Angebot»
aus schlichter intellektueller Redlichkeit ablehnen könnte, aus der
Weigerung heraus, das erforderliche sacrificium intellectus zu er-
bringen, aus der Ablehnung einer Leidenserklärung, die darüber
hinaus nur mit archaisch-inhumanen Implikationen und / oder
einer sklavisch-unterwerfenden Haltung akzeptiert werden kann,
diese Möglichkeit läßt Küng außer acht.

Im dritten Motiv der Verzweiflung wird dann wieder das
Wunschdenken ganz gezielt angesprochen und im folgenden wieder nicht ein Argument für die Annahme dieses «Sinn-Angebotes»
angeführt, sondern (in der zumindest impliziten Hoffnung auf und
dem Wissen um die Korrumpierbarkeit des menschlichen Denkens) eine Prämie, eine Belohnung in Aussicht gestellt: das Ende
der Verzweiflung. «Er kann ihn (den Sinn) auch annehmen: in
glaubendem Vertrauen auf den, der dem sinnlosen Leiden und Ster-

ben Jesu Sinn verliehen hat. Es erübrigt sich dann der Protest, die Empörung, schließlich die Frustration. Es endet die Verzweiflung» (a. a. O., S. 527).

Im folgenden wird (wieder in einem auffällig emotionalisierenden Predigtstil) von der drängenden Frage der Urheberschaft und Verantwortlichkeit des alles lenkenden und bestimmenden christlichen Gottes für das vielfältige Leiden vernebelnd abgelenkt durch die immer wieder angeführte «tröstliche» Anwesenheit Gottes, der «auch und gerade im Leid verborgen anwesend ist». «Auch das Leiden ist von Gott umfangen» (a. a. O., S. 528).

Immerhin wird wenigstens eine gewisse Schwierigkeit zugegeben, die Tatsache des unendlichen kreatürlichen Leidens mit der christlichen Gotteslehre, den Glauben mit der Vernunft in Einklang zu bringen, durch eine entsprechend vage Formulierung dann aber suggeriert (durch den häufigen Gebrauch des Wortes «verborgen» vorbereitet), als *wider*spräche, *unter*schreite das christliche und Küngsche Sinnangebot nicht eindeutig die Vernunft, das rationale Denken, sondern *über*schreite, transzendiere sie, eine schon oben dargelegte und kritisierte, häufig verwendete Strategie heutiger apologetischer Theologie, einen eindeutigen Widerspruch, ein *Unter*schreiten der Ratio als *Über*schreiten ihrer Möglichkeiten, eine logische Unmöglichkeit und Vernunftwidrigkeit als «Geheimnis» auszugeben; zum wiederholten Male im Grunde genommen nichts anderes als eine sublime Aufforderung zum Denkverzicht: «Durch Leiden soll der Mensch zum Leben gelangen. Warum das so ist, warum das für den Menschen gut und sinnvoll ist, warum es nicht ohne Leid besser ginge, das kann keine Vernunft erweisen» (Küng, 1978a, S. 528).

Die (wieweit bewußte und bewußt intendierte, sei wieder offengelassen) Unredlichkeit der Küngschen Argumentation an dieser Stelle setzt sich fort: Denn die korrumpierende Versuchung, ja Aufforderung zum Wunschdenken, zur Bevorzugung des Bedürfnisses vor der intellektuellen Redlichkeit wird nun zum Schluß des Abschnitts «Gott und das Leid» in «Christ sein» durch jene schon oben dargestellte absurde Konstruktion noch einmal aufgenommen (die nur auf der Hoffnung beruhen kann, Menschen würden nicht nachdenken, in unreif-«voroperationalem» Denken widersprüchliche Tatbestände unverbunden nebeneinander stehenlassen; vgl. auch Buggle, 1985). Nach dieser soll, wir hörten es schon, der alles bestimmende und der auch alles verhindern könnende Gott, nach dessen biblisch eindeutig bezeugtem Wunsch und Willen Jesus am Kreuz auf die grausamste Weise als Sühneopfer hingerichtet wurde, zugleich auf der Seite des so gefolterten und hingerichteten Jesus und in ihm «solidarisch» auf der Seite aller Gequälten, Erniedrigten und Hingeschlachteten stehen, «in Jesu Leid sein ganzes Mitleid geoffenbart haben» (a. a. O., S. 530).

Angesichts der unendlichen Leiden und Erniedrigungen der menschlichen und außermenschlichen Kreatur, angesichts der «Schlachtbank der Geschichte», der ungezählten, in seinem Namen, von seiner Kirche verübten Verbrechen, die er zumindest nicht verhindert hat, angesichts all dessen wagt Küng, offenbar in der Hoffnung auf ein völlig unterentwickeltes historisches Gedächtnis und mangelnde Vorstellungskraft und einer auf der Basis unseres Bildungssystems erzeugten weitverbreiteten Unwissenheit, ja Infantilisierung des religiösen Wissens die Aussage, dieser biblisch-christliche Gott, der Herr und Lenker allen Geschehens bis ins kleinste, «sei selber die Antwort auf die Frage nach der Theodizee, nach den Lebensrätseln, dem Leid, der Ungerechtigkeit, dem Tod in der Welt», «ein Gott, dem Menschen nahe in unbegreiflicher Güte, ihm großzügig und großmütig durch die Geschichte nachgehend, ... auch in der Gottferne ihn barmherzig auffangend» (a. a. O., S. 529). Muß es angesichts der «Untätigkeit» Gottes im Hinblick auf das millionenfache Leid in der Welt nicht (zumindest objektiv) – ich gebe die entsprechende Etikettierung Küngs (vgl. oben S. 256) zurück, mir scheint sie an dieser Stelle viel angebrachter – «zynisch» klingen, wenn Küng von einem «Gott auf der Seite der Schwachen, Kranken, Armen, Unterprivilegierten, Unterdrückten..., der selber ganze Liebe ist» (a. a. O., S. 529) spricht?

Wie im übrigen selbst auch bei Küng, dessen *subjektive*, bewußte humanistische Motive ich nicht bestreiten will, trotz aller «dialektischer», d. h. in diesem Falle Widersprüchlichkeit in Kauf nehmender, Rettungsversuche die dem christlichen Glauben untrennbar inhärenten, inhumanen Inhalte immer wieder (vielleicht ungewollt) durchbrechen, verrät sich, wenn er von einer künftigen «Harmonie» spricht, «die nicht *billig ungesühnt*, sondern im *Kreuz* aufgerichtet ist» (a. a. O., S. 530), oder wenn er das Kapitel schließt mit einem Zitat aus der Offenbarung des Johannes, ein Buch, dessen weithin inhuman-sadistische Inhalte oben im einzelnen dargelegt wurden (vgl. oben S. 119 ff.).

Wie unsicher Küng offensichtlich bei seinem Versuch einer «praktischen» Theodizee ist, wie stark er offenbar untergründig die Unhaltbarkeit seiner Argumentation spürt, wird neben dem hier wieder zu findenden stark emotionalisierenden Sprachstil vielleicht auch darin deutlich, daß er erneut zu einem ausgesprochenen Denkverzicht, hier verkleidet als «einfaches», «schlichtes», «unbedingtes und restloses Vertrauen», zu einer fraglos-absoluten Unterwerfung unter Gott und ein sklavisches «So-ist-es-recht-Sagen» zu allem von ihm verordneten oder nicht verhinderten Leiden auffordert (andererseits soll man auch wieder gegen das Leiden kämpfen, so geht es fort...), wobei wieder ein klarer Widerspruch, eine eindeutige logische Unmöglichkeit in ein «Geheimnis», «Rätsel», eine *Unter*schreitung der Vernunft in eine *Über*schreitung verfälscht und gleichzeitig eine kritisch-fragende Haltung als selbstgerechte «Anmaßung» («angeblich unschuldiger Zensor») denunziert wird: «Einen letzten Halt findet der leidende, zweifelnde, verzweifelte Mensch nur im nüchternen Eingeständnis der Unfähigkeit, das Rätsel des Leides und des Bösen enträtseln zu können. Im ruhigen Verzicht auf die Anmaßung, als neutraler und angeblich unschuldiger Zensor uber Gott und die Welt das Urteil sprechen zu wollen. In der entschiedenen Ablehnung eines Mißtrauens, als ob der gute Gott dem Menschen nicht wahrhaft gut sei. Positiv: In jenem gewiß ungesicherten und doch befreienden Wagnis, dem unbegreiflichen Gott in Zweifel, Leid und Schuld, in aller inneren Not und allem äußeren Schmerz, in aller Angst, Sorge, Schwäche, Versuchung, in aller Leere, Trostlosigkeit, Empörung, einfach und

schlicht ein unbedingtes und restloses Vertrauen entgegenzubrin-
gen... Nur wenn wir – trotz allem – ausgesprochen oder unausge-
sprochen ‹Amen› (‹so sei es›, ‹so ist es recht›) sagen, läßt sich das
Leid zwar nicht ‹erklären›, aber bestehen. Das Geheimnis des Unbegreiflichen in seiner (Gottes) Güte umfaßt auch das Elend unseres
Leidens» (Küng, 1978 a, S. 357; 1978 b, S. 682). Ein sehr verführe-
rischer, weil zum Wegsehen, zur unredlich-blinden Feigheit, zum
Verzicht auf die Wahrnehmung harter Realitäten und statt dessen
zum «einfachen», «schlichten», «unbedingten Vertrauen» auffor-
dernder und deshalb bei leidbeladenen und/oder unkritischen
Menschen psychologisch sehr effektiver Text (vielleicht auch ein
Grund für den Erfolg der Küngschen Bücher).

Es dürfte klargeworden sein, daß der Versuch Küngs, die biblisch-christliche Religion, den biblisch-christlichen allmächtigen
und unendlich liebevollen und gütigen Gott gegenüber den Einwänden aufgrund der vielfältigen Leiden, Grausamkeiten, Absurditäten in seiner Schöpfung zu retten, als unhaltbar und aus intellektueller Redlichkeit abgelehnt werden muß.

Wenn Küng gegen Ende des Buches «Christ sein» noch einmal
auf seine «praktische Theodizee» Bezug nimmt und meint, die
«Bewältigung des Negativen» sei die «Nagelprobe von christ-
lichem Glauben und nichtchristlichen Humanismen», so kann man
dem nur zustimmen, allerdings in einem anderen Sinne und mit
einem anderen Ergebnis, als dies Küng postuliert. In jedem Falle
kann man seine Frage «Ist nicht deutlich geworden, daß vom Ge-
kreuzigten her das Negative in einer Weise bewältigt werden kann,
wie das für nichtchristliche Humanismen kaum möglich scheint?»
(Küng, 1978 a, S. 710) aus Respekt vor diesen und im Interesse des
Ansehens dieser nichtchristlichen Humanismen nur bejahen.

E. Christlicher Gottesglaube oder Atheismus: Die verfälschende Darstellung einer Alternative

a. Die Diskriminierung atheistischer Einstellungen: Eine sehr alte biblisch-christliche Tradition

Auf eine weitere Strategie Küngs, den Glauben an den biblisch-christlichen Gott auch für einen konsequent rational denkenden Menschen akzeptierbar erscheinen zu lassen, das Grundanliegen seiner hier herangezogenen Bücher, soll im folgenden noch eingegangen werden.

Sie geht von zwei möglichen weltanschaulichen Grundhaltungen aus, nämlich «biblisch-christlicher Gottesglaube vs. Atheismus», und sucht zu zeigen, daß die erste Alternative, biblisch-christlicher Gottesglaube, letztlich allein einer vernünftigen, rational-begründbaren Entscheidung entspreche, eine atheistische Weltsicht aber nicht nur «radikale Rationalität» vermissen lasse, sondern zwangsläufig in den Nihilismus und das existentielle Chaos führen müsse.

Dabei zeichnet Küng ein sehr düsteres Bild des Atheismus, verkürzt ihn einerseits teilweise ebenso unzulässig wie er ihn andererseits mit Aspekten belegt, die ihn begleiten *können*, keineswegs aber notwendig mit ihm verbunden sein *müssen*.

In dieser Negativzeichnung des Atheismus steht Küng in einer sehr alten biblisch-christlichen Tradition. Sie beginnt mit dem alten Bibelvers (der uns schon im frühen Kindesalter eingeprägt wurde):

«Die *Toren* sagen in ihrem Herzen: ‹Es gibt keinen Gott.› Sie handeln verwerflich und schnöde. Da ist keiner, der Gutes tut» (Ps. 14; 1). («Sie taugen nichts und sind ein Greuel mit ihrem Wesen», übersetzt Luther.)

Dies setzt sich fort in der den beiden großen Buchreligionen gemeinsamen Androhung grausamer Strafen (setzt also deren Strafwürdigkeit als selbstverständlich voraus) für die «Ungläubigen», «Gottlosen», und lebt heute noch in nur teilweise (durch die Aufklärung) abgeschwächter Form weiter. Immer noch bedeutet *dezidierter* «Atheismus», bedeutet «Gottlosigkeit», zumindest implizit-assoziativ, ein eher sozial stigmatisierendes Prädikat, und für einen entschiedenen Atheisten, der so «unklug» ist, dies auch sozial vernehmbar zu bekennen, ist es immer noch wesentlich schwieriger, irgendwelche «Ehrenämter», einflußreiche, führende Positionen oder einfach auch nur Arbeitsstellen im sozialen Bereich in unseren gegenwärtigen westlichen Gesellschaften zu erlangen als für einen (wenn auch nur Taufschein- und Steuer-)Christen (zur «Verteufelung» atheistischer Einstellungen im wortwörtlichen Sinne vgl. oben S. 178 f.).

b. Verdrängung von Religiosität oder nicht viel eher von Religionskritik?

Die von Küng beklagte, seiner Meinung nach weitverbreitete Verdrängung von Religiosität (Küng, 1978 b, S. 343 ff.; 361 f.) findet ihr Pendant in einer ebenso vorzufindenden Verdrängung dezidierter, explizit gemachter Religionskritik. Psychologisch stellt dies sicher z. T. das Ergebnis und die Wirkung einer 2000jährigen Diskriminierung und Strafbedrohung des «Ungläubigen», des «Gottlosen» und der schon in der Kindheit eingepflanzten Befürchtungen vor den angedrohten diesseitigen und jenseitigen Sanktionen dar sowie einer teilweise nur noch unterschwelligen, häufig nur noch schwach bewußten, durch vielfache Rationalisierungsprozesse verarbeiteten Angst.

«Wer nicht glaubt, der wird verdammt werden», sagt immerhin auch Jesus selbst schon im ältesten Evangelium (Mk. 16; 16) sehr klar und unzweideutig, d. h., mit ewigen extremen Qualen bedroht, und damit war offenbar für fast zwei Jahrtausende der Umgang der christlichen Kirchen mit den Ungläubigen vorprogrammiert. Die Ergebnisse waren entsprechend.

Auch in neuerer Zeit und noch heute, wo die Kirchen, zunächst wegen fehlender Machtmittel, dann auch vielleicht allmählich aus besserer Einsicht (II. Vatikanisches Konzil) auf diesseitige Zwangs- und Strafmittel verzichtet haben, scheinen die jenseitsbezogenen Strafandrohungen in vielfach unterschätztem – weil häufig gerade bei Intellektuellen bis zur Unkenntlichkeit verarbeitet – Ausmaß nachzuwirken, und wirkliche, d. h. radikal konsequente «metaphysische Zivilcourage» (G. Anders) ist immer noch ein eher seltenes Ereignis. Hier mag psychologisch ein Grund für den von Küng zu Recht beklagten Mangel eindeutiger Stellungnahme gegenüber biblisch-christlicher Religion und ihren Institutionalisierungen, den Kirchen, auch bei dem Ethos intellektueller Redlichkeit so sehr verpflichteten Personen wie etwa Hochschullehrern liegen. (Ein immer wieder erlebtes Beispiel aus letzter Zeit: Ein selbst ungläubiger Hochschullehrer läßt seine Kinder dennoch taufen, nach eigenen Aussagen aus einer dumpfen, offenbar aber doch unüberwindlichen Angst, sonst im Jenseits zur Rechenschaft gezogen zu werden.)

c. Zu Küngs Auseinandersetzung mit einigen «klassischen» Atheisten: Ludwig Feuerbach, Karl Marx, Sigmund Freud

Kehren wir zu der Auseinandersetzung Küngs mit dem Atheismus zurück und wenden wir uns zunächst seiner «Aufarbeitung» einiger «klassischer» Atheisten (Feuerbach, Marx, Freud) zu.[*]

[*] Vgl. besonders zu diesem Abschnitt auch die oben schon angeführte «Kritische Auseinandersetzung mit Hans Küng»: «Das Elend der Theologie» von Hans Albert, 1979, insb. Abschn. II, 4.

In diesem Rahmen setzt sich Küng u. a. mit der sog. Projektions-
these Ludwig Feuerbachs auseinander, nach welcher der christliche
Gott und generell himmlische Wesen nur die bedürfnisgeleitete
Projektion des Menschen darstellen.

Nachdem Küng zunächst diesem psychologischen Ansatz einiges an Plausibilität und Erklärungswert zuerkennt, lehnt er in
Anlehnung an E. v. Hartmann den verabsolutierenden Schluß
Feuerbachs vom Projektionscharakter menschlicher Gottesvorstellungen auf die Nichtexistenz Gottes ab.

Nicht zu Unrecht, denn es ist richtig, daß die bloße Existenz
projektiver, wunschbestimmter Gottesvorstellungen zunächst
noch nichts darüber aussagt, ob diesen Projektionen ein wirklich
existierendes Objekt entspricht oder nicht: «Wenn die Götter
Wunschwesen sind, so folgt daraus für ihre Existenz oder Nicht-
Existenz gar nichts... Nun ist es ganz richtig, daß dann etwas noch
nicht existiert, weil man es wünscht; aber es ist nicht richtig, daß
darum etwas nicht existieren könne, weil man es wünscht.
Feuerbachs ganze Religionskritik und der ganze Beweis für seinen
Atheismus beruht jedoch auf diesem einzigen Schluß, d. h., auf
einem logischen Fehlschluß», zitiert Küng E. v. Hartmann (E. v.
Hartmann, «Geschichte der Metaphysik», Bd. 1–2, zit. n. Küng,
1978b, S. 243).

Diesem Argument in dieser generellen Formulierung kann, ja
muß man zustimmen, vor allem, soweit es um die Frage der Existenz *eines oder irgendwelcher nicht näher bestimmter* göttlicher oder
himmlischer Wesen geht.

Indessen greift diese Argumentation als Kritik der Feuerbach-
schen Thesen doch etwas zu kurz, wenn es, wie in unserem Falle
und im Falle Küngs, nicht generell um die Existenz *irgendeines*
oder mehrerer göttlicher Wesen, sondern um die Existenz des
spezifisch biblisch-christlichen Gottes oder anderer, durch bestimmte Prädikate näher beschreibbarer göttlicher Wesen geht,
und wenn man zum zweiten Kerninhalt und Funktion des genuin
psychologischen Projektionsbegriffes in das Erklärungssystem
einbezieht.

Der Projektionsbegriff im Bereich der Psychologie wurde vor allem von Sigmund Freud und seinen Schülern erarbeitet. Freud verstand darunter einen der klassischen Abwehrmechanismen: Dem eigenen Ich unakzeptable Inhalte/Aspekte werden unbewußt auf Objekte («Objekte» bedeuten bekanntlich für Freud und die orthodoxe Psychoanalyse vornehmlich personale «Objekte») der Außenwelt projiziert und so vermeintlich als Aspekte, Eigenschaften, Befindlichkeiten äußerer «Objekte» wahrgenommen.

Diesem engeren psychoanalytischen Projektionsbegriff, der als Inhalt der Projektion nur auf Unakzeptierbares, Verdrängtes abhebt, kann man einen weiteren, allgemeineren Projektionsbegriff gegenüberstellen, nach dem Projektion ganz allgemein dann vorliegt, wenn eigene psychische Befindlichkeiten und Prozesse in die reale oder auch fiktive Außenwelt verlegt und als vermeintliche Zuständlichkeiten von ichfremden Lebewesen, Gegenständen oder Vorgängen wahrgenommen werden. Dies können, müssen aber keineswegs nur bei sich selbst abgelehnte oder verdrängte Zustände oder Eigenschaften sein. Auch bei sich positiv erlebte und akzeptierte Eigenschaften können projiziert werden; Beispiele wären der «blauäugige» Idealist oder der Verliebte, der «den Himmel voller Geigen sieht».

Die Diagnose projektiver Prozesse scheint nun um so plausibler, je unwahrscheinlicher der Realitätsgehalt des projektierten Inhalts *als Ereignis in der äußeren Welt* erscheint, wobei der Umkehrschluß nicht zwingend ist. Die These einer Projektion wird nicht *allein* aufgrund von jeweils vorhandenem Wunschdenken plausibel, soweit haben E. v. Hartmann und in seinem Gefolge Küng völlig recht, als vielmehr aufgrund einer Kombination von Wunschdenken *und* des unwahrscheinlichen Realitätsgehalts entsprechender Inhalte. Und weiter: Je geringer die Wahrscheinlichkeit der Realität des jeweiligen Inhalts, um so gewichtiger wird von Fall zu Fall der Erklärungswert der Projektionsthese.

Die Projektionsthese sagt also als solche noch nichts über den Realitätsgehalt des eventuell projizierten Inhalts, insofern hat Küng recht. Dieser muß vielmehr *zuvor* unabhängig analysiert werden, anhand anderer Kriterien, wie etwa klarer Widersprüchlichkeit gegenüber Erfahrungsdaten und / oder logischer Unvereinbarkeit der implizierten Aussagen. *Dann* erst, nach kritischer Prüfung des Realitätsgehalts der möglicherweise projizierten Inhalte kommt die Projektionshypothese zum Tragen, nämlich als eine mögliche Erklärung des sonst schwerverständlichen Sachverhalts, daß trotz klar entgegenstehender Wahrnehmungen und Erfahrungen und ebenso klar erkennbarer Widersprüchlichkeiten entsprechende, z. B. eben auch religiöse Inhalte für wahr, real gehalten, «geglaubt» werden.

Die Projektionsthese stellt also nur eine *sekundäre* Erklärungsthese ohne *primäres* Aussagegewicht hinsichtlich der Realitätsentsprechung projizierter Inhalte dar. Aber auch wenn man so den *primären* Erklärungswert der Projektionsthese mit Küng ablehnen kann, so behält die Feuerbachsche Projektionsthese doch als sekundäre Erklärungsthese ein sehr großes Gewicht. Genau dies scheint Küng zuwenig zu berücksichtigen, und genau deswegen macht er es sich zusammen mit anderen modernen Feuerbachkritikern bei der Auseinandersetzung mit dessen Thesen vielleicht doch etwas zu leicht.

Konkret an einem zentralen Beispiel unserer Fragestellung aufgezeigt: Die Tatsache, daß Menschen wünschen, es möge einen gütigen, unendlich liebevollen, sie persönlich beachtenden, umsorgenden und gleichzeitig allmächtigen Gott geben, sagt noch nichts über die tatsächliche Existenz oder Nichtexistenz eines solchen Gottes. Diese muß vielmehr an der Übereinstimmung entsprechender Aussagen über Gott mit der vorfindbaren Realität überprüft werden: Zeigt sich dann, wie oben bei der Darstellung der Theodizeeproblematik im einzelnen ausgeführt, daß die Annahme eines gleichzeitig allmächtigen *und* unendlich gütigen und liebevollen Gottes angesichts der ungezählten Greuel, Leiden, Absurditäten, angesichts der «Schlachtbank» der von ihm bis ins einzelne bestimmten Weltgeschichte usw. jeder Erfahrung klar widerspricht, so erhebt sich die Frage, warum Menschen angesichts dieser klaren Sachlage dennoch in so großer Zahl an die

Realität eines solchen göttlichen Wesens glauben. Unter diesen Gegebenheiten kann die Projektionsthese im Sinne von Wunschprojektionen recht fruchtbar zur Erklärung herangezogen werden.

Bleibt der biblische Gott, wie es in Kapitel II eingehend belegt wurde, so klar hinter den heute allgemein geteilten ethischen Standards zurück, so wird die These sehr plausibel, daß es sich bei diesem Gott nicht um die behauptete reale höchste sittliche Instanz handeln dürfte, sondern daß Menschen einer noch weniger entwickelten, archaischen psychischen bzw. ethischen Verfassung ihre eigenen psychischen Strukturen in dieses Gottesbild projiziert haben.

Betrachtet man Feuerbach unter diesen relativierten Prämissen, so behält seine Projektionsthese nach wie vor im Rahmen einer abgewogenen Religionskritik und kritischen Religionspsychologie ein außerordentliches Gewicht und kann wohl nicht so leicht abgeschoben, «bewältigt» werden, wie dies bei Küng teilweise erscheint.

Und ferner: Die Tatsache, daß das Christentum trotz seiner intellektuellen und ethischen Unhaltbarkeit dennoch bis heute nicht verschwunden ist, spricht keinesfalls gegen Feuerbach (vgl. Küng, 1978b, S. 341), ganz im Gegenteil; und wenn Küng die Ansicht Feuerbachs, daß das Christentum eigentlich mit unserer modernen Welt in «schreiendstem Widerspruch steht», «anachronistisch oder gar komisch» (a. a. O., S. 241) vorkommt, so ist es angesichts der oben dargelegten Unstimmigkeiten der Küngschen Argumentation noch sehr die Frage, wer hier wirklich der konsequentere Denker ist und ob ein solch überhebliches Verdikt nicht doch eher dadurch zustande kommt, daß es weniger Feuerbach als Küng und vielen modernen Anhängern des Christentums letztlich an der nötigen Radikalität konsequenten Denkens mangelt.

Das Entsprechende wie zu Feuerbach Gesagte gilt auch für die Religionskritik von Karl Marx; auch seine Religionskritik ist mit der Relativierung der These Feuerbachs keinesfalls obsolet, insbesondere auch wieder, sofern sie als Kritik nicht an Religion allgemein, sondern an spezifischen Ausprägungen von Religion, also etwa auch auf die biblisch-christliche Religion und ihre spezifischen Inhalte bezogen, aufgefaßt wird.

Ähnliches ist schließlich zur Religionskritik Sigmund Freuds und ihrer «Widerlegung» durch Küng zu sagen, insbesondere ihren allgemeinen religionspsychologischen Teil, ungeachtet der bekannten Problematik spezifischer urgeschichtlicher Herleitungsversuche oder zu spezifisch psychoanalytischer Erklärungsansätze (z. B. im Hinblick auf die behauptete universelle Bedeutung des Ödipuskomplexes oder des Totemkultes).

Für alle drei (und andere) klassischen religionskritischen Denker gilt: Läßt sich auch aus der Tatsache erklärender psychischer Phänomene, wie Wunschdenken, Projektion, Orientierungsbedürfnis usw., prinzipiell noch nichts über die Realität eines *generellen* göttlichen Wesens aussagen, so stellen diese psychischen Sachverhalte doch *nach* Überprüfung ihrer Realitätsentsprechung wenn vielleicht nicht die einzigen, so doch sehr fruchtbare Erklärungshypothesen für den immer wieder festzustellenden Befund dar, daß Menschen auch an ihren Erfahrungen eindeutig widersprechende und in sich inkonsistente Sachverhalte glauben. Hier, nicht in der vorausgehenden Prüfung der Wahrheitsfrage, liegt auch heute noch ihr Erklärungswert.

Aber ist diese Überprüfung der Wahrheitsfrage überhaupt möglich? Gibt es nicht ein Patt zwischen Theismus und Atheismus? Die entsprechende Behauptung stellt die weitere Rückzugsbasis der Küngschen Verteidigung der biblisch-christlichen Religion gegen atheistische Positionen dar.

d. Ein Patt zwischen biblisch-christlichem Gottesglauben und Atheismus?

Bei seiner Verteidigung des biblisch-christlichen Gottesglaubens gegenüber atheistischen Positionen macht sich Küng eine fundamentale Unschärfe der gegenwärtigen weltanschaulichen Diskussion zunutze, die gerade auch bei vielen (Natur-)Wissenschaftlern eine gewichtige Rolle spielt, wenn sie versuchen (und es ihnen wunderbarerweise auch nicht so selten gelingt), ihren ihnen in der Kindheit vermittelten christlichen Glauben und ihre heutige erwachsene Weltsicht gegeneinander abzuschotten: Es ist die unkritische Gleichsetzung der Frage nach der Belegbarkeit oder Nichtbelegbarkeit der Existenz oder Nichtexistenz eines oder mehrerer göttlicher Wesen *generell* und der Frage nach der Existenz des durch zumindest ein Minimum spezifischer Prädikate und historischer Vorgänge bestimmbaren biblisch-christlichen Gottes, Prädikate und historische Vorgänge, ohne deren Zuerkennung sich die Aussagen über einen biblisch-christlichen Gott ins Wesenlose und letztlich Gleichgültig-Beliebige verflüchtigen müßten.

Bei dieser Immunisierungsstrategie der abstrahierenden Verwischung und Entdifferenzierung allgemeiner und spezifischer Aussagen über Glaubenseinstellungen und ihre Begründbarkeit kann sich Küng leider auf die «Dienstleistung» nicht weniger Wissenschaftler und Philosophen außerhalb der Theologie stützen (hier hat sich Philosophie wirklich wieder in nicht wenigen Fällen zur «Magd der Theologie» erniedrigt). Wieweit dies ging und geht: Selbst ein so verdienstvoller Mann wie Karl Löwith gab sich dazu her: «Gläubige wie Ungläubige sind, historisch betrachtet, gleichermaßen im Recht, weil sich der Glaube als ein unbedingtes Vertrauen überhaupt nicht auf evidente Tatsachen und Geschehnisse zurückführen und aus ihnen begründen läßt.» «Das moderne historische Bewußtsein hat keinen Maßstab, an dem es bemessen oder auch nur fragen könnte, welche historische Religion oder Philosophie ihrem Anspruch auf Wahrheit Genüge tut» (1971, S. 102).

Dabei wird von Küng und vielen «modernen» Christen gerne

unterschlagen, daß die Argumentationslage in beiden Fällen grundlegend verschieden ist.

Die erste Frage, ob es irgendwo innerhalb oder jenseits unseres ja nur sehr selektiv erfahrbaren Universums vielleicht in einer ganz anderen, für uns unvorstellbaren Existenzweise ein oder eine Mehrzahl göttlicher Wesen gibt, muß grundsätzlich natürlich offenbleiben. Jede entsprechende Behauptung kann prinzipiell weder bewiesen noch widerlegt werden. Hier, auf dieser sehr allgemeinen Ebene, besteht also tatsächlich ein grundsätzliches Patt zwischen theistischen und atheistischen Auffassungen.

Es ist aber unzulässig (und erinnert an intellektuelle Taschenspielertricks), dieses Patt auf der *generellen* Ebene zur Immunisierung gegenüber argumentativen Einwänden hinsichtlich der *spezifischen* Existenz des biblisch–christlichen Gottes zu usurpieren. Während es im ersten Falle der generellen Frage nach der Existenz eines oder einer Mehrzahl göttlicher Wesen (bei allen Möglichkeiten psychologischer «Erklärung») prinzipiell nicht möglich ist, zwingende Argumente gegen die Existenz solcher göttlicher Wesen vorzubringen, ist dies gegenüber den von so gut wie allen christlichen Glaubensgemeinschaften gemachten Aussagen über spezifische wesentliche Merkmale und Handlungsweisen des biblisch–christlichen Gottes, wie sie das Christentum überhaupt erst konstituieren, sehr wohl möglich.

Es gibt z. B. angesichts der dargestellten biblischen und weltgeschichtlichen Sachverhalte kaum eindeutigere, klarere Einwände als die gegen die Existenz des biblisch–christlichen, d. h. eines gleichzeitig allmächtigen, den Lauf der Welt bis ins kleinste absolut bestimmenden *und* gleichzeitig unendlich liebevollen und gütigen Gottes, der die unendliche Liebe selbst sein soll, um nur noch einmal eines der wichtigsten Argumente exemplarisch anzuführen.

Wer von einer so eindeutigen und klaren Argumentationslage die Augen verschließt, der sollte auf das Denken überhaupt verzichten und sich redlicherweise zur letztlichen Beliebigkeit seiner Einstellungen und Weltbilder, ihrer Bestimmtheit durch mehr oder minder zufällige Faktoren wie etwa die Geographie seines Geburtsortes oder die Auffassungen seiner Ursprungsfamilie bekennen: m. E. allerdings eine Abdankung menschlicher Würde und Selbstbestimmung.

Der spezifisch bestimmbare *biblisch-christliche* Gott ist also im Gegensatz zu allgemeinen, nicht näher bestimmten göttlichen Wesen sehr wohl widerlegbar, *hier besteht kein* Patt; wobei noch nicht einmal die ethisch-moralische «Widerlegung» herangezogen werden muß, die in dem zu einem Großteil zurückgebliebenen archaisch-inhumanen Standard des biblischen Gottes begründet liegt, und die, zu Ende und konsequent gedacht, nur eine sklavische Unterwerfung zuläßt.

Dabei hilft auch der Rückzug auf eine theologische Position, die in eben diesen den christlichen Gott kennzeichnenden Merkmalen und Handlungsweisen nur Metaphern sieht, die meint, die jeweiligen Eigenschaften Gottes seien «ganz anders», wenig: Entweder führt dies in einer zwingenden Konsequenz zu einer völligen Enthaltsamkeit von jeglichen Aussagen über Gott, auch implizit-unausgesprochener Annahmen, oder zu einer völligen Beliebigkeit und Gleichberechtigung der verschiedensten Aussagen über ihn: Beides führt zwingend zur Auflösung jeder insbesondere institutionalisierten biblisch-christlichen Religiosität, die ja gerade durch solche spezifischen Aussagen über Gott konstituiert wird.

Wenn sich unendliche Liebe und Allmacht genauso in ihrem, menschlich verstanden, Gegenteil manifestieren, wenn die extrem grausame Hinrichtung eines Menschen, die ewige Höllenstrafe für vergleichsweise geringfügige Vergehen (z. B. Unglaube), die «Schlachtbank» der bisherigen menschlichen Geschichte ein Ausfluß unendlicher Liebe sind, so wird jede bestimmte Aussage sinnlos und damit jede über Gott und seine Beziehung zum Menschen irgendwelche Aussagen machende Religion, also auch die biblisch-christliche, obsolet.

Im übrigen handelt keine der christlichen Kirchen und Glaubensgemeinschaften nach dieser Prämisse: Sie alle machen durchaus sinnhafte, detaillierte Aussagen, die von ihren Anhängern entsprechend ihrem Vorverständnis kognitiv aufgenommen und als

Handlungsleitlinien aufgefaßt werden, ein Sachverhalt, der von den Kirchen und Glaubensgemeinschaften nicht nur angestrebt, sondern auch permanent verstärkt wird (vgl. etwa die wiederholte Ablegung von Glaubensbekenntnissen als Voraussetzung und Merkmal der Zugehörigkeit zu den jeweiligen christlichen Kirchen und Glaubensgemeinschaften u. v. a. m.), also tatsächlich *psychologisch* eminent *wirksam* ist.

Genau diese tatsächlichen psychologischen Auswirkungen auf das Erleben und Verhalten sind aber Gegenstand unserer Kritik, um so mehr, als dies auch in konsequenter Weise (bei aller partiellen hymnischen Verschwommenheit, die sich auch hier immer wieder findet) die Position Küngs darstellt: «Die positiven menschlichen Eigenschaften können, wenn in ihrer Affirmation die Endlichkeit negiert wird und sie ins Unendliche hineingehoben werden, von Gott ausgesagt werden» (Küng, 1978a, S. 362). In einem entsprechenden Abschnitt, dem Küng die Überschrift «Der Gott mit Eigenschaften» gibt, weist er ausdrücklich auf dieses Gottesverständnis als das der Bibel und Jesu hin: «Jesus redet selbstverständlich von Gott» und schreibt ihm «eindeutige» Eigenschaften zu, und zwar «tätige Eigenschaften für den Menschen und die Welt: was Gott ist nicht an sich oder für sich, sondern für Mensch und Welt, wie er an Mensch und Welt handelt» (a. a. O., S. 364).

Und dieses prinzipielle analoge Verständnis der Eigenschaften bei Gott und den angesprochenen Menschen, eine unabdingbare Voraussetzung jeder sinnvollen, d. h. nicht inhaltsleeren Kommunikation zwischen Gott und den Menschen (also jeder «Offenbarung»), führt auch zu den entsprechenden Handlungskonsequenzen; so macht etwa nach Küng die «Fürsorge Gottes jedes ängstliche Sich-Sorgen des Menschen überflüssig» (a. a. O., S. 365) (eine sehr problematische, weil wieder sehr selektive These, wir haben oben schon darauf hingewiesen) usw.

Insgesamt stellt also auch für Küng in konsequenter Anlehnung an das Gottesverständnis der Bibel und Jesu der biblisch-christliche Gott alles andere als einen weitgehend abstrakten, unbestimmbaren «Gott ohne Eigenschaften» dar (a. a. O., S. 364), sondern vielmehr einen Gott mit ganz konkreten Eigenschaften und Handlungsweisen, «kurz, ein Gott mit menschlichem Antlitz!» (a. a. O., S. 369).

Auf den hier aufgezeigten Sachverhalt der unkritischen Vermischung *allgemeiner* Fragen von Theismus und Atheismus und der *spezifischen* Problematik des biblisch christlichen Gottesglaubens kann nicht intensiv genug hingewiesen werden.

Er liegt tatsächlich weitgehend unkritisch-unreflektiert einem Großteil der ans Wunderbare grenzenden «Vereinbarkeit» moderner Welterfahrung und christlicher Religiosität, insbesondere bei manchen (Natur-)Wissenschaftlern zugrunde. Hier mag auch *ein* Grund liegen für den vorgeblichen, auch von Küng behaupteten Sachverhalt, daß Physiker weniger Probleme mit dem christlichen Gottesglauben hätten. «Die neue Physik lebt wieder in Eintracht mit Gott», wobei jedoch offenbar «die Atombombe kein Widerspruch zu Gott ist, auch wenn sie vielleicht vom Teufel ist» (plötzlich gibt es ihn doch wieder) (a. a. O., S. 642). Das moderne Weltbild der Physik läßt tatsächlich genug Raum für die Existenz irgendwelcher nicht näher bestimmter göttlicher Wesen oder Existenzweisen (wobei Widersprüche zum biblisch-christlichen Gottesbild an dieser Stelle ausgeklammert bleiben können).

Anders verhält sich dies, wenn man die Welt der Lebewesen und speziell des Menschen mit zentralen christlichen Glaubensinhalten, insbesondere auch der Vorstellung eines allmächtigen *und* unendlich liebevollen Gottes konfrontiert. Sosehr man die gelegentliche Ergriffenheit mancher Physiker über die Harmonie und «geistreiche» Schönheit des Kosmos bis zu einem gewissen Grade durchaus nachvollziehen kann, so sehr muß man sagen, daß dieser Eindruck der Harmonie und Schönheit des Kosmos eben nur einen Teilaspekt der Realität ausmacht, seine Verabsolutierung nur aufgrund vielen Wegsehens von vielen Vorgängen in der biologischen und humanen Sphäre zustande kommen kann. (Eine entsprechende einseitige lähmende Verabsolutierung der negativen Seiten der Realität findet sich andererseits heute sehr verbreitet vor allem in der deutschen Gegenwartsliteratur, vgl. etwa als eines der neuesten

Beispiele für viele mögliche andere «Auslöschung» von Thomas Bernhard; hier hat sich offenbar eine Art unbewußter Arbeitsteilung zwischen manchen Physikern und einem Teil heutiger Literaten und ihrer journalistischen Kritiker herausgebildet.)

Die entsprechende Unterscheidung der generellen und spezifischen Gottesfrage muß auch beachtet werden, wenn Küng etwa auch Kant und seine Ausführungen zur Unbeweisbarkeit, aber auch Unwiderlegbarkeit eines «höchstem Wesen als Urgrund von allem...» anführt. Denn gerade wenn Kant Gott oder die Gottesidee als «ein bloßes, aber doch *fehlerfreies* Ideal» (a. a. O., S. 594 f.) versteht, so ergibt sich nach allem oben Angeführten (vgl. besonders Kapitel II) die Unvereinbarkeit dieses Kantschen Gottesbegriffs mit dem biblisch-christlichen Gottesbild, die Nichtanwendbarkeit seines Existenzpostulats aufgrund praktisch-moralischer Argumente auf den «Gott Abrahams, Isaaks und Jakobs».

So muß zusammenfassend Küng ganz entschieden entgegengehalten werden, daß zwar der *generelle* Atheismus, d. h. die Verneinung der Möglichkeit oder Tatsächlichkeit, daß irgendwelche göttlichen Wesen existieren, sich als letztlich nicht belegbar erweist (Küng, 1978 b, S. 370), der *spezielle* antichristliche Atheismus, d. h. die Verneinung der Möglichkeit des spezifisch biblisch-christlichen Gottes, aber sehr wohl begründbar und vernünftig ist; und um diesen geht es ja Küng und geht es hier. Hier besteht also keineswegs ein Patt in dem Sinne, daß die Annahme der Existenz wie der Nichtexistenz des biblisch-christlichen Gottes gleicherweise begründet oder unbegründet wäre. So muß die Aussage Küngs, bezogen auf den biblisch-christlichen Gott, eindeutig als nachweislich unzutreffend zurückgewiesen werden: «Der Gottesglaube läßt sich gegenüber einer rationalen Kritik rechtfertigen. Er hat einen Anhalt an der erfahrenen fraglichen Wirklichkeit selbst» und stellt «somit eine nicht blinde und wirklichkeitsleere, sondern eine begründete wirklichkeitsbezogene und im konkreten Leben rational verantwortete Entscheidung dar» (Küng, 1978 b, S. 63; 1978 a, S. 83).

e. Ist der biblisch-christliche Gottesglaube achristlichen und atheistischen Positionen überlegen?

Küng, fern davon, den zuletzt dargelegten klaren Sachverhalt zuzugestehen, bleibt allerdings in der Folge nicht einmal bei diesem, bezogen auf den biblisch-christlichen Gottesglauben tatsächlich so nicht existierenden, aber von ihm zunächst dennoch behaupteten Patt stehen, sondern versucht gar eine Überlegenheit des (biblisch-christlichen) Gottesglaubens über atheistische Positionen aufzuzeigen.

Insofern als es Küng hier letztlich nicht um eine generelle theistische Position, einen allgemeinen Gottesglauben, sondern eben um den spezifischen biblisch-christlichen Gott und den biblisch-christlichen Gottesglauben geht, könnte man diesen Versuch Küngs nach dem bislang zu der Widerlegbarkeit des biblisch-christlichen Gottesglaubens Gesagten als obsolet ansehen. Das eindeutige Zerrbild, das Küng aber dabei von der atheistischen Position entwirft, läßt ein Eingehen auf diese Strategie dennoch angebracht erscheinen. Dies kann verkürzt geschehen, da Hans Albert in seinem Buch «Das Elend der Theologie» in sehr klarer und differenzierter Weise schon wesentliche Aspekte der entsprechenden Küngschen Position als unhaltbar aufgewiesen hat. (Das Entsprechende gilt für die von Küng weitgehend mißinterpretierte Position des kritischen Rationalismus, etwa im Unterschied zum klassischen Rationalismus.)

Insbesondere die unzulässig vereinfachende Strategie Küngs, die ungeheure Komplexität und Differenziertheit möglicher nicht-christlicher und atheistischer Weltanschauungen und Standpunkte auf die einfache Alternative «(biblisch-christlicher) Gottesglaube = Bejahung der Wirklichkeit und Grundvertrauen in sie vs. Atheismus = weitgehend Nihilismus, d. h. Nichtigkeit, Grundlosigkeit, Fraglichkeit der Wirklichkeit und aller Werte» zu reduzieren, stellt sich vor dem Hintergrund des über die notwendige Unterscheidung zwischen spezifisch biblisch-christlichem und allgemeinem Gottesglauben Gesagten noch verstärkt als irrational, ja absurd dar;

denn das von Küng geforderte Grundvertrauen kann ja, sofern es
den biblisch-christlichen Gott meint (und das ist ja eindeutig Küngs
Position), angesichts der oben angeführten kritischen Aspekte dieses Gottesglaubens nur blind oder gegen alle Vernunft realisiert
werden (eine Haltung, die Küng an anderer Stelle selbst wieder
ausdrücklich ablehnt...); Glaube wird hier wirklich «Zeichen
schwachen Denkens» (Küng, 1978a, S. 188). Insofern man den
Ratschlag Küngs, immer soweit er sich auf den *biblisch-christlichen
Gottesglauben* bezieht, sich erst vertrauend auf diesen einzulassen,
tatsächlich nur als Aufforderung zum Denkverzicht auffassen
kann, findet sich hier wieder implizit die oben angeführte Strategie,
Absurdes, Vernunftwidriges als Vernunftübersteigendes auszugeben (vgl. auch Küng 1978b, S. 709, 743).

So kehrt sich die Situation, wenn man schon das von Küng zunächst angeführte «Patt» überwinden will, eher um; der absurd-
irrationalen Position eines *biblisch-christlichen* Theismus steht keineswegs als einzige Alternative ein nihilistischer Atheismus mit der
«Verneinung» der Wirklichkeit und aller das Leben lebenswert
machender Werte gegenüber (vgl. hierzu wieder Albert, 1979,
S. 73 ff.), sondern eine Fülle verschiedenster möglicher Alternativen zum biblisch-christlichen Theismus, die ebenso pessimistisch-
nihilistische wie durchaus lebens- und wertbejahende Positionen
einschließt, Positionen, die gegenüber der von Küng präferierten
Position des blinden «Grundvertrauens» in den biblisch-christlichen Gottesglauben den Vorteil haben, besser mit der erfahrbaren
Wirklichkeit vereinbar zu sein und so keinen so weitgehenden
Denkverzicht zu erfordern.

Zwar ergibt sich aus einer atheistischen oder nichtchristlichen
Weltsicht keineswegs zwingend eine auch nur mehrheitlich positive, bejahende Wirklichkeitsbeziehung, sie schließt diese aber
auch keineswegs, zumindest partiell, aus. Die Bejahung und das
intensive Erleben von Werten, die das Leben lebenswert machen
– z. B. intensive Beziehungen zu anderen Menschen, ästhetische
Erlebnisse in Natur und den bildenden Künsten, der Musik, der
Dichtung bis zu Erkenntniserweiterungen usw. usw. –, «Grundver-

trauen», d. h. wohl die enge gefühlsmäßig-bejahende Verbundenheit mit der Wirklichkeit, die Anerkennung und das Ernstnehmen
der Wirklichkeit, zumindest in wesentlichen Anteilen, lassen sich
mit nichtchristlichen weltanschaulichen Positionen, religiösen
oder areligiösen, zumindest ebenso, wenn nicht ungebrochener
verbinden als mit dem biblisch-christlichen Theismus. Dies zeigt
im übrigen auch ein unbefangen vergleichender Blick auf viele
«christliche» und nichtchristliche Biographien.

Auch Küng ist im übrigen in diesem Punkt keineswegs einheitlich, eindeutig: An anderer Stelle gesteht er immerhin auch
Atheisten die Möglichkeit des «Grundvertrauens» mit den entsprechenden Konsequenzen, Humanität und Moralität, zu (a. a. O.,
S. 323). Damit kommt aber seine ganze Basisargumentation ins
Wanken, die dem biblisch-christlichen Gottesglauben insofern eine
Überlegenheit über nichttheistische Positionen zuschreibt, als er
allein letztlich das «Grundvertrauen» in die Wirklichkeit rechtfertigen könne.

Auch hier scheint sich Küng allerdings im Innersten seiner
schwachen Argumentationsbasis bewußt zu sein: Man könnte dies
aus dem Umstand schließen, daß er, teils nur implizit, teils auch
ganz explizit, wieder an das Wunschdenken appelliert, die (wirklichen oder vorgeblichen) Vorteile einer theistischen Position ganz
offen ins Feld führt: «Der Preis, den der Gottesglaube für sein Ja
erhält, ist offenkundig» (Küng, 1978 b, S. 629), und er nennt als
solche Prämien, immer im Kontrast – psychologisch wirksam, in
Wirklichkeit aber keineswegs notwendig so zutreffend – zu nicht-
theistischen Positionen «radikale» Gewißheit, Geborgenheit, Halt,
Sinnhaftigkeit.

Selbst wenn man akzeptieren würde, daß der biblisch-christliche
Gottesglaube diesen «Lohn» in sich trüge, so würde dies prinzipiell
nichts über seine Wirklichkeitsentsprechung, seine «Wahrheit»,
seine Widerspruchsfreiheit wie auch sein ethisches Niveau und
seine moralische Akzeptierbarkeit aussagen. Die Lebensfunktiona-
lität einer Ideologie oder Weltanschauung ist noch kein Wahrheits-
kriterium. *Vielleicht* hat Manfred Eigen, den Küng in diesem Zu-

sammenhang zitiert, recht, wenn er meint, daß der Mensch eines
Gottesglaubens «bedürfe» (a. a. O., S. 707; Eigen und Winkler,
1975). Es dürfte aber zu denken geben, daß die abstrusesten, sich
z. T. diametral widersprechenden Glaubensinhalte, davon kann
sich jeder leicht durch einen Blick auf das von den Religionswissen-
schaften angesammelte Material überzeugen, der Befriedigung solcher Wünsche und Bedürfnisse gedient haben. Es wäre völlig absurd und eine totale Abdankung des Denkens, entsprechenden
Glaubensinhalten *deswegen* schon irgendeinen Wahrheitsgehalt zuzugestehen. Auch deshalb hat der Hinweis Küngs (Küng, 1978 b,
S. 309), daß der Rückzug der (biblisch-christlichen) Religion sich
viel langsamer vollziehe als von den klassischen Religionskritikern
vorhergesagt, keinerlei Argumentationskraft.

Bei konsequenter, redlicher Ablehnung, unbequeme, nicht pas-
sende Aspekte der Wirklichkeit oder des biblisch-christlichen
Gottesglaubens auszublenden, auf Rationalität und Denken im
Hinblick auf wesentliche Aspekte der Wirklichkeit zu verzichten,
erscheint es schwer verständlich, warum die Wirklichkeit, wie sie
ist, die «Schlachtbank der Weltgeschichte» gerade durch den biblisch-christlichen Gottesglauben vertrauenswürdiger, sinnhafter,
vernünftiger werden sollte, warum das menschliche Leben durch
einen rückschrittlichen Denkverzicht und Hinwendung zu einem
unredlichen Wunschdenken, durch blinde Akzeptierung wider-
sprüchlich-absurder, z. T. archaisch-inhumaner Inhalte sinnvoller,
gerechter oder gar in seiner profunden Fraglichkeit geheilt werden
sollte. Daß diese Frage so selten gestellt wird, läßt sich wieder wohl
nur durch die Macht frühkindlich eingegebener Suggestionen, die
dann zu Selbstverständlichkeiten geworden sind, und die Anfälligkeit des Menschen gegenüber Wunschdenken erklären.

Entsprechendes gilt für das von Küng angeführte Argument,
ohne Theismus könne es keine Letztbegründung von Normen geben. Auch dies ist zunächst ein funktionales Argument, das prinzipiell nichts über Wahrheit oder Unwahrheit aussagen kann.

Selbst wenn es aber so wäre, daß die Einsicht, daß es keine Letztbegründung im Sinne einer intersubjektiv zwingenden Verbind-

lichkeit ethischer Normen geben kann, daß ethische Normen im letzten immer auf Setzungen zurückgehen, daß diese Einsicht zu einer Lockerung oder einem «Zerfall» von Moralität führen würde, so wäre damit noch nichts über die Realität des postulierten, vielleicht zugrundeliegenden Sachverhaltes ausgesagt: Es kann durchaus sein, was nicht sein darf!

Und wenn man aus Gründen der Stützung und Hebung der (Volks-)Moral (es steckt nicht selten ein gehöriger Anteil an Überheblichkeit und Arroganz in einer solchen Position) einen Gottesglauben als förderlich ansehen würde, so könnte dies durchaus auch ein unzutreffender Gottesglaube sein; nach all dem in Kapitel II Ausgeführten aber wäre zumindest Küng heftig zu widersprechen, wenn er meint: «Und ist es nach allem Vorausgegangenen nicht rational verantwortbar, daß ich mir für das praktische Handeln das letztlich Entscheidende vom Gott der Väter, vom Gott der Bibel sagen lasse?» (Küng, 1978 b, S. 725).

Im übrigen ist schon die dabei stillschweigend oder explizit gemachte Voraussetzung, daß eine theistisch begründete Ethik effizienter sei, aufgrund der bislang überschaubaren Geschichte wenig begründet (vgl. auch Albert, 1979, S. 196 ff.): Die Zahl der Verbrechen und Greuel, die gerade unter der Herrschaft theistischer Positionen begangen wurden, steht den unter der Herrschaft nichttheistischer Positionen begangenen keineswegs nach, dürfte sie im Gegenteil eher übertreffen, nicht zuletzt was die Qualität und Intensität der verübten Grausamkeiten angeht (vgl. auch die von Küng angeführte «Chronique scandaleuse» des Christentums; 1978 b, S. 349). Und die für uns heute und unsere allgemein geteilte Ethik basalen Grund- und Menschenrechte, auch dies sollte man entgegen der heute üblichen Verschleierungs- und historischen Verfälschungsversuche nicht vergessen, sind zum weitaus größten Teil gerade *gegen* theistische Positionen erkämpft worden (eine Tatsache, die auch von Küng und vielen redlichen Theologen heute nicht bestritten wird).

Zudem lassen sich dem grundsätzlichen Setzungscharakter ethischer Normen auch positive Seiten abgewinnen: Sie werden dadurch veränderbar, verlieren ihre heteronome Rigidität aufgrund vermeintlicher göttlicher Setzung und können an neue Situationen angepaßt werden, ein heute sehr wichtiger Aspekt, den Nietzsche schon sehr klarsichtig erkannt hat: «Die Sitte repräsentiert die Erfahrung früherer Menschen über das vermeintlich Nützliche und Schädliche – aber das Gefühl für die Sitte (Sittlichkeit) bezieht sich nicht auf jene Erfahrungen als solche, sondern auf das Alter, die Heiligkeit, die Indiskutabilität der Sitte. Und damit wirkt dieses Gefühl dem entgegen, daß man neue Erfahrungen macht und die Sitten korrigiert: d. h., die Sittlichkeit wirkt der Entstehung neuer und besserer Sitten entgegen: sie verdummt» (Nietzsche, «Morgenröte», Aphorismus 19). Daß die Möglichkeit der Selbstsetzung ethischer Normen, d. h. der Selbstbestimmung, der Würde des Menschen eine ganz neue Qualität geben und ihn eben dadurch über andere Lebewesen herausheben *kann*, sollte ebenfalls gesehen werden.

Wie problematisch im einzelnen, was Selbstbestimmung und Ausmaß erreichter Humanität und menschlicher Würde angeht, eine theistische Moral in Verbindung mit einem partiell so archaisch-inhumanen Gottesbild wie dem biblisch-christlichen und eine so starke Ausrichtung auf eine im letzten extrem egoistische (vgl. die bei Christen so verbreitete Toleranz gegenüber ewigen Höllenstrafen, soweit sie nur nicht einen selbst, sondern andere treffen) «Lohn»erwartung gesehen werden kann, soll hier im einzelnen nicht ausgeführt, sondern vielmehr nur als Gegenstand eigenen Weiterdenkens empfohlen werden.

F. Resümee

Als Fazit der Analyse der Küngschen Hauptwerke dürfte evident geworden sein: Auch Küng, einem der renommiertesten, «modernsten» Theologen der Gegenwart, gelingt es bei aller Anstrengung und bei allem gewaltigen Aufgebot an Autoren und Literatur nicht (*kann* es nicht gelingen), die eindeutigen und klaren Widersprüche zu heilen, wie sie zwischen den biblisch-christlichen, von so gut wie allen maßgeblichen Kirchen verkündeten Zentralaussagen und der für jeden erfahrbaren Wirklichkeit wie auch den heute als unverzichtbar geltenden ethischen Standards bestehen. Läßt man sich nicht durch geschickte Appelle an Wunschdenken und Gefühle korrumpieren, fordert man unerbittlich logisch einwandfreie Argumente anstelle «dialektisch»-verunklarender «Wolkenbildungen», so bleibt das «Elend der Theologie», die Unhaltbarkeit der biblisch-christlichen Religion auch nach einer so intensiven und exzessiven «modernistischen» Bearbeitung, wie durch Küng geschehen, im klaren Licht unbestechlich-kritischen Denkens unverändert sichtbar, und «die Theologie scheint den bitteren Weg ihrer Selbstaufhebung zu Ende gehen zu müssen» (Augstein, 1972, S. 404).

Um so verwunderlicher erscheint der Sachverhalt, daß trotz der klar nachweisbaren, auch von allseits informierten apologetischen Autoren wie Küng nicht aus der Welt zu schaffenden Widersprüche zwischen zentralen, konstituierenden Aussagen der biblisch-christlichen Botschaft und Grundfakten modernen Wissens wie moderner weithin geteilter human-ethischer Standards die biblisch-christliche Religion, institutionalisiert in Kirchen und Glaubensgemeinschaften, aber auch in individueller Form, ein nach wie vor weithin akzeptiertes, ja hochgeschätztes Phänomen ist, und zwar keineswegs nur bei Bildungs-Benachteiligten, sondern ebenso auch bei nicht wenigen Intellektuellen und Wissenschaftlern («geistlich Behinderte»?). Dieser, das Bild vom Menschen als «animal rationale» zutiefst provozierende Sachverhalt soll Gegenstand des folgenden Kapitels sein.

IV. Die religiöse Szene im deutschen Raum

«Wo ich nicht darf, denk' ich nicht scharf.»

(Günther Anders, «Ketzereien»)

«Ist eine Bedingung des Daseins die Unwahrhaftigkeit? Ist es aber die Würde des Menschen, diese Bedingung nicht anzunehmen? Lebt man in der Solidarität der Unwahrhaftigkeiten? Ist es aber nicht Bedingung für die Erscheinung des ewigen Sinnes unserer Existenz, daß wir in die Solidarität der Wahrhaftigen gelangen?»

(Karl Jaspers, «Der philosophische Glaube angesichts der Offenbarung»)

A. Die Ausgangslage:
Eine «unmögliche» religiöse Situation

Wie reagieren Intellektuelle, Publizisten, Politiker, Wirtschaftsführer, besonders aber auch die eigentlich der Wahrhaftigkeit und Redlichkeit doch besonders verpflichteten Hochschullehrer und Wissenschaftler in Deutschland, wie die Deutschen oder generell die Mitglieder westlicher freier Gesellschaften auf den bislang herausgearbeiteten Sachverhalt?

Vergegenwärtigen wir uns noch einmal das Fazit unserer bisherigen Analyse: Wir gründen unsere letzten Wertentscheidungen, -setzungen noch immer, inzwischen in verschiedenen Ausprägungsgraden und mehr oder weniger explizit oder nur implizit, auf die christliche Religion, vor allem wie sie durch die beiden großen Kirchen vermittelt wird, wir stützen diese Religion materiell durch Milliardenbeträge, ideell durch die Bereitstellung sehr weitgehender Darstellungs- und Betätigungsmöglichkeiten in Kindergarten, Schule, Universität, in Politik und öffentlichem Leben, in öffentlich-rechtlichen Medien u. v. a., eine Religion, die auf der Bibel als letzter Grundlage und höchster Autorität beruht, die lehramtlich (vgl. oben S. 21) immer noch als in all ihren Teilen auf göttlicher Eingebung beruhend dargestellt wird, in liberal-abgeschwächter Lehrmodifikation wenigstens in ihren wesentlichen religiösen und ethischen Aussagen.

Erinnern wir uns weiter: Was waren solche wesentlichen religiösen und ethischen biblischen Aussagen, also etwa über das Wesen

und das Handeln Gottes gegenüber Menschen und Welt? Wir hatten aufgezeigt (vgl. Kap. II), daß die Bibel zwar durchaus auch
positiv zu beurteilende Aussagen enthält, etwa das Liebesgebot,
allerdings mit wenigen Ausnahmen so gut wie immer untrennbar
legiert mit massiven, häufig extrem sadistisch-grausamen Strafandrohungen und -phantasien, d. h. so gut wie immer verbunden mit
einem mehr oder minder sublimen Appell an den jeweiligen Heilsegoismus des Angesprochenen.

Neben diesen insgesamt eher zurücktretenden, bei großzügiger
Sicht noch positiv zu sehenden Aspekten ließen sich eine Fülle extrem inhumaner Züge, und zwar sowohl im Alten wie im Neuen
Testament, aufzeigen: Aufforderung Gottes zu mitleidslosen Eroberungs- und Ausrottungskriegen (Genozid), zur Ausrottung
und Intoleranz gegen Andersgläubige, zu einem archaisch-grausamen Rechtswesen; die fast durchgängig zu findende Attraktivität
von Blut und Blutvergießen; die neutestamentliche Androhung
ewiger körperlicher und psychischer extrem qualvoller Strafen
(Hölle), von den Kirchen nie offiziell widerrufen, sondern bis in die
neueste Zeit immer wieder bestätigt; die vom neutestamentlichen
Gott ausdrücklich gewollte extrem grausame Hinrichtung eines
Menschen, zu dem derselbe Gott in einem Vater-Kind-Verhältnis
stand, als Sühneopfer und Voraussetzung seiner eigenen Versöhnung und unserer Erlösung, d. h. partiellen Errettung von eben
diesen ewigen Höllenstrafen, wobei dieses Kreuzesopfer als Kerngeschehen der christlichen Religion verkündet wird; das Ausmalen
extremer Strafen und Quälereien an Ungläubigen oder nicht nach
biblisch-christlichen Normen Lebenden (vgl. hier besonders die
Geheime Offenbarung des Johannes); die Verkündigung eines kruden Teufels- und Dämonenglaubens und die Rückführung von
psychischen und körperlichen Krankheiten auf die Besessenheit
durch solche Teufel und Dämonen, die darauf konsequent aufbauende Aufforderung zur Teufelsaustreibung; neben der so zumindest implizit geförderten Diskriminierung von Geisteskranken die
ausdrückliche Diskriminierung von schwächeren Teilpopulationen und Minderheiten, wie etwa Frauen, Andersgläubigen und ins-

besondere auch Juden (neutestamentlich); das ausdrückliche Gutheißen der Sklaverei und die Aufforderung an die damaligen Sklaven zur Unterwerfung unter ihr nicht zuletzt gegen fundamentale Menschenrechte und gegen die Menschenwürde verstoßendes Schicksal; die weitgehende negative Zeichnung des Menschen als verderbt, sündig, unfähig zum Guten und gerechterweise zur ewigen qualvollen Bestrafung durch Gott bestimmt; die diesem Gott ausdrücklich zugebilligte völlige Willkür und die absolute Rechtlosigkeit des Menschen vor diesem Gott; die Aufforderung zu einer ausgesprochenen Prügelpädagogik usw. usw. (vgl. dazu im einzelnen Kap. II und die Bibel selbst): all dies als Quelle und letzte Entscheidungsinstanz aller christlichen Religiosität und Ethik zugemutet.

All dies vor dem Hintergrund einer Kirchengeschichte, nicht nur, aber zu ganz wesentlichen Teilen – für jeden, der es nur *will*, erkennbar – gekennzeichnet durch ein unsägliches Ausmaß an physischen und psychischen Grausamkeiten, an Folter, Quälereien, Mord an Andersdenkenden, gegenseitiger Abschlachterei und Religionskriegen, an geistig-psychischer Unterdrückung und Unfreiheit: zumindest zu einem wesentlichen Teil stimmige Konsequenzen der biblischen Inhalte und der dort als verbindlich vorgestellten Verhaltensmodelle?*

All dies vor dem Hintergrund einer weltweit in beiden Buchreligionen, Christentum und Islam, zu registrierenden regressiven

---

* Noch einmal: Wer meint, verständlich aufgrund der gängigen religiösen Sozialisation und der auf sie zurückgehenden weitgehenden Desinformation, dies alles sei ein Zerrbild der «wahren» biblisch-christlichen Religiosität, der sollte noch einmal Kap. II oder, noch besser, möglichst unbefangen die Bibel selbst lesen und sich um unzensierte, authentische Kenntnisse über die Kirchengeschichte, wie sie wirklich war, bemühen. Man muß ja auch hier verlangen, auf anderen Gebieten ein selbstverständliches Postulat intellektueller Redlichkeit und verantwortlicher Urteilsbildung, daß jemand die unselegierten biblischen Texte und die Fakten der Kirchengeschichte erst einmal zur Kenntnis nimmt, ehe er vorschnell dieses, zugegebenermaßen unvertraut-provokative Bild der Wirklichkeit ablehnt.

Fundamentalismuswelle, die zurück will zu einem wörtlich-
verbindlichen Verständnis der jeweiligen «heiligen Schriften» und
daraus konsequent abzuleitenden Verhaltensregeln für das individuelle und öffentliche Leben mit der damit implizierten großen Gefahr der gegenseitigen Vernichtung der sich in ideologischen
Schwarzweißblöcken gegenüberstehenden Menschheitsgruppen,
eine Gefahr, die zuletzt besonders wieder deutlich wurde in dem
starken Einfluß fundamentalistischer amerikanischer Gruppen auf
Ronald Reagan, vor allem in den ersten Jahren seiner Regierungs-
zeit, und seine Administration, in der verhängnisvollen Legierung
aus fundamentalistischer Bibelgläubigkeit und Kreuzzugsmenta-
lität (vgl. z. B. Reagans ursprünglichen Glauben an das bevorste-
hende biblische Harmageddon als biblischen Endkampf des guten
Amerika gegen die Sowjetunion als das «Reich des Bösen»; vgl.
oben S. 65 ff.).

All dies und all die genannte intensive öffentliche Förderung angesichts der intellektuellen Zumutung, an einen zugleich allmächtigen, allwissenden und zugleich unendlich liebevollen, gütigen Gott
glauben zu sollen, obgleich es kaum ein Faktum gibt, das besser
bestätigt wäre, als daß offensichtlich «dunkle, fühllose und lieblose
Mächte das menschliche Schicksal bestimmen» (Sigmund Freud,
1940, S. 180).

B. Die Rahmenbedingungen

a. Das geringe Ausmaß an «metaphysischer Zivilcourage»

Wie sieht die Reaktion der derzeitigen deutschen (und darüber hinaus der westlichen) Gesellschaft, speziell der geistiger Redlichkeit und Aufklärung im besonderen verpflichteten Intellektuellen, der Hochschullehrer, Publizisten, Politiker auf diese «unmögliche» Situation aus?

Wenig konsequent, wenig mutig: Auch «metaphysische Zivilcourage» (G. Anders) scheint sehr selten und Gott immer noch ein «mächtiger Mann» zu sein.

Natürlich kann bei der Differenziertheit der westdeutschen Intellektualität niemand eine einheitliche Reaktion erwarten; aber daß die Gruppe der entschiedenen Christentumskritiker, zumindest derer, die sich öffentlich dazu bekennen, so klein ist, muß sehr nachdenklich machen, wirft ein erhellendes Licht auf das Ausmaß, in dem menschliches Denken durch Wünsche, Angst vor Mächtigen und andere verfälschende Bedürfnisse, auch schlichten Opportunismus und Karrierestreben, korrumpierbar ist, wieweit die verschiedensten Motive und frühkindlich indoktrinierte Denkhemmung konsequente Verarbeitung klar zutage liegender Sachverhalte auch bei in anderen Bereichen sich durchaus auf hohem intellektuellem Niveau bewegenden Menschen (man denke etwa an die v. Weizsäckers oder den ehemaligen bayerischen Kultusminister Hans Maier für viele andere) verhindern können.

Denn man muß es immer wieder sagen: Es handelt sich dabei im Prinzip ja keineswegs um sehr schwer erkennbare Sachverhalte; jeder kann sich leicht von den oben angeführten skandalösen Inhalten und Einstellungsvorgaben der Bibel, von einer der Existenz eines allmächtigen und unendlich liebevollen und gütigen Gottes so diametral entgegenstehenden Verfaßtheit der Realität überzeugen; dennoch führen diese so offenliegenden Sachverhalte nicht zu den eigentlich zu erwartenden intellektuellen Konsequenzen, eine Situation, die nur durch Abstumpfung und Gewohnheit nicht so provokativ wirkt, wie sie eigentlich wirken müßte. Die Gruppe derer, die den Mut zu dieser auch öffentlich vertretenen Konsequenz aufbringen, ist sehr klein: Günther Anders, Hans Albert, Ernst Topitsch, Karlheinz Deschner, Joachim Kahl sind keineswegs typische Repräsentanten der westdeutschen Gesellschaft, sondern eher, in manchen Bundesländern wie etwa Bayern, gerade noch geduldete Außenseiter.

b. «Niemand darf aus seiner Zugehörigkeit oder Nichtzugehörigkeit zu einem Bekenntnisse oder einer Weltanschauung ein Nachteil erwachsen»: Ein Wintermärchen?

Sich heute als dezidierter Nichtchrist oder gar als Atheist zu *bekennen* erfordert immer noch ein überdurchschnittliches Maß an Mut und die Bereitschaft, gesellschaftliche und vielfach auch berufliche Nachteile (zumindest in Süddeutschland) in Kauf zu nehmen. An den meisten (süd)deutschen Universitäten und ihren Fakultäten etwa wäre das offene Bekenntnis zu einer entschiedenen achristlichen oder gar atheistischen Position eher ein Berufshemmnis (wenngleich darüber vielleicht nicht offen gesprochen würde). Deshalb ist bei den folgenden kritischen Anfragen deutlich zu unterscheiden: Jedem, der heute in der Bundesrepublik seine berufliche Karriere erst aufbauen muß, kann man es nicht übelnehmen, wenn er mit Kritik an Kirche oder gar Christentum zurückhält und seine wirklichen Ansichten verbirgt; über seltenes Heldentum sollte man sich freuen, kann es aber kaum von der großen Mehrzahl oder gar als den Regelfall erwarten.

Besonders unfrei und bedrückend für nichtkirchliche jüngere Menschen stellt sich die Lage ja inzwischen im Bereich der Sozialberufe, speziell auch in meinem eigenen Fachgebiet, der Psychologie, aber partiell auch auf dem Gebiet der Medizin dar, was die Trägerschaft von Krankenhäusern angeht. Die beiden Kirchen haben es auf diesen Gebieten durch eine sehr geschickte, fast schon bauernschlau zu nennende Politik und mit teilweise stillschweigender Hilfe ihr höriger Politiker in einem Ausmaß, das den meisten Bürgern und Steuerzahlern gar nicht bewußt ist, verstanden, einen ganz wesentlichen Teil der Arbeitsgebiete für Diplompsychologen, Sozialarbeiter, Kindergärtnerinnen, Sozialpädagogen usw., aber zu einem beträchtlichen Teil auch von Krankenhausärzten an sich zu ziehen: ein für die geistige Freiheit dieser Berufsgebiete gravierendes Faktum; denn die Kirchen, besonders die katholische, wählen die Bewerber vor allem auch nach dem Kriterium der Loyalität zur jeweiligen Kirche in Gesinnung und Verhalten aus, was sie jedoch nicht daran hindert, den Großteil, über 80 Prozent, der Kosten von *allen* Steuerzahlern finanzieren zu lassen, wobei in diesem Fall keine Skrupel bestehen, auch Atheisten und der Kirche distanziert oder kritisch gegenüberstehende Bürger mitzahlen zu lassen (vgl. dazu etwa H. Herrmann, 1990).

Ich kenne auf meinem eigenen Fachgebiet, der Psychologie, nicht wenige junge Diplompsychologen, die es nicht wagen, obwohl sie es aus ihrer Überzeugung heraus eigentlich möchten, aus der Kirche auszutreten, weil sie mit Recht fürchten, ihre beruflichen Möglichkeiten drastisch zu reduzieren. Ich wundere mich immer über die egozentrische Heuchelei, mit der christliche Politiker hierzulande entsprechende Verhältnisse in anderen Staaten, die von einer konkurrierenden Weltanschauung getragen werden oder wurden, etwa des Ostens, beklagten: Verhält es sich denn so unterschiedlich, wenn hierzulande infolge zumindest regional bald monopolistischer Machtverhältnisse der Kirche junge Leute es aus Angst vor beruflicher Benachteiligung nicht mehr wagen können, offen ihre Meinung und Weltanschauung zu bekennen?

Es ist heute so weit gekommen, daß man als Hochschullehrer in einem sozialwissenschaftlichen Fach vor einem nicht unbeträchtlichen Teil seiner Studenten und Absolventen die Artikel 3^{III} des Grundgesetzes: «Niemand darf wegen ... seines Glaubens, seiner religiösen oder politischen Anschauungen benachteiligt oder bevorzugt werden» und Artikel 33^{III}: «Niemand darf aus seiner Zugehörigkeit oder Nichtzugehörigkeit zu einem Bekenntnisse oder einer Weltanschauung ein Nachteil erwachsen» nicht mehr zitieren kann, ohne zynisch zu erscheinen und Gelächter zu ernten.

Es gibt wohl kaum einen anderen Artikel des Grundgesetzes und keine andere Verpflichtung des Staates wie die zur religiösen und weltanschaulichen Neutralität, gegen die so häufig und dreist-offen permanent verstoßen wird, ohne auf die verheerenden Folgen für die Glaubwürdigkeit der bundesrepublikanischen Rechtsstaatlichkeit Rücksicht zu nehmen. In der Tat: Was ist ein solcher Artikel wert, wie unglaubwürdig muß er erscheinen, wenn er so leicht durch formaljuristische Tricks und mit Hilfe des «Subsidiaritätsprinzips» * unterlaufen werden kann, nach dem der Staat, die größere Einheit, nur dort tätig werden soll, wo die Kirchen, die kleineren Einheiten, den entsprechenden Raum freigeben. Allgemeine, von allen Bürgern aufgebrachte Steuermittel des eigentlich zur weltanschaulichen Neutralität, d. h. auch zur Gewährleistung der Chancengleichheit gegenüber allen Staatsbürgern ohne Ansehen ihrer Religion und Weltanschauung verpflichteten Staates werden den Kirchen zugeschoben, die dann wieder in der Verwendung dieser

---

* Ein Prinzip, das die katholische Kirche im übrigen nach außen fordert, sich aber nach innen selbst nicht daran hält; man vergleiche die gegenwärtige Zentralisierungspolitik Roms gegenüber den Lokalkirchen, die zentrale Macht der Bischöfe gegenüber den Priestern und Theologen usw., vergleichbar hier der auch von Insidern wie Küng angeprangerten doppelbödigen Handhabung der Menschenrechte nach außen und nach innen, im eigenen Bereich.

staatlichen Steuermittel nur kirchlich loyale Bewerber berücksichtigen.

Nicht im Sinne zu fordernder demokratischer Sollwerte, aber im Sinne der weithin bestehenden Faktizitäten könnte man diese Artikel streichen: Denn es ist in dieser Bundesrepublik wieder soweit, daß ein dezidierter Nichtchrist oder gar Atheist entgegen dem Grundgesetz *faktisch* benachteiligt wird. Wo bleiben hier die Verfassungsschützer, die sich nicht scheuen, die Einstellung einer wissenschaftlichen Hilfskraft, die in ihrer Studentenzeit einmal einer kommunistischen oder linksextremen Studentenvereinigung angehörte, zu verbieten, aber gegenüber mächtigen Organisationen wie etwa den Kirchen kneifen, wo bleiben die obersten Verfassungsorgane, an der Spitze der Bundespräsident und das Bundesverfassungsgericht, aber auch der Bundestag und die Bundesregierung, die per Eid verpflichtet sind, über die Einhaltung der Verfassung zu wachen?

c. Die grundgesetzwidrige Verletzung der religiösen Neutralität des Staates und Vermischung staatlicher und kirchlicher Bereiche

Wo bleiben die berufenen Verfassungsorgane und -schützer, die der zunehmenden Verquickung staatlicher und kirchlicher Bereiche, der grundgesetzwidrigen Verletzung der religiösen und weltanschaulichen Neutralität des Staates entgegen ihrem Amtseid nicht entgegentreten?

Wer dies alles für übertriebene «Schwarzmalerei» hält, dem sei als eines für viele mögliche Beispiele die 600-Jahr-Feier der *staatlichen* Universität Heidelberg, eine Veranstaltung von hoher Symbolkraft, genannt. Bei diesem *staatlichen* Festakt, der in einer Kirche stattfand, forderte der Freiburger Erzbischof Saier die Anwesenden zum gemeinsamen Vaterunser-Beten auf. Alle Teilnehmer, auch die schon rein statistisch wahrscheinlich anwesenden Kirchenfer-

nen standen in gut deutsch-obrigkeitshöriger Gehorsamstradition
brav und folgsam auf und taten dies. All dies geschah innerhalb
einer staatlichen Feier und in Anwesenheit und unter Beteiligung
des Bundespräsidenten, des Bundestagspräsidenten, des Bundes-
kanzlers u. a., die sich entgegen ihrer Amtspflicht dieser kirchlichen Vereinnahmung und sanften geistigen Vergewaltigung nicht
entgegenstellten: Müßte sich ein nichtchristlicher Jude, ein nicht-
christlicher Angehöriger einer anderen Religion oder gar ein Atheist nicht ausgeschlossen aus diesem staatlichen Akt, vergewaltigt,
überrumpelt vorkommen?

Diese Beispiele für eine zunehmende Tendenz der schleichenden
Errichtung oder besser des Ausbaus eines wirklich schon bestehenden grundgesetzwidrigen Staatskirchentums sind nur Einzel-
fälle unter vielen Verstößen gegen die staatliche Neutralitätspflicht,
angefangen von der staatlich finanzierten Militärseelsorge über die
Definition von dezidiert christlichen Erziehungszielen in Landes-
verfassungen und Schulgesetzen bis zur staatlichen Finanzierung
und Trägerschaft konfessionsgebundener Theologischer Fakultäten an staatlichen Universitäten, oder, neuestes Beispiel, die ab-
schließende Bibellesung auf dem Evangelischen Kirchentag 1989 in
Berlin durch Herrn Momper, ausdrücklich «in seiner Eigenschaft
als Regierender Bürgermeister» (so Landesbischof Engelhardt von
Baden im Südwestfunk am 18. 6. 89), oder die Gewährung von be-
zahltem Sonderurlaub an Staatsbedienstete zur Teilnahme an eben-
diesem Kirchentag (man stelle sich die Behandlung eines entsprechenden Antrags eines Staatsbediensteten zur Teilnahme an einem
atheistischen Kongreß vor!). Im übrigen sei auf die Zusammenstel-
lung vielfältiger grundgesetzwidriger, aber stillschweigend bis
heute geduldeter Verstöße gegen das Neutralitätsgebot des Grundgesetzes bei J. Kahl (1968, S. 120 ff.) verwiesen. Selbst ein kirchlicher Insider wie Hans Küng beklagt, daß man «mit Staatskirchen-
recht (in Deutschland) unbotmäßige Kindergärtnerinnen und
Religionslehrer, Krankenhausschwestern und Ärzte, Kapläne und
Pfarrer, Doktoranden, Habilitanden und Professoren disziplinie-
ren» wolle (1987, S. 64 f.).

Angesichts dieser Sachlage der schon wieder entstandenen partiellen religiös-weltanschaulichen Unfreiheit in Deutschland müssen von den folgenden kritischen Anfragen alle jene ausdrücklich ausgenommen werden, vor allem im Bereich der Sozialberufe einschließlich der Krankenhausmedizin, die noch in keinem oder nur in ungesicherten abhängigen Arbeitsverhältnissen leben, also etwa auch der Großteil der Absolventen meines eigenen Faches.

C. Vier typische Reaktionen deutscher Intellektueller und Hochschullehrer auf die dargestellte religiöse Situation

Kritisch muß man hingegen das Verhalten der ganz großen Mehrzahl der intellektuellen Meinungsführer und insbesondere auch meiner eigenen Gruppe, der Hochschullehrer – in diesem Punkte muß man Küng völlig recht geben (vgl. oben S. 5 f.) –, sehen, die im Unterschied zu manchen ihrer Vorgänger in vergangenen Jahrhunderten in ihrem unkündbaren Beamtenstatus kein großes Risiko eingingen, wenn sie in puncto Religions- und Kirchenkritik etwas mehr Zivilcourage aufbrächten, etwas mehr Farbe und Kontur zeigen würden.

Denn hier bietet sich tatsächlich kein sehr schmeichelhaftes Bild, um es milde zu sagen; vor allem, wenn man, fast vergessen, daran erinnert, daß «Professor» von profiteri = bekennen, d. h. ja wohl zur erkannten Wahrheit, sich herleitet (und nicht, wie witzig-ironische Beobachter immer wieder vermutet haben, von «Profit»). Viele täglich zu machende Beobachtungen sprechen dafür, daß das Maß der Außenleitung, die Abhängigkeit von unmittelbaren sozialen Prämien, «Verstärkern», lerntheoretisch gesprochen («Jenseits von Freiheit und Würde»?), in dieser Berufsgruppe besonders groß ist. ★ (Man mache die Probe und führe mit einem x-beliebigen deutschen Universitätsprofessor ein Gespräch. In einer auffällig großen

---

★ Psychologisch gut erklärbar aufgrund der typischen Karrieredetermination dieser Berufsgruppe.

Zahl der Fälle wird man spätestens nach zehn Minuten über solche sozialen Prämien und die offenbar daran subjektiv gemessene eigene Wertigkeit mehr oder minder direkt oder indirekt informiert: Einladungen zu Vorträgen, Reisetätigkeit und sonstige Indikatoren der eigenen Wichtigkeit.) Da es solche sozialen Prämien für Religions- oder gar Christentumskritik kaum gibt, ganz im Gegenteil, gibt es diese konsequenterweise in der Bundesrepublik auch so außerordentlich selten bis gar nicht. (Hat Skinner doch nicht so unrecht?)

Wie sieht die entsprechende Szene im Bereich der deutschen (die ehemalige DDR vorläufig noch ausgenommen) Intellektuellen, speziell der Hochschullehrer, aus? Man könnte, die komplexe Struktur der Übersichtlichkeit halber etwas vereinfachend, vier Reaktionstypen unterscheiden:

a. Die Konsequenten: Dezidierte Christentumskritiker

Die erste, sicher mit Abstand die kleinste, ja gegenüber der Masse der Hochschullehrer, Meinungsführer, Intellektuellen, schon gar Politiker verschwindend kleine Gruppe bilden die dezidierten Christentumskritiker, *die sich als solche öffentlich auch zu erkennen geben.* Sie stellen schon generell auf Intellektuelle bezogen eine sehr kleine Gruppe dar, die sich noch weiter vermindert, wenn man sich auf die Untergruppe der Hochschullehrer bezieht.

b. Die Dennoch-Gläubigen: Dezidierte Christentumsbekenner

Eine weitere, schon aufgrund der langjährigen gezielten Personalpolitik der Kirchen und der von ihnen bestimmten Kultusministerien (vgl. etwa Bayern) wesentlich umfangreichere Gruppe stellen die dezidierten Christen dar, die sich ebenfalls offen als solche bekennen. Sie bilden einen der Hauptansprechpartner dieses christentumskritischen Buches. Sie besonders sollen zur Diskussion herausgefordert und mit der These provoziert werden, daß sie vor allem als Hochschullehrer, vielleicht in den meisten Fällen nur objektiv und bona fide, angesichts der oben dargelegten Sachverhalte gegen ihre Pflicht zur intellektuellen Redlichkeit verstoßen, nicht den Mut haben, aus offensichtlichen Tatsachen Konsequenzen zu ziehen, sondern letztlich wohl aus Angst vor dies- und jenseitigen Sanktionen und dem Verlust entsprechender Prämien, teilweise auch sehr sublimer, die in der tradierten kindlichen Sozialisation erworbenen religiösen Einstellungen wider alle Erfahrung und Vernunft beibehalten.

Aber seien wir fair und nicht vorschnell in unserem Urteil und sehen wir zu, ob und wie diese «Dennoch-Gläubigen» ihre Standpunkte rechtfertigen können. Am Beispiel einiger führender, repräsentativer Vertreter dieser Gruppe wollen wir uns mit den jeweils angeführten Gründen ihrer prochristlichen Positionen auseinandersetzen und sie auf ihre Stichhaltigkeit überprüfen.

1. Walter Jens: «Warum ich Christ bin»: Walter Dirks; Norbert Greinacher; Hans Küng; Elisabeth Pasewaldt; Dorothee Sölle; Johann Baptist Metz; Albert Görres; Henry Deku; Karl Rahner; Kurt Sontheimer

Aufschlußreiche Beispiele für solche Begründungen prochristlicher Positionen finden sich in dem von Walter Jens herausgegebenen Sammelband «Warum ich Christ bin» (1979). In diesem Buch antworten etwa zwei Dutzend der bekanntesten deutschen dezidierten christlichen Meinungsführer, Intellektuellen, Hochschullehrer auf die Frage, warum sie Christ seien, von Heinrich Albertz über Walter Dirks, Albert Görres, Norbert Greinacher, Eberhard Jüngel, Hans Küng, Johann Baptist Metz, Jürgen Moltmann, Karl Rahner bis zu Dorothee Sölle und Kurt Sontheimer, um nur einige der bekanntesten Namen zu nennen, ein breites und, so kann man annehmen, einigermaßen repräsentatives Spektrum für heutige Intellektuelle, die sich gleichzeitig als dezidierte Christen bekennen.

Aufgrund der bislang dargestellten biblischen wie historischen und naturgeschichtlichen Sachlage, die es nur schwer nachvollziehbar erscheinen läßt, wie ein nur einigermaßen informierter Intellektueller redlicherweise heute noch Christ sein kann, ist man gespannt auf Argumente, die diese zugegeben bewußt provokativ formulierte These widerlegen könnten, auf Gründe, warum man eben doch heute noch redlicherweise Intellektueller *und* Christ sein kann. Um es vorwegzunehmen: Das Ergebnis ist inhaltlich wie formal enttäuschend. Es finden sich über die im letzten Kapitel analysierten, von Küng angeführten Argumente hinaus keine wesentlich neuen Gesichtspunkte. Was von Küng schon in gründlicherer, umfassenderer und differenzierterer Weise vor allem in seinen beiden Hauptwerken «Christ sein» und «Existiert Gott?» vorgebracht wurde, findet sich auch hier in (legitimerweise) verkürzter Form wieder. Wieder wird die Provokation «Bibel» durch eine extrem selektive Darstellung und offensichtlich auch Wahrnehmung (z.B. Walter Dirks, S. 146; Norbert Greinacher, S. 180; Hans Küng, S. 222; Elisabeth Pasewaldt, S. 283–286; Dorothee Sölle, S. 347), durch verfälschend-einseitige Projektionen eigener Ideale und Wertvorstellungen in die biblischen Texte (z.B. Greinacher, S. 182f.; Metz, S. 257) «bewältigt».

Insbesondere auf die extrem provokative biblische Lehre über den Kreuzestod Jesu als Sühneopfer wird entweder gar nicht eingegangen – offenbar wird diese klare biblische Aussage inzwischen weitgehend verdrängt –, allenfalls wird sie auch schon einmal mit wohlklingenden Wortwolken verschleiert und verharmlost; Beispiel: «Sein Kreuz ist für mich das Siegel für die Vollmacht, mit der Jesus als der Mensch Gottes im ursprünglichen Sinn nun selbst das rettende Wort Gottes für den Menschen wird» (Pasewaldt, S. 292).

Das Theodizeeproblem und seine im Rahmen der biblisch-christlichen Gotteslehre gegebene Unlösbarkeit wird zwar von einigen Autoren gesehen, es werden aber in keinem Falle die redlicherweise einzig möglichen Konsequenzen gezogen, nämlich daß ein solcher Gottesglaube unhaltbar ist, eigentlich aufgegeben werden müßte.*

Statt dessen versucht man, «mit dem Geheimnis zu leben», weil man einfach, wie man offen zugibt, Gott «braucht» (Dirks, S. 138 f.); man «muß mit diesem ungelösten Problem als Christ leben», weil man «als Christ glauben und hoffen darf, daß es trotz all des unermeßlichen Leides einen umfassenden Sinnhorizont gibt, der dieses Leid noch einmal übersteigt», was ausgerechnet mit einem Zitat aus der Offenbarung des Johannes belegt wird, dessen grausam-sadistische Grundtendenz oben eindeutig und umfassend belegt wurde (Greinacher, S. 179 f.). In beiden Fällen, bei Walter Dirks wie bei Norbert Greinacher, setzt offensichtlich bedürfnisgeleitetes Wunschdenken die Ratio außer Kraft, wird zudem wieder implizit ein Übersteigen der Vernunft (sich selbst?) vorgetäuscht, wo eindeutig ein Unterschreiten der Vernunft, ein Widerspruch zur Ratio, vorliegt (vgl. oben S. 235, 257).

Auch für Albert Görres ist die Theodizeefrage «unauflöslich, aber übersteigbar» (S. 187). Seine Haltung, sein Gefesseltsein, Nicht-los-Können von den (früh)kindlich und familiär empfangenen Indoktrinationen stellt sich besonders tragisch dar; denn Görres *sieht* wohl am deutlichsten von allen Autoren die Unhaltbarkeit der biblisch-christlichen Gotteslehre (S. 196–199). Von einem Hochschullehrer, Wissenschaftler, Psychoanalytiker und Psychologen müßte man nun erwarten, daß er redlich und bei einiger Selbsterkenntnis die Stärke aufbrächte, die intellektuell einzig zu verantwortenden Konsequenzen zu ziehen: Das biblisch-christliche Gottesbild ist vor den Standards kritischer Vernunft und aufgeklärt-humaner Ethik inakzeptabel. Da er dies aber, ein erschütterndes Schauspiel, nach eigenem Eingeständnis «nicht kann» – «Wie kann ich Christ sein?... ich bin es, aus vielen Gründen, unter anderem aber, weil mein Denken auf den Schöpfer des Him-

---

* Es ist zu vermuten, daß man auch auf diese Feststellung statt mit Argumenten mit den bekannten Etikettierungen reagieren wird: «flach-aufgeklärt», «zu wenig tief», «rationalistisch», usw. usw.

mels und der Erde, den Grund und das Ziel meines Daseins, das höchste Gut und Glück, den Herrscher des sittlichen Reiches *nicht verzichten kann*» (S. 200, Hervorh. vom Verfasser) –, so muß er eben, offenbar auch als Psychoanalytiker und Psychotherapeut, der um die inhumanen Implikationen eines solchen Gottesbildes wissen müßte, «Jesus den bedrohlichen und furchtbaren, den zürnenden und strafenden Richtergott glauben…, in dessen Hände zu fallen schrecklich ist, der unzweifelhaft uns Qual und Tod, seinem Sohn das Kreuz zumutet, …» (S. 199).

Es ist also wieder (oder noch?) soweit, er steht wieder zur Verfügung, der drohende, grausame, strafende Richtergott, wiederbelebt und aktualisiert nicht etwa von einem hinterwäldlerisch-reaktionären Theologen, sondern ausgerechnet von einem Psychoanalytiker und Psychotherapeuten, Psychologen; dies alles auf dem Hintergrund der eben auch von Görres gesehenen und nicht wegzudiskutierenden, von Gott zumindest zugelassenen oder gar (mit)verursachten Grausamkeiten und Greuel der Welt- und insbesondere auch der Kirchengeschichte (Hexen- und Ketzerverfolgungen, extrem blutige Kreuzzüge «im Namen Jesu», so die damaligen Päpste, die Greuel in zahlreichen christlichen Religionskriegen, grausamste Folterungen usw. usw.) wie der unendlichen Leiden und Schmerzen so unzähliger Individuen.

Immerhin ist Görres im Unterschied zu vielen seiner in diesem Punkte progressiveren Glaubensgenossen etwa mit ihrer oben schon angeführten absurden Denkfigur des «solidarischen Gottes» (wie z. B. in diesem Buch wieder Greinacher, S. 181) bei den nicht wenigen sonst zu konstatierenden Widersprüchen in seiner Gedankenführung in diesem Punkte folgerichtig: Ein humanes Gottesbild ist nur bei Inkonsequenz und unredlicher Verdrängung der in diesem Punkte sehr klaren biblischen Aussagen möglich.

Auch in einem anderen Beitrag, der sich im übrigen durch einen kaum noch zu ertragenden gestelzten, «gelahrten» Stil (auf 22 Seiten 138 zum großen Teil lateinische Zitate, ebenfalls eine beliebte Vernebelungs- und Beeindruckungsstrategie!) «auszeichnet» (und dessen Aufnahme in den Sammelband durch Walter Jens, ich muß gestehen, mir ziemlich unverständlich ist), werden die unsäglichen menschlichen Leiden als Strafe Gottes, als Gelegenheit zur Sühne dargestellt: «Der Trost liegt im Leiden selber, vorausgesetzt, man stellt es in den Dienst der Läuterung und Sühne» (Deku, S. 120). Der Autor betont, wieder vor dem Hintergrund all der unzähligen weltgeschichtlichen Greuel bis zu Auschwitz, in diesem Zusammenhang auch, daß ein «Umstand» zu wenig erwähnt werde, nämlich «daß die Welt ohne Leiden ganz gewiß noch weniger erträglich sein dürfte, denn so, wie sie ist, bietet sie wenigstens noch Gelegenheit zur Selbstbestrafung, zu gar nicht so ungern gesehenen Sühne- und Vorschußleistungen bzw. Abschlagszahlungen (sic!) für unser Versagen ... Der Gerechte hängt eben oft am Kreuz, es käme nur noch darauf an, daß er damit wirklich ein Sühneopfer darbringen will: Dann hätte er nämlich seine Misere gleichsam rentabel (sic!) gemacht» (S. 120). Welch ein Trost mögen solche Früchte der «Meditation eines Philosophen» (so der Klappentext) und katholischen Universitätsprofessors in Salzburg und München für die zahllosen unschuldigen Leidenden und Opfer der von Gott zugelassenen historischen und individuellen Grausamkeiten bis zu Auschwitz bedeuten! Der Autor hat seinen Beitrag «Die Konkurrenzlosigkeit des Christentums» überschrieben, vielleicht in einem von ihm ungewollten Sinne doch ein folgerichtiger Titel!

Auch die egozentrische Überschätzung der eigenen «ererbten» Weltanschauung, die bekannte simplifizierende Reduktion der hochkomplexen weltanschaulichen Sichtweisen und Möglichkeiten auf wenige stark abgewertete Alternativen zum biblisch-christlichen Gottesglauben, wie sie oben (vgl. S. 275 f.) schon bei Küng kritisch zu vermerken war, findet sich auch hier wieder. Greinacher etwa scheint «die Interpretation des christlichen Glaubens über Gott und die Welt bis zum Beweis des Gegenteils immer noch die sinnvollste und redlichste (!) zu sein» (Greinacher, S. 175). Er hat ein «solches Sinnangebot sonst nirgends plausibler gefunden», offensichtlich unangefochten von den oben exemplarisch und nur sehr selektiv angeführten biblischen, geschichtlichen und individuell-existentiellen Sachverhalten.

Auch jener offenbar nicht umzubringende einfältige «Pappkamerad», der, nur weil er Atheist ist, auch alles zu erklären und zu durchschauen beansprucht, eine Logik, die ja in keiner Weise einleuchtet, wohl weil es sie auch gar nicht gibt, tritt hier wieder auf, wohl weil man den weltanschaulichen Gegner zuerst mit unhaltbaren Attributen ausstatten möchte, um ihn anschließend um so besser demontieren zu können: «... die, die leugnen, daß es das oder den gibt, das oder den ich Gott nenne. Solche Leute müßten doch der Überzeugung sein, daß man grundsätzlich schließlich hinter alles und jedes kommen könne...» – wobei auch hier wieder als *die* Alternative zum biblisch-christlichen Gottesglauben die Banalität, das Nichts dargestellt wird – «... daß man ... alles durchschauen und dann in seine Banalität, letztlich ins Nichts fallen lassen könne» (Rahner, S. 297).

Das durch alle Beiträge dieses repräsentativen Sammelbandes einmal eher implizit, an anderen Stellen wieder ganz offenherzig ausgesprochene Grundmotiv, daß man eben an den biblisch-christlichen Gott und seinen Sohn Jesus Christus glauben «möchte», daß man darauf «nicht verzichten könne», zeigt sich u. a. auch in der eigenartigen Situation, in die man als interessierter christentumskritischer Leser gestellt wird: Es wird einem immer wieder beteuert, daß der christliche Glaube eine «vernünftige Grundlage» biete (Greinacher, S. 175), ja es wird gefordert, daß ein «Glauben, der ... den Gedanken und Absichten Gottes gilt, immer ein vernünftiges Verhalten sein sollte, er wäre sonst unsittlich» (Görres, S. 187). Auch Küng versichert noch einmal: «Wahrhaftig, Sie brauchen nicht, wie Sie fürchten, unvernünftig zu werden, wenn Sie an Gott, den christlichen Gott glauben wollen» (Küng, S. 226). Sieht man dann zu, wie es um die Realisierung dieser hehren Programmatik steht, so findet man in dem gesamten Band kein einziges Argument, das die bislang in diesem Buch vorgebrachten, gerade unter Vernunftkriterien sich stellenden fundamentalen Einwände gegen den biblisch-christlichen Gottesglauben entkräften könnte. Zugegeben, so offen ausgesprochen eine harte und provokative, vielleicht für den einen oder anderen vielleicht auch anspruchlich-über-

heblich klingende These: Aber ich bin bereit, sie jederzeit argumentativ zu verteidigen.

In wie weitgehendem Ausmaß offensichtlich kindliche (pietistische?) Indoktrination auch noch das erwachsene Denken Intellektueller beeinflussen, hemmen kann, zeigt als letztes Beispiel aus
dem Sammelband von Walter Jens der Beitrag von Kurt Sontheimer, immerhin ebenfalls kein bornierter Hinterwäldler, sondern
einer der bekanntesten Politologen der Bundesrepublik und ehe-
maliger Präsident des Deutschen Evangelischen Kirchentages.
Man sollte sich gerade vor der Lektüre dieses Beitrags noch einmal
alle die bislang vorgetragenen biblischen (Kap. II), weltgeschichtlichen und individuell-existentiellen Fakten vor Augen führen, um
sich die geistige Abschottung, die offensichtliche Denkhemmung
in ihrem ganzen Umfang zu veranschaulichen, die sich in dem Beitrag und der Position Sontheimers in diesem Band in erschüttern-
dem Ausmaß zeigt.

Er möchte von seinem «Christsein als etwas mir Selbstverständlichem reden, das nicht umständlicher Erläuterung und kritischer
Auseinandersetzung mit dem Geist der Zeit bedarf» (S. 352).
Wohlgemerkt, diese Einstellung wird von einem Wissenschaftler
nicht als (bedauerliches) Faktum konstatiert, sondern als *Postulat*
formuliert. Es fällt ihm «leicht (!), als Intellektueller ein Christ zu
sein und zu bleiben» (S. 350).

«Gott muß mir nicht bewiesen werden, denn er existiert für
mich, weil ich an ihn glaube» (a. a. O., S. 360). Mit derselben Logik
konnte man auch den Hexenglauben (oder jede beliebige abstruse
und inhumane religiöse oder auch politische Ideologie) wieder ein-
führen und zur Begründung sagen: «Die Existenz von Hexen muß
mir nicht bewiesen werden, denn sie existieren für mich, weil ich
an sie glaube.» Welch unbekümmerte Umkehrung schlichtester
Denkregeln!

«Der Glaube an das ewige Leben ist mir kein unerforschbares
Rätsel, sondern ein Trost und eine Verheißung. Ich fühle mich nicht
unter Begründungszwang. Die Apologetik überlasse ich lieber anderen» (S. 360f.).

Das ganze Ausmaß, in dem (früh)kindliche Indoktrination und Wunschdenken auch bei vielleicht in ihrem Forschungsbereich kompetenten Wissenschaftlern intellektuelles Argumentieren beeinflussen bzw. hemmen können, zeigen etwa auch die folgenden Ausführungen: «Sollte ich aufhören, an die seligmachende Botschaft Christi zu glauben, nur weil andere, *mögen sie noch so rationale Gründe anführen*, daran nicht glauben wollen oder können? Mich fechten solche Fragen und Einwände nicht an. Ich will (!) ein Christ sein, ... angesichts der oft verbissenen, vielfach geistvollen Bemühungen Gelehrter und im theologischen Disput erfahrener Zeitgenossen, ihr Christsein im geistigen Horizont unserer Epoche argumentierend zu rechtfertigen, frage ich mich, warum ich in einem durch die christliche Tradition geprägten Land, innerhalb einer Kirche, die gegenüber ihren Gliedern so liberal und so geduldig ist wie die meine, etwas anderes sein sollte als ein Christ» (S. 360).

So geht das weiter und bedarf eigentlich keines ausdrücklichen weiteren Kommentars. Man möchte allerdings vielleicht doch meinen, daß es eines Intellektuellen unwürdig sei, einfach und schlicht seine durch geographische und familiäre Zufälligkeiten zugeteilten Weltbilder unkritisch beizubehalten. Sontheimer, der auf seine Herkunft aus einer evangelisch-freikirchlichen Brüdergemeinde abhebt, sieht das ganz anders; er hält dieses Festhalten am ererbten Glauben für «lebenswahrer», was immer mit diesem Ausdruck gemeint sein mag, am ehesten wohl, daß dieser Begriff ein weitverbreitetes *Faktum* beschreibt. Es scheint mir aber für einen Intellektuellen und Wissenschaftler eine Kapitulation, ein Offenbarungseid zu bedeuten, in dieser Weise aus der Not eine Tugend zu machen und das Faktische zum Postulat zu erheben: «Die von mir gewählte Argumentationsform scheint den *Vorzug* (!) zu haben, anspruchsloser zu sein als die übliche apologetische, da sie *weniger* (!) *Selbstkritik und gewissenhafte Erforschung der Gründe und Motive für den eigenen Glauben* voraussetzt. Doch ich wähle sie nicht so sehr aus diesem Grund, sondern weil sie meiner eigenen Biographie und, wie ich vermute, der Biographie vieler heutiger Christen entspricht und darum vielleicht lebenswahrer ist als jeder noch so redliche Versuch, sich über die Gründe und Motive seines Glauben an Christus rational Rechenschaft abzulegen» (S. 353,! vom Verfasser).

Allerdings ist Sontheimer auch in diesen wie in anderen Punkten nicht ganz konsequent, weil er aus der für einen *allgemeinen* Gottesbegriff, nicht aber für den biblisch-christlichen Gott (wir haben das bereits oben, S. 269 ff., ausführlich dargelegt) zutreffenden Pattsituation, was die Beweisbarkeit der jeweiligen Existenz oder Nichtexistenz eines Gottes angeht, sich die Erlaubnis ableitet, an einen Gott zu glauben, der durch Christus geoffenbart worden ist, und dann in schöner bekannter christlicher Selbstgefälligkeit und Verdrängung der tatsächlichen (kirchen)geschichtlichen Fakten die moralische Überlegenheit des christlichen Glaubens über seine Alternativen behauptet, die in nun schon bekannter hochsimplifizierender Manier auf den «Glauben an nichts oder das Nichts» reduziert werden (S. 356 f.).

Insgesamt eine erschütternde Bilanz eines Versuches, von einem in der Bundesrepublik immerhin renommierten Politologen, Wissenschaftler erfahren zu wollen, wie er es mit dem Postulat intellektueller Redlichkeit vereinbaren kann, gleichzeitig Christ und Wissenschaftler zu sein: Das ganze geistige Elend dieser Intellektuellen wird sichtbar, das ganze Ausmaß der offenbar notwendigen geistigen Abschottung und Denkhemmung, um Unvereinbares doch als vereinbar sehen zu können, mag dieses «Elend», diese geistige «Unmöglichkeit» auch schon so weit verdrängt sein wie im Falle Kurt Sontheimers: «Warum eigentlich sollte ich nicht Christ sein? Was spricht dagegen?» sagt er abschließend (S. 362).

Vielleicht sollte sich Kurt Sontheimer und sollten sich ähnlich «argumentierende» Dennoch-Gläubige von dem in diesem Punkte viel weitsichtigeren, sicher unverdächtigen Mitchristen Carl Friedrich v. Weizsäcker doch zu etwas mehr Nachdenklichkeit anregen lassen: «Ist es mit dem modernen Bewußtsein vereinbar, Christ zu sein? ... Wie so häufig im Leben wird das Problem verschärft, wenn man versucht, sein Bestehen zu leugnen» (C. F. v. Weizsäcker, 1981, S. 104).

2. Heinz Zahrnt: «Warum ich glaube»

Abgesehen von den in dem Jensschen Buch versammelten, in der Mehrzahl in der deutschen christlichen Szene sehr renommierten Autoren sollen hier noch zwei im deutschen Bereich und darüber hinaus außerordentlich einflußreiche dezidiert christliche Autoren zu Wort kommen, beide gleichermaßen durch ihre engagierte Menschlichkeit sympathisch wie durch ihre offenbar genuin deutsche Inkonsequenz und geistige Verstrickung in Sachen kirchlich-christlicher Religiosität zum Widerspruch herausfordernd.

Auf den ersten bezieht sich außer auf Hans Küng auch Kurt Sontheimer als seinen Gewährsmann. Es handelt sich um den evangelischen Theologen Heinz Zahrnt und sein Buch «Warum ich glaube. Meine Sache mit Gott» (1977, 1980), ein im deutschen Kulturraum sehr erfolgreiches Buch und dasjenige von seinen Büchern, das nach Aussage des Autors «die intensivste Wirkung gehabt» habe (Vorwort zur Taschenbuchausgabe).

Wie begründet Heinz Zahrnt, «warum er glaubt»? Findet sich bei ihm vielleicht die bislang noch nirgends gefundene Lösung des Problems, zugleich intellektuell redlich und doch gläubiger Christ zu sein? Welche Antworten hat er auf die bislang herausgearbeiteten Einwände gegen den biblisch-christlichen Gottesglauben? Wie «bewältigt» er z. B. das Skandalon «Bibel» (vgl. Kap. II)?

(1) Wie man als deutscher Intellektueller trotz allem weiterhin
auf die Bibel bauen kann

Die Bibel bildet für Zahrnt, konsequent in der Tradition des Protestantismus stehend, «nach wie vor die Lebensader der Christenheit – Quelle und Inhalt des christlichen Glaubens, Antrieb und Maßstab der kirchlichen Praxis, Gegenstand und Leitfaden der theologischen Forschung» (a. a. O., S. 60).

Allerdings sieht Zahrnt mit Bedauern (ein «Unheilszirkel») in Abhebung zur beanspruchten Verbindlichkeit dieses Buches die

tatsächliche Abnahme der Rezeption der Bibel, der Bibelkenntnisse
(was man aufgrund eigener Erfahrungen als Bibelkritiker nur voll
bestätigen kann), der Bibelverkündigung, sei es im Religionsunterricht oder auch im Bereich der Theologie, wo nach seiner (ebenfalls
nicht ganz unzutreffenden; vgl. S. 336 ff., 404 ff.) Wahrnehmung
«die praktische Theologie heute die exegetische zu überflügeln beginnt» (a. a. O., S. 60).

Die Gründe für diese von ihm konstatierte und bedauerte Abwendung und Abnahme des Bibel-Engagements sieht Zahrnt zunächst keineswegs in den in Kap. II exemplarisch dargestellten
archaisch-inhumanen und unglaubwürdigen Inhalten der Bibel,
sondern zum einen in einer «allgemeinen Autoritätskrise»: «Man
will sich nichts mehr ‹vorsetzen› lassen, nicht den Faust und auch
nicht die Bibel» (a. a. O., S. 61), zum anderen darin, daß sich in
Jahrhunderten «gleichsam ein ‹ewiger Bund› zwischen Bibel, Kirche und politischer Macht» entwickelt habe: «Die Bibel war das
Herrenbuch einer Herrenkirche in einem einstimmigen Herrschaftssystem. Wer sich auf die Kunst ihrer Auslegung verstand,
besaß Herrschaftswissen und übte mit dem Trost auch zugleich
Herrschaft aus. Sobald dieses einstimmige Herrschaftssystem zer-
bröckelte, mußte auch die Bibel ihre bisherige Autorität verlieren»
(a. a. O., S. 61).

Vielleicht sollte sich Zahrnt aber doch die Frage stellen, warum
sich die Bibel als göttlich autorisierter Text so gut zu einer solchen
Herrschafts- und Machtausübung über andere Menschen eignete,
um so mehr, als sich diese biblisch begründete Herrschaft über die
Seelen, nicht zuletzt gestützt auf massive, gerade auch biblische
Strafandrohungen, auch heute noch findet, wenn vielleicht auch in
etwas sublimerer und versteckterer Form. Man denke etwa als
eines von anderen möglichen Beispielen an die Gewissens«herrschaft», wie sie immer noch von maßgebenden «Hierarchen»
(= «heilige Herrscher»!) der katholischen Kirche etwa in der Frage
der Disziplinierung abweichender oder ihre Amtsniederlegung an-
strebender Priester ausgeübt wird, kein finsteres Horrorgemälde
böser Kirchenfeinde, sondern vielfach bezeugbare, aber weithin

verheimlichte, nicht zuletzt auch von progressiven Kirchenmitgliedern selbst, wie z. B. von Hans Küng, angeprangerte menschenrechtsverletzende Praxis (vgl. auch Drewermann, 1989).

Die Fairneß gebietet es, zu sagen, daß es sich Zahrnt allerdings nicht zu einfach macht und es etwa bei den angeführten Erklärungen bewenden läßt. Er rezipiert die Ergebnisse der kritisch-historischen Bibelforschung durchaus (kommt allerdings zu wunderbar salvatorischen Konsequenzen für sein eigenes Christsein, vgl. unten S. 315 f.), weist auf die nicht wenigen historischen, religiösen und ethischen Widersprüche in den biblischen Texten hin und zitiert entsprechende Beispiele (a. a. O., S. 70 f.); auch für den heutigen Menschen nach seiner Ansicht offenbar nur schwer akzeptierbare Wundergeschichten (vielleicht eine geringere und von heutigen Theologen etwas überschätzte Schwierigkeit, akzeptiert man nur erst die Existenz eines allmächtigen Gottes) verlangt er nicht zu glauben.

Als Lösung für entsprechende Schwierigkeiten und Provokationen des aufgeklärten Verstandes und eines modernen ethischen Standards wird zum einen die Empfehlung zur souveränen Selektion der biblischen Texte angeboten; man solle mit der Bibel umgehen wie mit einer Gemäldegalerie: «Aber auch wenn Elia Feuer vom Himmel fallen und Elisa Eisen im Wasser schwimmen läßt, wenn auf Jesu Befehl ein Feigenbaum augenblicks verdorrt, wenn die Berührung mit dem Schatten des Petrus oder mit den Binden des Paulus genügt, um Kranke zu heilen, wenn Ananias und Saphira auf der Stelle tot umfallen, weil sie vom Erlös aus dem Verkauf ihres Ackers heimlich etwas für sich behalten haben, statt alles an die Gemeinde abzuliefern – dann gehen wir an solchen magischen, eher wunderlichen als wunderbaren Vorkommnissen rasch vorüber wie in einer Gemäldegalerie an Bildern, die uns nicht zusagen, weil sie uns nichts zu sagen haben.» Und mit einem jener bei modernen Theologen so beliebten, weil Verlegenheit als Geistesblitz vortäuschenden Wortspiele endet der Abschnitt: «Wir sollen die Bibel beim Wort, aber wir sollen sie nicht wörtlich nehmen» (a. a. O., S. 60).

Das Vorgehen Heinz Zahrnts hat gegenüber anderen Kirchenvertretern und Theologen, die dieselbe Strategie tatsächlich, aber häufig implizit-verdeckt praktizieren, den Vorteil, daß er *ganz offen-explizit* sich zu einer solchen hochselektiven Rezeption der Bibel bekennt.

Allerdings ergeben sich gegen diese Art subjektiv-selektiver Bibelrezeption schwerwiegende Einwände, gerade aus dem m. E. genuinen Selbstverständnis zentraler biblischer Aussagen und der darauf aufbauenden christlichen Religiosität, die an die Existenzfrage ihrer institutionalisierten Form, der Großkirchen wie fast aller christlichen Religionsgemeinschaften rühren:

1. Zum ersten wendet sich die Bibel* selbst mehrfach und ausdrücklich gegen eine solche Selektion durch den rezipierenden Leser; noch in ihren letzten Versen verbietet sie ausdrücklich jedes «Hinzufügen» und jedes «Wegnehmen» biblischer Worte (gerade bei diesem letzten Buch der Bibel, der Offenbarung des Johannes, ein besonders provozierendes Gebot!) und bedroht das entsprechende Vorgehen mit schweren Strafen (Offb. 22; 18–20). Man müßte also nach Zahrnt die Bibel unbiblisch, d. h. im klaren Widerspruch zum biblischen Gebot und Selbstverständnis, lesen.

2. Konsequenterweise hat das kirchliche Lehramt (das katholische bis heute, u. a. auch noch in einem entsprechenden Verkündigungstext des II. Vatikanischen Konzils erneut bekräftigt, die evangelische[n] Kirche[n] bis in jüngste Zeit mehrheitlich ebenfalls und evangelikale und pietistische Kreise auch heute noch) die *gesamte* Bibel «in allen ihren Teilen» als «heilig» und verbind-

---

* und hier konsequent folgend, neben dem römisch-katholischen Lehramt (vgl. oben S. 21), auch Luther: «Rund und rein, *ganz und alles geglaubt oder nichts geglaubt. Der heilige Geist läßt sich nicht trennen, noch teilen, daß er ein Stück sollte wahrhaftig und das andere falsch lehren oder glauben lassen*» (zit. n. L. Feuerbach, 1849, 1980, S. 15; Hervorh. vom Verfasser).

lich vorgestellt (vgl. oben S. 21). Man müßte ja auch einmal die Frage stellen, warum Gott trotz des zugesagten Beistandes des Heiligen Geistes, wenn hier nicht eine von ihm gewollte biblische Lehraussage vorläge, seine Kirche(n) fast zwei Jahrtausende lang in diesem Irrtum beließ, ja diese nach Zahrnts Aussage als irreführend aufzufassende Lehre durch ausdrückliche biblische Aussagen und darauf sich stützende kirchliche Lehraussagen noch förderte, mit allen bekannten (vgl. Kap. II) furchtbaren Implikationen, und warum erst heute nach fast 2000 Jahren moderne Theologen durch extreme Selektion und mannigfache Umdeutungskünste etwas mehr Humanität und Glaubwürdigkeit in die biblischen Texte zu bringen versuchen.

3. Wenn Zahrnt recht hat, daß es in der Bibel sogar Stellen gebe, gegen die man predigen müsse (a. a. O., S. 72), so müßten sich die Kirchen und christlichen Religionsgemeinschaften fragen lassen, warum sie immer noch mit großem finanziellem Engagement versuchen, die *ganze* Bibel in unzähligen Exemplaren und Übersetzungen bis in die letzten Winkel der Welt zu verbreiten.

4. Wer wie Zahrnt nur die Aussagen und Inhalte der Bibel akzeptiert, die er aufgrund seines humanitär-aufgeklärten Vorverständnisses für akzeptabel hält, muß sich fragen lassen, ob er sich nicht selbst etwas vormacht, wenn er die Bibel als letzte «Quelle des christlichen Glaubens, Maßstab der kirchlichen Praxis» usw. bezeichnet. Sind nicht in Wirklichkeit viel eher die (nicht zuletzt in wesentlichen Teilen gerade auch gegen die ganz große Mehrzahl der Vertreter einer biblisch-christlichen Religiosität erkämpften) Standards und Normen humanitär-aufgeklärter Ethik seine erste, ursprüngliche Normenquelle und sein Verbindlichkeitskriterium, an dem er sekundär dann die biblischen Aussagen mißt, und wenn sie mit diesen *eigentlichen* Kriterien übereinstimmen, sie (sekundär) akzeptiert, falls er nicht «rasch vorübergeht wie in einer Gemäldegalerie an Bildern, die uns nicht zusagen...» (a. a. O., S. 60)? Da hilft auch der zuweilen

gemachte Versuch nicht viel weiter, die biblischen Aussagen in
solche erster und zweiter Klasse (für ein göttlich inspiriertes
Buch eine sehr problematische Aufforderung) zu unterteilen,
wobei die ersten das Akzeptanzkriterium für die zweiten abge-
ben sollen; denn auch das biblische «Urgestein» der Evangelien
bis hin zur vielgerühmten Bergpredigt oder den (echten) Paulus-
Briefen, wir haben das oben (vgl. Kap. II) schon ausführlich
dargelegt, enthält schon so viele heterogene Leitbilder, inhu-
man-gewalttätige neben humanitär-altruistischen, daß auch hier
innerhalb dieser Texte eine selektive Rezeption, wie sie von
Zahrnt propagiert wird, ohne ein humanitär-aufgeklärtes *Vorverständnis* nicht möglich erscheint.

5. Sieht Zahrnt nicht, daß er – sicher ungewollt – durch seinen sub-
jektiv-selektiven Umgang mit den biblischen Aussagen jenem
heute so verbreiteten bürgerlichen «pflegeleichten» Konsum-
christentum Vorschub leistet, das sich aus dem reichen Angebot
der Kirchen (inzwischen heute häufig einer Art religiösem Su-
permarkt beängstigend angenähert) das und nur das auswählt,
was das Gemüt erbaut, das Leben auch metaphysisch konsum-
gerecht macht, wo selbst das Kreuz, jene größte Provokation
der neutestamentlichen Bibel, weithin schon zum (goldenen)
Schmuckstück verharmlost ist, so daß offenbar kaum noch jemand aus seiner Gedankenlosigkeit und geistigen Trägheit
durch dieses Zeichen aufgeschreckt wird, von anderen eigentlich provokativen Fragen, wie etwa dem Theodizeeproblem,
ganz zu schweigen. Es hat ja den Anschein, als kennzeichnete
heute nicht gänzlich, aber doch zu einem beträchtlichen Teil das
christliche Analogon des von Nietzsche so scharfsinnig gezeichneten «letzten Menschen» die Mehrheit der (Taufschein-)Chri-
sten, der sein auch religiöses «Lüstchen für den Tag und sein
Lüstchen für die Nacht» hat, dessen auch religiöser Nährboden
«arm und zahm» geworden ist, «aus dem kein hoher Baum
mehr wachsen kann», der für einen «Tor» den hält, «der noch
über Steine oder Menschen stolpert». Mag dieses zahme Kon-

sumchristentum auch immer noch das geringere Übel gegenüber den großen Gefahren eines christlichen (oder islamischen) borniert-fanatischen Fundamentalismus mit seinen mannigfachen inhumanen Implikationen sein, ein Übel, weil nur auf dem Boden geistiger Trägheit oder Unredlichkeit zu realisieren, bleibt es dennoch. Ein solches Christentum «à la carte»? Nein danke.

Dieses hochselektive Vorgehen, wie Heinz Zahrnt es propagiert, ermöglicht ihm, von Wunschdenken geleitet und unter souveränem Außerachtlassen der tatsächlichen, unverfälscht-unausgelesenen biblischen Aussagen einseitig dasjenige in die «Heilige Schrift» zu projizieren und dann wieder als göttlich sanktionierte Bestätigung herauszuholen, was seinen (durchaus humanitär-ehrenhaften!) Wünschen und Vorstellungen entspricht: Da wird der biblische Gott faktisch nur noch als der Liebende, nur noch als der «Deus humanus» gesehen (a. a. O., S. 99), da wird die genuin biblische Deutung des Kreuzestodes Jesu, seines Blutvergießens für uns als Sühneopfer und als Vorbedingung unserer Erlösung und der Versöhnung des Vaters entgegen den klaren biblischen Aussagen (vgl. oben S. 134 ff.) als «ganz und gar heidnischer Gedanke» weggeschoben, wobei auch Heinz Zahrnt, offenbar ebenfalls aus tief gespürter Verlegenheit, wie fast alle nicht traditionell-orthodoxen Theologen (vgl. oben Kap. II, E. c. und III, B. b.) bei der Behandlung des Kreuzestodes Jesu und den Fragen nach seiner Interpretation in äußerst vager und vieldeutiger Weise den eindeutigen biblisch bezeugten Tatbestand durch verunklarende Formulierungen verwischt, wie etwa wieder durch den Hilfsbegriff «Stellvertretung» (a. a. O., S. 105 f.), wobei er völlig offen läßt, warum ein Mensch «nach dem Willen des Vaters» «stellvertretend» den grausamen Kreuzestod erleiden muß; auch die von ihm zitierte (psychologisch verräterische!) taiwanesische Geschichte von einem Fürsten, der sein Leben stellvertretend opferte und dadurch den alten Brauch von Menschenopfern anläßlich eines Götterfestes beendete, hilft hier nicht weiter, im Gegenteil! (U. a. weil eben Gott als Vater

Jesu diesen blutigen Kreuzestod ausdrücklich wollte und so in diesem Punkt wie in anderen die Parallelen einfach nicht stimmen!)

Man kann die ganze provokative Problematik des biblisch interpretierten Kreuzestodes nicht dadurch verharmlosen, daß man auf die Liebe Jesu hinweist, die darin gelegen habe, daß er «sich stellvertretend», «für uns» «hingegeben» habe, ohne die davorliegende Frage nicht zu überspielen, sondern zu beantworten, worin denn, wenn nicht im genuin biblischen Verständnis als Sühneopfer, der Sinn dieses Kreuzestodes «für uns» bestanden habe.

Und wie man wie Heinz Zahrnt (ohne massive Projektionen und unkritisches Wunschdenken) angesichts der mehrfach und eindeutig bezeugten biblischen Tatsache, daß der allmächtige Gott, ohne dessen Wille kein Sperling vom Dache und kein Haar von unserem Haupte fällt, die Hinrichtung Jesu durch Kreuzigung nicht nur zugelassen, sondern ausdrücklich gewollt hat (vgl. oben S. 137), zu einer Aussage wie der folgenden kommen kann, bleibt rätselhaft: «Eines ist mir seit Jesu Kreuzestod gewiß: daß Gott in der Geschichte niemals auf seiten der Henker, sondern immer den Leidenden zur Seite steht.» Und der Abschnitt endet wieder mit einem jener bei nicht wenigen modernen Theologen so beliebten Wortspiele, die «geistreich» wirken, in Wirklichkeit, hier besonders verräterisch, Verlegenheit bzw. inkonsequente Unklarheit verdecken sollen: «Nachdem Jesus von Nazareth sich *für die Menschen* hat kreuzigen lassen, braucht kein Mensch mehr zu Kreuze kriechen» (a. a. O., S. 107, Hervorh. vom Verfasser).

Ein anderes Beispiel idealisierender Projektion: «Es gibt kaum eine widernatürlichere Wortverbindung als die von ‹Glauben› und ‹Müssen›. ‹Müssen› bedeutet Zwang und Selbstentfremdung, ‹Glauben› Freiwilligkeit und Selbstverwirklichung» (a. a. O., S. 117). Man vergegenwärtige sich anhand der in Kap. II angeführten Belege oder eigener Bibellektüre, wie sehr die Bibel (und in ihrem Gefolge die kirchliche Lehre) Unglaube mit den härtesten Sanktionen bedroht; auch der von Zahrnt in hohem Maße einseitig ins nur Liebevolle idealisierte Jesus der Evangelien schließt sich diesem Vorgehen an, wenn er etwa (im Gegensatz zu den modernen

Theologen) sehr klar und eindeutig sagt: «Wer nicht glaubt, der wird verdammt werden» (Mk. 16; 16). Was aber bedeutet denn «Müssen» anderes, als zu etwas unter Androhung physischer und/oder psychischer Strafen und Sanktionen veranlaßt zu werden?

Auf allgemein-abstraktem Niveau sieht Zahrnt durchaus die entsprechende Gefahr des subjektiv-willkürlichen, wunsch-(und angst-)geleiteten Hineinprojizierens in die Bibel und speziell in die Gestalt Jesu; er fordert sogar die jeweilige Überprüfung «jedes zeitgenössischen Christusbildes an der neutestamentlichen Jesus-überlieferung» (a. a. O., S. 117f.). Allein, dies bleibt wieder ein allgemeines wohlklingendes Postulat, an das sich Zahrnt in seinem eigenen konkreten Fall und bezogen auf *sein* zeitgenössisches Christusbild allzuwenig hält; auch hier, wie schon bei Küng und vielen anderen modernen Apologeten des biblisch-christlichen Glaubens, abstrakte Programmatik ohne konkrete Realisierung!

Hinter den angeführten und anderen idealisierenden Projektionen spürt man immer wieder den starken *Wunsch* Zahrnts, Christ sein zu können, und da er dies auch als modern-aufgeklärter Zeitgenosse sein möchte, so wird das entsprechende Vorgehen, eigentlich nicht mehr Akzeptierbares letztlich doch wieder akzeptierbar erscheinen zu lassen, psychologisch nur allzu verständlich.

Zahrnt argumentiert in diesem Punkt teilweise auch ganz offen (und wohl nicht selbstironisch, wie man vielleicht fälschlicherweise interpretieren könnte): «Bleibt mir, um der Ehrlichkeit willen, hier noch hinzuzufügen: Wenn die historisch-kritische Forschung mit der ihr eigenen an Sicherheit grenzenden Wahrscheinlichkeit den Nachweis erbrächte, daß Jesus von Nazareth nicht gelebt hat, dann habe ich mich im Verdacht, daß ich trotzdem nicht von ihm lassen würde» (a. a. O., S. 120).

Bei diesem festen Willen, auch an einem Jesus festzuhalten, von dem «mit an Sicherheit grenzender Wahrscheinlichkeit der Nachweis» seiner Nichtexistenz erbracht worden wäre, wundert es dann auch nicht mehr, wie locker Zahrnt (a. a. O., S. 68) über die von der historisch-kritischen Bibelwissenschaft aufgeworfenen,

m. E. schwerwiegenden Echtheitsprobleme hinweggeht, ja daß
die historisch-kritische Bibelforschung nach seinem eigenen Bekunden keineswegs zu einer Schwächung oder gar zur Aufgabe
seines christlichen Glaubens, sondern (wieder ein echt deutsches
Wunder und Beispiel deutsch-«tiefen» Denkens!) «zur größeren
Vergewisserung seines Glaubens und seiner Wahrheit geführt»
habe (a. a. O., S. 69).

*(2) Die Theodizeefrage, eine Frage, «die weder beantwortbar
     ist noch unbeantwortet bleiben darf»*

Bei diesem letztlich doch alle Einwände des Intellekts offenbar
überspielenden starken Wunsch, Christ zu sein und zu bleiben,
wundert es ebenso nicht mehr, wenn auch ein weiteres zentrales,
den biblisch-christlichen Gottesglauben in Frage stellendes, bis
heute nicht bzw. eben nur durch konsequente Aufgabe des biblisch-christlichen Gottesglaubens (als illusionäres Wunschdenken) lösbares Problem, von Zahrnt in gleichermaßen unbefriedi-
gender Weise «gelöst» wird. Es handelt sich um die Frage der
Theodizee, der Unvereinbarkeit der Existenzannahme eines
unendlich liebevollen, gütigen *und zugleich* allmächtigen und allwissenden Gottes mit den tatsächlich zu findenden unendlichen
Leiden und grauenhaften Phänomenen der Realität.
    Zahrnt geht dabei ähnlich wie Küng (vgl. oben Kap. III, D.) und
andere moderne Theologen vor: Man demonstriert, daß man das
Problem gesehen hat, aber wenn es dann gilt, aus den entsprechenden eindeutigen Prämissen den einzig möglichen Schluß zu ziehen,
nämlich daß die Vorstellung eines christlichen, d. h. zugleich
unendlich liebevollen und allmächtigen Gottes um der intellektuellen Redlichkeit willen aufgegeben werden muß, so kneift man und
schleicht sich, bestimmt durch ein dann letztlich doch stärkeres
Wunschdenken (gestützt von Gleichgesinnten bzw. -wünschen-
den), auf meist recht krummen Pfaden, deren logische Verbiegungen und Unmöglichkeiten man auf anderen Gebieten nie akzeptie-

ren würde, zu seinem zwar modifizierten, aber im Kern doch weiterbestehenden (Kinder-)Glauben zurück.

Diese bei den Kirchen heute außerordentlich beliebte und geförderte Strategie, wir hatten dies schon bei Küng gesehen, spekuliert darüber hinaus auf die gerade im immer noch sehr autoritätsgläubigen Deutschland große Bereitschaft, Glaubensinhalte anzunehmen, weil sie renommierte Personen vertreten: Wenn der bekannte Zahrnt, Küng oder gar Weizsäcker usw. die dem biblisch-christlichen Gottesglauben eigentlich eindeutig widersprechende Sachlage kennt und doch seinen biblisch-christlichen Gottesglauben beibehält, so kann ich als kleine(r) unwissende(r) Frau / Mann mich getrost dem anschließen (vgl. auch das unten, S. 320f., zu der entsprechenden Rolle der Weizsäckers Gesagte).

So weist auch Zahrnt zunächst durchaus auf eine Reihe die christliche Vorstellung von einem liebevollen und allmächtigen Gott provozierender Sachverhalte hin (a. a. O., S. 217ff.), lehnt verschiedene nichtchristliche (z. B. die dualistische Vorstellung von einem bösen Gegengott; a. a. O., S. 224) wie auch christliche (die «christlich apathische» «bedingungslose Unterwerfung des Menschen unter das von Gott verhängte Leid» oder die Interpretation als prüfende und erziehende Strafe; a. a. O., S. 227ff.) Lösungsversuche ab, bietet dann aber einen eigenen Lösungsversuch oder, besser, macht einen Bewältigungsvorschlag, der durch eine ganze Reihe absurder Widersprüchlichkeiten und schließlich die mehr oder minder offene Aufforderung zum Denkverzicht, um eben weiter glauben zu können, gekennzeichnet ist.

Zunächst wird jene absurd-widersprüchliche Konstruktion, die wir schon bei Versuchen, das Kreuzesopfer-Problem zu bewältigen, analysiert haben, auf das Problem der Theodizee übertragen, wobei auf der einen Seite Gott, durch Bibelzitate gestützt, als eindeutiger Verursacher des Leidens dargestellt wird – «Ich komme nicht darum herum, auch das Leid der Welt auf Gott zurückzuführen. Der biblische Befund ist in dieser Hinsicht eindeutig» (es folgen tatsächlich klar eindeutige Bibelzitate, die dies belegen; a. a. O., S. 240) –, auf der anderen Seite soll derselbe Gott, der das

Leiden zunächst bewirkt hat, «‹sympathisch› bei den Menschen im
Leiden stehen» (a. a. O., S. 239), soll «gegen das Leid in jedweder
Form», das er wohlgemerkt selbst bewirkt hat, sein, soll «die Liebe
Gottes im endgültigen Angriff auf das Böse und damit auch auf alle
Leiden und Übel in der Welt» (die zuvor von ihm bewirkt wurden)
sein. Derselbe Gott, der das Leiden bewirkt oder nicht, obwohl
dies in seiner Macht stünde, verhindert, «will nicht, daß die Men-
schen weinen, sondern er will sie zum Lachen bringen» (a. a. O.,
S. 241).

Das implizite und auch explizite Ausmaß an widersprüchlicher
Absurdität scheint selbst für theologisch habituierte Zeitgenossen
etwas zuviel zu sein, und auch Zahrnt scheint zunächst ein gewis-
ses Unbehagen darüber zu empfinden, so daß er einräumt, in einer jener unsäglichen theologischen Formulierungen, daß seine
«christlich-sympathische Antwort» wohl doch nicht ganz befriedigend ausgefallen sei: «Sie gibt zwar eine Antwort, aber sie bietet
keine Lösung» (a. a. O., S. 241), was ja wohl heißen dürfte, daß die
Theodizeefrage nur sprachlich-formell, aber nicht inhaltlich-
sachlich = wirklich beantwortet wurde (?!): Vielleicht unfreiwillig
eine sehr treffende Kennzeichnung des Wesens vieler theologischer
«Antworten».

Und dann folgt, da es offenbar keine andere Lösung gibt, wenn
man trotz der eindeutig widersprüchlichen Sachlage Christ bleiben
will, die teils eher offene, teils in euphemistische, schönklingende
Theologenformeln eingekleidete Aufforderung zum Denk- bzw.
Konsequenzverzicht, schönfärberisch bezeichnet als «aushalten»,
«festhalten», «bestehen», im allgemeinen ja mit positiver Wert-
schätzung ausgezeichnete Begriffe: «Die christlich-sympathische
Antwort hebt die Spannung zwischen dem ‹Schöpfergott›, der die
Welt geschaffen hat und sie regiert, und dem ‹Erlösergott›, der das
Heil der Welt schafft und es vollenden will, nicht auf, aber sie hält
sie aus» (a. a. O., S. 241).

Klare Widersprüchlichkeit wird hier wieder als «Verborgenheit» (= «Geheimnis») ausgegeben und gesagt: «‹Verborgenheit›
Gottes meint, daß der Glaube dennoch, wider allen Augenschein,

selbst angesichts des dunkelsten Widerfahrnisses, an Gott festhält»
(a. a. O., S. 242). Dieser Glaube «versteht das Leid der Welt, seine
Ursache und seinen Sinn nicht, aber er besteht es» (a. a. O.,
S. 242 f.). «Mit dem Leidensproblem verhält es sich genau umgekehrt wie bei Prüfungen sonst: Wer die Frage *nicht* beantwortet, hat
die Prüfung bestanden» (a. a. O., S. 243), wobei «derlei Fragen weder beantwortbar sind noch unbeantwortet bleiben dürfen»
(a. a. O., S. 243), usw. usw.

Dies alles steht in einem Buch, das in *Deutschland* in außerordent-
lichem Maße akzeptiert und nach des Autors eigenem Bekunden
von allen seinen Büchern die intensivste Wirkung gehabt habe, in
einem Buch, nicht etwa von einem zu vergessenden Provinzmis-
sionar oder theologischen Hinterwäldler geschrieben, sondern von
einem Autor, der von führenden Intellektuellen wie etwa Kurt
Sontheimer ausdrücklich als einer seiner theologischen Gewährs-
leute benannt wird, in einem Buch, über das selbst die «Zeit», bekanntlich *das* Hausblatt der deutschen Intellektuellen, fast schwärmerisch schrieb: «Die überraschendste Seite des Buchs, die fast eine
religiöse Tendenzwende ankündigen könnte, liegt darin, daß von
Zahrnt ... die Vokabel Gott ... mit einer schier anachronistischen
Selbstverständlichkeit *glaubhaft* verwendet wird» (Hervorh. vom
Verfasser).

Nach all dem bislang Angeführten (von dem sich der Leser wieder möglichst durch eigene Lektüre selbst ein Bild machen sollte)
wundert es weiter nicht, wenn sich auch bei Zahrnt jene anderen
Unstimmigkeiten und unzulässigen Argumentationsfiguren finden, wie wir sie in Kap. III schon bei Küng aufgezeigt und analysiert haben, so etwa die falsche Gleichsetzung von Sachverhalten,
die der Vernunft eindeutig widersprechen, sie *unter*schreiten, und
solchen, die sie *über*schreiten, oder die falsche Gleichsetzung der
Nichtbegründbarkeit eines allgemeinen Atheismus mit der be-
gründbaren Verneinung des spezifischen biblisch-christlichen
Theismus (Kap. III, E. d.), eine beliebte, aber dennoch grundlegend falsche Denkfigur, die auch Zahrnt in seiner Auseinandersetzung mit «dem» Atheisten ins Felde führt, der «*den* Gottesglau-

ben» allerdings nicht, wohl aber den spezifisch biblisch-christlichen Gottesglauben widerlegen kann (a. a. O., S. 147), und der
sich konsequenterweise weigern wird, um die entsprechende Formulierung Zahrnts umzukehren, *die Akzeptierung des christlichen
Gottesglaubens aus einem «Verstandesopfer» in ein «Vertrauensvotum»
umzufälschen* (a. a. O., S. 146), wie das schon Küng versuchte.

Und obwohl Zahrnt, im Unterschied zu manchen fundamentalistischen Christen, auch das muß fairerweise gesagt werden, «die
Atheisten, Gottesleugner, Spötter und Zweifler …, obwohl (!)
gottlos, als meistens sehr menschlich» beschreibt (a. a. O., S. 293),
so wird er ihnen als intellektuelle Gegner nicht gerecht, wenn er
meint, daß «der Atheist nur vom Gottesglauben eine rationale Begründung fordert, sich selbst aber überhaupt nicht rational rechtfertigen zu müssen meint. Der Theist unterscheidet sich vom
Atheisten darin, daß er für sein Vertrauen einen Grund nennen
kann» (a. a. O., S. 147). Da wundert es denn schließlich und letztlich auch nicht mehr, wenn Zahrnt von sich bekennt: «Im Grunde
meines Herzens verstehe ich es nicht, warum ein Mensch kein
Christ ist» (a. a. O., S. 131). Ich hoffe, ihm durch das vorliegende
Buch etwas mehr Verständnis für diese Entscheidung vermitteln zu
können.

3. Carl Friedrich v. Weizsäcker: Garant kirchlich-
christlicher Gläubigkeit?

(1) «Wer weiß, daß 2 × 2 = 4 ist, kann zwar schweigen, aber er kann
nicht ehrlich zugeben, es könnte auch 5 sein»

Zu den Personen, die im immer noch autoritätsgläubigen deutschen Geistesleben eine nicht unproblematische Rolle als Garanten
für die Auffassung spielen, man könne heute *redlicherweise* zugleich
aufgeklärt-informierter Zeitgenosse und kirchlich-engagierter
Christ sein, gehören zweifellos Carl Friedrich und Richard v. Weiz-

säcker, wobei diese Garantenrolle im Rahmen des hinlänglich bekannten deutschen Komment-Denkens außerordentlich verstärkt und gefördert wird durch ihre Herkunft aus einer seit Generationen angesehenen Familie wie auch durch ihre publizistisch sehr wirksamen derzeitigen Positionen in Politik und Wissenschaft. Tatsächlich werden einem als Christentumskritiker immer wieder diese beiden Personen als gläubige Christen «vorgehalten», so als sei dies ein Argument, oder es werden (offenbar nicht zu selten doch mit einiger Unsicherheit verbundene) kirchliche Aktivitäten, etwa die Teilnahme an einem Kirchentag, durch den nicht selten triumphierend mitgeteilten Sachverhalt «gerechtfertigt», Carl Friedrich oder Richard v. Weizsäcker habe ebenfalls teilgenommen.

Wir wollen uns deshalb dieser für die Thesen unseres Buches in doppeltem Sinne provokativen Situation stellen und auch hier nicht «kneifen», obwohl man sich als Christentumskritiker bewußt sein muß, mit einer Kritik an C. F. v. Weizsäcker und vielleicht noch mehr seinem Bruder, dem heutigen Bundespräsidenten (den wir, unter Respektierung der vielleicht doch sinnvollen Tradition, den jeweils amtierenden Bundespräsidenten aus einer kritischen Diskussion weitgehend herauszuhalten, im folgenden nur implizit mitmeinen, nämlich in seiner kritisch zu sehenden Rolle als Garant für eine u. E. redlicherweise nicht mehr zu vertretende Position), der gesellschaftlichen Ächtung und Exkommunikation durch einen beträchtlichen und einflußreichen Teil der westdeutschen Gesellschaft, insbesondere der «gebildeten Stände», zu verfallen.

Dabei fürchte ich diese Reaktion weniger bei C. F. v. Weizsäcker selbst, in dem ich eher einen offenen und zur Selbstkritik fähigen potentiellen Gesprächspartner denn einen ideologisch-religiösen Sittenrichter sehe, bei dem man sich Hoffnung auf Offenheit und Verständnis gegenüber einer so konträren Position wie der hier und im folgenden vorgetragenen machen könnte, nimmt man ihn nur beim Wort: «Und ich möchte keinen Zweifel darüber lassen: Ich akzeptiere sie (die Wissenschaft) zunächst einmal willig so, wie sie sich selbst versteht... Sie zielt auf Überwindung des Wunschdenkens, auf Einübung der Selbstkritik, auf *Distanz zur eigenen Ideolo-*

gie, auf Erwachsenwerden» (C. F. v. Weizsäcker, 1978, Ausg. 1981,
S. 119; Hervorh. vom Verfasser). «An sich ist Wahrheit intolerant;
wer weiß, daß 2 × 2 = 4 ist, kann zwar schweigen, aber er kann
nicht ehrlich zugeben, es könnte auch 5 sein; und wenn das Wohl
der Gemeinschaft daran hängt, daß 2 × 2 = 4 erkannt oder anerkannt wird, so muß er für diese Anerkennung kämpfen. Toleranz
als Wahrheitsneutralität ist selbstzerstörerisch» (C. F. v. Weizsäcker, 1980, Ausg. 1986, S. 50 f.).

Meine Überzeugung ist nun zum einen, daß das Wohl der Gemeinschaft nicht unbetroffen davon ist, daß das, was in diesem
Buch gesagt wird, erkannt oder anerkannt wird und daß das, was
gesagt wird, der Wahrheit entspricht.

Genau dies aber ist im folgenden argumentativ zu begründen,
dies ist ja der Sinn und Inhalt des vorliegenden Buches und der
folgenden argumentativen Auseinandersetzung mit C. F. v. Weizsäckers Position zum Christentum (und letztlich jeder heute vertretenen christlichen Position), von der ich zu Beginn provokativ behaupten möchte, sie entspreche der angeführten Behauptung, daß
2 × 2 auch 5 sein könne.

Zunächst möchte ich für meine Person feststellen, daß ich noch
nie ein überzeugendes Gegenargument gegen die in diesem Buch
zu Bibel, Christentum, Jesus usw. aufgeführten Argumente und
Fakten von Weizsäcker gehört oder gelesen habe. Wenn er aber
trotz solcher schwerwiegender Einwände sich dennoch als Christ
auffassen möchte, und dies nicht nur, was er selbst (wenn auch
nicht immer ganz konsequent, s. u. S. 333) ablehnt, aufgrund geo-
graphischer und familiärer Zufälle seiner Herkunft sein sollte, so
müßte er ja über solche verfügen, und ich möchte ihn auffordern,
sie zu nennen: Sollte ich etwa doch Möglichkeiten, redlicherweise
zugleich Christ und informiert-aufgeklärter Zeitgenosse zu sein,
übersehen haben?

Zum zweiten möchte ich über diese Aufforderung hinaus auf
schon vorliegende Äußerungen C. F. v. Weizsäckers in seinen Büchern eingehen und zu zeigen versuchen, daß, soweit sie das Bekenntnis zu einem kirchlichen, wenn auch keineswegs engen kon-

fessionalistischen Christentum und einem aufgeklärt-informierten Bewußtseinsstand als vereinbar erscheinen lassen, dies nur auf Kosten stringenten, konsequenten Denkens geschieht.

Die entsprechende Position Weizsäckers stellt für mich im übrigen wieder eines jener eindrucksvollen Beispiele dar, wie frühkindliche Indoktrination noch im Erwachsenenalter selbst auf hohem intellektuellen Niveau die Konsequenz und Klarheit der Argumentation beeinträchtigen und ein über die jeweilige (früh)kindliche Sozialisation und ein entsprechendes prägendes Familienklima vermitteltes Wunschdenken die jeweiligen Denkergebnisse beeinflussen kann. Ich möchte dies, gerade im Falle C. F. v. Weizsäckers, nicht nur behaupten, sondern im einzelnen belegen, an seinem erstaunlich unkritischen Verhältnis zur Bibel als Grundlage jeden christlichen Glaubens, seinem Bekenntnis zu Christentum und Kirchenzugehörigkeit wie auch anhand seiner harmonisierenden Verwischung oder Verdrängung tatsächlich bestehender Widersprüche und unvereinbarer Standpunkte.

(2) C.F. v. Weizsäckers unkritisch-verehrende Einstellung zur Bibel

Führt man sich die in Kap. II angeführten, leicht vermehrbaren Belege für das die Bibel weitgehend kennzeichnende archaisch-inhumane Niveau vor Augen, so ist man zunächst bei einem auf anderen Gebieten so hellsichtig-kritisch vorgehenden Manne erstaunt über die einseitig positiven, unkritischen, ja manchmal fast schon ans Schwärmerische grenzenden Aussagen C. F. v. Weizsäckers über dieses Buch und seine Inhalte.

Da wird zum einen im «Garten des Menschlichen» durchaus realisiert, «daß viele Dinge in der Bibel stehen, die faktisch gar nicht stimmen» (C. F. v. Weizsäcker, 1980, S. 332), daß «die Bibelkritik in der Schrift so viele Widersprüche wie in der Kirchengeschichte entdeckte» (a. a. O., S. 357). Obwohl dies Eigenschaften der Heiligen Schrift (Unwahrhaftigkeit, Widersprüchlichkeit) sind, die schon als solche nicht gerade für den göttlichen Ursprung und eine

besondere leitbildliche Qualität dieses Buches sprechen, so stellt
sich Weizsäcker zwar in diesem Punkt als informiert-aufgeklärt dar,
zieht aber, hier ein typisch deutscher Intellektueller, keine Konsequenzen. Immerhin mahnt er zu «aller Vorsicht der Quellenkritik»
(a. a. O., S. 332).

Nun liegen ja auch meiner Ansicht nach die eigentlichen schwerwiegenden Mängel der Bibel als verkündeter und beanspruchter
leitbildlicher Quelle und Fundament aller christlichen Religiosität
vielleicht gar nicht so sehr in diesen formalen textkritischen Schwächen, sondern vielmehr in der Häufung extrem inhuman-archaischer Inhalte; und so kennt man auch seit längerem die apologetische (im allgemeinen sehr erfolgreiche) Strategie der Kirchen und
der neuzeitlichen Theologie, von diesen schwerwiegendsten Einwänden gegen eine biblisch begründete Religiosität abzulenken
durch Verlagerung des Hauptschauplatzes der Auseinandersetzung
auf (nicht selten kategorial pseudowissenschaftlich aufgeblasene)
Nebenschauplätze, wie spezielle philologische Fragen der Textanalyse, z. Zt. besonders beliebt die Diskussion um die Einordnung
biblischer Texte in bestimmte Literaturgattungstypen. Das kann
dazu führen, wie es mir Personen mit abgeschlossenem Theologie-
studium berichtet haben, daß sie während ihres Studiums mit den
in diesem Buch angeführten Argumenten nicht oder kaum konfrontiert wurden, dafür aber offensichtlich aus Gründen der Hebung des wissenschaftlichen Ansehens der heutigen Theologie (so
haben sie es selbst empfunden) sich exzessiv mit textkritisch-for-
mellen Nebenproblemen herumschlagen mußten.

Bei der leichten Durchschaubarkeit dieser Strategie wundert es
nun nicht wenig, daß auch C. F. v. Weizsäcker diese Strategie übernimmt, daß er die Provokation jeder aufgeklärt-humanen Ethik
durch die ganz große Mehrheit gerade auch, aber nicht nur, der
alttestamentarischen Texte entweder nicht wahrnimmt oder verdrängt.

Im Gegenteil: Während einige formale kritische Punkte der biblischen Texte zwar gesehen, aber auch hier keine entsprechenden
Konsequenzen gezogen werden, stellt C. F. v. Weizsäcker gerade

die erzählten *Inhalte* als solche als besonders bewundernswert heraus: «Aber die erzählten Ereignisse, das sind ja großartige Ereignisse» (a. a. O., S. 332). Hat man richtig gelesen? Von Gott befohlene Eroberungs- und Ausrottungskriege inklusive der Abschlachtung von Frauen, Greisen und Kindern bis hin zu Säuglingen, angedrohte und (von Gott!) exekutierte grausame und schwere Strafaktionen, die Ausrottung von Andersgläubigen usw. usw. – man vergegenwärtige sich noch einmal die in Kap. II angeführten Sachverhalte –, all dies sollen «großartige Ereignisse» sein? (Es scheint offenbar kaum Grenzen zu geben für die verzerrende und verbiegende Macht [früh]kindlicher Indoktrination und angst- und wunschgeleiteten Denkens, selbst bei sonst so subjektiv redlichen und intelligenten Menschen wie etwa C. F. v. Weizsäcker.)

Aber gemach: Vielleicht hat C. F. v. Weizsäcker die von uns angeführten Kernteile gar nicht gelesen (was andererseits, da es sich dabei eben um die Kernteile der Bibel handelt, im Hinblick auf die von ihm über die Bibel gefällten Urteile ja ganz unzulässig und unwahrscheinlich wäre und so wohl nicht anzunehmen sein dürfte). Wir wollen fair sein und die von ihm *explizit* genannten und zur Lektüre empfohlenen Texte zum Beleg unserer Behauptung heranziehen, daß er die Bibel extrem unkritisch-harmonisierend vermittle.

Da empfiehlt er etwa im «Garten des Menschlichen» (a. a. O., S. 332), die Bücher Samuel zu lesen. «Ich kann jedem, der das, was ich jetzt sage, hört, nur raten, seine Bibel zur Hand zu nehmen und diese Bücher zu lesen.»

Zwar sollte man als theologischer Laie nach dem Rat C. F. v. Weizsäckers eine kommentierte Ausgabe zur Hand nehmen, «sonst stößt man sich vielleicht daran, daß plötzlich ein Mirakel erzählt wird oder daß ein schwacher Text zwischen starken Texten steht». Wieder die verharmlosende Strategie, als gehe es bei den Einwänden gegen die Bibel nur um die Unglaubwürdigkeit von Wundergeschichten oder «schwache Texte zwischen starken Texten» (was immer damit gemeint sein mag) als vielmehr um die doch eigentlich für jeden innerlich freien Menschen mit heute nur

als selbstverständlich zu fordernden ethischen Standards völlig
unakzeptablen, extrem gewalttätig-inhumanen, archaischen Inhalte, die eben nicht nur als Ist-Erzählungen, wie Menschen eben
handeln, sondern ausdrücklich als von Gott gebilligt, angeordnet
oder selbst ausgeführt dargestellt und damit eben, und hier liegt
doch das Skandalöse und Unverantwortliche einer Empfehlung
und Weitergabe solcher Texte, als leitbildlich vermittelt werden!

Davon kann sich jeder selbst überzeugen, der dem Rat v. Weizsäckers folgt und die Bücher Samuel liest. Da finden sich alle die
schon im Kap. II exemplarisch angeführten grauenhaften Eigenschaften und Handlungen dieses biblischen Gottes (und machen
noch einmal deutlich, daß die dort angeführten Zitate und Belege
nur einen exemplarischen, leicht vermehrbaren Auszug der biblischen Greuel und Inhumanismen darstellen; man schlage die Bibel an ziemlich beliebigen Stellen auf, und man wird häufig, allzu
häufig, «fündig» werden).

Da schlägt der Herr ganze Stadtbevölkerungen mit Beulenpest,
«vom Kleinsten bis zum Größten, so daß Pestbeulen bei ihnen auf-
brachen» (1 Sam. 5; 9), er erschlägt 70 oder nach einer anderen
Textvariante 50000 Mann, «weil sie die Lade des Herrn angeschaut
hatten» (1 Sam. 6; 19).

Da wird wieder von Gott der Ausrottungskrieg befohlen, gegen
Amalek und sein Volk: «Darum zieh jetzt in den Kampf, und
schlag Amalek! Weihe alles, was ihm gehört, dem Untergang!
Schone es nicht, sondern töte Männer und *Frauen, Kinder und Säuglinge*, Rinder und Schafe, Kamele und Esel!» (1 Sam. 15; 3). Saul
vollzieht weitestgehend gehorsam diesen Befehl, «das ganze Volk
aber weihte er mit scharfem Schwert dem Untergang» (1 Sam. 15;
8), erregt aber doch den Zorn des biblischen Gottes, weil er das
Abschlachten auch der Tiere nicht vollständig besorgt, sondern die
besten von den Schafen und Rindern am Leben läßt, und das, wenig
bekannt beim gläubigen Kirchenvolk, ist dann der Grund, nicht
etwa der von Gott ja befohlene Ausrottungskrieg (!), warum er bei
Gott in Ungnade fällt! *Gott* schickte ihm einen bösen Geist, der ihn
quälte (1 Sam. 16; 14).

Auch die Kriege, die David, «der Gesalbte des Herrn», führt, keineswegs nur Verteidigungskriege, sondern in der Mehrzahl Angriffs-, Eroberungs- und Ausrottungskriege, ja ausgesprochene Raubkriege, werden ausdrücklich als «die Kriege des Herrn» deklariert (1 Sam. 25; 28). «David zog mit seinen Männern aus, und sie unternahmen Raubzüge bei den Geschuritern, den Geresitern und den Amalekitern; diese bewohnen von jeher das Gebiet in Richtung Schur und nach Ägypten zu. David verheerte das Land und ließ weder Männer noch Frauen am Leben» (1 Sam. 27; 8). (Vielleicht kann die Lektüre dieser und anderer biblischer Texte die zahlreichen Eltern, die gerade unter Akademikern der modischen Welle folgen, ihren Kindern biblische Namen, wie z. B. gerade und gerne «David», zu geben, doch etwas nachdenklich und vorsichtiger stimmen!)

Auch das zweite Buch Samuel ist gekennzeichnet durch solche archaisch-inhumanen (um es schonend-milde auszudrücken) als leitbildlich vermittelten Inhalte.

Da wird das Töten im Krieg als Ruhmestat verherrlicht. «Ohne das Blut von Erschlagenen, ohne das Mark der Helden, kam der Bogen Jonatans nie zurück» (2 Sam. 1; 22).

Da befiehlt David, dessen Kriege «die Kriege des Herrn» sind, auch «die Lahmen und Blinden, die ihm in der Seele verhaßt sind», zu erschlagen (2 Sam. 5; 8); da droht Gott, «nach Menschenart mit Ruten und Schlägen zu züchtigen» (2 Sam. 7; 14), eine jener zahlreichen biblischen Stellen, die lange Zeit (auch heute erhält man noch oder schon wieder auf dem Campus entsprechende Pamphlete christlich-fundamentalistischer Gruppen) als Rechtfertigung einer christlichen Prügelpädagogik dienten.

Da werden die schon besiegten und gefangenen Maabiter in einem willkürlich-grausamen Selektionsverfahren getötet: «Sie mußten sich nebeneinander auf die Erde legen, und er (David!) maß die Reihe mit einer Meßschnur ab: Jeweils zwei Schnurlängen wurden getötet, und jeweils eine volle Schnurlänge ließ er am Leben» (2 Sam. 8; 2).

Dann wird zwei Verse weiter berichtet, daß David 20000 Ara-

mäer erschlug, und im unmittelbar folgenden Vers heißt es darauf-
hin ausdrücklich: «Der Herr half David bei allem, was er unter-
nahm» (2 Sam. 8; 5,6).

Derselbe Gott läßt sich wieder gnädig stimmen, nachdem David
sieben Söhne des Saul, biblisches Vorbild der Sippenhaft, zur Hinrichtung wegen eines Eidbruchs ihres Vaters ausgeliefert hatte
(2 Sam. Kap. 21), und schickt als Strafe für eine Volkzählung, zu
der er David zuvor selbst aufgefordert hatte (2 Sam. 24; 1), eine
Pest, an der 70000 Menschen als Strafe für die ja von David befohlene Volkszählung starben usw. usw.

Ein weiteres alttestamentarisches Buch, das C. F. v. Weizsäcker
anführt und empfiehlt, das Buch des Propheten Amos, «Uns geht
es an» (a. a. O., S. 333), stellt sich leider nicht besser, sprich humaner dar.

Da schickt Gott Feuer gegen die Häuser der Menschen (1. Kap.)
und rühmt sich, «ich bin es gewesen, der vor ihren Augen die
Amoriter vernichtete... *damit* Ihr das Land der Amoriter in Besitz
nehmen konntet» (Am. 2; 9,10); da wird Gott als Urheber allen
Unglücks, das über die Menschen kommt, dargestellt: «Geschieht
ein Unglück in einer Stadt, ohne daß der Herr es bewirkt hat?»
(Am. 3; 6).

Da läßt der strafwütige biblische Gott die Menschen hungern,
vernichtet ihr Getreide, verwüstet ihre Gärten und Weinberge; «ich
ließ die Pest gegen Euch los... Eure jungen Männer tötete ich mit
dem Schwert» (Am. 4; 9–11), usw. usw.

Düster, bedrohlich, gewalttätig wird dieser biblische Gott immer und immer wieder dargestellt: «Auf allen Plätzen herrscht
Trauer, und auf allen Gassen schreit man: Wehe! wehe! ... In allen
Weinbergen herrscht Trauer; denn ich schreite durch Deine Mitte,
spricht der Herr. Weh' denen, die den Tag des Herrn herbeisehnen.
Was nützt Euch denn der Tag des Herrn? Finsternis ist es, nicht
Licht. Es ist, wie wenn jemand einem Löwen entflieht und ihn
dann ein Bär überfällt; kommt er nach Hause und stützt sich
mit der Hand auf die Mauer, dann beißt ihn eine Schlange...»
(Am. 5; 16–19).

Und es besteht wahrhaftig Grund zu einer solchen finsteren Gemütsverfassung, denn die göttlichen Drohungen setzen sich fort. Gott schickt den Tod (Am. 6; 8,9), ein Volk, «das Euch quält» (Am. 6; 14), und nur selten, genau zwei Male, erläßt Gott auf die Bitte des (hier humaneren) Propheten die angedrohten Strafen (Am. 7; 1–6), um dann sofort wieder unbarmherzig zur alten Strafpraxis zurückzukehren (Am. 7; 7–9). «Da sagte der Herr zu mir: ‹Mein Volk Israel ist reif für das Ende. Ich verschone es nicht noch einmal ... Alles ist voller Leiden, überall wirft man sie hin ... Ich verwandle Eure Feste in Trauer und all Eure Lieder in Totenklage ... Ich zerschmettere allen den Kopf. Was dann von ihnen noch übrig ist, töte ich mit dem Schwert. Keiner von ihnen kann entfliehen, keiner entrinnt, keiner entkommt. Wenn sie in die Totenwelt einbrechen: meine Hand packt sie auch dort ... Wenn sie sich vor mir auf dem Grund des Meeres verbergen, dann gebiete ich der Seeschlange, sie zu beißen. Und wenn sie vor ihren Feinden her in die Gefangenschaft ziehen, dann befehl' ich dort dem Schwert, sie zu töten. Ich habe meine Augen auf sie gerichtet, zu ihrem Unheil, nicht zu ihrem Glück...» (Am. 8; 2,3,10; 9; 1–4).

Diese noch vermehrbare Fülle an düster-gewalttätigen Straf- und Tötungsdrohungen finden sich, wohlgemerkt, auf nur sieben Seiten Text! Am Schluß findet sich dann doch eine Verheißung der Wiederherstellung der «zerfallenen Hütte David», allerdings «damit sie den Rest von Edom unterwerfen, und alle Völker, über denen mein Name ausgerufen ist» (Am. 9; 11,12).

«Aber die erzählten Ereignisse, das sind ja großartige Ereignisse» (a. a. O., S. 332): Von Gott befohlene Eroberungskriege und Abschlachtung auch von Frauen und Kindern, von Behinderten, das strafwütige Quälen von Menschen durch Pest, Feuer usw., die grausam-selektive Tötung von wehrlosen Kriegsgefangenen, die (leitbildliche!) Darstellung eines düsteren, gewalttätigen, strafwütigen, zu Eroberungs- und Vernichtungskriegen anstiftenden Gottes, der «allen den Kopf zerschmettert», all dies (und die in Kap. II angeführten leicht vermehrbaren Beispiele) sollen «großartige Ereignisse» sein, «die da erzählt werden»? Ich kann mich hier der

Aufforderung v. Weizsäckers nur anschließen: «Ich kann jedem, der das, was ich jetzt sage, hört, nur raten, seine Bibel zur Hand zu nehmen und diese Bücher» (Samuel, Amos) «zu lesen» (a. a. O., S. 332). Es ist dann allerdings zu befürchten oder besser zu hoffen, daß der Bibelleser sich nicht so sehr und nur «vielleicht daran stößt, daß plötzlich ein Mirakel erzählt wird oder daß ein schwacher Text zwischen starken Texten steht» (a. a. O., S. 332).

Noch einmal muß man Weizsäcker an dieser Stelle vorhalten, sich hier voll in die verbreitete Strategie heutiger bibeltheologischer Apologetik einzureihen, nämlich durch Hinlenkung auf die Problematik der Faktizität (Wunderglauben, Textanalyse und -kritik) der in der Bibel erzählten «großartigen Ereignisse» von den eigentlichen und viel schwereren Einwänden gegen biblische Texte als leitbildliche und letztverbindliche Grundlage aller christlichen Religiosität abzulenken, die eben vor allem auch in der überwiegenden und die Bibel im ganzen durchgehend prägenden archaisch-inhumanen, gewalttätig-grausamen und zugleich leitbildlichen Zeichnung des biblischen Gottes und seiner von ihm ausdrücklich immer wieder bestätigten Anhänger liegen.

Wie verharmlosend selektiv Weizsäcker hier vorgeht, zeigt sich etwa, um noch ein Beispiel anzuführen, wenn er bekennt: «Ich gestehe, ich kann auch heute die Geschichte im Grunde nicht ohne Tränen lesen, wie der alte König David» (man denke an dessen Kriegsverbrechen und Grausamkeiten) «den von ihm geliebten Sohn im Krieg bekämpfen muß, weil er nach seiner Krone getrachtet hat, und dann befiehlt, man solle den Knaben Absalom schonen, und er wird umgebracht aus Staatsraison» (a. a. O., S. 332 f.). Eine traurige Geschichte, gewiß, aber, so muß man fragen, wo bleiben die gleichen Tränen des Mitgefühls für die unzähligen Frauen und Kinder bis zu Säuglingen, die derselbe König David, der «Gesalbte des Herrn», nach wiederholtem biblischem Zeugnis in seinen Eroberungs-, Raub- und Ausrottungskriegen hingeschlachtet hat, wo bleibt auch nur eine Silbe der Empörung gegen einen Gott, der solche Kriegsverbrechen, Verbrechen gegen die Menschlichkeit anordnet? (Welches Defizit prometheischen Geistes, welche unkritische Untertänigkeit, Unterwürfigkeit gegenüber dem himmlischen «Herrn» im traditionsgeprägten deutschen Protestantismus auch heute noch herrscht, wird an der Person Weizsäckers hier besonders deutlich!)

Diese unkritische, hochselektive und angesichts der tatsächlichen biblischen Inhalte zuweilen fast schon schwärmerisch anmutende positive Haltung zur Bibel und gerade auch zum Alten Testament findet sich auch in anderen Schriften v. Weizsäckers. Da wird ausgerechnet der willkürlich-gewalttätige, archaisch-grausame «Gott des alten Israel als der Gott des moralischen Gebots» (C. F. v. Weizsäcker, 1981, S. 111 f.) halbwahr-mißverständlich, verharmlosend dargestellt; da spricht Weizsäcker davon, daß die philologische Bibelwissenschaft des 19. und 20. Jahrhunderts «viele der biblischen Texte, zumal des Alten Testaments, erst wieder zum Leuchten gebracht» hat (a. a. O., S. 109 f.).

Da spricht er wieder sehr abstrakt von der «Fülle und Dichte» des Alten Testaments «und seiner Relevanz für unsere eigenen Entscheidungen» (!) (C. F. v. Weizsäcker, 1980, S. 342; ähnlich auch in 1985, S. 371), ohne hier bei der «Fülle und Dichte» gerade der extrem inhumanen Inhalte wenigstens auch nur ein Wort der differenzierenden Distanzierung zu sagen.

In «Wahrnehmung der Neuzeit» (S. 370) zitiert er Lev. 26: «Wenn Ihr tut, wie ich Euch geboten habe, werdet Ihr leben», ohne die grauenhaften Strafen zu erwähnen oder sich offenbar an diesen zu stören, die Gott hier bei Ungehorsam androht: «Schwindsucht und Fieber, die das Augenlicht zum Verlöschen bringen und den Atem ersticken»; «Pest»; «Ihr eßt das Fleisch Eurer Söhne und Töchter»; «Ich selbst verwüste das Land», wobei auch ausdrücklich die Kinder für die Sünden ihrer Väter büßen müssen, usw. usw.

Entsprechendes wäre über die Aussagen v. Weizsäckers zum Neuen Testament zu sagen. Wir können hier auf unsere oben angeführte argumentative Widerlegung des bei Christen so verbreiteten «ideozentrischen» Vorurteils und das dort Ausgeführte verweisen, auch und gerade im Hinblick auf die Bergpredigt mit ihren Androhungen ewiger (!) Höllenstrafen, die für Weizsäcker eine ganz zentrale Rolle zu spielen scheint. Nach all dem in Kap. II zum Neuen Testament und zu den Vorzügen und Begrenzungen Jesu als religiösen und ethischen Lehrers Ausgeführten ist dann doch zu fragen, ob Christus «ein Feuer entzündet» hat, «ein Feuer, das reinigt, ohne zu verzehren» (1980, S. 384), ein Satz, der bei einem auch nur oberflächlichen Blick auf die Geschichte des Christentums und der Kirchen fast schon makaber erscheinen könnte.

Eine unkritische Verharmlosung der Gottesfrage dürfte es auch sein, wenn auch C. F. v. Weizsäcker sich der gerade bei manchen Naturwissenschaftlern so verbreiteten und oben schon ausführlich analysierten Strategie anschließt, die allgemeine Gottesfrage mit der spezifischen Frage nach der möglichen Existenz des biblisch-christlichen Gottes immer wieder zu vermischen (etwa 1980, S. 328 f., 386).

(3) C. F. v. Weizsäcker als Prototyp des gebildet-informierten, aber in religiösen Dingen inkonsequent-widersprüchlich denkenden deutschen Wissenschaftlers und Intellektuellen

Man sollte es sich allerdings mit einem Manne wie C. F. v. Weizsäcker nicht zu einfach machen. Natürlich ist er nicht der enge, bornierte, kirchliche Fundamentalist, ein übriggebliebenes Fossil aus dunklen, unaufgeklärten Zeiten.

Vielmehr verkörpert er geradezu paradigmatisch auf hohem Niveau jenen verbreiteten Typus des gebildet-aufgeklärten, informierten deutschen Intellektuellen, Wissenschaftlers, Hochschullehrers, der dennoch Anhänger des biblisch-christlichen Gottes, ja aktives Mitglied einer der christlichen Kirchen ist und bleiben *will*.

Immer wieder findet sich bei diesem gerade in Deutschland sehr verbreiteten Typus, häufig eingekleidet in nicht selten selbstgeglaubte Scheinbegründungen (Rationalisierungen), jene typische Widersprüchlichkeit, Konflikt- und Konsequenzvermeidung, jene offensichtlich zumindest partiell frühkindlich induzierte und von tiefen Ängsten und Wunschvorstellungen bestimmte (Denk-)

Hemmung, aus offen zutage liegenden Widersprüchen die einzig möglichen Konsequenzen zu ziehen, eine Regression in das voroperationale Denken (sensu Piaget), das offensichtlich den weltanschaulich-ideologischen im Unterschied zum instrumentellwissenschaftlichen Bereich weithin kennzeichnet (vgl. Buggle, 1985).

Wir haben einige dieser Züge exemplarisch am Beispiel des Verhältnisses v. Weizsäckers zur Bibel veranschaulicht. Wie angebracht erscheint auch hier die Feststellung v. Weizsäckers selbst, die er in einem anderen Zusammenhang ausspricht, daß nämlich offenbar Grundprobleme stets unter einem überwältigenden Verdrängungsdruck stehen (1980, S. 418; vgl. auch das oben S. 262f. zur Verdrängung von Religionskritik Gesagte).

Ein anderes Beispiel solcher Widersprüchlichkeit könnte man darin sehen, daß C. F. v. Weizsäcker zu Recht die bloße Beibehaltung und Weiterführung des durch geographische und familiäre Zufälle erworbenen jeweiligen religiösen Glaubens und der entsprechenden Kirchenzugehörigkeit kritisiert (u. a. 1980, S. 331 f., 415), dann aber als eine der ganz wenigen Begründungen seiner aktiven Kirchenmitgliedschaft ausführt: «Im Bericht über die Politik habe ich die Frage ausgespart, wie ich mich zur christlichen Kirche verhielt. Als Sechzehnjähriger war ich innerlich nicht mehr an sie gebunden, aber ich kam früh zu der Meinung, es diene zu nichts, den Ort zu verlassen, an den gestellt man sich vorgefunden hat; ich bin stets, und nicht unwillig, Mitglied der lutherischen Kirche geblieben» (a. a. O., S. 438). Ist dies eine angemessene Begründung, ist dies nicht genau jenes von ihm an anderer Stelle kritisierte Stehenbleiben an dem Ort, an dem man sich (zufällig) vorgefunden hat? Scheint es nicht die zugegebenermaßen oft unbequeme Pflicht eines der Wahrhaftigkeit und intellektuellen Redlichkeit verpflichteten Hochschullehrers und Philosophen zu sein, den vorgefundenen Ort zu verlassen, wenn man etwa zur Überzeugung kommt, daß der Ort, «an den gestellt man sich vorgefunden hat», der falsche ist?

Ein weiteres Merkmal, das wir oben schon bei anderen Autoren, etwa bei Küng, aufzeigen konnten und das ebenfalls nicht selten bei

deutschen Intellektuellen zu finden ist, ist die gleichzeitige Verkündigung einer ausgesprochen fortschrittlich-aufgeklärten, aber sehr
abstrakt formulierten Programmatik, aus der jedoch keine Konsequenzen für den *konkreten* religiösen Bereich, wie Kirchenmitgliedschaft, Einstellung zur Bibel usw., gezogen werden. Das verhält-
nismäßig hohe abstrakte Niveau, auf dem diese Programmatik
formuliert ist, verundeutlicht häufig diesen widersprüchlichen
Sachverhalt.

Hierher gehören die oben (S. 321 f.) angeführten Aussagen und
Forderungen nach «Überwindung des Wunschdenkens», nach
«Einübung der Selbstkritik», nach «Distanz zur eigenen Ideologie», nach «Erwachsenwerden». Es sei dem Leser nach der Lektüre
des vorliegenden Buches überlassen, selbst zu urteilen, wieweit die
konkrete Haltung Weizsäckers und anderer Hochschullehrer und
Intellektueller zu Bibel, Christentum und Kirche diesen Postulaten
entspricht.

Der in Deutschland außerordentlich beliebte Hang zu hohen Abstraktionsniveaus, häufig gar mit Wissenschaftlichkeit gleichgesetzt und verwechselt, wird auch bei C. F. v. Weizsäcker als apolo-
getisches Instrumentarium eingesetzt. Da wird sehr abstrakt nur
und undeutlich-unverbindlich von dem «Abgrund» gesprochen,
«an dem die aufgeklärte Theologie entlanggeht» (a. a. O., S. 343,
auch S. 385), ohne etwas ausführlicher und mit der hier geforderten
notwendigen Konkretion auf diese «Abgründe» einzugehen, wie
sich überhaupt immer wieder jene schon von Freud aufgezeigte
Denkhaltung (-hemmung) zeigt, die Probleme, Widersprüche,
«Skandale» allenfalls «antippt», kurz in abstrakter Weise anspricht,
dann aber (aus frühkindlich induzierten Tabuängsten?) haltmacht,
nicht mehr weiterdenkt. So geschieht dies etwa bei dem Ansprechen der Theodizeeproblematik, etwa im Hinweis auf Reinhold
Schneider (a. a. O., S. 210, auch S. 432; 1981, S. 121, 125, 137) oder
etwa im ebenfalls abstrakt bleibenden Hinweis auf «die Moral als
wichtigster Motor der Religionskritik» (S. 351). «Wir verstecken
uns, wenn wir das Denkbare nicht denken!» (v. Weizsäcker 1980,
S. 445).

Da wird weiter wieder auf abstrakter Ebene zugegeben, daß die gedanklichen Probleme zwischen religiöser Wahrheit und modernem Bewußtsein ungelöst (unlösbar? Werden die Ratio unter- und überschreitende Sachverhalte wieder nicht deutlich unterschieden?) sind, und doch werden auch hier nicht die entsprechenden Konsequenzen gezogen.

Gilt nicht auch für das Verhältnis zwischen Wissenschaft und Religion (und warum stellt Weizsäcker dies im Falle der Religion nicht genauso klar heraus?), was Weizsäcker für die Beziehung zwischen Wissenschaft und Politik sehr klarsichtig herausstellt: «Man kann nicht die Welt, willentlich oder unwillentlich, durch die Rationalität der Wissenschaft zutiefst verändern und die Folgen mit der ganz anderen ‹Rationalität› einer an vergangene Zustände angepaßten Politik» (Religiosität?) «meistern» (C. F. v. Weizsäcker, 1985, S. 348)?

Wir wollen es bei diesen Beispielen belassen. Auch hier sollte der Leser durch eigene Lektüre unser Urteil und Fazit überprüfen, daß wir auch von Weizsäcker keine auch nur im Ansatz befriedigende Antwort, kein Gegenargument auf die in diesem Buch vorgebrachten Einwände gegen eine Existenzform vernommen haben, die heute noch intellektuelle (zumindest objektive) Redlichkeit, Wahrhaftigkeit und das Bekenntnis zu einer biblisch begründeten christlichen Religiosität oder gar die Mitgliedschaft in einer der christlichen Kirchen als vereinbar vorgibt. Von Weizsäcker und die anderen entsprechend sich verhaltenden Hochschullehrer und Intellektuellen sollten sich fragen lassen, wieweit sie gerade bei dem in Deutschland von jeher und bis heute verbreiteten Hang, weltanschauliche Positionen nicht aufgrund eigenen kritischen Denkens, eigener Überlegungen, sondern in Anlehnung an «Autoritätspersonen» zu übernehmen und beizubehalten, eine sehr problematische «Garantenrolle» spielen (dies gilt natürlich noch stärker für den gegenwärtigen Bundespräsidenten).

(4) Der Versuch, das Ethos der Wahrhaftigkeit und intellektuellen
Redlichkeit durch das Ethos der Mitmenschlichkeit und des
politisch sozialen Engagements zu kompensieren

Dies alles muß nicht daran hindern, das hohe soziale und ethische
Engagement C. F. v. Weizsäckers, etwa in der Friedensfrage, voll
anzuerkennen und zu würdigen.

Nur, auch hier übernimmt und unterstützt Weizsäcker eine sehr
verbreitete (und zumindest objektiv letztlich doch unredliche) Taktik der Kirchen: *Man kann das defizitäre Ethos der Wahrhaftigkeit, der*
intellektuellen Redlichkeit nicht durch das Ethos der mitmenschlichen So-
lidarität, Hilfe, Zuwendung und des politisch sozialen Engagements
kompensieren. Genau dies aber versuchen ja die christlichen Kirchen permanent, und besonders bei vielen menschlich teilweise so
sympathischen jungen «idealistischen» Pfarrern findet sich diese
(ihnen häufig sicher nicht klar bewußte) Taktik, unstimmig–defizitäre christliche Glaubens«wahrheiten» durch persönliches, soziales und mitmenschliches Engagement doch noch akzeptierbar
erscheinen zu lassen.

Dies macht die Arbeit für einen Kirchen- und Christentumskritiker noch schwieriger, als sie an sich schon ist; denn man wird dann
aus einer entsprechenden falschen Gleichsetzung bzw. einem falschen Umkehrschluß heraus nicht selten vorwurfsvoll gefragt,
warum man denn etwas gegen die Kirche(n) habe, die doch so viel
Gutes tue(n). Auch diese problematische Kompensation des defizitären Ethos der (objektiven) Wahrhaftigkeit durch das Ethos der
Mitmenschlichkeit und des politisch–sozialen Engagements verkörpern beide Brüder Weizsäcker in ihrer jeweiligen Person und
Lebensführung prototypisch.

Einen noch extremeren Fall stellt Mutter Teresa dar: Sie propagiert als gläubige Katholikin die (gesamte) Bibel als Gottes Wort
und Basis ihres Glaubens (defizitäres Ethos der Wahrhaftigkeit)
und tut eindrucksvoll (inzwischen vielleicht nach meinem Gefühl
schon etwas zu publizitätsträchtig, aber natürlich konsequent im
Sinne unserer These!) Gutes an Obdachlosen und Waisen in Kal-

kutta. «Wollen Sie sich etwa gegen Mutter Teresa stellen?» muß sich dann der Kirchen- und Christentumskritiker nicht selten mit stark moralisierendem, ja herabsetzendem Unterton fragen lassen, und er muß sich beeilen, klarzulegen, daß es natürlich nicht um den Abbau des Ethos der Mitmenschlichkeit gehen kann, ganz im Gegenteil, sondern um den (Wieder-)Aufbau des Ethos der Wahrhaftigkeit, nicht zuletzt und im weiteren Horizont gerade um des Ethos der Mitmenschlichkeit willen. Mit anderen Worten: Das Ethos der Mitmenschlichkeit, soll es auf Dauer Bestand haben, muß auch bei *konsequentem* Denken mit dem Ethos der Wahrhaftigkeit harmonieren, darf es nicht ersetzen: «Aufklärung, als Selbstaufklärung verstanden, Ausgang aus der selbst verschuldeten Unmündigkeit, ist ein ehrwürdiges Beginnen. Das theoretische Pathos der Aufklärung trifft sich mit dem moralischen in der Tugend der Wahrhaftigkeit, deren Wesen es ist, sich nicht selbst zu belügen» (C. F. v. Weizsäcker, 1980, S. 352). Wie wahr!

4. Im Grenzbereich: Hoimar v. Ditfurth oder der Versuch, modernes (natur)wissenschaftliches Weltbild und biblisch-christliche Religiosität zu versöhnen*

* *Nach* Abfassung dieses Abschnittes ist Hoimar v. Ditfurth am 1.11.89 gestorben. Ich habe lange gezögert, diesen Abschnitt dennoch beizubehalten, nicht primär, aber *auch*, da jetzt keine Erwiderung von seiner Seite, keine Diskussion, die ich mir sehr gewünscht hätte, mehr möglich ist. Ich bin aber schließlich zu der Überzeugung gekommen, daß *er*, könnte er noch entscheiden, eine Unterdrückung der im folgenden geäußerten alternativen Argumente und Meinungen nicht befürworten würde. Er stellte sein lebensbestimmendes Anliegen, Aufklärung zum Durchbruch zu verhelfen, Wahrheitsfindung und Verbesserung des ethischen Standards zu fördern, immer über die Möglichkeit, daß einigen seiner Thesen widersprochen werden könnte, und ich bin sicher, *er* hätte bei Zustimmung zu meinen Thesen Konsequenzen gezogen. So glaube ich, über fairen Widerspruch und das Weiterdenken seiner Thesen *ihn* am besten ehren zu können. (Der Abschnitt wurde so bis auf einige Zeitveränderungen unverändert gelassen.)

(1) Wie unterschiedlich konsequent und kritisch dieselben
Personen auf dem Gebiet der Religion und anderen Lebens- und
Wissensbereichen argumentieren können

Wie offenbar fast übermenschlich schwierig die Befreiung von
(früh)kindlichen religiösen Indoktrinationen ist, wie sehr entsprechende religiöse, bei Vermittlung im Erwachsenenalter wohl mit
Sicherheit als intellektuelle (und moralische!) Zumutung abgelehnte Doktrinen auch das Denken umfassend gebildeter und intelligenter Menschen bestimmen können, und zwar entgegen der von
ihnen selbst hochgehaltenen Programmatik intellektueller Redlichkeit, widerspruchsfreien Denkens und humaner Ethik, dies zeigt
nicht nur das eben dargestellte Beispiel C. F. v. Weizsäckers, sondern ebenso, um noch ein weiteres besonders eindrucksvolles Beispiel anzuführen, das Werk Hoimar v. Ditfurths, soweit es dem
Thema «(christliche) Religion» gewidmet ist (besonders «Wir sind
nicht nur von dieser Welt», 1981).

Es ist tatsächlich außerordentlich beeindruckend, wie ein Mann
wie Hoimar v. Ditfurth, bei dem sich hohe Intelligenz mit einem
nur selten zu findenden umfassenden Wissenshorizont verband,
der immer wieder ein in Deutschland eher seltenes Ausmaß an Zivilcourage gezeigt hat, der sich nicht scheute, entsprechend seinen
politisch-gesellschaftlichen Überzeugungen «Farbe» (im wörtli-
chen Sinne!) zu bekennen und unbequeme Wahrheiten auszuspre-
chen, der bereit war, deswegen Kritik bis zu ziemlich dümmlichen
Anpöbeleien auf sich zu ziehen, der sich auch angesichts einer
gerade in Deutschland im Unterschied zum angelsächsischen Kulturkreis nicht selten zu findenden arroganten Ablehnung popula-
risierender, allgemeinverständlicher Wissensvermittlung nicht ge-
scheut hat, auf hohem Niveau und in didaktisch hervorragender
Weise und deswegen sehr erfolgreich wissenschaftliche Erkenntnisse zu popularisieren, d. h. sie unverfälscht und doch verständlich
zu vermitteln, und sich damit wie nur wenige außerordentliche
Verdienste um die Schaffung eines (natur)wissenschaftlichen All-
gemein- und Basiswissens erworben hat, einer unverzichtbaren

Voraussetzung einer funktionierenden demokratischen Gesellschaft von heute, ja auf kürzere oder längere Zeit wahrscheinlich
für das Überleben der menschlichen Zivilisation überhaupt, ein
Mann, den ich, ich will das gerne gestehen, ob all dieser Verdienste
und Eigenschaften immer bewundert habe, der auf nichtreligiösen
Gebieten außerordentlich kritisch und unbestechlich Verbiegungen, Verschleierungen, Widersprüchlichkeiten, Fehlschlüsse gerade auch aufgrund oft nur impliziten Wunschdenkens aufgezeigt,
scharfsinnig analysiert und transparent gemacht hat, es ist außer-
dentlich beeindruckend, wie derselbe Mann allein auf dem Gebiet
der Religion, besser der christlichen Religion, von diesem hohen
Standard abgewichen ist.

Tatsächlich finden sich bei dieser Thematik und, soweit von mir
überschaubar, offenbar *nur* bei dieser Thematik eindrucksvoll jene
klassischen (auf eine pietistisch geprägte Kindheitserziehung zurückgehende, wie er selbst in einem Interview andeutete?) Merkmale einer affektiv bedingten «Denkhemmung» wieder: herabgesetzte Sensibilität für Widersprüche, herabgesetzte Kritikfähigkeit
(gegenüber christlicher Religiosität), damit eng zusammenhän-
gend herabgesetzte Wahrnehmung oder Verdrängung christentumskritischer, für einen Mann wie Ditfurth eigentlich wahrnehm-
barer Sachverhalte, verbunden mit der Tendenz zu (*nur* in diesem
Punkte!) Harmonisierung und Verharmlosung und der (*nur* auf
diesem Gebiet zu findenden!) Neigung zur Entdifferenzierung tatsächlich nach Differenzierung verlangender Sachverhalte, sollen
sich nicht harmonisierend-verwischende Falschaussagen ergeben.
Dies alles wieder, ein schon mehrfach bei anderen Autoren aufge-
zeigter Sachverhalt, bei entgegengesetzter Programmatik auf höherem Abstraktionsniveau.* Dazu exemplarisch einige Belege aus

---

* Auch wenn nur singulär auf die Thematik biblisch-christlicher Religiosität bezogen und kontrastierend zu seinem sonstigen Werk – dies macht ja, noch
einmal sei es wiederholt, das besonders Eindrucksvolle des Phänomens aus und
zeigt, mit welchen außerordentlich starken gesellschaftlichen und innerseel-
lischen Mächten und Widerständen Christentumskritik zu kämpfen hat –, so

Ditfurths zentralem Werk «Wir sind nicht nur von dieser Welt» (1981), in dem er sich explizit zu Fragen der Religion und ihrem Verhältnis zu den heute verfügbaren (natur)wissenschaftlichen Kenntnissen äußert.

(2) Überwindung der unredlichen Spaltung zwischen
   biblisch-christlicher Religiosität und modernem wissenschaftlichem
   Weltbild?

Eine Hauptintention seines Buches «Wir sind nicht nur von dieser Welt» (1981) ist der Appell v. Ditfurths an Theologen und Gläubige, sich nicht weiter ängstlich den heute vorliegenden (natur)wis-

kann eine solche Zuschreibung der hier benannten kritischen Merkmale an einen Autor wie H. v. Ditfurth, dies ist mir durchaus bewußt, bestenfalls als lächerlich, schlimmer als arrogant, ignorant, egozentrisch oder gar böswillig erscheinen. Deshalb dürfen zum einen auch diese Feststellungen nicht als bloße Behauptungen stehenbleiben, sondern sollen, entsprechend der argumentativen Grundausrichtung des vorliegenden Buches, an konkreten Beispielen belegt werden, die anregen sollen, die obigen Thesen durch weiterführenden Vergleich des von Ditfurth über biblisch-christliche Religiosität Gesagten und der in diesem Buch bislang angeführten Fakten selbst zu überprüfen. Das hier vorgenommene konkrete Aufzeigen der Sachverhalte gibt mir im übrigen die Zuversicht, daß ein Autor wie Hoimar v. Ditfurth die hier und im folgenden gemachten Aussagen nicht als das in Teilen des gängigen Wissenschaftsbetriebs übliche «ans Bein Pinkeln», sondern als Versuch eines kooperativen Austauschs auffassen dürfte, der den jeweiligen Partner hilfreich auf seine jeweiligen «blinden Flecke» aufmerksam machen will, blinde Flecke, die ja nichts Ehrenrühriges sind, sondern jedes menschliche Denken (notwendig) auszeichnen, im übrigen in nur selten geringem Ausmaß gerade das Denken Hoimar v. Ditfurths, soweit es nicht christliche Thematiken betrifft, auszeichnet (gerade deshalb reizt es ja so sehr zum Widerspruch: Ein auch auf anderen Gebieten vorurteilsbehafteter und fehlerhaft denkender Autor wäre ja weit weniger provozierend und damit interessant!). Auch hier also nicht die von ihm selbst kritisierte gegenseitige «Artigkeit», das Unter-den-Teppich-Kehren von Widersprüchen und ein falsches Harmonisieren, sondern klare und deutliche Aussagen in der Hoffnung, dadurch zu einem fairen Dialog und einer argumentativen Auseinandersetzung zu kommen.

senschaftlichen Erkenntnissen zu verschließen, sondern gerade im Hinblick auf eine zu beobachtende wieder größere Akzeptanz religiöser Inhalte sich ihnen mutiger zu öffnen.

«Warum wagen es die Theologen nicht, in die Glut zu blasen, die da unter der Asche einer archaischen Sprache schwelt, um neu zum Leben zu erwecken, was sich unter einer dicken Schicht historischer Ablagerungen auch heute noch durch seine Ausstrahlung bemerkbar macht? Warum nur immer diese ängstliche Abwehr allen derartigen Ansätzen und Versuchen gegenüber? Warum soviel Kleinmütigkeit bei denen, die doch davon überzeugt sind, im Besitz einer unantastbaren, endgültigen Wahrheit zu sein?» (v. Ditfurth, 1981, S. 139f.).

Von Ditfurth prangert sodann zu Recht hellsichtig und prägnant die heutige unerträgliche Situation an, in der die meisten Menschen, gerade auch Wissenschaftler, in einer unredlich «geistig gespaltenen Welt» zwischen traditioneller Religiosität und modernem wissenschaftlichem Weltbild leben (sollen), in der sie Unvereinbares simultan akzeptieren sollen, wo «wir in der einen Hälfte glauben sollen, was wir in der anderen aus logischen Gründen zu verwerfen haben... Daß uns diese Gewaltkonstruktion nicht so absurd erscheint, wie sie ist, läßt sich nur durch den Effekt langer Gewöhnung erklären». Mit Recht weist Ditfurth auf die «bedenklichen Konsequenzen» hin, die ein solches unredlich-gespaltenes Weltbild mit sich bringt (a. a. O., S. 12ff.).

So richtig seine Diagnose – auf ihr beruht ja zu einem ganz wesentlichen Teil die Motivation, das hier vorliegende Buch zu schreiben –, so problematisch erscheint sein Therapievorschlag. Er leidet vor allem wieder an der auch bei Ditfurth wie bei vielen gläubigen (Natur)Wissenschaftlern zu findenden, schon oben analysierten mangelnden Differenzierung zwischen spezifisch biblisch-christlicher und allgemeiner Religiosität, zwischen Phänomenen, die unsere Vernunft *unter*-, und solchen, die sie *über*schreiten. So wird aus dem durchaus diskutablen und vielleicht sogar überfälligen Versuch, den vielleicht mißverständlichen Antagonismus zwischen (Natur-)Wissenschaft und *allgemeiner* Religiosität aufgrund des

neueren (natur)wissenschaftlichen Weltbildes zu relativieren oder
aufzuheben, ein unzulässiger, weil (objektiv) unredlicher Versuch,
die spezifisch biblisch-christliche Religiosität zu retten, wiederzu-
beleben.

*(3) Die unkritische Verwischung vernunftüber- und
    -unterschreitender, allgemein «religiöser» und spezifisch christlicher
    Aussagen*

Schon das einleitende Kapitel des Buches «Wir sind nicht nur von
dieser Welt» krankt an dieser mangelnden Differenzierung zwischen Religiosität im allgemeinen und spezifisch biblisch-christlicher Religiosität, also zwischen Dingen, die «das Fassungsvermögen der Vernunft übersteigen» (a. a. O., S. 14), und solchen, die es
unterschreiten.

Man könnte auf den ersten Seiten Ditfurth noch zugute halten, er
meine jene allgemeine menschliche Dimension des Religiösen, die
nicht als solche, wohl aber in ihren jeweiligen historisch-spezifi-
schen inhaltlichen «Füllungen» dem heutigen erfahrungswissen-
schaftlichen Weltbild widersprechen kann. Soweit diese allgemeine
menschliche Dimension des Religiösen, eine die unmittelbar er-
fahrbare Wirklichkeit vielfältig transzendierende Realität gemeint
sein könnte, könnte man dem Autor noch zustimmen, so etwa
wenn er meint, daß «wir heute frei» seien, «die Frage nach der
Vereinbarkeit religiöser und wissenschaftlicher Weltdeutung erneut aufzugreifen, unbelastet von den Vorwürfen und Vorurteilen
der Vergangenheit: Das unnatürliche und gewiß nicht folgenlose
Schisma unseres Selbstverständnisses erscheint nicht länger als un-
überwindbar» (a. a. O., S. 14 f.) und «die Ansicht, daß naturwissenschaftliche Erkenntnisse notwendig im Widerspruch zu religiösen Aussagen ständen, hat sich endgültig als Vorurteil herausgestellt» (a. a. O., S. 15).

Spätestens hier würde man nun von einem Autor wie Hoimar v.
Ditfurth entsprechend seinem sonstigen hohen Standard scharfsin-

nigen und eindeutigen Denkens eine Differenzierung der Kategorie
«religiös» erwarten, eine Klarstellung, ob damit jede «religiöse
Aussage», also etwa auch die konstituierenden Kernaussagen biblisch-christlicher Religiosität gemeint sind.

Leider bleibt Ditfurth hier, gemessen an seinem sonstigen Vorgehen auf nichtreligiösen Bereichen, außergewöhnlich unklar, ja er
erweckt an nicht wenigen Stellen den Anschein, als meine er durchaus auch oder sogar zentral biblisch-christliche Religiosität. Wie
könnte er sonst sein Buch ausdrücklich als «Angebot an die Kirchen» bezeichnen, mit denen «sich heute vielleicht doch wieder
gemeinsam gehen ließe», und so «die getrennten Standpunkte vielleicht doch wieder zu verbinden wären» (a. a. O., S. 15). Ja er
scheint die völlige Harmonisierung zwischen heutigen (natur)wis-
senschaftlichen Erkenntnissen und der biblisch-christlichen Religiosität inklusive der ihr zugeordneten Theologie für möglich zu
halten, indem er eine überaus kühne, um nicht zu sagen unkritisch
erscheinende Versicherung abgibt, die man in dieser Absolutheit
heute nur noch selten so finden kann: «In Kenntnis der im religiösen Lager bestehenden Berührungsängste sei zuvor nochmals betont, daß *niemand* zu befürchten braucht, in einem der folgenden
Kapitel werde von ihm verlangt, *auch nur ein Quentchen* seiner religiösen Überzeugung in Frage zu stellen. Die Einbeziehung des von
den Naturwissenschaften zutage geförderten Materials über die
Welt und *den Menschen* kann die Stabilität des Gebäudes der Theologie nicht gefährden, sondern nur festigen» (a. a. O., S. 15 f.; Hervorh. vom Verfasser).

Daß eine solche Aussage im Hinblick auf die Mehrheit seiner
Leser nur bei extremer Ausklammerung und Verdrängung eines
wesentlichen Teils der von den Natur- und Erfahrungswissen-
schaften erarbeiteten, insbesondere gerade auch biologischen, hu-
manwissenschaftlichen und auch historischen Erkenntnisse vertreten werden könnte, müßte eigentlich auch Ditfurth evident sein. So
ist es sicher nicht ganz zufällig, wenn er die eben gemachte Versicherung, nicht ganz widerspruchsfrei, sogleich wieder ein-
schränkt, indem er noch einmal im nächsten Satz versichert, daß

zwar «nicht eine einzige tragende Wand eingerissen zu werden
braucht», sich aber «ganz ohne Umbauten die Neueinrichtung
nicht bewerkstelligen läßt» (a. a. O., S. 16).

Unterliegt Ditfurth hier nicht verbreitetem Wunschdenken, daß
nicht sein kann, was nicht sein soll, Widersprüchlichkeit nämlich
zwischen erfahrungswissenschaftlich gewonnenem modernem
Weltbild und tradierter biblisch-christlicher Religiosität? Dies wird
nicht weniger wahrscheinlich, wenn er aus der Kölner Ansprache
Johannes Pauls II. wohlwollend einen Satz über die Unmöglichkeit
eines grundsätzlichen Konfliktes zwischen Vernunft - und darauf
aufbauender wissenschaftlicher Erkenntnis – und dem christlichen
Glauben zitiert (a. a. O., S. 304), ohne den äußerst problematischen, fast mittelalterlich-scholastisch anmutenden dogmatischen
Charakter dieser Aussage sofort, wie er es auf anderen Gebieten mit
Sicherheit getan hätte, herauszustellen.

(4) Die spezifische Unsensibilität für Widersprüche in
religiösen Fragen und forcierte Versuche der Harmonisierung
von biblisch-christlicher Religiosität und modernem
Reflexionshorizont, dargestellt am Beispiel des
Theodizeeproblems

Widersprüchlich erscheint v. Ditfurths Denken auch dann, wenn er
entgegen seinen eingangs gegebenen, oben zitierten Versicherun-
gen, die er am Schluß des hier angesprochenen Kapitels dann noch
einmal ausdrücklich wiederholt («Daher kann jeder der Argumentation des anschließenden Kapitels folgen, ohne die Sorge haben zu
müssen, es werde von ihm verlangt, auch nur einen Bruchteil seiner religiösen Überzeugung in Frage zu stellen»; a. a. O., S. 23),
«das Zugeständnis einer grundsätzlichen historischen Relativier-
barkeit auch der Person Jesus Christus» (S. 22, auch S. 140f.) fordert. Die Relativierung der Person Jesus Christus stellt nun
sicher nicht nur ein «Quentchen» der religiösen Überzeugung der
Mehrzahl der gläubigen Christen dar (obwohl nach der oben ange-

führten Aussage Ditfurths nicht einmal ein solches aufgegeben werden müsse), sondern eine ganz zentrale und doch wohl konstituierende Frage christlicher Religiosität.

Diese Forderung gliedert sich ein in eine zu konstatierende umfassendere Widersprüchlichkeit des Ditfurthschen Denkens, soweit es um Dinge der (biblisch-christlichen) Religion geht. So verlangt er, ein weiteres Beispiel, einerseits mit Recht eine Relativierung des weltanschaulichen Anthropozentrismus, gerade auch des religiösen, und gibt dennoch vor, die Beibehaltung der biblisch-christlichen Religiosität ließe sich mit dieser Forderung vereinbaren. Aber was bliebe denn noch von der genuin biblisch-christlichen Religiosität übrig, machte man mit den entsprechenden Gedanken und konsequent aus modernen kosmologischen Erkenntnissen abgeleiteten Postulaten Ditfurths (etwa S. 20, 136 f., 234, 278, 288) Ernst? Nicht nur «Quentchen» und «Bruchstücke», sondern «tragende Wände» würden fallen!

Deshalb und aus anderen Gründen erscheint auch die von Ditfurth allzu unbegründet dargestellte Angst so vieler Theologen keineswegs so unverständlich und irrational, sondern dürfte durchaus einer von vielen Theologen mehr oder minder bewußt gespürten und gesehenen realen Gefährdung konstituierender Kernstücke der biblisch-christlichen Religiosität entspringen; ebenso wie die mangelnde Akzeptierung der biblisch-christlichen Botschaft durch eine wachsende Zahl heutiger Menschen im wesentlichen nicht eine Sache der sprachlichen Einkleidung sein dürfte (a. a. O., S. 139, 142) – hier harmonisiert und verharmlost Ditfurth, im übrigen wieder sich selbst widersprechend, die tatsächlich viel fundamentalere Krise –, sondern der heute von ethisch und weltanschaulich aufgeklärten Menschen kaum noch akzeptierbaren Kernbotschaft selbst (vgl. auch Kap. II und III), auch wenn sie in modernere sprachliche Formen gekleidet wäre, was im übrigen ja leicht geschehen könnte und auch schon vielfach geschehen ist, ohne daß sich die Misere der gegenwärtigen mangelnden Akzeptanz der biblisch-christlichen, kirchlichen Glaubenslehre wesentlich verändert hätte.

Muß man Ditfurth nicht auch insofern Widersprüchlichkeit, Inkonsequenz vorwerfen, wenn er definiert: «Als Aberglaube muß
eine Überzeugung angesehen werden, die nachweislich unhaltbare
Behauptungen einschließt (indem sie z. B. konkret vorliegenden
oder nachprüfbaren Erfahrungen widerspricht)» (a. a. O., S. 329),
andererseits dem biblisch-christlichen, ja an manchen Stellen sogar
offenbar einem (vielleicht reformierten) kirchlichen Glauben eine
Bestandsgarantie ausspricht, obwohl doch gerade die biblisch-
christliche Botschaft, «nachweislich unhaltbare Behauptungen einschließt», «konkret vorliegenden oder nachprüfbaren Erfahrungen
widerspricht». Was unterscheidet dann aber die tradierte biblisch-
christliche Botschaft, und zwar durchaus in ihren Kernteilen und
nicht nur in Randphänomenen oder sprachlichen Einkleidungen,
vom Aberglauben als die Tatsache, daß die biblisch-christliche, insbesondere kirchliche Religiosität sozial «herrscht», Annahmen und
Aussagen, die wir gemeinhin als «abergläubisch» etikettieren, dagegen nicht?

Ditfurth bekennt sich ja wiederholt zu der Maxime, daß keine
der Aussagen über Jenseitiges, Transzendenz, Religiöses «in
irgendeinem Detail dem widersprechen darf, was wir an Wissen
aus der zugänglichen Welt mitbringen» (a. a. O., S. 294, sinngemäß
auch S. 223). Man muß ihm zugestehen, daß er sich an dieses Postulat sinngemäß in allen seinen Büchern und in allen von ihm analysierten Wirklichkeitsbereichen in sehr konsequenter Weise hält,
Versuchungen zu Fehlschlüssen, Wunschdenken und anderen
«Denkfallen» erkennt und kritisch transparent macht, mit Ausnahme eben des Gebietes der Religiosität, der biblisch-christlichen
Religiosität, wo er sich selbst nur sehr unvollkommen an seine eigene Programmatik hält, immer wieder widersprüchlich argumentiert und zu Ausflüchten greift, die er sich auf anderen Gebieten
nie zugestehen würde.

Als ein weiteres entsprechendes Beispiel kann die Weise, wie Ditfurth mit dem Theodizeeproblem umgeht, angesehen werden, also
dem klar erkennbaren Widerspruch zwischen der Fülle der Grausamkeiten, extremen physischen und psychischen Leiden, Absurdi-

täten, Erniedrigungen usw. im historisch-menschlichen wie auch schon im tierischen Bereich und der christlichen Lehre von einem unendlich gütigen und liebevollen, sich um jedes seiner Geschöpfe kümmernden und gleichzeitig allmächtigen, alles bewirken könnenden (Vater-)Gott (ohne dessen Wille nichts geschieht). Es gibt kaum eine andere zentrale christliche Lehre, die so eindeutig «konkret vorliegenden oder nachprüfbaren Erfahrungen widerspricht». Auch hier handelt es sich nicht nur um ein «Quentchen» (die ja von v. Ditfurth auch schon in ihrem Bestand garantiert werden) oder nebensächliche «Bruchstücke» biblisch-christlicher bzw. kirchlicher Religiosität, sondern um zentrale, das Verhältnis der Menschen zu ihrem (vorgestellten, projizierten?) Gott fundamental prägende Aussagen.

Wieder manövriert sich Ditfurth selbst (wieder wie auf anderen Gebieten nicht vorstellbar) in eine widersprüchliche Situation: Einerseits versichert er, daß niemand «auch nur ein Quentchen seiner religiösen Überzeugung in Frage stellen» müsse (a. a. O., S. 16), andererseits fordert er, daß auch religiöse und transzendente Aussagen «konkret vorliegenden oder nachprüfbaren Erfahrungen nicht widersprechen» dürfen (a. a. O., S. 329).

Da er um die unzähligen Fälle der historischen, der individuellbiographischen und gerade auch der vormenschlichen Wirklichkeit weiß, die, allen partiellen ritualisierten «Komment-Kämpfen» zwischen Artgenossen zum Trotz (offenbar immer wieder als Rettungsanker für christliche Biologen dienend), eben doch weithin dem einem christlichen Gottesbild diametral entgegenstehenden Prinzip des Fressens und Gefressenwerdens folgen (vgl. a. a. O., S. 121), erscheint es immer wieder erstaunlich, daß Ditfurth nicht auch in diesem Falle die allein mögliche Konsequenz zieht, das biblischchristliche Gottesbild mit allen seinen Implikationen als irreal, als Wunschbild anzusehen und zu verwerfen.

Vielmehr greift er zu dem Versuch, die ganze Härte der Theodizeeproblematik durch den Hinweis auf den evolutiven Charakter des Weltgeschehens, die Auffassung, «daß die Evolution identisch ist mit dem Augenblick der Schöpfung», zu entschärfen, «daß kos-

mische und biologische Evolution die Projektion des Schöpfungser-
eignisses in unseren Gehirnen sind» (a. a. O., S. 145). Ditfurth meint
weiter: «Der Widerspruch» (des Theodizeeproblems) «verliert an
Schärfe, sobald wir die Möglichkeit bedenken, daß die Welt, die wir
erleben, eine ‹Schöpfung in statu nascendi› sein könnte» und somit
all das Grauenhafte und Absurde, «die unleugbare Unvollkommen-
heit», wie Ditfurth an dieser Stelle wieder etwas verharmlosend
formuliert, «sich insofern als eine Illusion herausstellen wird, als sie
ein zeitlich begrenztes Phänomen und damit im Licht der transzendentalen Wahrheit nicht real ist» (a. a. O., S. 145 f.).

Abgesehen von der Gleichsetzung zeitlich begrenzt = illusionär,
irreal, die schwerwiegende philosophische und erkenntnistheoretische Probleme impliziert und durchaus bestreitbar ist (u. a. und gerade auch im Hinblick auf die Abwertung der *subjektiven*, psychischen Realität der entsprechenden Phänomene), die aber hier nicht
weiter analysiert werden können, wird die Problematik oder die
Unmöglichkeit einer solchen «Lösung» der Theodizeefrage unmittelbar deutlich, wenn man sich einmal fragt, ob es das schwere
subjektiv reale Leiden eines in Auschwitz zu Tode Gequälten oder
die Verzweiflung unzähliger Kinder, deren Mütter als Hexen verbrannt wurden, eines Menschen, der über Jahre oder Jahrzehnte
von schweren Schmerzen gequält wird oder der sich in abgrundtie-
fer Verzweiflung, Enttäuschung über die Nichterfüllung basaler
Hoffnungen und Grundbedürfnisse das Leben nimmt usw. usw.,
aus der Welt schaffte oder auch nur nennbar verminderte, wenn
man ihm sagen würde, daß dies alles unter evolutivem Aspekt und
im Lichte einer evolutiv zu sehenden «transzendentalen Wahrheit»
nicht real sei.

Ditfurth glaubt zwar, dies ehrt ihn, aus seiner evolutiven Schöp-
fungslehre ethische Postulate zur Verminderung der «Unvollkommenheiten» von Schmerz, Angst und Krankheit ableiten zu können. Sieht er indessen nicht, daß man aus seiner Auffassung ebenso
ganz andere und logisch viel näherliegende Konsequenzen ziehen
könnte, eigentlich müßte, etwa die, daß die Zufügungen von Leid,
Schmerz, Grausamkeiten, Erniedrigungen, da all diese «Unvoll-

kommenheiten» in Wirklichkeit ja gar nicht real, sondern vielmehr nur illusionär seien, eben dann auch konsequenterweise als nicht reale, illusionäre Scheinphänomene eben auch ihr moralisches Gewicht verlören? Denn wie könnte man jemand für nichtreale Dinge zur Verantwortung ziehen, warum sollte man versuchen, sie zu unterbinden, da sie als zeitlich begrenzte Ereignisse ja keine reale Bedeutung haben? Auschwitz, die Hexen- und Ketzerverfolgungen, Ausrottungskriege, extreme körperliche Schmerzen und psychisches Leid: alles nur Illusionen? Es wird deutlich, welche gewagten Konstruktionen Ditfurth, völlig entgegen seinem Verhalten im Hinblick auf andere Realitätsbereiche, noch als akzeptabel propagiert, wenn es darum geht, nur ja die tradierte biblisch-christliche Religiosität gegen eindeutige und klare Einwände, wie etwa die Theodizeefrage, zu retten.

(5) Die bereichsspezifische unkritische Einstellung zu Küngs
      Werken und dessen apologetischer Unterscheidung von Botschaft
      und Einkleidung

Widersprüchlich und ungewohnt inkonsistent verhält sich Ditfurth auch, wenn er einen Autor wie Küng und ein Buch wie «Existiert Gott?», das so viele Ungereimtheiten und, zumindest objektive, intellektuelle «Unmöglichkeiten» enthält (vgl. Kap. III), mehrfach lobend erwähnt (a. a. O., S. 303 u. a.), wieder unvorstellbar, hätte dieses Buch nicht die biblisch-christliche Religiosität und den Versuch ihrer Rettung auch vor einem modernen informierten Bewußtseinsstand zum Gegenstand, sondern befaßte sich mit einem anderen Wirklichkeitsbereich. Wie kritisch und unerbittlich würde Ditfurth dann reagieren, wie unterschiedlich wären seine Maßstäbe hier und dort!

Ob Ditfurth konsistent argumentiert, wenn er im Anschluß an Küng die Greuel der Kirchen- und Christentumsgeschichte *nur* als Fehlinterpretation, als Mißverständnisse und Perversionen dessen, was christliche Religiosität wirklich sei, darstellt, und ob wirklich

«nur ein Übelwollender auf den Gedanken kommen» könne, *zumindest in partiellen Aspekten* «auf das Wesen des Christentums
selbst zu schließen», darüber sollte sich der Leser unter Vergegen-
wärtigung der in Kap. II angeführten Fakten selbst ein Urteil bilden.

Entsprechende Einwände gelten auch für den wieder im Anschluß an Küng gemachten Versuch Ditfurths, die Sache der biblisch-christlichen Religiosität durch Unterscheidung von eigent-
licher Botschaft und sprachlicher Einkleidung zu retten: Nicht nur
die Sprache, «auch der Inhalt der Botschaft selbst» ist «von ge-
stern» (vgl. a. a. O., S. 139). Denn gerade die in der Bibel übermit-
telte Botschaft, die darin sich äußernde Gesinnung, Geist, Grund-
vorstellungen stellen doch das Problem für den heutigen, auch nur
minimal human und aufgeklärt denkenden Menschen dar (vgl. die
Beispiele in Kap. II), und es scheint wenig mehr als eine Abwehrstrategie zu sein, der auch Ditfurth hier verfällt, die Problematik (nur) in
der sprachlichen Einkleidung zu sehen. Wir Zeitgenossen haben ja
im übrigen gar nicht so sehr Probleme mit alten sprachlichen Werken (vgl. etwa die griechische Antike), wenn uns nur nicht unmögliche, unakzeptable Inhalte als letztverbindlich aufgedrängt werden. Im übrigen, es wurde oben schon darauf hingewiesen, haben
alle bisher unternommenen sprachlichen Modernisierungen die
Misere der abnehmenden Akzeptanz der biblisch-christlichen Botschaft bislang nicht beheben können, eine Beobachtung, die ja gerade einem so erfahrungswissenschaftlich ausgerichteten Manne
wie Hoimar v. Ditfurth zu denken geben müßte.

*(6) Die «Mythologisierung» biblisch-christlicher Aussagen
als weiterer Versuch, die kritisch-unhaltbare Situation der
biblisch-christlichen Religiosität doch noch zu retten*

Entsprechendes gilt auch für den Versuch Hoimar v. Ditfurths, die
biblisch-christliche Botschaft entweder unter Hinweis auf die kulturelle Tradition, die sie inzwischen auch bedeutet, oder auf ihren

Charakter als mythologische und vorgeblich nicht wörtlich gemeinte Aussagen zu retten.

Auch «altehrwürdige», tradierte, kulturell prägende Inhalte wie mythologisch eingekleidete Aussagen können extrem inhumane Botschaften enthalten und entsprechende grauenhafte Wirkungen hervorbringen: Die menschliche Geschichte, insbesondere auch die Geschichte der biblisch-christlichen Religiosität ist voll furchtbarer Beispiele.

Daß im übrigen die mythologische und nicht die wörtliche Auffassung der biblischen Texte im altjüdischen Bereich quasi die alleinherrschende, ja geradezu selbstverständliche gewesen wäre («daß es auf die wörtliche Bedeutung nicht ankam, bedurfte damals auch keiner ausdrücklichen Erklärung»; a. a. O., S. 296), scheint bei tatsachen- und nicht projektionsgeleitetem Denken und unvoreingenommener Zurkenntnisnahme der spezifischen Züge gerade altjüdischer Religiosität und ihres zuweilen extrem anmutenden «Wörtlichnehmens» biblisch gesetzter Normen und Aussagen eine außerordentlich kühne Behauptung. Es zeichnet ja gerade den Mythos in seiner ursprünglichen (und nicht modern vermittelten!) Existenzweise aus, daß er vom Mythen bildenden und an ihn glaubenden Menschen früherer Zeiten «als die Wirklichkeit selbst erlebt wird» (Brugger, 1953, S. 202). Stellt die entsprechende Aussage Ditfurths nicht wieder einen jener apologetischen Verharmlosungsversuche dar? Biblische Aussagen wurden durchaus wörtlich genommen: Es wurden Ausrottungskriege geführt, Menschen wegen z. T. wenig schwerer Vergehen hingerichtet, Hexen entsprechend biblischem Gebot zu Hunderttausenden bis Millionen verbrannt, Andersgläubige mit Haß verfolgt und ausgerottet usw.

All dies bedeutet aber: Auch überindividuelle kulturelle Traditionen und mythologisch eingekleidete Botschaften müssen unter ethischen Kriterien geprüft werden und dürfen nicht *nur* «mit Ehrfurcht und Respekt» behandelt werden; und weil ein Großteil gerade der Kernaussagen der biblisch-christlichen Religiosität diesen Kriterien nicht genügt, haben heutige Menschen ihre Probleme mit ihnen, können nichts mehr mit ihnen «anfangen».

Und noch einmal auch an dieser Stelle sei gesagt: Die auch von vielen Theologen gepflegte Ansicht, das Ganze sei nur oder vorrangig ein Problem der altertümlichen oder mythologischen Sprache, bedeutet ein verständliches, aber dennoch weithin illusionäres Kopf-in-den-Sand-Stecken vor der zugegebenermaßen harten Tatsache, daß die Botschaft selbst nicht mehr akzeptabel erscheint, ob mythologisch oder in altertümlicher Sprache ausgedrückt oder nicht. (Wieweit die Abwehr eines Teils heutiger Theologen gegen unbequeme Tatsachen gehen kann, kann nur der ermessen, der schon einmal versucht hat, empirisch gewonnene unbequeme religionswissenschaftliche Ergebnisse Theologen zu vermitteln.) Noch einmal: Es besteht viel weniger Abwehr gegen mythologische Sprache, als viele Theologen aufgrund dieser Selbsttäuschungsstrategie glauben, als vielmehr in weiten Kreisen eher Offenheit dafür, wenn nur die übermittelten Inhalte nicht klaren Erfahrungen und selbstverständlichen ethischen Standards widersprechen.

Die biblisch-christliche Religiosität durch eine nur «symbolische» oder mythologische Auffassung retten zu wollen führt schnell zu einem unlösbaren Dilemma: Entweder man bleibt auf einem noch einigermaßen spezifischen Aussagenniveau, so daß noch etwas vom spezifisch biblisch-christlichen Inhalt erhalten bleibt, dann gerät man unweigerlich mit modernem Weltbild und heute eigentlich selbstverständlichen ethischen Standards in Widerspruch, oder man leitet aus den «mythologisch» oder «symbolisch»* verstandenen biblisch-christlichen Botschaften Aussagen auf so allgemein-abstraktem Niveau ab (z. B. daß es noch eine andere Wirklichkeit hinter der sinnlich erfahrbaren gibt oder «daß diese Welt nicht aus sich heraus zu erklären ist»; a. a. O., S. 218), daß diese wohl für jeden akzeptierbar sind; dann aber wüßte ich nicht, was von einer auch nur noch vagen spezifisch biblisch-christlichen, geschweige denn kirchlichen Religio-

---

* Ein Wort, mit dem im Rahmen moderner christlicher Apologetik wie mit kaum einem andern begriffliches Schindluder getrieben wird.

sität noch übrigbliebe; dann wäre die Bibel ein Text wie viele andere, durch nichts herausgehoben, im Gegenteil, dann gäbe es m. E. viele Texte, bis in die neueste Zeit (etwa von Hölderlin, Rilke, Benn u. a.), die heutigen Menschen, durchaus auch in mythischer, indirekter, dichterischer Sprache, mehr sagen könnten und nicht den Nachteil hätten, gleichzeitig so mißverständlich-gefährliche, archaisch-inhumane Inhalte mitzuschleppen, die zu den bekannten grauenhaften Folgen geführt haben.

Zeigt sich hier letztlich nicht doch immer wieder die alte Misere unserer einmal christlich erzogenen (oder indoktrinierten) Intellektuellen (vor allem mit entsprechend frommen Müttern): Es gelingt offenbar nur wenigen, das einmal in der Kindheit als wertvoll und verehrungswürdig Vermittelte auch in seinen Kernaussagen und nicht nur in Randphänomenen (z. B. sprachliche und institutionelle Einkleidung) trotz eigentlich klar vorliegender Sachverhalte kritisch zu sehen oder aufzugeben, der alten biblischen Botschaft (vgl. Kap. II) nicht «mit Respekt und Ehrfurcht» (a. a. O., S. 296) zu begegnen. Man vergegenwärtige sich die in Kap. II dargestellten Beispiele, die durch eigene ergänzende Bibellektüre beliebig vermehrt werden können, um sich selbst einen Eindruck von der harmonisierenden, unkritischen Darstellung der Bibel selbst durch einen sonst so kritisch-wachen Autor wie Hoimar v. Ditfurth zu verschaffen.

(7) Die Entdifferenzierung tatsächlich hochdifferenter
Sachverhalte

Wir hatten als generelle Merkmale (früh)kindlich indoktrinierter oder durch starke Wünsche und Ängste erzeugter Denkhemmungen eine herabgesetzte Sensibilität für Widersprüche, das Verdrängen, «Nicht-zur-Kenntnis-Nehmen» dem eigenen Weltbild widersprechender Sachverhalte sowie eine Entdifferenzierung tatsächlich sehr differenter Sachverhalte angeführt.

Auch für dieses letzte Merkmal lassen sich bei Ditfurth außer den oben kurz angeführten Beispielen weitere und immer wieder Belege finden, soweit (und nur soweit!) die Thematik Religion und Christentum betroffen sind, auch hier in immer wieder verblüffendem Unterschied zu sonstigen Gegenstandsbereichen, die dieser Autor in seinen Büchern thematisiert. In diesem Zusammenhang ist vor allem und primär auf die schon oben mehrfach kritisierte, immer wieder zu konstatierende mangelnde Differenzierung zwischen allgemeiner, nicht spezifizierter und spezifisch biblisch-christlicher Religiosität hinzuweisen. Immer wieder werden Gegenargumente gegen die spezifisch biblisch-christliche Religiosität durch Bezug auf allgemeine, undifferenziert-unspezifische Religiosität «entkräftet» und dann zugunsten der Rettung spezifisch biblisch-christlicher religiöser Aussagen und Inhalte ins Feld geführt, ein logisch unstatthaftes Verfahren, das gerade Ditfurth mit Sicherheit auf jedem anderen Gebiet sehr schnell identifizieren und zurückweisen würde.

Diese mangelnde Differenzierung zwischen allgemeiner, unspezifischer und spezifisch biblisch-christlicher Religiosität stellt sicher eine der Hauptschwächen des Buches «Wir sind nicht nur von dieser Welt» dar; sie zeigt sich schon auf den ersten einleitenden Seiten, wenn Ditfurth feststellt: «Die Ansicht, daß naturwissenschaftliche Erkenntnisse notwendig in Widerspruch zu religiösen Aussagen ständen, hat sich endgültig als Vorurteil herausgestellt. Aber das ist noch nicht alles: Es gibt darüber hinaus heute auch schon Beispiele dafür, daß naturwissenschaftliche Entdeckungen und Denkmodelle uralte Aussagen der Religion auf eine unerwartete Weise bestätigen. Die Begründung dieser Behauptungen bildet den Inhalt des vorliegenden Buchs» (a. a. O., S. 15).

Gegen diese Aussage kann man schwerlich etwas vorbringen, solange wie hier nur allgemein und unspezifisch von «religiösen Aussagen», «uralten Aussagen der Religion» usw. die Rede ist; sie gelten jedoch nicht mehr, wenn man dabei zentrale spezifisch biblisch-christliche religiöse Aussagen meint: Beides muß klar und peinlich genau auseinandergehalten werden.

Genau dies läßt Ditfurth vermissen, wenn er sofort anschließend von der heutigen «religiösen Verkündigung» spricht, wenn er sein Buch als ein «Angebot an die Kirchen» verstanden haben will, mit «denen sich heute vielleicht doch wieder gemeinsam gehen ließe» und «die getrennten Standpunkte vielleicht doch wieder zu verbinden wären» (a. a. O., S. 15), und so den Eindruck der Vereinbarkeit des gegenwärtigen modernen erfahrungswissenschaftlich begründeten Erkenntnisstandes und aufgeklärt-modernen Bewußtseins nicht nur mit generellen, unspezifischen religiösen Aussagen, sondern auch mit spezifischer biblisch-christlicher Religiosität erweckt, ja sogar die oben schon angesprochene ausdrückliche Versicherung abgibt, «daß niemand auch nur ein Quentchen seiner religiösen Überzeugung in Frage stellen brauche», daß «die Einbeziehung des von den Naturwissenschaften zutage geförderten Materials über die Welt und den Menschen die Stabilität des Gebäudes der Theologie nicht gefährden, sondern nur festigen» könne (a. a. O., S. 16). Diese mangelnde Differenzierung, eine verbreitete (objektiv) unredliche Strategie bei dem Versuch, redlicherweise aufgeklärter moderner Wissenschaftler, Zeitgenosse und doch Christ zu sein, findet sich leider immer wieder bei Ditfurth (z. B. S. 143, 217, 221, 295 u. a.).

(8) Hoimar v. Ditfurth als Verkörperung des auf hohem Niveau in religiösen Fragen gespalten-inkonsequenten deutschen (Natur-)Wissenschaftlers und Intellektuellen

Dabei ist das Bild bei Ditfurth keineswegs einheitlich (dies macht ein Urteil über seine Thesen und eine Auseinandersetzung mit ihm auf diesem Gebiet so schwierig).

Immer wieder finden sich «Anläufe» zu einer Kritik an der Kirche und ihrer Lehre, auch und gerade auf der Basis moderner (natur)wissenschaftlicher Erkenntnisse, welche die alte («Opas») Religionskritik hinter sich läßt und neben den kritisch-verneinenden Argumenten in der Relativierung historischer, zu kurz greifender

Weltsichten neue Möglichkeiten religiösen Lebens andeutet (z. B. S. 149, 189, 235 f., 293 ff.).

Aber es wirkt fast tragisch, ansehen zu müssen, wie diese Anläufe immer wieder steckenbleiben, wie Hoimar v. Ditfurth (offenbar doch nicht loskommend von seinen christlichen Erziehungseinflüssen?) immer wieder zurückflieht zu letztlich doch zum Scheitern verurteilten Versuchen, die biblisch-christliche Religiosität dann doch wieder zu retten, oder wie er einerseits die teilweise vernebelnde Sprache moderner Theologen angreift (a. a. O., S. 142) – man kann ihm da nur voll zustimmen –, dann aber wieder den Eindruck erweckt, als lägen die Schwierigkeiten heutiger Menschen mit der biblisch-christlichen Botschaft hauptsächlich im Sprachlichen, und nicht sieht, daß die nebulose Sprache, die abstrahierende Verunklarung moderner Theologen durchaus ihre Gründe hat; wie er die Zahmheit und «beflissene Artigkeit» (a. a. O., S. 297) heutiger Intellektueller und (Natur-)Wissenschaftler gegenüber den Kirchen und ihrer Verkündigung, den «faulen Frieden» zwischen «Naturwissenschaft und Theologie» (a. a. O., S. 298) kritisiert, dann aber selbst in eine Haltung beschwichtigender Artigkeit gegenüber der Theologie (etwa S. 142) zurückfällt.

So stellt sich Hoimar v. Ditfurth als einer jener nicht wenigen umfassend informierten, gebildeten, intelligenten Meinungsführer der deutschen Szene dar, die in ihrem Verhältnis zu Bibel, Christentum und Kirche sich als schwankend und mehrdeutig erweisen, und hätte man hier nicht einen Mann vor sich mit soviel anderen Vorzügen, der sich mehr als weitaus die meisten anderen deutschen Intellektuellen auf anderen Gebieten als außerordentlich mutig, bekenntnisfreudig und eindeutig gezeigt hat, so daß man ihn sich eher zum Freund und Diskussionspartner wünschen würde und es in diesem Falle besonders schmerzhaft ist, sich wenn auch nur in einem Teilbereich von ihm distanzieren zu müssen, so wäre man angesichts der Gruppe der entsprechenden deutschen Intellektuellen versucht, an das harte Wort Nietzsches zu denken: «Wer mir heute in seinem Verhältnis zum Christentum zweideutig wird ... hier gibt es nur eine Rechtschaffenheit: ein unbedingtes Nein.»

Am Beispiel Hoimar v. Ditfurths wird noch einmal deutlich, welche Macht (kindliche) kirchliche Indoktrination ausüben kann, mit welchen tiefverwurzelten Widerständen eine Christentumskritik heute immer noch zu kämpfen hat.

Um so eindeutiger muß man auch und gerade von heutigen (Natur-)Wissenschaftlern fordern: Die generelle Rückbesinnung, Wiederzuwendung zur Möglichkeit oder Wirklichkeit einer religiösen Dimension der Welt und des Menschen darf nicht den Rückfall in archaisch-inhumane Inhalte bedeuten. Diese entsprechende Trennung wird in den immer häufiger zu beobachtenden «Flirts» mit Kirchen und Theologischen Fakultäten nicht redlich und eindeutig vollzogen, sondern der entsprechende Unterschied häufig verwischt und verunklart.

Es gibt kaum eine eindrucksvollere Veranschaulichung als die gegenwärtige Szene deutscher Intellektueller, Hochschullehrer und Wissenschaftler, die immer noch versuchen und vorgeben, biblisch-christliche Religiosität und moderne Welterfahrung vereinbaren zu können,

für die bedrückende Einsicht, die schon Francis Bacon 1621 formulierte: «Wenn eine Überzeugung einmal feststeht, unternimmt der menschliche Verstand alles, immer zusätzliche Unterstützung und Bestätigigung für sie zu gewinnen: und obwohl zahlreiche zwingende Fakten dagegen sprechen können, beachtet er sie entweder nicht oder wertet sie ab oder stößt sie durch vorurteilshaft unsachgemäße Umdeutung ab und weist sie zurück, viel eher, als daß er die Autorität seiner ersten Konklusionen opferte» («Novum Organum», 1621; Oxford, 1889, S. 46);

fur den «Willen zu glauben» (vgl. W. James, 1896, 1912, aber auch frühere Autoren wie z. B. die französischen Moralisten, Schopenhauer, Nietzsche u. a.);

aber auch für die entsprechenden Ergebnisse der modernen Psychologie zur einseitig-gerichteten, sehr selektiven Informationssuche, -aufnahme und -verarbeitung, zur Abhängigkeit so vieler Überzeugungen von Wünschen, affektiven Faktoren und sozialem Konformitätsdruck, wobei sich z. T. relativ subtiler sozialer Druck (wie er sich heute in unserem Lande wohl mehrheitlich darstellt) als effektiver erweisen kann als direkte autoritäre Manipulation (vgl. etwa Mahoney, 1974, S. 271; Bem, 1970).

c. Agnostiker oder Leute, die auch zu Dingen schweigen, über die man reden kann

Eine dritte Gruppe neben den dezidierten Nichtchristen und den bekennenden Christen stellen die Agnostiker dar: Jede metaphysische Erkenntnis und jede Erkenntnis Gottes ist für sie dem Menschen (prinzipiell) unmöglich, damit auch jede Aussage über Gott oder religiöse Inhalte, die mehr beansprucht als grundsätzlich beliebige Meinungsäußerung zu sein.

Enthaltsamkeit hinsichtlich entsprechender Aussagen scheint die allein konsequente Haltung. «Wovon man nicht reden kann, darüber muß man schweigen»: Diese Wittgensteinsche Programmatik wird gerne zitiert.

Es gibt kaum verläßliche Zahlen, wie groß die Zahl der Agnostiker im deutschen oder westeuropäisch-amerikanischen Bereich ist; man kann allenfalls vermuten, daß der agnostische Standpunkt sich vor allem bei Naturwissenschaftlern findet.

In seiner klaren Bestimmtheit, der konsequenten Ablehnung, sich mächtigen ideologisch-religiösen Gruppierungen anzubiedern, ist er respektierlich.

Allerdings kann er, wie wohl jede weltanschauliche Position, auch eine Rationalisierung tatsächlicher Feigheit darstellen, besonders wenn er sich auf religiösem Gebiet mit der bei (Natur-)Wissenschaftlern nicht seltenen, schon mehrfach aufgezeigten undifferenzierten Gleichsetzung allgemeiner und spezifisch-historischer Religiosität, wie etwa der biblisch-christlichen, verbindet: Ist man Agnostiker, so kann man schweigen über *allgemeine* Fragen religiöser Art, z. B. ob es irgendwelche göttlichen Wesen gibt; man kann und müßte eigentlich, insbesondere als Intellektueller, Wissenschaftler, gar als «Professor» (= Bekenner!), über *spezifische* religiöse Aussagen reden, etwa wenn sie inhuman-archaische Inhalte implizieren und/oder klar erkennbaren Tatsachen widersprechen, insbesondere dann, wenn, wie heute weltweit unverkennbar in den großen Buchreligionen, fundamentalistische Strömungen erstarken und die mühsamen und mit großen Opfern errungenen humanen Fortschritte und menschlichen Grundrechte bedrohen!

Dieses «Flaggezeigen» ist indessen heute nicht «in», klare, eindeutige Aussagen in religiösen Dingen sind heute nicht gefragt, man laviert lieber. Und so findet man heute nicht selten eine pervertierte Art von «Agnostizismus» vor, die in Wirklichkeit zu einem wesentlichen Teil nur feige Unentschiedenheit darstellt: Man ist zwar nicht dezidiert dafür, aber auch nicht dagegen, zumindest zeigt man es nicht offen. Ein bißchen Freidenkertum, ein bißchen verwässerte Christlichkeit. Kinder werden konfirmiert, man läßt sich kirchlich beerdigen, man wählt Theologen zu Universitäts-Rektoren und geht «tolerant», d.h. zwar nicht *eindeutig* affirmativ, aber beileibe auch nicht kritisch mit ihnen um (der vielgepriesene und vielgescholtene Martin Heidegger mit seinem unsäglichen Lavieren in religiösen Fragen, in Fragen Christentum und Kirche ist hier nur ein besonders herausgehobener Exponent, typisch für eine nach wie vor weitverbreitete Haltung gegenüber *noch* herrschenden Ideologien). Bei und nach alldem scheut man sich nicht, über eine verbreitete weltanschauliche Orientierungslosigkeit, etwa von Studenten, zu klagen.

d. Das graue Heer der «Lauen» und «Mitläufer»

1. Man «ißt, was auf den Tisch kommt»: Komment statt Argument

Neben den dezidierten und bekennenden Gruppen der Nichtchristen, der Christen und der Agnostiker bildet eine vierte Gruppe unter Intellektuellen, Hochschullehrern und sonstigen «opinion leaders» wahrscheinlich die große Mehrheit.

Es handelt sich um jene Zeitgenossen, die sich durch ihre verwaschene, wenig faßbare Haltung in religiösen und weltanschaulichen, häufig auch in politischen Fragen auszeichnen: ein bißchen christlich, aber nicht zu sehr, ein bißchen liberal, meist eher schon etwas stärker konservativ, aber auch das nicht so sehr, daß man aus dem Rahmen grauer Unauffälligkeit fallen könnte, auch ein Touch sozialer Progressivität fehlt nicht selten. Man ist weder zu dezidiert christlich noch weniger allerdings entschieden a- oder gar antichristlich.

Natürlich will man nicht unaufgeklärt erscheinen, deshalb hütet man sich davor, sich etwa zu eindeutig zu einer kirchlich gebundenen Religiosität zu bekennen. Aber diese Aufgeklärtheit ist halbherzig, mehrdeutig, inkonsequent.

Man setzt sich nicht mit einer so mächtigen Institution wie der Kirche oder gar der Bibel auseinander. Der durchschnittliche deutsche Intellektuelle und Professor arrangiert sich, einer sehr alten und über die verschiedensten Regime beständigen Tradition folgend, weiterhin und weitgehend mit Institutionen, die Macht haben und die ihm von den nicht selten kirchenfrommen Müttern, zuweilen auch Vätern, und anderen Institutionen unter Vermittlung eines infantilen Informationsstandes als verehrungswürdig, ja als tabu vermittelt worden sind: auch hier letztlich, wenn auch längst schon erwachsen, die braven Söhne und Töchter, die auch in religiösen und metaphysischen Angelegenheiten nach guter deutscher Erziehungspraxis eben «essen, was auf den Tisch kommt».

Die Haltung der Anpassung an herrschende Mächte scheint leider schon immer bei Gelehrten sehr verbreitet gewesen zu sein, unbeschadet des ebenfalls immer wieder zu konstatierenden bewundernswerten Mutes kleiner Minderheiten. Schon vor 300 Jahren klagt Pierre Bayle (1647–1706): «Wir sehen ... ein wirklich entsetzliches Zusammentreffen von zwei oder drei Momenten. Das erste ist die feierliche Bekanntmachung von Strafgesetzen gegen solche, die nicht gewisse Ansichten über religiöse Gegenstände hegen ... Das zweite Moment ist die strenge und oft sehr blutige Vollziehung dieser Gesetze in allen Fällen, die sich nur immer darboten; das dritte – das schrecklichste von allen – ist die Billigung und Beistimmung von seiten ... der meisten Gelehrten. Ich wiederhole es: Dies ist das Schrecklichste, das wahrhaft Ungeheure... Dies ist der höchste Grad der geistigen und moralischen Verdorbenheit, daß eine so wahnsinnige Lehre, eine Lehre, welche die Bestrafung eines Menschen rechtfertigt, der aus Gewissensgründen die Unterschrift einer Glaubensformel verweigert, sich in der christlichen Kirche mit fast allgemeinem Beifall von seiten der Lehrer ausgebreitet und sich ein solches Ansehen gegeben hat, daß man fast für einen Ketzer gilt, selbst unter den Protestanten, wenn man nur ein deutliches Wort zugunsten der Toleranz spricht» (zit. nach Deschner, 1986, S. 80f.). Gewiß, die Inhalte haben sich geändert, die Sanktionen sind milder und sublimer geworden...

Auch in religiösen und metaphysischen Angelegenheiten soll man gegenüber den (Gott-)gesetzten Autoritäten folgsam sein, ihnen nicht widersprechen, und man hat den Eindruck, daß man auch gegenüber religiösen und metaphysischen Mächten «everybody's darling» sein möchte.

Deshalb geht es auch, wie Hoimar v. Ditfurth sehr richtig bemerkt hat, etwa bei Evangelische-Akademie-Tagungen, wenn es überhaupt einmal zu brisanten Themen zwischen Theologen und (Natur-)Wissenschaftlern kommt, so überaus artig und «wohlerzogen» zu, werden die eigentlich gravierenden Probleme zwischen moderner Wissenschaft, Weltbild, ethischen Standards und biblisch-christlicher Religiosität in gegenseitig verharmlosender

Höflichkeit unter den Tisch gekehrt, ist «man nett zueinander», wird entsprechenden naheliegenden, möglicherweise wirklich an die Substanz gehenden Einwänden häufig nicht durch Argumente, sondern durch zuweilen etwas tantenhaft-moralisierend anmutende Mißbilligung gegenüber dem Einwendenden im Sinne einer Komment-Verletzung begegnet. (Man muß einmal erlebt haben, wie beflissen-anbiedernd sich der durchschnittliche deutsche Universitätslehrer oder gar universitäre Funktionsträger bei entsprechenden Anlässen gegenüber Kirchenvertretern verhält.) «Die eigentliche Kommunikation wird durch die Konvention erstickt» (Jaspers, 1962, S. 207).

Auch dieses typische Ersetzen argumentativer Auseinandersetzung durch tantenhaft-moralisierende Abwehr als Etikettenverstoß hat eine lange ungebrochene Tradition, gerade auch in Deutschland. Ludwig Feuerbachs vor etwa 150 Jahren gemachte Erfahrungen beschreiben auch die heutige Situation, auch und gerade an Universitäten, was Christentumskritik betrifft, sehr prägnant: «Ich habe endlich, und zwar schon durch die rücksichtslose Sprache, mit welcher ich jedes Ding bei seinem wahren Namen nenne, einen entsetzlichen, unverzeihlichen Verstoß gegen die Etikette der Zeit gemacht. Der Ton der ‹guten Gesellschaften›, der neutrale, leidenschaftslose Ton konventioneller Illusionen und Unwahrheiten ist nämlich der herrschende, der normale Ton der Zeit – der Ton, in welchem ... auch die religiösen... Angelegenheiten besprochen werden müssen. Schein ist das Wesen der Zeit – Schein unsere Politik, Schein unsere Sittlichkeit, Schein unsere Religion ... Wer jetzt die Wahrheit sagt, der ist impertinent, ‹ungesittet›, wer ‹ungesittet›, unsittlich. Wahrheit ist in unserer Zeit Unsittlichkeit. Sittlich, ja autorisiert und honoriert ist die heuchlerische Verneinung des Christentums, welche sich den Schein der Bejahung desselben gibt; aber unsittlich und verrufen ist die wahrhaftige, die sittliche Verneinung des Christentums – die Verneinung, die sich als Verneinung ausspricht ... sittlich ist die taktlose Halbheit ... der liderliche Widerspruch, aber unsittlich die Strenge der Konsequenz, sittlich die Mittelmäßigkeit, weil sie mit nichts fertig wird, nirgends auf den Grund kommt... – kurz, sittlich ist nur die Lüge, weil sie das Übel der Wahrheit oder – was jetzt eins ist – die Wahrheit des Übels umgeht, verheimlicht» (L. Feuerbach, 1849; 1980, S. 14 f.).

Man läßt seine Kinder taufen, gibt ihnen auch gerne altertümlich wirkende biblische Namen, dies ist gerade zu einem modisch-konformistischen Kennzeichen für Akademikerkinder geworden: Nomen est omen! Man preist überhaupt die Bibel und bekennt sich zu ihr, weist auf sie als alte Quelle von höchster Autorität hin, ohne sie offensichtlich einmal außer in kirchlich vorgegebenen Auszügen gelesen zu haben (vgl. Kap. II); und es gilt inzwischen wieder als fein, im Rahmen einer Vorlesung zumindest gegen Ende eine mehr oder minder deutliche Verbeugung gegenüber der Theologie zu machen, ebenso wie man sich anbiedernd-beflissen gegenüber den bestehenden Theologischen Fakultäten verhält, Theologen bevorzugt als Festredner und Bischöfe als Vorbeter, etwa bei Universitätsjubiläen (z. B. Tübingen, Heidelberg), bestellt.

Damit hat es sich aber meist schon ziemlich mit der Christlichkeit, die weitgehend als eine Anpassung oder Anbiederung an herrschende Konventionen und Institutionen erscheint und wenig Entschiedenes zeigt; man lebt, mit wenigen Ausnahmen, nicht weniger egoistisch-materialistisch, besitzorientiert und eitel-selbstbezogen als entschiedenere nichtchristliche Zeitgenossen; man hat eben auch auf religiösem Gebiet sein «Lüstchen für den Tag und sein Lüstchen für die Nacht» (Nietzsche); man selegiert und konsumiert aus dem Sortiment, das die Kirche als für diesen Bereich zuständiger Dienstleistungsbetrieb nach Art eines religiösen Supermarktes anbietet.

2. Verwaschenes Denken und Kult der Undeutlichkeit

In diesem Verhalten zeigt sich generell jener Zug der Gleichgültigkeit, des selektiven Gebrauchs, des unentschiedenen Sowohl-Als-auch, der faulen Kompromisse, das Schmidtchen (1979) und andere Forscher als einen wesentlichen Zug gegenwärtiger (west-) deutscher Religiosität und Einstellungen gegenüber der Kirche aufgezeigt haben, verbunden mit einem Großteil Feigheit gegenüber herrschenden Ideologien, wie sie auch und besonders bei deutschen Universitätslehrern Tradition hat und wie sie im Falle des Dritten Reiches eindrücklich dokumentiert worden ist.

Dieses Sich-Entwinden und Abdecken zeigt sich heute auch z. B. darin, daß es für einen heutigen Studenten in der großen Mehrzahl der Fälle sehr schwierig bis unmöglich ist, auch nach mehrjährigen Lehrkontakten sich ein Bild über die weltanschauliche oder politische Position des jeweiligen Universitätslehrers zu machen, die sich in diesen Dingen – *hier* ist Küng noch einmal ausdrücklich beizupflichten – nur allzusehr verstecken.

In diesem Umfeld sind die immer wieder, etwa gegenüber der Deutschen Rektorenkonferenz, laut gewordenen Klagen von Politikern aller Parteien anzusiedeln, nach der die Universitäten allzuwenig zu drängenden aktuellen Fragen (soweit sie nicht ihre Forschungs- oder Personaletats betreffen) Stellung beziehen, von der Friedenssicherung über Umweltprobleme bis eben auch weltanschaulichen und religiösen Orientierungsbedürfnissen, oder die immer wieder zu machende und gemachte schmerzliche Erfahrung, daß man für Aktionen, wie etwa zur Unterstützung der Abrüstungsbemühungen (als diese noch nicht opportun erschienen), von 1000 Universitätslehrern immer nur eine Handvoll gewinnen konnte.*

---

* Die undeutlich-verwaschene Position des hier beschriebenen Typus macht es schwierig, ihn durch prägnante Kategorien adäquat zu beschreiben. Vielleicht kann die hier gemeinte Haltung und die auch an deutschen Universitäten vielfach anzutreffende Situation deutlicher gemacht werden durch ein, zugegebenermaßen, überpointiertes und sarkastisch-«böses» Spottgedicht eines Insiders; aber verquast-undeutliche Sachverhalte lassen sich häufig nur durch Überpointierung und Überdeutlichkeit vermitteln:
«Wir sind durchaus christlich, gewiß,
allerdings nicht zu sehr, gemäßigt natürlich.
Wir lassen die Kinder taufen,

geben ihnen biblische Namen – Akademikerkinder! –
trotz der Scheußlichkeiten,
die in diesem Buch von Gott erzählt werden.
Das nehmen wir nicht zur Kenntnis,
weil sich das nicht gehört
und wir immer schon artige Söhne und Töchter waren,
die essen, was auf den Tisch kommt.
Wenn Denken unbequem wird
und Konsequenzen verlangt,
die gegen den Komment gehen...
aber hören Sie, das darf man doch alles nicht so wörtlich nehmen.
Und ich bitte Sie,
natürlich sind wir doch auch aufgeklärt, liberal,
in Maßen natürlich,
man hat doch Bildung.
Aber zum Semesterbeginn
ein Gottesdienst, mit Magnifizenz,
das gehört sich doch so.
Wir sind durchaus auch kritisch,
in Maßen natürlich,
besonders wenn es von uns erwartet wird
oder etwa Vergangenes betrifft,
jedenfalls etwas, was bei uns keine Macht hat.
Dagegen mischen wir uns nicht in gegenwärtige Politik.
Drohende Umweltkatastrophen, Rüstungswahn, verletzte Menschenrechte?
Ich bitte Sie, man kann da nicht vorsichtig genug sein.
Wir sind doch seriöse Forscher,
die nur Gediegenes forschen.
So lebt ihr, seriös, artig
und mäßig in allem
– außer eurer Eitelkeit vielleicht: soziales Lametta –
euer Leben,
und nichts wird sich geändert haben,
wenn ihr einmal geht;
mäßig auch der Abgang,
kirchlich bestattet,
nach Komment,
abgedeckelt
und vergessen,
als hättet ihr nie gelebt,
oder nur in Maßen:
dasselbe?»

Offenbar aufgrund des anscheinend zu einem Großteil durch
Medien und Fragmente aus dem Religionsunterricht bestimmten
religiösen hochselektiven Halbwissens bewegen sich die Argumente, die einem als Christentums- und Kirchenkritiker in diesem
Umfeld entgegengehalten werden, häufig auf dem Niveau, die
Kirchen und viele ihrer Vertreter seien doch sehr respektierliche,
sympathische, sozial engagierte Leute, täten viel Gutes, Karitati-
ves, seien auch im Unterschied zu vielen Politikern nicht nur auf
ihre eigene Karriere, sondern auf das Heil und Wohlergehen der
Menschen bedacht: was ja zu einem großen Teil stimmen mag, nur
übersehen die, die so argumentieren, noch einmal sei es unterstri-
chen, daß das Ethos der Wahrhaftigkeit, der intellektuellen Redlichkeit nicht durch ein noch so hohes Ethos (wir lassen dabei dahingestellt, wieviel verborgener Egoismus von Fall zu Fall auch
noch hinter den entsprechenden sozialen Aktivitäten stehen mag)
der Mitmenschlichkeit, des sozialen Engagements kompensiert
oder gar ersetzt werden kann; besonders müßte dieses Postulat ja
eigentlich für intellektueller Redlichkeit und Wahrhaftigkeit so sehr
verpflichtete Berufsgruppen wie Hochschullehrer und Wissenschaftler gelten!

3. Zu wünschen: Eine Haltung jenseits von fanatischem Bekennertum und feiger Undeutlichkeit

Natürlich hat diese hier kritisch aufgezeigte Mischung aus feig-be-
quemer Anbiederung und Distanzierung, aus faulen Kompromissen und sicher zuweilen auch redlichem weltanschaulich-religiö-
sem Zweifel und Ratlosigkeit entspringender Unentschiedenheit,
aus Verstecken der eigenen weltanschaulichen Position *auch* historisch partiell zu verstehende und zu rechtfertigende Gründe: die
Abneigung gegen eiferndes, fanatisches, bekehrungswütiges Bekennertum, das gerade in der abendländischen Geschichte zu so
grauenhaften Folgen geführt hat, ebenso eine verantwortliche Vorsicht und Zurückhaltung, sein Amt als Hochschullehrer oder einen

anderweitig einflußreichen beruflichen Status in einem dem Buchstaben und Anspruch nach pluralistisch-neutralen Verfassungsrahmen nicht zur Indoktrination eigener weltanschaulicher Positionen zu mißbrauchen.

Und um jedes Mißverständnis auszuschließen: Eine Haltung toleranter, eher gleichgültiger, wenn auch inkonsequent unreflektierter bis verquaster «Toleranz» stellt gegenüber einer Atmosphäre intoleranten, mehr oder minder fanatischen Eiferertums immer noch bei weitem das geringere Übel dar, und niemand kann sich entsprechende Verhältnisse zurückwünschen.

Aber die Alternative zu einem eifernd-missionarischen Bekennertum muß und sollte ja keineswegs die heute vorherrschende angepaßte, inkonsequent-verquaste, sich und die eigene Position versteckende und schon gar nicht jene häufig zu beobachtende noch wesentlich darüber hinausgehende Haltung *aktiver Anbiederung* sein; vielmehr gibt es auch hier ein Drittes, nämlich eine klare, eindeutig zu den als richtig und gegen die als falsch oder inhuman erkannten Positionen stehende Haltung, die dennoch Entschiedenheit und Deutlichkeit der eigenen Position mit einem toleranten, fairen Verhalten gegenüber Andersdenkenden verbindet, die nicht nur, das müßte immer selbstverständlicher werden, auf die Anwendung physischer, sondern auch (evtl. indirekter-versteckter: dies an die Kirchen gerichtet) psychischer Repression zur Durchsetzung der eigenen Standpunkte verzichtet, sich vielmehr dem Postulat der freien argumentativen Auseinandersetzung (die dann allerdings für alle Seiten garantiert sein muß!) verpflichtet weiß.

Eine solche Haltung wäre gleichweit entfernt von einer missionarischen Bekehrungswut Andersdenkender wie von der wenig verantwortlichen stillschweigenden Duldung bis zur Anbiederung an mächtige, aber klar erkennbar problematische bis gefährliche Inhalte und Normen implizierende Institutionen, wie es heute leider bei nicht wenigen Intellektuellen, Hochschullehrern und Wissenschaftlern selbst gegenüber den weltweit wieder erstarkenden fundamentalistischen, christlichen wie islamischen, Tendenzen zu beobachten ist.

Eine solche Haltung eindeutig-klarer, aber fairer Auseinandersetzung könnte auch endlich wegführen von jener heute auf weltanschaulich und religiös kontroversen Gebieten häufig zu beobachtenden, offenbar wenig reflektierten (für, auch tendenziell, totalitäre Ideologien besonders kennzeichnenden) Vermischung von Inhalts- und Beziehungsebene (P. Watzlawick, 1969), die faire, ja freundschaftliche Interaktionen und Beziehungen mit und zu Andersdenkenden mit einer faulen Harmonisierung kontroverser Standpunkte verwechselt («Evangelische-Akademie-Syndrom»). Die Ablösung der heute vorherrschenden verquast-verwaschenen weltanschaulich-religiösen Situation durch eine wieder klar und, wenn es sein muß, und es muß zuweilen sein, in der Sache auch harte, «unartige», gegen den verbreiteten Komment verstoßende argumentative Auseinandersetzung könnte vielleicht einmal dazu führen, den weltanschaulichen Kontrahenten als Diskussionspartner auf einem gemeinsam zu gehenden Weg zu einer wieder wahrhaftigeren weltanschaulich-religiösen Basis zu betrachten und ihn so bei allen auch prägnant-hart formulierten gegensätzlichen Standpunkten zu achten, ja ihm sogar freundschaftlich verbunden zu sein. Dies bedeutete nichts weniger als den Abschied von der, besonders bei Argumentationsnot, so beliebten Strategie der «Verketzerung» des weltanschaulich und religiös, auch radikal, andersdenkenden Mitmenschen. Nur eine freundliche Utopie?

D. Die Rolle der Humanwissenschaften oder wie «das Aufklärungspotential der Wissenschaft weginterpretiert oder heruntergespielt» wird

Das ganze Ausmaß an Zurückhaltung, ja Tabuisierung, an schweigender Rücksichtnahme (um es milde-neutral auszudrücken) gegenüber mächtigen Institutionen und gesellschaftlicher Macht, wie sie heute immer noch die Kirchen etwa als nach dem Staat zweitgrößte Arbeitgeber auf pädagogischem und sozialem Gebiet verkörpern, zeigt sich beispielhaft in der Haltung dreier Humanwissenschaften, etablierter Universitätsfächer, die besonders stark von den problematischen Implikationen zentraler biblisch-christlicher Inhalte, wie sie in dem vorliegenden Buch (besonders Kap. II) exemplarisch und keineswegs vollständig dargestellt werden, betroffen sind und zur Auseinandersetzung aufgefordert wären.

Die Ergebnisse unserer im folgenden unternommenen exemplarischen Analyse vorweggenommen, scheint in kaum einem anderen Wissenschaftsbereich die kritische Feststellung von J. Habermas mehr zu gelten, daß offensichtlich starke Interessen bestehen, in deren Dienst «das Aufklärungspotential der Wissenschaft weginterpretiert oder heruntergespielt werden muß» (1985, S. 49).

Vergegenwärtigt man sich noch einmal die oben (besonders in Kap. II) dargestellten archaisch-inhumanen Implikationen der biblisch-christlichen Botschaft, so müßte eigentlich unmittelbar klarwerden, daß hier Leitbilder und leitbildliche Geschehnisse, archaisch-inhumane, gewalttätig-strafende, mit Drohungen und Angstinduktion arbeitende Strategien als göttlich sanktioniert, als

mit höchster (Erziehungs-)Autorität ausgestattet vermittelt werden, die in einem krassen Widerspruch zu allen Maximen der in der
heutigen Erziehungswissenschaft wie auch Psychologie als selbstverständlich anerkannten Maximen der Verhaltensformung und
-modifikation stehen (Erziehung, Psychotherapie, Menschenfüh-
rung, Gesprächsführung usw.); Strategien, die geeignet erscheinen, zu destruktiven Effekten im entsprechenden Verhalten und
Erleben der so sozialisierten und geformten Kinder und Erwachsenen zu führen – und nach vielfältigen biographischen Zeugnissen
und klinisch-psychologischen Erfahrungen und Hinweisen (vgl.
im deutschen Bereich etwa K. Thomas, 1989), die aber von den
Vertretern der «akademischen Psychologie» nie systematisch aufgenommen wurden, in unzähligen Fällen auch geführt haben –,
Strategien, die, stünden nicht mächtige religiöse Institutionen hinter ihnen, mit Sicherheit die schroffste Ablehnung, ja Empörung
der entsprechenden Erziehungswissenschaftler und Psychologen
ausgelöst hätten. In unserem Falle aber, wo eben die entsprechenden biblisch-christlichen Inhalte von solchen mächtigen Institutionen getragen werden, werden so gut wie keine kritischen Stimmen
laut.

a. Psychologie: Trotz anerkannt hoher Relevanz Vermeidung und weitgehende Tabuisierung religiöser Themen in Forschung und Theoriebildung

Dies gilt zunächst für den Bereich der deutschen Psychologie. Obwohl kein reflektierender Psychologe ernsthaft bestreiten könnte,
daß die Übermittlung religiöser Inhalte und religiös fundierter
Normen von großer Bedeutung im Hinblick auf die Ausrichtung
des Verhaltens und Erlebens, auch des Wohlbefindens des heran-
wachsenden Kindes und auch noch des Erwachsenen sein dürfte
(entsprechende amerikanische Untersuchungen haben Religiosität
neben sozialer Schicht immer wieder als eine der wichtigsten, das

Verhalten bestimmenden Einflußfaktoren herausgearbeitet), gibt es im deutschen Kulturraum so gut wie keine empirische Religionspsychologie (vgl. Buggle, 1991), wird das Gebiet der Religiosität, das vielleicht einiges an Brisanz beinhalten und damit zu Unbequemlichkeit und eventuellen Konflikten mit kirchlichen Instanzen führen könnte, von der empirischen psychologischen Forschung weitgehendst ausgeklammert.

Obwohl kaum zu bestreiten ist, daß gerade die religiöse und speziell die christlich-traditionelle Sozialisation von entscheidender Bedeutung für die Entwicklung verschiedenster und zentraler Verhaltens- und Erlebensbereiche, wie Weltbild, Motivation, Steuerung und Ausrichtung bzw. Hemmung des Verhaltens, Entwicklung von Ängsten und Verhaltensstörungen inklusive deren Bewältigung u. a. sein dürfte, gibt es etwa, und darin drückt sich das ganze Ausmaß des entsprechenden Meideverhaltens und der Tabuisierung aus, in den verbreitetsten deutschen Lehrbüchern zur Entwicklungspsychologie (Nickel, 1975; Oerter & Montada, 1987[2]; Wieczerkowski & zur Oeveste, 1982) «Religiosität» oder «religiöse Entwicklung» noch nicht einmal als Stichwort, geschweige denn einen eigenen, auch noch so kurzen Abschnitt zu diesem Thema. Dies geht nicht zu Lasten der betreffenden Lehrbuchautoren, sondern entspricht dem tatsächlich extrem defizitären Forschungsstand im Bereich der deutschen Psychologie im Hinblick auf Religiosität und ihre Entwicklung.

Entsprechendes gilt für den Bereich der klinischen Psychologie, wo nicht nur eine Vielzahl von historischen und biographisch-literarischen (von Karl Philipp Moritz' «Anton Reiser» bis zu Dagmar Scherfs Sammelband von 1984), sondern auch vielfältige klinisch-psychologische Quellen im engeren Sinne (vgl. etwa Thomas, 1989; Moser, 1976) wie allerdings meist nur informell-mündlich ausgetauschte Erfahrungen und Hinweise, aber auch bewährte Theorien zur Entstehung psychischer Störungen jedem, der nur sehen will, die Relevanz von Religiosität und religiöser Sozialisation für die Entstehung und Bewältigung psychischer Störungen deutlich machen. Auch hier gibt es «Religiosität» oder «religiöse

Sozialisation» in den im deutschen Bereich gängigen Lehrbüchern zur klinischen Psychologie schlichtweg nicht, wieder noch nicht einmal als Stichwort (vgl. etwa Wittling, 1980; Schmidt, 1984[2]; Dörner & Ploog, 1984[3]; Bastine, 1984; Strotzka, 1978[2]; in Davison & Neale, 1988[3], werden «religiöse Überzeugungen» auf 800 Seiten in drei Sätzen beim Thema «Psychosexuelle Dysfunktionen» kurz angesprochen).

Nicht anders verhält es sich im Bereich der Sozialpsychologie (vgl. etwa Hofstätter, 1963; Irle, 1975; Herkner, 1981[2]; eine Ausnahme bilden Mueller & Thomas, 1974, wo das Thema «Religion» auf drei von 427 Seiten kurz angesprochen wird).

Diese Fehlanzeigen hinsichtlich der Lehrbücher spiegeln nicht nur ein Theorie-, sondern ganz besonders das außerordentlich weitgehende und eigentlich erstaunliche Defizit empirischer Untersuchungen zur Religiosität im Bereich der deutschen Psychologie wider. In den gesamten achtziger Jahren sind bislang in deutschsprachigen psychologischen Zeitschriften sieben empirische Arbeiten veröffentlicht worden, die überhaupt einen mehr oder minder engen Bezug zum Thema «Religiosität» aufwiesen, in keinem Falle aber eine irgendwie brisante Thematik zum Gegenstand hatten*; und auch wenn man die wenigen, nicht oder nicht in den gängigen

---

* In diesem Zusammenhang ist auch auf eine weitere verbreitete Meidestrategie (auf die unten noch im Hinblick auf die klinische und Sozialpsychologie zu verweisen sein wird) hinzuweisen: Vermeidung von Konflikten und brisanten Aussagen durch Anhebung des Abstraktionsniveaus. Auch einem der führenden internationalen Fachvertreter der gegenwärtigen Religionspsychologie scheinen entsprechende Verhaltensweisen aufzufallen: «If psychology of religion within the Christian area had been more attentive to its truly specific object, it would have made more really psychological observations and analyses of the complex dynamic processes involved in the belief-commitment and in the related religious doubts and conflicts. The poverty of psychological studies on rituals, compared with the richness of ethno-cultural observations and interpretations, is also striking; the reason lies obviously in the tendency of psychologists to work with abstract ideas instead of focusing, as do the anthropologists, on the way people perceive, interpret and practice their specific rituals» (Vergote, 1986, S. 73).

von deutschen Psychologen gelesenen Zeitschriften veröffentlichten empirischen Forschungsansätze an einigen Stellen des deutschen Sprachraums (vgl. etwa Becker & Weißer, 1988) oder im Bereich der Pädagogik zur religiösen Entwicklung veröffentlichten empirischen Beiträge (etwa die Arbeiten der Gruppe um Fritz Oser in Freiburg/Schweiz; etwa Oser & Reich, 1986; Oser & Bucher, 1987; Oser & Gmünder, 1988; Bucher & Reich, 1989) berücksichtigt, ändert dies nichts Wesentliches an der insgesamt extrem defizitären religionspsychologischen Forschungslage im deutschen Bereich (vgl. Buggle, 1991) *.

Und das Defizit besteht bis heute weiter: So gab es zwar unter den 55 zu Forschungsberichten auf dem 37. Kongreß der Deutschen Gesellschaft für Psychologie im September 1990 vorgesehenen Bereichen Kategorien, die das Verhältnis der Psychologie zu wichtigen gesellschaftlichen und kulturellen Phänomenen betrafen – Geschichte, Kunst, Recht, Werbung und Markt, selbst Geographie u. a. –, aber keine, und hier wird das ganze Ausmaß der entsprechenden Vermeidung wieder deutlich, die sich mit dem Verhältnis zur Religion befaßte: Auch dies geht nicht etwa auf irgendeinen «bösen Willen» der Veranstalter zurück, sondern stellt lediglich das tatsächlich bestehende Forschungsdefizit auf dem Gebiet der deutschen Religionspsychologie dar. Was ein führender amerikanischer Religionspsychologe für den dortigen Bereich feststellte, gilt angesichts solcher Sachverhalte noch verstärkt für den Bereich der deutschen Psychologie: «Today it is quite clear that the psychology of religion is outside the main stream of academic psychology» (Beit-Hallahmi, 1980).

Die einzige deutsche religionspsychologische Fachzeitschrift er-

---

* Wir übersehen hier auch nicht die weniger im Bereich der Psychologie als in einem Teilbereich der deutschen Theologie und darüber hinaus schon fast populär gewordene, von Jungschen Konzepten beeinflußte tiefenpsychologische Bibelexegese E. Drewermanns (1984, 1985), die jedoch, ungeachtet der inzwischen von theologischer wie gerade auch tiefenpsychologischer Seite geäußerten Kritik (etwa Bucher, 1988; Görres, 1988), kaum eine empirisch im engeren Sinne ausgerichtete Religionspsychologie ersetzen kann.

scheint denn auch noch nicht einmal jährlich und enthält ganz überwiegend theoretische Aufsätze. Dies sollte aber nicht darüber hinwegtäuschen, daß nicht nur die empirische Forschungslage, sondern auch der Stand der religionspsychologischen Theoriebildung
sich als defizitär darstellt. Abgesehen von den nur im weiteren
Sinne als entwicklungspsychologisch anzusehenden religionspsychologischen Theorieansätzen aus dem Bereich der Psychoanalyse, die vor allem auf Freud selbst und dann auch auf C. G. Jung
zurückgehen, gibt es im Bereich der deutschen empirisch arbeitenden Entwicklungspsychologie nur wenige und fast durchweg singulär gebliebene, von deutschen Psychologen kaum aufgegriffene
Anstöße (z. B. Oerter, 1978; 1984; oder die beiden schon genannten Schweizer Pädagogen Oser & Gmünder, 1988[2], die versuchen,
das auf Piaget und Kohlberg zurückgehende strukturgenetische
Stufenmodell der Entwicklung auf die religiöse Entwicklung anzu-
wenden).

Auf dem Gebiet der klinischen Psychologie oder der Sozialpsychologie, zwei Teilbereichen der Psychologie, für die religiöse Inhalte unter vielfältigen Aspekten von Relevanz wären, findet sich
ein entsprechendes Theoriedefizit, das sich hier allerdings eher so
manifestiert, daß einschlägige Theorien auf einem «ungefähr-
lichen» Abstraktionsniveau gehalten, nicht konkretisiert oder
überhaupt nicht auf religiöse Fragestellungen angewendet werden.

Dies gilt etwa im Bereich der klinischen Psychologie für entsprechende Theorien und Forschungsergebnisse, welche die störungs-
erzeugende Rolle von Angstinduktion oder der Induktion von Ap-
petenz (Sexualität, Neugier) – Aversions(Strafangst)-Konflikten
für die Ausbildung «neurotischen» oder gestörten Verhaltens herausgestellt haben, oder für die Vertreter der sog. «kognitiven De-
pressionstheorie» (vgl. Beck, 1986[2]; Hoffmann, 1976; Hautzinger
& Greif, 1981), welche die Bedeutung bestimmter Denkinhalte und
-verzerrungen (negative Sicht der eigenen Person und der eigenen
Möglichkeiten, Positives zu bewirken, negative Sicht der menschlichen Mitwelt und der Zukunft, ursächliche Rückführung negati-
ver Handlungseffekte und Ereignisse auf die eigene Person – «Sün-

der» –, positiver auf Ursachen außerhalb der eigenen Person: Gott, Gnade) in einer für entsprechende, daraus abzuleitende psychotherapeutische Interventionen sehr fruchtbaren Weise herausgearbeitet haben. Diese Ansätze, so partiell wertvoll sie sind, leiden dennoch fast durchweg unter der Tatsache, daß sie querschnittartig aktuelle Denkeigenheiten und -verzerrungen unhistorisch quasi-biologisch konstatieren, die Frage nach möglichen Quellen in den jeweils spezifisch historisch-kulturellen Sozialisationsinhalten jedoch vernachlässigen.

Entsprechende Beispiele einer weitgehenden Tabuisierung und Ausklammerung religionspsychologischer Aspekte aus der gegenwärtigen klinischen Psychologie (und Psychiatrie, vgl. Küng, 1988) ließen sich leicht vermehren, ein Faktum, was um so kritischer zu sehen ist, als viele Anzeichen darauf hindeuten, daß weltanschaulich-religiöse Orientierungsprobleme und Sinnfragen auch in der klinisch-psychologischen und psychotherapeutischen Praxis an Bedeutung gewinnen werden, die klinische Psychologie aber für einen informierten und reflektierten Umgang mit dieser für viele heutige Menschen offenbar zunehmend bedeutsamer werdenden Problematik in keiner Weise gerüstet ist. Jedenfalls dürfte die heutige weitgehende Ausklammerung religiöser Aspekte auch in der praktischen klinisch-psychologischen Arbeit auf die Dauer kaum durchzuhalten sein.

Vor allem in der Vergangenheit wurden in der psychoanalytisch bzw. tiefenpsychologisch ausgerichteten klinischen Psychologie religiöse Aspekte noch am ehesten angesprochen, wobei jedoch auch hier ein fast völliges Defizit empirischer Forschung im strengeren Sinne zu verzeichnen ist.

Immerhin haben eine Reihe von Psychoanalytikern sich mit religionspsychologischen Fragen auseinandergesetzt, an erster Stelle Freud selbst und sein wohl bekanntester, allerdings «abtrünnig» gewordener Schüler C. G. Jung.

Inzwischen hat sich die einstmals zumindest in einzelnen Mitgliedern noch mutig-provokative Psychoanalytiker-Gemeinde ebenso wie in politisch brisanten Fragen so auch in der religiösen

Thematik längst arrangiert und ist zu einer mit ganz wenigen
Ausnahmen (z. B. Tilmann Moser) angepaßt-bürgerlichen Hofin-
stitution der jeweiligen Gesellschaft, in (und von) der sie lebt, geworden.

Dies gilt in religiösen Konfliktfragen noch mehr als bei politischen: Selbst offene, progressiv-engagierte und mutige Psychoanalytiker (wie etwa H.-E. Richter), die gerade die Tatsache der
politisch-gesellschaftlichen Anpassung und Verharmlosung («Ka-
stration», um es «systemimmanent» zu sagen) der psychoanalytischen Bewegung angeprangert haben, kritisieren zwar bestimmte
Fehlentwicklungen früherer kirchlicher Institutionalisierung, vermeiden aber die sich doch aufdrängende kritische Auseinandersetzung mit zentralen Kernaussagen der biblisch-christlichen Religiosität (eine der wenigen Ausnahmen bildet hier in partieller Weise
das oben schon angeführte Buch von Tilmann Moser, «Gottesvergiftung», in seiner kritischen Auseinandersetzung mit dem in der
Sozialisation vermittelten biblisch-christlichen Gott); ja selbst
H.-E. Richter stützt neuerdings (in mündlichen, vom Rundfunk
übertragenen Vorträgen stärker als in seinen Büchern) jene so un-
prometheisch deutsch-protestantische Predigt der Selbstbeschei-
dung des angeblich vom «Gotteskomplex» eigener Allmacht besessenen neuzeitlich-aufgeklärten Menschen und vernachlässigt
m. E. etwas einseitig, bei aller berechtigten und notwendigen Kritik an anthropozentrisch-überheblicher Naturausbeutung, das
Verständnis für den geschlagenen und geschundenen, von Gottes
Untätigkeit angesichts der unsäglichen Leiden der menschlichen
(und außermenschlichen) Kreatur enttäuschten neuzeitlichen Menschen und sein nur zu gut verständliches Bemühen um Selbsthilfe.

Es kann hier nicht die Aufgabe sein, sämtliche Tiefenpsycholo-
gen, die sich zu Religion und Religiosität geäußert haben (z. B.
Pfister, Alice Miller u. a.), anzuführen; es ging primär darum, zu
konstatieren, daß auch die ganz große Mehrheit der tiefenpsychologisch arbeitenden Therapeuten und Forscher sich längst mit
der biblisch-christlichen, ja weitgehend auch kirchlich-institutio-
nalisierten Religiosität arrangiert haben.

Dennoch muß abschließend in diesem Zusammenhang noch kurz auf Viktor E. Frankls «Logotherapie», die «dritte psychoanalytische Schule», hingewiesen werden (Frankl, 1949). Sie artikuliert heute noch am ehesten die religiöse Thematik, indem sie das Gefühl der Sinnleere als zentrale Ursache psychischer Leiden und Störungen betrachtet, die Hilfe zur Sinnfindung als Kerngeschehen psychotherapeutischer Behandlung ansieht. Es liegt auf der Hand, daß diese Sinnfindung häufig, wenn auch keineswegs immer und notwendig, religiös thematisiert ist.

Insgesamt muß aber gesagt werden, daß die Franklsche Logotherapie bis heute faktisch, was ihre Ausbreitung angeht, gegenüber anderen therapeutischen Richtungen eher ein Randphänomen geblieben ist – vielleicht u. a. ebenfalls *ein* Symptom für die weitgehende Ausklammerung der religiösen Thematik aus der klinischen Psychologie und speziell der Psychotherapie; zum anderen kann man gegen die Franklsche Logotherapie und ihren zumindest faktischen, die Wahrheitsfrage weitgehend ausklammernden Pragmatismus (Glaube an sich ist heilsam, die Inhalte des jeweiligen Glaubens sind eher austauschbar) erhebliche philosophische und anthropologische Einwände erheben (vgl. etwa G. Anders, 1980/87, S. 365–373).

b. Soziologie: Zum ebenfalls auffälligen, wenn auch weniger exzessiven Forschungs- und Theoriedefizit in der deutschen Religionssoziologie

Was die deutsche Soziologie angeht, so scheint es auch hier Defizite im Bereich «Religion» gegenüber anderen Forschungsbereichen zu geben, wenngleich diese Defizite weniger ausgeprägt sein dürften als in der Psychologie, wo noch nicht einmal die Tatsache des entsprechenden extremen Theorie- und Forschungsdefizits artikuliert wird (und die eher nach der Devise zu verfahren scheint: «Was ich nicht weiß, macht mich nicht heiß»).

Dagegen artikulieren immerhin führende Fachvertreter der Soziologie den entsprechenden Mangelzustand, wie die folgenden Beispiele zeigen: «So sehen beispielsweise die Programme der Deutschen Soziologentage das Forschungsgebiet Religionssoziologie nicht vor. Dem entspricht die Publikationspraxis: In den führenden Organen der deutschsprachigen Soziologie haben Veröffentlichungen mit religionssoziologischen Themen Seltenheitswert» (Daiber, in: Daiber & Luckmann, 1983, S. 11). Zwar meint Daiber, der so entstehende Eindruck, «eine deutschsprachige Religionssoziologie existiert im Augenblick nicht», gebe nicht die tatsächlich positivere Forschungslage wieder, doch zeigten «solche Beobachtungen die Marginalisierung der Religionssoziologie in der soziologischen Wissenschaftsorganisation» (a. a. O., S. 11).

Auch in der religionssoziologischen Theorieentwicklung sieht Daiber eher Stagnation: «Verglichen mit der Problemlage zum Ende der 60er Jahre (vgl. J. Matthes, Religionssoziologie, in: G. Eisermann, Die Lehre von der Gesellschaft, Stuttgart, 1962, 2. Aufl., 218–259) sind keine wesentlichen theoretischen Neuansätze hinzugekommen» (a. a. O., S. 12).

Einen wesentlichen Grund, warum die Problemlage der Religionssoziologie zwar erkannt, dennoch aber die ja schon vor längerer Zeit formulierten Desiderate weiterhin unerfüllt geblieben sind, sieht Daiber u. a. in der Abhängigkeit der entsprechenden empirischen Forschung von kirchlichen Auftraggebern, die, wenn nicht von diesen, dann eben auch «nicht von staatlich-universitären Einrichtungen gefördert wird. Hier deutet sich auch der Einfluß des Gesellschaftssystems im ganzen auf den Status von Religionssoziologie an. Dieser ist größer, als im allgemeinen angenommen wird, und wirkt sich nicht zuletzt auf die Paradigmenwahl der Forschung aus» (a. a. O., S. 13).

Etwas inhaltlich deutlicher spricht Oskar Schatz einen tiefer liegenden, aber eben weithin verdrängten Grund (er ist zu einem guten Teil Gegenstand des vorliegenden Buches) der defizitären Befassung der modernen Human- und Sozialwissenschaften mit dem Thema Religion an (immer noch vorsichtig-anonymisiert über einen Dritten!), wenn er sagt: «Auf die Frage, warum die Mehrzahl seiner Kollegen eine so auffällige Scheu an den Tag legt, sich näher mit der Religion einzulassen, antwortete unlängst ein führender Sozialwissenschaftler, der lange Zeit auf diesem Gebiet tätig war: Soziologen hielten sich von der Religionssoziologie fern, weil sie instinktiv ahnen, daß es sich hier um intellektuelles Dynamit handelt» (Schatz, 1971, S. 18 f.).

Dennoch muß noch einmal auf die zwar ebenfalls selteneren, aber dennoch durchaus vorhandenen auch empirischen Aktivitäten deutscher Soziologen hingewiesen werden, etwa und besonders auf die äußerst informativen Arbeiten (1979 u. a.) von G. Schmidtchen (der zwar Mitglied eines Psychologischen Instituts war, den man aber aufgrund seiner Forschungsarbeiten eher der Soziologie zuordnen muß), «die deutlich machen, daß religiös-kirchlich vermittelte Wertmuster und Sinndeutungen auch heute noch äußerst wirksam sind. Weit davon entfernt, sich auf der Grundlage einer von Kirche und Religion losgelösten, autonomen Wertmusters selbst zu tragen, lebt das soziale und politische System einer scheinbar ‹säkularisierten› Gesellschaft in beträchtlichem Maß von den Motivationskräften des religiösen Systems» (Lukatis, in: Daiber & Luckmann, S. 212). (Um so unverständlicher [?], noch einmal, daß sich die deutsche Psychologie auf diesem Gebiet so enthaltsam verhält.)

c. Erziehungswissenschaft und Pädagogik, oder zu welchem Ausmaß an skandalösen Erziehungsinhalten deutsche Erziehungswissenschaftler und professionelle Pädagogen schweigen, sofern sie von den etablierten Kirchen ausgehen

1. Religionspädagogische Untersuchungsstrategien: Tabuisierte Forschungsbereiche und Abspaltung humaner, aber abstrakter Programmatik von konkreten inhumanen Inhalten

Auch im Fach Pädagogik gibt es, verglichen mit anderen Teilge-
bieten dieses Wissensbereichs, ein ausgeprägtes Defizit empirischer, den modernen methodischen Standards genügender
Forschungsarbeiten, besonders soweit es die in diesem Buch angesprochenen provozierenden Fragen der problematischen inhumanen Gehalte biblischer Inhalte und biblischer Erziehungsmaximen
und ihrer pädagogisch-psychologischen Auswirkungen angeht:
Auch hier zeigt sich die Tendenz, gefährliche, «intellektuelles Dynamit» enthaltende Themenbereiche weitgehend zu meiden, zu
tabuisieren.

«Die größten Schwierigkeiten erwachsen einer so verstandenen
Religionspädagogischen Psychologie aus zwei Umständen, die
– wenn überhaupt – nur im Lauf von vielen Jahren geändert werden können: dem Mangel an Beobachtungsdaten und dem Fehlen
eines einheitlichen theoretischen Bezugsrahmens» urteilt ganz zu
Recht Bernhard Grom, einer der führenden religionspädagogisch-
psychologisch arbeitenden deutschen Hochschultheologen. Die
Religionspädagogische Psychologie, so seine Sicht der Lage, «ope-
riert noch weithin auf einem ähnlichen Entwicklungsstand wie die
Astronomie, als diese sich die ersten Fernrohre für ihre eigenen
Forschungszwecke baute» (Grom, 1986[2], S. 12, 14).

Im Unterschied aber zur Psychologie und graduell auch zur
deutschen Soziologie gibt es eine beträchtliche nichtempirische re-

ligionspädagogische Literatur, schon als natürliche Folge der im allgemeinen üppigen (staatlich finanzierten oder subventionierten) personellen Ausstattung der Theologischen Fakultäten und Lehrgebiete an deutschen Universitäten und Hochschulen und des Publikationsdrucks, der als Implikation des heute gängigen Wissenschaftsbetriebs (Modell Legebatterie) für die entsprechenden Stelleninhaber besteht.

Unter diesen Rahmenbedingungen wird das entsprechende Meideverhalten, soweit das in dem vorliegenden Buch angesprochene konflikthafte Verhältnis zwischen heute allgemein anerkannten pädagogischen Maximen und den archaischen biblischen Inhalten, die dem kirchlichen Religionsunterricht wesensmäßig zugrunde gelegt werden müssen, betroffen ist, in spezifischer Weise modifiziert: Es kommt zu einer eigenartigen, intellektuell (zumindest objektiv) nicht ganz redlichen partiellen Spaltung zwischen abstrakt formulierten pädagogischen Maximen und der konkreten pädagogischen Vermittlung der (im Kern nach wie vor archaisch-inhumanen) biblischen und religiösen Inhalte.

So dürfte es heute, von einigen wenigen «Hinterwäldlern» abgesehen, die teilweise schon der Traktatliteratur zugerechnet werden müssen, kaum noch (auch kirchlich gebundene) Religionspädagogen, soweit sie diese Thematik überhaupt angehen, geben, die *auf der Ebene abstrakter pädagogischer Postulate* nicht mehr oder minder explizit oder implizit, mehr oder minder weitgehend vor der Implementierung religiös geprägter Strafängste und entsprechender Aspekte eines Gottesbildes oder vor der Vermittlung selbstbezogener und lohnorientierter religiöser Vorstellungen warnen und auf die daraus resultierenden Gefahren für eine ungestörte religiöse und auch nichtreligiöse Entwicklung hinweisen würden (vgl. etwa Grom, 1986²).

Dann aber wird fast immer unredlich verschwiegen, daß solche inhumanen Implikationen der biblisch-christlichen Religiosität den im Religionsunterricht zu vermittelnden Inhalten biblischer und kirchlicher Herkunft gerade in wesentlichen Kernteilen und keineswegs nur akzidentell immanent sind (wie ich in dem vorliegenden

Buch bis zu dieser Stelle aufgewiesen zu haben glaube). Dabei wird immer wieder teils explizit, teils eher implizit der Eindruck zu erwecken versucht, daß der tatsächlich zu findende beträchtliche Anteil religiös motivierter (Straf-)Ängste in erster Linie oder ganz überwiegend auf entsprechende «abnorme», mit Angstinduktion arbeitende Eltern zurückzuführen sei (etwa Grom, S. 154 ff.), wobei viel zu selten die naheliegende Frage gestellt wird, woher denn diese ebenfalls biblisch-christlich beeinflußten Eltern ihre entsprechenden Einstellungen und Haltungen erworben haben und wieweit eben auch neben der jeweiligen Haltung der Eltern die entsprechenden Inhalte der jeweiligen biblisch-christlichen Sozialisation für solche religiös motivierten Ängste verantwortlich sein könnten.

2. Die archaische Inhumanität der Religionsbücher, nach denen heute 25–30jährige und ältere unterrichtet wurden: Anleitungen zur Neurotisierung unmündiger Kinder durch Induktion extremer Strafängste

Das ganze Ausmaß an Inhumanität, das biblisch-christliche Religiosität und biblisch-christliche Erziehung enthalten können, wird deutlich, wenn man sich einmal die noch vor kurzem von Kirche und Kultusministerien ausdrücklich zugelassenen, empfohlenen und dem Religionsunterricht zugrundeliegenden Schul(!)bücher ansieht.

Es dürfte darüber hinaus für jeden, der die gegenwärtige westdeutsche Szene zu verstehen sucht, wichtig und unerläßlich sein, sich einmal klarzumachen, anhand welcher Texte die große Mehrheit der heute über 25–30jährigen Deutschen religiös sozialisiert wurde. Viele sonst schwerverständliche oder mißinterpretierte Verhaltensweisen, von bestimmten verbreiteten Fehlformen im Beziehungsverhalten (Straf- und Schuldinduzierungsstrategien in Partnerschaften, auch sublimerer Art), über inkonsequentes, weil

innerlich unfreies Denken bis zu partiell ausgeprägten Denkhemmungen, Belastungen durch Schuldgefühle und Strafängste,
Selbstabwertung, unbarmherzig-rigide «moralistische» Haltungen, etwa in der Sterbehilfediskussion, bis zu «auffällig stabilem»
Wahlverhalten, etwa im noch zu 70–80 Prozent katholisch sozialisierten Bayern, um nur eine kleine Auswahl zu nennen, lassen sich
ohne einige Kenntnisse der zugrundeliegenden Sozialisationspro-
zesse, wie etwa massive Angstinduktion als Mittel der Verhaltens-
und Denksteuerung oder die in früher Kindheit erfolgte Vermittlung eines zumindest partiell archaisch-inhumanen Gottesbildes,
psychologisch nicht adäquat verstehen. Wie sah diese religiöse
schulische Erziehung noch vor 20 Jahren und davor, d. h. der
heute 25–30jährigen und älteren Menschen, aus?

Die ganz große Mehrheit heute 30jähriger und älterer Katholiken in der Bundesrepublik wurde noch nach dem von der Deutschen Bischofskonferenz verbindlich vorgeschriebenen «Grünen
Katechismus» (1965[2]) unterrichtet (oder, sagen wir es deutlich, in
einer kindlich-wehrlosen Lebensphase indoktriniert), in der noch
kräftig Höllenängste geschürt und darüber hinaus die meisten der
oben aufgezeigten, der biblisch-christlichen Religiosität wesentlich impliziten problematischen Inhalte vermittelt wurden. Ja,
man kann den «Grünen Katechismus» und andere vergleichbare
Religionsbücher der betreffenden und noch späterer Jahre geradezu als *Anweisung zur Neurotisierung und psychischen Knechtung von
unmündigen Kindern durch Induktion potentiell extremer Strafängste* bezeichnen.

Da wird 8–9jährigen Kindern (!) immer wieder mit den ewigen
«Qualen des höllischen Feuers» (S. 256; biblisch mit der «großen
Pein in dieser Glut»; Lk. 16; 19–24) gedroht, diese «Strafe wird
kein Ende nehmen, sie dauert in alle Ewigkeit fort» und wird, damit da kein Zweifel bei den Kindern bleibt, auch leiblich vollzogen (S. 265); allerdings, welch ein Trost: «Die Verdammten leiden
nicht alle gleichviel. Gott ist gerecht; wer schlimmer gesündigt
hat, wird auch härter bestraft» (S. 257). Das alles wird durch Zitate aus der Bibel belegt (S. 258), die gleichzeitig als Gottes Wort

vorgestellt wird, «Gott zum Urheber hat» und «mit unfehlbarer Wahrheit niedergeschrieben» ist (S. 92; vgl. oben Kap. II).

Daß diese Lehre sich auch tief einpräge, werden den Kindern entsprechende Aufgaben gestellt: «Suche in der Bibel Beispiele dafür, daß Gott etwas androht und daß er seine Drohung ausführt!» (S. 13), «Von welchen Strafgerichten über die Unkeuschheit berichtet die Heilige Schrift?» (S. 242), und eine Antwort wird gleich durch ein Bibelzitat, ein Wort Gottes, gegeben: «Das Los der Unzüchtigen wird der Pfuhl sein, der von Feuer und Schwefel brennt» (Offb. 21; 8).

Da werden die Kinder aufgefordert, «an das Gericht des heiligen und gerechten Gottes, an das Fegfeuer und an die Hölle» zu denken und zu «erwägen: Welche Strafen habe ich für meine Sünden verdient?» (S. 175).

Daß solche ewigen Höllenstrafen nicht nur für «Unkeuschheit», sondern auch für das Fernbleiben von der Sonntagsmesse ohne wichtigen Grund (S. 210), für die Loslösung, den «Abfall» vom katholischen Glauben (S. 163) oder gar den Austritt aus der katholischen Kirche (S. 123), für «freiwilligen» Selbst«mord» (S. 229) vorgesehen sind, wird klar vermittelt: «Der Selbstmörder greift in die Rechte Gottes ein; denn Gott allein ist der Herr über Leben und Tod» (hier dürfte eine Wurzel für die oft so unbarmherzige Versagung des Sterbewunsches unheilbar kranker und unsäglich leidender Menschen zu suchen sein); was jedoch die Autoren andererseits nicht an der Aussage hindert: «Die Obrigkeit darf schwere Verbrechen mit dem Tode bestrafen. Den Soldaten ist es in einem gerechten Kriege erlaubt, die feindlichen Soldaten im Kampfe zu töten» (S. 235).

Der Implementierung eines düsteren, mit extremen Strafen drohenden Gottesbildes – biblisch durchaus konsequent – fügt sich die Darstellung des Kreuzestodes Jesu als von Gott-Vater (!) gewolltes blutiges Sühneopfer, «Lösegeld» und Grund unserer Erlösung und Bewahrung von der eigentlich verdienten ewigen Verdammnis stimmig ein (S. 55–59). Sagen wir es deutlich: Intellektuell unmündigen 8–9jährigen Kindern wird das Bild eines

Gottes vermittelt, der für seine Versöhnung, für den Erlaß ewiger (!) Höllenstrafen die blutige Hinrichtung eines Menschen fordert, zu dem er in einer Eltern-Kind-Beziehung steht. Dabei fehlt nicht der ausdrückliche Hinweis auf den Monopolanspruch der römisch-katholischen Kirche, die so «verdienten» (S. 57) Gnaden und «Mittel», die Menschen zur ewigen Seligkeit zu führen und vor der ewigen Verdammnis zu bewahren, «allein empfangen» zu haben und zu «verwalten» (S. 106).

Ist es wirklich nur die veraltete, nicht mehr zeitgemäße Sprache, muß man hier nochmals Hoimar v. Ditfurth und andere verharmlosende Autoren fragen, oder das zugegebenermaßen nicht immer sehr attraktive Gebaren mancher Kleriker oder kirchlicher Institutionen, daß sich die so sozialisierten Menschen immer mehr von solchen «ehrwürdigen» Lehren abwenden?

Auch das in der mir vorliegenden Ausgabe 1966 gedruckte, also noch der religiösen Sozialisation heute ca. 30jähriger Katholiken zugrundeliegende «Glaubensbuch für das 3. und 4. Schuljahr. Ausgabe für die Erzdiözese Freiburg» vermittelt acht- und neunjährigen Kindern nicht weniger angstinduzierende, archaisch-inhumane Inhalte und Vorstellungen.

Auch in diesem Schulbuch (!) wird Gott als hart strafender Gott (z. B. Abschn. I,4,7,9,21,22,37) dargestellt: «Erzähle, wie Gott die Strafe vollzog!» «Selig, wer Gott fürchtet.» «Denn ich will in dieser Nacht durch ganz Ägypten schreiten und alle erstgeborenen Kinder der Ägypter töten.» Auch diese strafende Tötung der (unschuldigen) Kinder sollen sich die 8–9jährigen vertiefend einprägen: «Worin bestand die letzte Plage, die Gott den Ägyptern schickte?» Dies alles gipfelt auch in diesem Kinder-Lehrbuch mit der Androhung der (neutestamentlichen!) ewigen Höllenstrafe, «ewigen Feuers» (Abschn. 74) und des Fegefeuers (Abschn. III,21). «Angst muß man davor haben, mit seinen Sünden zu leben, ohne Reue zu sterben, beim letzten Gericht vor aller Welt beschämt und ewig verdammt zu werden» (Abschn. III,26).

Nach alldem ist es nur konsequent, den Kindern dringend Gebete wie die folgenden nahezulegen:

«Erbarm' Dich Vater über mich,
verzeih' mir meine Sünden,
sonst kann ich nicht vor Dir bestehen, und keine
Rettung finden!»

«Oh Gott, Du kennst die Sünden all',
die ich vor Dir getan.
Erbarme Dich, erbarme Dich!
Sieh' an, *wie schlimm es um mich*
steht; sieh' meine Sündenschuld...»

(Abschn. III,22; Hervorh. vom Verfasser)

Wird angesichts solcher «Kindesmißhandlungen» nicht allzu verständlich, warum Tilman Moser angesichts eigener persönlicher wie auch seiner breiten psychotherapeutischen Erfahrung dem biblisch-christlichen Gott vorwirft: «Aber ich weiß von Patienten, Freunden und Bekannten, daß Du für Millionen noch immer die schlimmste Kinderkrankheit bist, die man sich denken kann, in vielen Fällen unheilbar, ansteckend vor allem für Kinder und Kindeskinder» (1976, S. 22)? Solche und andere entsprechende Erkenntnisse haben allerdings bislang die ganz überwältigende Mehrheit von Kinder- und klinischen Psychologen, Pädagogen und Erziehungswissenschaftlern von ihrem angepaßten Stillhalten nicht abbringen können.★

Auch der bei nicht wenigen «frommen» Christen, vielleicht gar nicht immer bewußt-reflektiert, im Grunde für Außenstehende so abstoßende Heilsegoismus (man akzeptiert die Hölle stillschweigend, wenn man ihr nur nicht selbst verfällt) wird hier schon zu-

---

★ Angesichts solcher und vieler anderer biblischer Aussagen – vgl. Kapitel II – bietet sich immer wieder die versucherische – in unserer Gesellschaft natürlich hoffnungslose, aber doch potentiell entlarvende – Initiative an, einen Indizierungsantrag gegen die Bibel als jugendgefährdendes oder etwa den Angriffs- und Vernichtungskrieg verherrlichendes Buch zu stellen: Es könnte sehr aufschlußreich sein, das entsprechende Schauspiel des Lavierens und der gewundenen Heuchelei zu verfolgen, das notwendig wäre, um zu dem von der herrschenden Ideologie, dem kirchlichen Christentum, gewünschten Ziel zu kommen, d. h., «natürlich» die Indizierung abzulehnen.

grunde gelegt: «Ich will darum beten, damit Jesus Christus *mich* beim Jüngsten Gericht in Gottes ewige Herrlichkeit eingehen läßt» (Abschn. 74; Hervorh. vom Verfasser).

Daß mit diesen massiven Angstinduktionen die ja intellektuell noch weitgehend wehrlosen Kinder an die Kirche und ihren Glauben gebunden werden sollen, ergibt sich daraus, daß auch hier etwaiger Unglaube noch einmal spezifisch mit massiven Strafen bedroht wird: «Ich weiß, daß jeder, der nicht an Gott glauben will, seinem furchtbaren Gericht verfällt» (Abschn. 7), und als letztinstanzliches Urteil wird ein biblisches Wort von Jesus selbst zitiert: «Wer aber nicht glaubt, wird verdammt werden» (Mk. 16; 16).

Daß sich die frühkindlich induzierte Sünden- und Strafangst auch im Erwachsenenalter erhält, daß diese «schlimmste Kinderkrankheit» tatsächlich «unheilbar» bleibt, dafür sorgte bis vor kurzem auch die kirchliche Erwachsenenkatechese und allgemeine Verkündigung, wie z. B. der folgende noch im letzten Gebets- und Gesangbuch der Erzdiözese Freiburg abgedruckte Text des «Dies irae» aus der Totenmesse zeigt:

«Welch' ein Graus wird sein und Zagen, ...
und ein Buch wird aufgeschlagen,
treu darin ist eingetragen
jede Schuld aus Erdentagen ... nichts kann vor der Strafe flüchten.
Weh' was werd ich Armer sagen,
wenn Gerechte selbst verzagen!
König schrecklicher Gewalten
frei ist Deiner Güte Schalten, ... zwar nicht würdig ist mein Flehen,
doch aus Gnade laß geschehen,
daß ich mög' der Höll' entgehen... von der Böcke Schar mich scheide, ...
wenn verdammt zur Hölle fahren,
die im Leben böse waren,
ruf mich mit den sel'gen Scharen.»

Viele unfreie Reaktionen kirchlich gebundener Menschen, ihre Unfähigkeit, sich auch gegen eigentlich zugängliche Einsicht von kirchlichen Normen und Glaubensinhalten zu lösen, werden psychologisch kaum verständlich, wenn man sich die hier aufgezeigte Art der kindlichen (und in der Erwachsenenkatechese konservierten) Sozialisation nicht ganz konkret veranschaulicht.

Nicht minder problematisch erscheint die Lehre vom sühnenden Kreuzesopfer (Abschn. I, 84, 85, 86; III, 23) und das damit implizit, aber tatsächlich den Kindern vermittelte archaisch-grausame Gottesbild. Der Kreuzestod ist vom Vater gewollt und wird von Jesus in *Gehorsam* gegen den Vater erlitten (Abschn. 83). Auch diese schlimme, nur durch Gewohnheit, Denkträgheit und durch Angst erwirkte Denkhemmungen weitgehend nicht mehr als provokativ wahrgenommene Lehre wird durch «geistliche» («spirituelle» würde man heute nach einem z. Zt. bei Gläubigen und Theologen überaus beliebten, ebenso schwammigen wie wohlklingenden Modewort sagen) Übungen, Aufgaben und Anleitungen zu Gebeten vertieft, gleichzeitig wird versucht, bei den Kindern Schuldgefühle im Hinblick auf das Leiden Jesu und seinen konkret sich immer wieder zu veranschaulichenden Kreuzestod zu erzeugen, den die Kinder ja aufgrund ihrer «Sünden» mitverschuldet haben sollen:

«Aufgaben: Sammle Bilder vom leidenden Heiland und betrachte sie andächtig! Klebe ein Bild in Dein Heft und schreibe darunter: Jesus ist verwundet worden um unserer Missetaten willen» (Abschn. I, 83).

«Aufgabe: Schau Dir in Deiner Pfarrkirche die Bilder der 5., 8. und 11. Kreuzwegstation an und beschreibe sie!»

«Für mein Leben: Ich will den heiligen Kreuzweg gehen zum Dank für alles, was Jesus für mich gelitten hat» (Abschn. I, 84).

«Gebete: Heiland am Kreuz! Hab' Dir so weh getan, ja ich bin schuld daran, Heiland am Kreuz... groß ist Dein Schmerz.

Siehst mich barmherzig an, bös' ist, was ich getan... Du stirbst
für mich.»

«Aufgabe: Zeichne die Marterwerkzeuge: Hammer, Nägel und
Zange! Schreibe darunter: Ich danke Dir, Herr Jesus Christ, daß
Du für mich gestorben bist; ach laß Dein Blut und Deine Pein an
mir doch nicht verloren sein» (Abschn. I, 86).

Dies alles, man muß sich das immer wieder klarmachen, richtete
sich an 8–9jährige Kinder, ohne daß mir je ein öffentlich vernehm-
barer Protest namhafter oder überhaupt eines Erziehungswissen-
schaftlers oder Pädagogen oder Psychologen bekannt geworden
wäre (wundert da eigentlich das verbreitete Schweigen und die Anpassung der deutschen Intellektuellen und Hochschullehrer in ihrer
ganz großen Mehrheit gegenüber dem Nationalsozialismus, *als dieser noch die Macht hatte?*). Drängt sich hier nicht der Verdacht auf,
daß es zu einem nicht unbeträchtlichen Teil im heutigen deutschen
universitären Wissenschaftsbetrieb offenbar weniger um Erkenntnis und Weitergabe (Professor = Bekenner?) von Wahrheit als um
Karriere, «soziales Lametta» geht? Und da Christentumskritik
nicht karrierefördernd ist, ganz im Gegenteil gegen den weit herrschenden Komment akademischer «Wohlanständigkeit» verstößt,
so gibt es sie eben auch kaum im deutschen Universitätsbetrieb.
Das Christentum, die Kirchen üben ja, im Gegensatz zum Nationalsozialismus, noch heute Macht und Einfluß aus.

Wir belassen es bei diesen exemplarischen Nachweisen und gehen auf andere kritische Punkte der hier exemplarisch herangezogenen, staatlich und kirchlich bis vor kurzem zugelassenen und
empfohlenen Schulbücher nicht näher ein, wie etwa auf die Austreibung böser Geister durch Jesus oder aus ungetauften Kindern
(Abschn. 60) oder auf die gerade in Deutschland (1966!) besonders
kritisch zu vermerkende und gefährlich-globale Schilderung «*der*
Juden» als «Verräter und Mörder Jesu» und des Stephanus («welche Sünden warf Stephanus *den* Juden vor?»; Abschn. I, 95).

Bei den beiden zuletzt exemplarisch angesprochenen Religionslehrbüchern handelt es sich um solche aus dem katholischen Bereich. Auch im evangelischen Bereich stellt sich die Situation im Prinzip nicht humaner dar, wenngleich die evangelische Religionspädagogik insgesamt die unten aufgezeigte (im Prinzip intellektuell unredliche) humanitäre Selektion und Glattstellung der ursprünglichen biblischen Texte und Inhalte rascher und weitgehender vollzogen hat.

Immerhin finden sich auch etwa in der mir vorliegenden zweiten Auflage der «Neuen Schulbibel. Für das 3. bis 6. Schuljahr», 1973 erschienen, also noch der religiösen Sozialisation heute etwas über 20jähriger zugrundeliegend, die entsprechenden Darstellungen eines Gottes, der unschuldige Kinder tötet, um einen verstockten Pharao zu strafen (S. 26), der Tötung, Steinigung «ohne Gnade» anordnet, etwa für die Berührung des Berges Sinai, der Saul bestraft, verstößt, durch einen bösen Geist quälen läßt, weil er einen von Gott befohlenen Ausrottungskrieg nicht perfekt zu Ende geführt hat (S. 71, 73), der mit Vernichtung, Krieg, Hunger, Pest als Strafen droht (S. 141, 142, 144), der, biblisches Vorbild für «Sippenhaft», «die Schuld der Väter auch an den Kindern, Enkeln und Urenkeln» bestraft (S. 32), ja die Nachkommen des Sünders «auf ewig verurteilt» (S. 61), der Intoleranz gegen andere Religionsgemeinschaften, d. h. die Zerstörung ihrer Kultstätten (S. 41) oder die Tötung («Keiner von ihnen darf entkommen!») der dem fremden Kult zugehörigen Priester befiehlt, ein Befehl und eine Aufforderung zur Intoleranz gegen Andersgläubige, der ja gerade in der Geschichte des Christentums zu so unsäglichen Greueln geführt hat, eines Gottes, der schließlich durch Jesus, neutestamentlicher Höhepunkt der Strafandrohungspraxis, mit der «Feuerhölle» («... und wer sagt ‹Du Trottel›, der gehört in die Feuerhölle»), mit dem «ewigen Feuer», «ewigen Strafen» droht (S. 233, 229, 228) usw. usw. Unzählige Beispiele für die Folgen einer solchen traditionellen, biblisch konsequenten Erziehung und Indoktrination lassen sich für jeden, der sich dafür psychologisch sensibilisiert, im bundesdeutschen Alltag finden. Anschauliche Beispiele finden sich etwa auch in dem von Dagmar Scherf herausgegebenen Sammelband «Der liebe Gott sieht alles» (1984).

3. Ist die kirchliche Religionspädagogik heute nicht ganz anders? Die «Glattstellung» skandalöser biblischer Inhalte oder das Dilemma zwischen intellektueller Redlichkeit und Inhumanität

Ist dies nicht inzwischen Vergangenheit? Ist die kirchliche pädagogische Praxis heute nicht ganz anders, humaner? Dazu ist zu sagen:

1. Die heute in der Bundesrepublik lebenden Menschen sind nicht nur Kinder, und die hier zitierten Texte, noch einmal muß mit allem Nachdruck darauf hingewiesen werden, lagen noch der religiösen Sozialisation eines großen Teils der heute 25jährigen und älteren Menschen in der Bundesrepublik, vor allem soweit sie in den südlichen Ländern leben, zugrunde. Dies muß man sich immer wieder klarmachen, wenn man das Verhalten und Erleben dieser Menschen, viele Fälle innerer Unfreiheit, von Denkblockaden und -verbiegungen, Selbstabwertungen, Schuldgefühlen, Depressionen verstehen und solchen Menschen helfen will. Auch ein großer Teil des heutigen öffentlichen Lebens, etwa das große Ausmaß intellektueller Unredlichkeit in geistigen und politischen Fragen, läßt sich nur aufgrund dieser angeführten Sozialisationsfaktoren verstehen, vom Wahlverhalten in Bayern über die Euthanasiedebatte bis zur Unterdrückung Kondome propagierender Anti-AIDS-Plakate, um nur noch wenige weitere Beispiele für die vielfältige, verästelte, aber häufig durch Rationalisierungen und Scheinbegründungen verdeckte Wirkung dieser zu innerer Unfreiheit führenden Angst-Pädagogik aufzuzeigen.

2. Die im vorigen Abschnitt angeführten Schulbuchbeispiele zeigen drastisch die Gefahren, die in einem sich *konsequent* und *redlich* auf die Bibel stützenden Religionsunterricht liegt, wobei selbst bei den angeführten Schulbüchern (im Gegensatz zu noch

nicht allzulang vergangenen Zeiten) problematische Aspekte
der biblischen Botschaft, etwa die immer wieder zu findende
Anpreisung von Prügeln als Erziehungsmittel, verschwiegen,
weggelassen werden. *Nur eine weitgehende und im Grunde unred-*
liche Selektion und Verfälschung der ursprünglichen biblischen Bot-
schaft kann in einem biblisch fundierten christlichen Religionsunter-
richt zu einem heute noch zu akzeptierenden humanitären Standard
führen.
Genau dies ist inzwischen auch in mehr oder minder großem Ausmaß geschehen. Dennoch: Auch in den heute noch für den Schul-
gebrauch zugelassenen Religionsbüchern finden sich im Prinzip,
wenn auch (etwas verschämt) zurückgenommen und häufig deutlich reduziert die entsprechenden problematischen Inhalte. So wird
etwa in der von der Deutschen Bischofskonferenz herausgegebenen und durch ein Geleitwort von Kardinal Höffner den Kindern
ausdrücklich als Gottes Wort empfohlenen «Bibel für die Grundschule» heute noch die Bibel insgesamt, also auch mit den in Kap. II
exemplarisch aufgezeigten archaisch-inhumanen Inhalten, den
Kindern als «heiligstes und wichtigstes Buch von allen Büchern»
«ans Herz» (S. 3, 4) gelegt. Es werden Grundschulkindern wie
selbstverständlich die vom biblischen Gott verhängten Kollektiv-
strafen (etwa S. 19 ff., 57 u. a.) oder von ihm befohlene oder initiierte Eroberungskriege (z. B. S. 67 f., 87, 115) oder (welche Erziehung zur Toleranz!) die Tötung von Priestern eines anderen
konkurrierenden Kultes (S. 101) als offensichtlich gut und gottge-
wollt dargestellt.

   Das stetig präsente Dilemma zwischen selektiver Unredlichkeit
und Inhumanität, in der sich Autoren von Schulbibeln und biblisch
fundierter Religionslehrbücher befinden, wird, um es nur an *einem*
Beispiel zu veranschaulichen, deutlich, wenn etwa S. 81 die Versto-
ßung Sauls wie folgt begründet wird: «Auch später hat Saul eigen-
mächtig gehandelt und den Befehlen Gottes nicht gehorcht. Deshalb läßt der Herr ihm durch Samuel sagen: ‹Sind dem Herrn etwa
Brandopfer und Schlachtopfer lieber als der Gehorsam gegenüber
seinen Befehlen? Wahrhaftig, Gehorsam ist besser als Opfer. Weil

Du gegen das Wort des Herrn verstoßen hast, verstößt er Dich als König.'»

Dabei wird zugunsten eines heute auch religionspädagogisch zu fordernden humanitären Mindeststandards, aber auf Kosten der intellektuellen Redlichkeit, der Inhalt des entsprechenden Befehls Gottes schamhaft verschwiegen: «Zich' jetzt in den Kampf und schlag' Amalek! Weihe *alles*, was ihm gehört, dem Untergang. *Schone es nicht, sondern töte* Männer und *Frauen, Kinder, und Säuglinge* (sic!), Rinder und Schafe, Kamele und Esel!» (1 Sam. 15; 3; Hervorh. vom Verfasser). Weil Saul *diesen* Befehl nicht vollständig vollzog, sondern einige von den Schafen und Rindern nicht tötete, *deswegen* verstößt Gott Saul («Es reut mich, daß ich Saul zum König gemacht habe. Denn er hat sich von mir abgewandt und hat meine Befehle nicht ausgeführt»; 1 Sam. 15; 11), und darauf bezieht sich das in der hier vorliegenden Schulbibel angeführte Bibelzitat: «Weil Du gegen das Wort des Herrn verstoßen hast, verstößt er Dich als König» (1 Sam. 15; 23).

Bei einem solchen vom biblischen Gott geforderten und hier offensichtlich als vorbildlich dargestellten Gehorsam auch gegenüber solchen Befehlen der Hinschlachtung von Frauen und Kindern denkt man an den Kommandanten von Auschwitz, Rudolf Höß, der sich nach dem Kriege zu seiner Verteidigung auf seine (nicht zuletzt religiös fundierte) Erziehung zum absoluten Gehorsam berief (1963; vgl. auch Alice Miller, 1980).

An dieser Stelle wird das schon oben angesprochene, aber hier im pädagogischen Bereich besonders problematische Dilemma zwischen der Einhaltung eines heute unverzichtbaren minimalen humanitären Standards und intellektueller Redlichkeit bzw. dem Zwang zur Verschleierung der biblischen Realität exemplarisch deutlich. Bliebe noch zu sagen, daß auch in diesem, heute noch zum Gebrauch im Religionsunterricht durch kultusministerialen Erlaß freigegebenen Schulbuch der Kreuzestod Jesu als dem Willen des Vaters (!) entsprechend dargestellt (S. 164) und nach wie vor, wenn auch gegenüber früheren Religionsbüchern seltener und etwas zurückgenommen, Grundschulkindern «ewiges Feuer» und «ewige

Strafen (S. 185) als Strafen des biblisch-christlichen Gottes vorgestellt werden.*

* Vor diesem Hintergrund scheint es eine noch sehr schonend-milde Ausdrucksweise, wenn Joachim Kahl (1984, S. 160) von «‹christlich-abendländi-
schem› Provinzialismus im bundesdeutschen Bildungswesen» spricht. Dagmar Scherf (1984) ist recht zu geben, wenn sie zu Beginn ihres Sammelbandes
mit Berichten von Frauen und Männern, die sich als Opfer und Geschädigte
einer so in Szene gesetzten kirchlichen Sozialisation darstellen, darauf hinweist,
daß die Kirchen im Unterschied zu anderen Erziehungsinstanzen wie Eltern,
Staat und Schule weitgehend von Kritik an den psychischen Verheerungen, die
sie bis heute an teilweise erst 30jährigen und älteren Menschen angerichtet haben, verschont geblieben sind und bleiben (S. 8).

Dieser «Schonung» entspricht eine entsprechend weitgehend restriktive
Forschungspolitik, die offensichtlich verhindern soll, daß über wohl jedem klinischen Psychologen zumindest im süddeutsch-österreichischen Raum bekannte Fälle «ekklesiogener» Schädigungen entsprechende Daten erhoben
oder gar bekanntgemacht werden. Eine entsprechende Forschung, vor allem
soweit sie im Verdacht steht, aus einer eher kirchen- oder gar christentumskritischen Haltung heraus initiiert zu werden, wird nicht nur nicht gefördert, sondern die Publikation durch eigene Initiative gewonnener Forschungsdaten
wird nicht selten auf mehr oder minder sublime Art zu verhindern versucht
(vgl. etwa die Ablehnung einer Förderung kirchengeschichtlicher Arbeiten
Deschners durch die Deutsche Forschungsgemeinschaft trotz vorliegender
hervorragender Gutachten; Deschner, 1988). Die Publikation einer an 240 dezidierten Atheisten durchgeführten retrospektiven Untersuchung über ihre
religiöse Sozialisation, ihre Ablösung von Kirche und biblisch-christlicher
Religiosität und ihre aktuelle Befindlichkeit wurde von einem renommierten
süddeutschen Verlag, bei dem ich zuvor mit anderen Büchern nichtreligiöser
Thematik ein offensichtlich durchaus willkommener Autor war, nach einem
ungewöhnlich langen Schweigen und Wartenlassen mit der Begründung abgelehnt, die theologischen Berater seien der Ansicht, das Thema «Atheismus» sei
für die heutige Theologie nicht aktuell (so 1988!).

Die Folge dessen ist, daß auf der einen Seite so gut wie jeder klinisch-psychologisch oder psychotherapeutisch Arbeitende ekklesiogen Geschädigte kennt
(vgl. etwa Thomas, 1989), entsprechende Kritik an der kirchlichen Sozialisa-
tionspraxis infolge der angeführten sublimen, aber sehr erfolgreichen Forschungspolitik nur sehr schwer empirisch belegen kann. Auch hier sind die
Möglichkeiten von christentums- und kirchenkritischer und entsprechender
apologetischer Forschung ebenso wie im Lehr- und Medienbereich extrem un-
fair und ungleich verteilt.

Inzwischen hat jedoch die Humanisierung der bundesdeutschen Religionsbücher, etwa im Sinne der Aufforderung zu interkonfessioneller Toleranz, zu Mitmenschlichkeit und humanitärem Verhalten, durch weitgehende Selektion angstinduzierender Inhalte in den letzten Jahren große Fortschritte gemacht, dies ist zuzugeben und zu begrüßen; allerdings geht dies, wir haben schon mehrfach und auch exemplarisch an dieser Stelle darauf hingewiesen, auf Kosten der intellektuellen Redlichkeit gegenüber den von katholischen wie evangelischen Religionsbüchern nach wie vor als verbindliche Grundlage und als «Wort Gottes» den Kindern ans Herz gelegten originalen biblischen Texten. Davon kann sich jeder Leser selbst durch einen Vergleich heute gebräuchlicher Schulbibeln mit dem biblischen Originaltext (vgl. auch Kap. II) einen drastischen Eindruck verschaffen.

Diese «Glattstellung» durch äußerste Selektion und teilweise verharmlosende oder verfälschende verbale Umformulierungen – die äußerst aggressiven und grausamen Eroberungs- und Vernichtungskriege mit der Ausrottung der ganzen Bevölkerung, einschließlich der Frauen und Kinder, wird dann zur «Landnahme», die entsprechenden Kriege «mußten die Israeliten führen». «Die Gottlosen werden umkommen» und nicht, wie es wirklich heißt, «in den Ofen geworfen, in dem das Feuer brennt. Dort werden sie heulen und mit den Zähnen knirschen» (evangelische «Kinderbibel», 1982[6], S. 66, 106). Der in Wirklichkeit außerordentlich kriegslüsterne Jahwe (vgl. oben Kap. II, 3.) will, «daß die Menschen friedlich miteinander leben» (katholisches Lehrbuch «Religion in der Grundschule», 1987[3], S. 82) usw. usw. – diese Glattstellung auf Kosten der intellektuellen Redlichkeit geht in den evangelischen Religionsbüchern noch weiter als in den katholischen, so daß zentrale, konstituierende biblisch-christliche Aussagen, wie etwa vom Sühnecharakter des Kreuzestodes Jesu oder der Lehre vom Jüngsten Gericht u. v. a. bis zur Unkenntlichkeit «entschärft» und die biblisch-christliche Religiosität zu einer eigentlich der Aufklärung und bestimmten Quellen der Antike zu verdankenden aufgeklärt-humanen Ethiklehre umgewandelt ist, deren

spezifisch biblisch-christlicher Charakter vielleicht noch am ehesten durch die Veranschaulichung an einigen hochselektiv herangezogenen biblischen Ereignissen und Inhalten oder der gelegent-
lichen Rückführung auf den Willen des biblischen Gottes gesehen
werden kann.

Was ist denn etwa noch spezifisch christlich daran, wenn auf
die Frage «Wozu Religionsunterricht?» auf die folgende Thematik hingewiesen wird: «Was uns unbedingt angeht, was ganz
wichtig ist: daß uns jemand lieb hat; daß wir anderen helfen
können; daß wir uns miteinander vertragen; daß wir Hilfe finden,
wenn wir sie brauchen; daß uns andere nicht verachten; daß wir
gerecht behandelt werden; daß wir andere Menschen verstehen
lernen; daß unser Leben einen Sinn hat; daß wir jemand ganz
vertrauen und uns auf ihn verlassen können» (so das evangelische
Religionslehrbuch «Kinder fragen nach dem Leben», 1977,
S. 72 f.)?

Schön und gut, dies sind Postulate, die heute wohl jeder bejahen wird, völlig unabhängig davon, ob er Christ, Atheist, Bud-
dhist oder Anhänger einer anderen Weltanschauung ist. Auch hier
sollte man also redlicherweise nicht die Bibel als letzte Quelle und
Maßstab der im heutigen Religionsunterricht vermittelten Inhalte
und Maßstäbe benennen. Vielmehr sollen dies zu einem wesentlichen Teil auf die Aufklärung und bestimmte antike Quellen zurückgehende und z. T. gegen erhebliche Widerstände der institutionalisierten Vertreter biblisch-christlicher Religion (vgl. etwa
die noch vor gar nicht langer Zeit erfolgte Verdammung des
«Modernismus» bzw. heute allgemein anerkannter Grundrechte
durch das päpstliche Lehramt) durchgesetzte allgemein aner-
kannte Standards humanitärer Ethik dar. An diesen *primären* Kriterien werden die biblischen Inhalte in Wirklichkeit gemessen und
entsprechend selegiert (vgl. oben S. 311 f.).

Angesichts dieser pädagogisch wie ethisch so problematischen
Sachlage bliebe zum Schluß die Forderung: Auch für den Reli-
gionsunterricht muß humanitäre Ausrichtung *und* intellektuelle
Redlichkeit, mitmenschliches Engagement *und* Wahrhaftigkeit ge-

fordert werden. Daß diese Forderung allenfalls partiell, aber nicht in genügendem Maße erfüllt wird, dürfte an der weitgehend verschwiegenen, wenn nicht verdrängten und deshalb vielleicht nur unklar gespürten unausweichlichen Konsequenz liegen, daß dies letztlich die Selbstauflösung des biblisch–christlich fundierten Religionsunterrichts bedeuten würde.*

* Vielleicht sollten die Religionslehrer und Katecheten, die, etwa auf ihren Kongressen, immer wieder über die tiefe Krise des Religionsunterrichts klagen, die sich landesweit trotz nie dagewesener didaktischer Möglichkeiten und staatlicher wie kirchlicher Förderung auch für andere Beobachter immer stärker zeigt, und nach Gründen und Abhilfe suchen, auch einmal in diese Richtung denken, um vielleicht eher fündig zu werden. Daß dies so wenig geschieht und daß immer wieder alle möglichen anderen (auch Schein-)Gründe genannt werden, ist verständlich: Wer sägt schon gerne den Ast ab, auf dem er sitzt! Daß immer mehr Schüler, vielleicht weil sie die heutige Unmöglichkeit eines biblisch fundierten Religionsunterrichts wenn vielleicht auch nur intuitiv spüren, die hier aufgezeigte Konsequenz der Selbstauflösung des Religionsunterrichts für ihre eigene Person durch Austritt vorwegnehmen, sollte nicht zu sehr verwundern.

E. Resümee: Einige Gründe und Hintergründe der dargestellten Situation

Versucht man ein Resümee der heutigen religiösen Situation in der Bundesrepublik Deutschland zu ziehen – mit einigen Modifikationen aber auch für die ganz große Mehrheit der anderen «christlichen» Länder gültig –, so ergibt sich folgender Sachverhalt: Unsere vorherrschend-offizielle, staatlich sanktionierte wie zu einem Großteil auch immer noch innerlich-psychisch wie gesellschaftlich einflußreiche (vgl. Schmidtchen, 1979) religiöse Doktrin, das von den beiden Großkirchen verkündete und verwaltete biblisch-christliche System religiöser Lehren steht in seinen Grundlagen (Bibel, vgl. Kap. II) und wesentlichen Kernaussagen zu heute allseits anerkannten und als unabdingbar angesehenen Wissens- wie ethischen Standards in fundamentalem Widerspruch, der auch bei wendigsten Anpassungsstrategien redlicherweise nicht aufgelöst werden kann (vgl. die bislang dargestellten exemplarischen Versuche).

Aus dieser kaum bestreitbaren Tatsache werden weithin nicht die eigentlich allein naheliegenden und zwingenden Konsequenzen gezogen, nämlich die längst fällige und immer wieder ängstlich hinausgeschobene Aufgabe der entsprechenden biblisch-christlichen Lehren.

Vielmehr wird der eigentlich für jeden, der sich darum unvoreingenommen und ehrlich bemüht, offen zutage liegende Sachverhalt weitgehend verdrängt, nicht zur Kenntnis genommen und versucht, mit einem ungeheuren Aufwand an personellen und finanziellen Ressourcen (zu einem beträchtlichen Teil von allen Steuerzahlern zu entrichten) die eigentlich klar als unhaltbar wahrzunehmenden Inhalte auch weiter für akzeptierbar und mit den allgemein anerkannten modernen Wissens- und ethisch-humanen Standards vereinbar erscheinen zu lassen.

Ein großer Teil der Intellektuellen, nicht zuletzt der eigentlich der unzensierten Wahrheit und Aufklärung verpflichteten Hochschullehrer, unterstützt dieses Bemühen teils direkt durch entsprechende harmonisierende Äußerungen oder durch praktische Anbiederung an die Kirchen und Theologischen Fakultäten (durch «Orthopraxie» nach einem treffenden Wort von Günther Anders), teils auch indirekt durch Schweigen, Sich-Verstecken (vgl. die oben angeführten entsprechenden Klagen Küngs) oder einen in diesem Punkte kaum legitimierbaren Agnostizismus (vgl. oben S. 358 f.).

Stellt sich nicht das anläßlich des 100. Geburtstages von Martin Heidegger wieder erneut herausgestellte angepaßte Verhalten der ganz überwiegenden Zahl der deutschen Hochschullehrer und Intellektuellen gegenüber dem Nationalsozialismus heute vielleicht in etwas sublimerer Form, aber im Prinzip vergleichbar dar? Und dies ist auch heute um so weniger nur ein «Kavaliersdelikt», als es hier durchaus «strukturelle Gemeinsamkeiten, und zwar keineswegs solche, die als oberflächlich beiseite geschoben werden können», gibt und «die Geschichte voll ist von totalitären Exzessen, die im Namen des Christentums stattgefunden haben, und zwar bis in neueste Zeit», wie Hans Albert zu Recht feststellt (1980[4], S. 5).

Wo liegen die Gründe für diesen auffälligen, bei näherem Zusehen doch ziemlich provokativ anmutenden Mangel an Konsequenz, an intellektueller Redlichkeit, an «metaphysischer Zivilcourage»? Wir wollen an dieser Stelle nur einige wenige plausibel erscheinende Gründe und Hintergründe anführen.

a. Desinformation und Infantilisierung des religiösen Wissensstandes

Zunächst ist es den Kirchen gelungen und gelingt ihnen immer noch, bei der ganz großen Mehrzahl heutiger Menschen durch ihre umfassende, alles durchdringende, zu einem großen Teil mit Steuermitteln finanzierte Strategie (von den weitgehendst staatlich finanzierten kirchlichen Kindergärten über den ebenfalls staatlich finanzierten Religionsunterricht bis zu den staatlich finanzierten Theologischen Fakultäten an deutschen Universitäten sowie auch den öffentlich-rechtlichen Medien usw. usw.) der Desinformation einen Zustand weitgehender Uninformiertheit, ja man kann es so hart formulieren, der weitgehenden Infantilisierung des religiösen Wissensstandes, auch bei sog. «Gebildeten», Intellektuellen oder Hochschullehrern und Wissenschaftlern zu erzeugen.

Ein zu hartes Urteil? Man kann nur jeden, der diese Diagnose bezweifelt, auffordern, sich selbst einmal ein Bild von dem außerordentlich selektiven religiösen Wissen des durchschnittlichen Zeitgenossen, auch des durchschnittlichen deutschen Intellektuellen, Hochschullehrers und Wissenschaftlers zu machen: Es stellt immer noch eine große Seltenheit dar, jemanden zu treffen, der etwa die vollständigen und damit *tatsächlichen* Inhalte der Bibel, wie einige von ihnen etwa im Kap. II hochselektiv und exemplarisch dargestellt sind, kennt, was jedoch im Normalfall keineswegs daran hindert, äußerst positiv und «ehrfurchtsvoll» von der Bibel zu reden, oder der die extreme Inhumanität der genuinen konstituierenden biblisch-christlichen Lehre vom Sühnecharakter des Kreuzesopfers sich bewußtgemacht hätte und sich davon proviziert fühlte, der sich von der durch kirchlichen Religionsunterricht und kirchliche Erwachsenenkatechese auf den verschiedensten Ebenen (Predigten, Fortbildungs- und Vortragswesen) vermittelten einseitigen, sehr lückenhaften und damit partiell verfälschten Sicht des Christentums und seiner Entstehungsbedingungen gelöst hätte, der auch nur bescheidene religionswissenschaftliche (relativierende!) Grundkenntnisse besäße, der all die unwiderleglichen

Einwände gegen eine heute noch redlicherweise zu vertretende biblisch-christliche Religiosität rezipiert, geschweige denn daraus
Konsequenzen gezogen hätte. Um es konkret nicht nur an dem hier
vorliegenden Buch aufzuzeigen: Man nehme einmal all die Gesichtspunkte (um nicht gleich mit so «bösen Buben» wie Hans Albert oder Karlheinz Deschner zu schrecken), die etwa Ernst Topitsch in seinem in diesem Bereich selten klaren und in einem sehr
ruhig-nüchternen Stil geschriebenen Buch «Erkenntnis und Illusion» (1979) dargelegt hat, zur Kenntnis und halte vor diesen
Grund das religiöse Wissen des durchschnittlichen deutschen Intellektuellen und Hochschullehrers, von Politikern ganz zu schweigen, und es dürfte sehr deutlich werden, warum die Diagnose «Infantilisierung» des durchschnittlichen religiösen Wissens durch die
Informationspolitik der Kirchen vielleicht doch nicht so ungerecht-
fertigt ist.

b. Prämien für Kirchlichkeit

Dabei wird diese Informationspolitik gerade auch durch viele Intellektuelle und ihre Institutionen direkt oder indirekt unterstützt,
teils aus (infantilisierter) Überzeugung, teils, und dies ist keine aus-
schließende Alternative, aufgrund von mannigfachen Prämien.
«Das Opfer des Intellekts, das einmal… bei Pascal oder Kierke-
gaard vom fortgeschrittensten Bewußtsein und um nicht weniger
als den Preis des ganzen Lebens gebracht war, ist mittlerweile sozialisiert, und wer es bringt, ist dabei unbeschwert von Furcht und
Zittern» (Adorno, 1969, S. 22).★ Es ist aufs Ganze gesehen und in
vielen Bereichen immer noch karrierefördernd, man wird in der
westdeutschen Gesellschaft (und in anderen westlichen Gesellschaften, insbesondere der US-amerikanischen) eher «etwas»,

---

★ Wobei man in Anlehnung an Otto Ernst im ganzen doch den Eindruck
hat, daß die Bereitschaft zu diesem Opfer mit abnehmender Größe des geforderten Opfers zunimmt.

wenn man sich gegenüber den Kirchen zumindest wohlwollend verhält.

Wie sehr Kirchlichkeit auch Professorenkarrieren erleichtern kann, davon könnte man sich leicht überzeugen, wenn man, was natürlich aus guten Gründen verhindert würde, etwa einmal in Bayern die dort in der Nachkriegszeit berufenen Professoren (vielleicht mit Ausnahme der Naturwissenschaften, wo es offenbar doch nicht genug kirchentreue Bewerber gab und wo das richtige Gesangbuch weniger leicht andere Qualitätsdefizite kompensieren kann) im Hinblick auf ihre Einstellung zur Kirche überprüfen würde: Das Ergebnis, das kann man sicher voraussagen, wäre hochsignifikant.

Man sollte Motive nicht vorschnell denunzieren und zu einseitig sehen, man sollte aber andererseits auch nicht so naiv sein zu übersehen, daß man mit einer Ankoppelung an herrschende religiöse Institutionen, das zeigt das Beispiel der beiden Großkirchen, sein gutes Geld verdienen oder zumindest ein materiell gesichertes Leben führen kann; und wenngleich den meisten Gläubigen und Geistlichen dieses Motiv ausdrücklich keineswegs als primär unterstellt werden soll, so können die entsprechenden materiellen Prämien beim Nachdenken über die eigentlich unverständliche Anhänglichkeit an die Kirchen nicht außer acht bleiben: Wer sägt schon gerne aus purer intellektueller Redlichkeit den Ast ab, auf dem er (meist mit Familie) sitzt (da treibt man dann doch gelegentlich lieber auch weiterhin gut bezahlte «Theologie nach dem Tode Gottes»).

c. Informations- und Medienpolitik der Kirchen

Neben den außerordentlich starken, ebenfalls von den eigentlich zur weltanschaulichen Neutralität verpflichteten staatlichen Instanzen finanzierten vorschulischen und schulischen Beeinflussungsmöglichkeiten haben die Kirchen auch in den öffentlich-rechtlichen Medien, vor allem in Süddeutschland, einen außerordentlich großen Einfluß (nicht zuletzt auch in personalpolitischer Hinsicht. Der Kabarettist und intime Kenner der Szene Dieter Hildebrandt läßt, wenn vielleicht auch genrespezifisch etwas überspitzt, so doch nicht ganz grundlos, den aufstiegsbewußten Rundfunkredakteur beten: «Lieber Gott, mach mich fromm, daß ich weit nach oben komm!»), den sie ebenfalls im Sinne einer sehr einseitigen, defizitären Informationspolitik tatkräftig und umfassend nutzen.

In meiner eigenen Region ist etwa das zweite Programm des Südwestfunks auf weiten Strecken von einem expliziten Kirchenfunk nur noch wenig entfernt: So gut wie alle weltanschaulich wie religiös relevanten Sendungen werden in weitgehender Einseitigkeit von kirchlichen oder zumindest den Kirchen wohlwollenden Autoren bestritten. Ich kann mich nicht erinnern, je einmal einen von christentumsfreundlichen Ansichten deutlich abweichenden oder gar christentumskritischen Autor wie etwa Hans Albert oder Karlheinz Deschner gehört zu haben. Kirchlich-christliche Themen nehmen einen unverhältnismäßig großen Raum ein. Häufig ist man z. B. faktisch gezwungen, will man morgens Nachrichten hören, vorher die unmittelbar davor ausgesendete kirchliche Morgenansprache zu hören. So kann ein sehr einseitig-defizitärer religiöser Informationsstand als Ergebnis einer solchen monopolistischen Informationspolitik nicht verwundern (vgl. dazu etwa auch die Mitteilung von Günther Anders über die eigentlich skandalöse, aber bezeichnenderweise bei diesem Thema nie zum Skandal gewordene Zensur religionskritischer Äußerungen durch Rundfunkredakteure; 1982, S. 34).

d. Beeinflussung durch Assoziationstechniken statt argumentativer Begründung

Dieser mangelnde Informationsstand wird im Sinne einer kirchen- und christentumsfreundlichen Grundhaltung durch ein umfassendes System sog. Assoziationstechniken (d. h. den Rückgriff auf entwicklungsgeschichtlich frühere Formen des «Denkens», der

Verknüpfung innerer Repräsentationen) flankiert: Kirchlichkeit, biblisch–christliche Religiosität wird systematisch und immer wiederholt mit Gegenständen und Inhalten hohen Ansehens assoziiert, etwa mit Universität und Wissenschaft (Theologische Fakultäten, Professorentitel für kirchlich engagierte Zeitgenossen, Aufgebot von Professoren für kirchliche Akademie- und andere Tagungen) oder Kunst (z. B. Verwendung klassischer Musik in kirchlichen Rundfunksendungen; selbst bei «wissenschaftlichen» oder philosophischen Vortragssendungen christlicher Autoren wird häufig immer wieder klassische Musik eingespielt), um nur zwei wichtige Bereiche zu nennen, eine sehr alte und äußerst wirksame Strategie*, zu der sich die inhaltlich ja nicht festgelegte Musik vorzüglich gebrauchen läßt (vgl. etwa, um nur eines für viele Beispiele zu nennen, die Verwendung – hochkarätiger! – identischer Musikstücke als fromm–christliche Erbauungsmusik im Rahmen des Weihnachtsoratoriums und als heidnisch-amouröse Spielmusik für den sächsischen Hof durch Johann Sebastian Bach).

Einen ganz besonderen Stellenwert im Rahmen dieser eigentlich unredlichen, aber psychologisch außerordentlich wirksamen Taktik, anstelle von Argumenten Assoziationen zu unterschieben, nimmt die als Sympathie-Werbung in umfassender Weise betriebene, oben schon angesprochene Kompensation des defizitären Ethos der intellektuellen Redlichkeit und Wahrhaftigkeit durch das Ethos mitmenschlicher Solidarität und sozialen Engagements ein.

Im Bereich der Medien sieht das im typischen Falle so aus: Anstatt auf die vielen drängenden Fragen und Aporien der Hörer bzw. Fernsehzuschauer im Hinblick auf zentrale Inhalte der biblisch-

---

* In Deutschland ist die entsprechende daraus resultierende «Bach-Chor-Mentalität» besonders verbreitet, wo es aufgrund der allseits anzutreffenden verquasten Gefühligkeit häufig genügt, eine Ansprache durch zwei Streichquartettsätze und zwei Buchsbäume einzurahmen, um auch bei nüchternem Nachdenken ziemlich absurde oder inhaltsleere «Aussagen» als «tiefe» und entsprechend ergreifende Weisheiten erscheinen zu lassen. Bei Politikern ist dies bekannt und wird gerne kritisiert; aber sie stellen häufig nur die zur Kritik freigegebenen Sündenböcke für viele andere, ja, fast eine ganze Gesellschaft dar.

christlichen Religiosität endlich einmal vorbehaltlos und ehrlich einzugehen (was man, außer aus Argumentationsnot, aus «guten» Gründen, nicht zuletzt der Karriereerwägungen der betroffen Redakteure, unterläßt), führt man kirchliche Gruppen vor, die sich um Hilfe und Verbesserung der Lage von Armen und Unterdrückten, etwa in der Dritten Welt, oder sonst Benachteiligter kümmern.

Diese Taktik ist sehr wirksam, gerade etwa bei Jugendlichen, und sie bringt, in ihrer ebenfalls nicht zu übersehenden inversen Wirkung, den Kirchen- und Christentumskritiker in eine oft schwierige Lage (s. o. S. 336 f.): «Wer kann schon so ‹abwegig› sein, sich gegen Leute zu stellen, die soviel Gutes tun!» Wobei es dann häufig schwierig ist, die so geschickt gesetzten (auch negativen) Assoziationen wieder aufzulösen: Man hat natürlich als Christentums- und Kirchenkritiker nichts gegen das soziale Engagement, ganz im Gegenteil, dies muß man immer wieder betonen, sondern gegen den Versuch der Kompensation intellektueller Redlichkeit und Wahrhaftigkeit durch ein solches soziales Engagement, gegen das Einlullen des Verstandes durch den emotionalen Appell an Sympathiegefühle, das Überdecken absurder Strukturen und Inhalte (eben auch sehr inhumaner, vgl. Kap. II) durch Engagement für leidende Mitmenschen. Konkret und hart gefragt: Wie kann man als kirchlicher, biblisch-christlich motivierter Sozial- und Entwicklungshelfer mit seinem Gottesglauben und seiner Verkündigung vereinbaren, daß derselbe biblisch-christliche Gott, der Herr und Lenker allen Geschehens bis ins kleinste (so auch durchaus moderne führende progressive Theologen wie etwa Hans Küng), ohne dessen Wille nach ausdrücklicher biblischer Lehre kein Sperling vom Dach und kein Haar vom Haupte fällt, soviel Elend, Unterdrückung nicht nur zuläßt, sondern die oft sehr verdienstvollen, mühseligen menschlichen Versuche zur Hilfe durch Hunger- und Naturkatastrophen (Dürre, Überschwemmungen, Taifune, Heuschreckenplagen, Vulkanausbrüche, Erdbeben, Seuchen, auch Naturgesetzmäßigkeiten, wie etwa die vielen antiproduktiven Nebenwirkungen bei der Nutzung der verschiedenen Energiequellen oder der Erhöhung der Fruchtbarkeit durch Einsatz chemischer

Mittel usw. usw.) ins Leere laufen läßt oder zunichte macht? Was
könnte ein allmächtiger Gott, gäbe es ihn, gegenüber den begrenzten Möglichkeiten des Menschen bewirken! Warum denn überhaupt noch der biblisch-christliche Gott im Rahmen dieses Engagements? Geht es eben doch nicht ohne Hoffnung auf (jenseitigen)
Lohn? Letztlich doch eigene frühkindliche Prägung? Oder doch
auch «Opium für das Volk», für die Helfer selbst?*

Ähnlich zu sehen ist die von Jugendpartys bis Partnertherapie
und Altennachmittagen reichende Angebotspalette der Kirchen zu
sehen, die z. T. legitim sein mag, z. T. aber auch, dies kritisieren
christliche Fundamentalisten aus ihrer Sicht nicht ganz zu Unrecht,
als stillschweigende Funktionsverlagerung von der ursprünglich
eigentlichen Aufgabe, der Verkündigung des Evangeliums und der
(vollständigen!) biblischen Inhalte, zu umfassenden und sehr vielfältigen sozialen Dienstleistungsunternehmen zu sehen ist, wohl
nicht zuletzt eben auf die immer stärker gespürte Unsicherheit hinsichtlich einer heute noch zu vertretenden Zumutbarkeit der
eigentlichen Kerninhalte der biblisch-christlichen Botschaft zu-
rückgehend (vgl. Kap. II).

e. Ein deutsches Wunder: Schaf frißt Wolf

Diese im Kern (zumindest objektiv) unredliche, aber damit noch
lange nicht erfolglose Informationspolitik hat z. B. im Bereich der
(zumindest süddeutsch-österreichischen) Universitäten dazu geführt, wir haben oben schon darauf hingewiesen, daß christen-

---

* Wer immer noch glaubt, er verdränge nicht diese und viele andere Absurditäten, die sich aus einer solchen biblisch-christlichen Helferideologie ergeben, sondern es gäbe sie gar nicht, dem möchte ich nahelegen, über die in
diesem Buch angeführten Argumente hinaus sich durch andere Quellen, etwa
durch die Lektüre von «Erkenntnis und Illusion» (1979) von Ernst Topitsch,
etwas zur eigenen Nachdenklichkeit über die Widersprüchlichkeit und (zumindest objektive!) Unredlichkeit einer solchen Handlungsbegründung zu verhelfen.

tums- und kirchenkritischen Aussagen, Einwänden, soweit sie bestimmte Grenzen überschreiten, weniger argumentativ, sondern in einer eigenartigen tanten- / onkelhaften Atmosphäre bürgerlich-artiger Wohlanständigkeit mit moralischer Mißbilligung begegnet wird: Es gilt nicht nur an kirchlichen Akademien, worüber sich Hoimar v. Ditfurth mit Recht beklagte (1981), sondern weithin auch im Bereich staatlicher, eigentlich zu weltanschaulich-religiöser Neutralität bzw. Offenheit und unzensiertem Wahrheitsstreben verpflichteten Universitäten einfach als «unanständig», geht gegen den Komment, die Kirche oder gar das Christentum, wohlbemerkt nicht zu beschimpfen, sondern auch nur argumentativ anzugreifen. Der wirklich radikale (= unzensiert konsequente) Kirchen- oder Christentumskritiker geht immer noch ein hohes Risiko ein, zur außerhalb des allgemein anerkannten Komments stehenden Unperson, zum «Juden» der etablierten Universitätsgesellschaft zu werden, der heute zwar nicht mehr physisch, aber dennoch mit sublimen Methoden der Isolation aus der Gemeinschaft der «Anständigen», «Gediegenen» usw. ausgestoßen wird. Da man offenbar wenig gegen seine Argumente auszurichten vermag, so arbeitet man auch hier mit Assoziationsstrategien und bringt nicht selten die Person des Christentumskritikers in ein unvorteilhaftes (Zwie-) Licht. Diese Taktik kann auf einer fruchtbaren, jahrtausendelangen Basis der Diskriminierung des Atheisten, des «Gottlosen», «Ungläubigen» usw. aufbauen, deren Nachwirkungen selbst bei heutigen Schülern noch wirksam zu sein scheinen, wie uns eigene neueste Untersuchungen gezeigt haben (Buggle & Götz, in Vorbereitung).

Andererseits wird, daran sei noch einmal erinnert, der Verstoß gegen die Pflicht zu Wahrhaftigkeit und intellektueller Redlichkeit ja sozial keineswegs bestraft, sondern im Gegenteil massiv belohnt: Christlichkeit, Gläubigkeit kann in einigen bundesrepublikanischen Ländern (nicht nur im Freistaat Bayern, wo der Präsident des Zentralkomitees der deutschen Katholiken 16 Jahre lang die Personalpolitik an den staatlichen Hochschulen bestimmte) außerordentlich karrierefördernd sein. Auch heute noch findet man, was Karl Jaspers schon 1962 beklagte, nämlich «die Nutzung der Politik zur Ämter-

patronage zugunsten Kirchengläubiger ... unter Benachteiligung
der nicht-kirchlich praktizierenden Christen» (und gar Nichtchristen!), «mit der Gefahr der Zerstörung freien geistigen Lebens» (Jaspers, 1962, S. 87).

Auch jenseitiger Lohn wird für diese Art von Gläubigkeit in
Aussicht gestellt, nicht aber dem Christentumskritiker, der hier
wie drüben mit dem Schlimmsten rechnen muß (Triumph Skin-
ners?).

Um noch einmal die provozierende Frage zu stellen: Ist diese
Haltung grundsätzlich so verschieden von dem fast völligen Versagen und der fast vollständigen Anpassung der deutschen Universitäten gegenüber der damals über Macht und Einfluß verfü-
genden Ideologie des Dritten Reiches?

«Glauben und Wissen vertragen sich nicht wohl im selben
Kopfe: Sie sind darin wie Wolf und Schaf in einem Käfig; und
zwar ist das Wissen der Wolf, der den Nachbar aufzufressen
droht» (Schopenhauer: «Parerga und Paralipomena» II, Kap. 15,
§ 181). Im Kopfe einer großen Zahl deutscher (und westlicher)
Gelehrter hat sich offenbar ein echtes Wunder ereignet und ereignet sich noch tagtäglich vor unseren Augen: Hier frißt das Schaf
den Wolf und hat ihn schon in sehr vielen Fällen gefressen.

Wir hatten gefragt, warum angesichts einer so (heute auf anderen Gebieten eher seltenen) klaren Situation keine Konsequenzen
gezogen werden, warum so viele Intellektuelle, Hochschullehrer
und Meinungsmultiplikatoren in zuweilen doch etwas kläglich
anmutender Weise sich an die alten, unhaltbar gewordenen religiösen Lehren klammern und diese explizit oder implizit verteidigen, zumindest keine klare Position beziehen, sondern sich verstecken und schweigend anpassen. Neben den unvollständig-ex-
emplarisch angeführten eher äußeren Gründen wäre hier auch auf
eine Reihe eher innerpsychischer Motive hinzuweisen. Dies soll
hier nicht ausführlich geschehen; die Komplexität dieses Sachverhalts müßte einer eigenen zukünftigen Publikation vorbehalten
werden. An dieser Stelle soll ergänzend und nur kursorisch auf
einige wenige weitere Aspekte hingewiesen werden.

Analysiert man etwa, wie es oben (vgl. S. 382 ff.) kurz und exemplarisch geschehen ist, die Religionslehrbücher, die zur Schulzeit der heute erwachsenen Intellektuellen und Hochschullehrer in den Schulen verwendet wurden, so ist es angesichts der dort vermittelten Inhalte, insbesondere der Drohung mit extremen qualvollen und ewigen Strafen, gerade auch für «Abfall» vom Glauben, Austritt aus der Kirche (vgl. oben S. 384, 387), nicht nur für einen Psychologen nicht ganz unerklärlich, warum ein großer Teil heutiger Erwachsener nicht die psychische Kraft aufbringt, sich von solchen im intellektuell wehrlosen Zustand der (frühen) Kindheit induzierten Angstbindungen zu befreien*, sondern in deutlicher Parallele zu posthypnotisch ausgeführten Befehlen auch absurde und eigentlich unhaltbare (auf anderen Gebieten wohl entrüstet als Zumutung zurückgewiesenen) Rationalisierungen und Rechtfertigungsversuche akzeptiert, heute intellektuell redlich und doch Christ zu sein, ja geradezu nach solchen entsprechenden Angeboten sucht: Nicht nur die Erfolge der Küngschen Bücher (vgl. Kap. III) sind ein eindrucksvoller Beleg für dieses weithin beobachtbare Verhalten.

Diesem gespaltenen intellektuellen Argumentationsniveau, diesen angstbedingten Denkhemmungen und regressiven Infantilisierungen kommen typische Merkmale des frühen noch unentwickelten Denkens entgegen, wie sie etwa Piaget (dazu weiterführende Ausführungen an anderer Stelle: Buggle, 1985) herausgestellt hat: Wunschbestimmtheit und herabgesetzte Sensibilität für Widersprüche, mangelnde Koordination und mangelnde systematische

---

* Man lasse sich nicht über die lang vorhaltende und tiefgreifende Wirkung solcher (früh)kindlicher Strafandrohungen hinwegtäuschen, indem man darauf hinweist, daß nur noch eine Minderheit (immerhin!) heutiger Menschen sich bei Befragungen zum Glauben an solche extremen Strafen des biblischen Gottes bekennt. Die tatsächlichen Wirkungen solcher frühkindlichen Indoktrinationen können über solche bewußt und gegenüber befragenden Wissenschaftlern abgegebenen Äußerungen hinaus dennoch fortbestehen und werden für den (tiefen)psychologisch Geschulten häufig hinter vielerlei Rationalisierungen und Verkleidungen nur zu gut erkennbar!

Zusammenschau verschiedener Inhalte (vgl. auch Schmidtchen, 1979, etwa S. 11, 80; vgl. zu entsprechenden Denkhemmungen, der Blockade eines gegenseitig In-Beziehung-Setzens verschiedener – kontroverser – Sachverhalte, zur «Isolierung verschiedener Bereiche des Denkens und Handelns voneinander unter zeitweiser Suspendierung der Logik» auch Albert, 1980[4], bes. S. 104 ff.).

Als weiterer erklärender Sachverhalt, oben schon angesprochen, kann das mangelhafte, infantilisierte religiöse Wissen angesehen werden. Ferner wären mangelnde Phantasie und «Herzlosigkeit» zu nennen, welche die biblischen und kirchengeschichtlichen Greuel und auch die allgemeinen existentiellen Grausamkeiten, Absurditäten, Erniedrigungen usw. nach einer sehr wirksamen psychischen Gesetzmäßigkeit um so weniger konkret und gefühlsmäßig realisiert und damit zur Wirkung kommen läßt, je distanzierter von der eigenen Person und Lebenszeit diese zeitlich und räumlich auftreten. Es ist weiter bekannt, daß sich der menschliche «Herdentrieb» zu allen Zeiten bei einer nicht geringen Zahl der Menschen immer schon stärker erwiesen hat als das Streben nach Wahrheit. Auch die bei der heute häufig zu finden- den Isolation und Vereinzelung vieler Menschen nur allzugut ver- ständliche Wahrnehmung der Möglichkeit, sich an eine «Ge- meinde» anzuschließen, darf hier nicht übersehen werden. Ganz generell muß hier aber auch auf die «sinnstiftende», erleichternde Funktion von Religionen und Ideologien hingewiesen werden (vgl. etwa Topitsch, 1979), die auch die biblisch-christliche Reli- giosität um so mehr auch heute noch vermitteln kann, je mehr sie unter souveräner Außerachtlassung tatsächlich gegebener zentra- ler Inhalte und intellektueller Redlichkeit für den subjektiven Ge- brauch selektiv zurechtgemacht (verfälscht) ist.

f. Neokonservativer «Reflexionsstopp» im Rahmen funktionalistischer Religionsauffassung und «poststrukturalistischer» Vernunftkritik

Fragt man nach Gründen für die aufgezeigte Haltung der großen Mehrheit deutscher Intellektueller und Hochschullehrer, so dürfen in diesem Zusammenhang zwei weitere Strömungen des gegenwärtigen Geisteslebens nicht übersehen werden, die sich ungewollt, aber vielleicht tatsächlich effektiver als häufig wahrgenommen, in der Stabilisierung und Wiederinstallierung eigentlich unhaltbar gewordener religiöser Inhalte und Normvorstellungen in die Hände spielen, worauf Habermas zu Recht hinweist (1985). Dabei handelt es sich zum einen um eine gegenwärtig unverkennbar an Konjunktur gewinnende neokonservative Strömung, die den Funktionswert traditioneller Religiosität und «fester Werte» für die moderne Arbeitsgesellschaft (wieder)erkannt zu haben glaubt und teils intuitiv-implizit, teils ganz bewußt, explizit und offen hervorhebt und dabei die Wahrheitsfrage als demgegenüber letztlich zweitrangig ansieht.

Im deutschen Kulturraum hat in letzter Zeit vor allem Lübbe eine solche funktionalistische Sicht der Religion herausgestellt, wobei die entsprechende Position, in einem kenntnisreichen, reflektierten Buch (1986) dargestellt, nicht zu reduktionistisch gesehen werden darf, wie das etwa bei manchen Vertretern der «soziobiologischen» Religionsauffassung geschieht, wo Religion z. T. biologistisch-reduktionistisch unter dem Aspekt der Arterhaltung oder gar der «Genreproduktion» gesehen wird (vgl. etwa Wilson, 1980, Reynolds & Tanner, 1983; zur Einführung und Information in die «soziobiologische» Religionsdiskussion vgl. Schmied, 1989).

Die Position Lübbes läßt sich keineswegs auf eine Sicht der Religion als «soziales Schmieröl» der modernen Arbeits- und Leistungsgesellschaft reduzieren, vielmehr sieht er in ihr im wesentlichen eine bedeutend weiter und umfassender zu verstehende «Kontingenzbewältigungspraxis»: «Die Nötigkeit der Religion ergibt sich Geschichtsepochen-indifferent aus unserer kontingen-

ten, selbst-ohnmächtigen Daseinsverfassung und damit aus dem
Zwang, zu dieser Unverfügbarkeit unseres Daseins ein Verhältnis
zu gewinnen. Die Erfüllung dieser Nötigkeit – das ist die Vernunft
der Religion...» (Lübbe, 1986, S. 279 f.). Nichtsdestoweniger
bleibt diese Interpretation trotz aller Differenziertheit funktionalistisch: «Wer die Unterscheidung von ‹wahrer› und anderer Religion
mit dem Unterschied korreliert, den es macht, ob die fragliche Religion lebensfördernd oder destruktiv wirke, erhebt implizit gelin-
gendes Leben zum Kriterium der Wahrheit religiöser Orientierung,
in deren Horizont es sich vollzieht. Ich formuliere das nicht in entlarvender Absicht so. Was wäre denn die Alternative?» (a. a. O., S. 253).

Auch die entsprechende funktionalistische Vernachlässigung der
Wahrheitsdimension religiöser Lehren und ihr Herunterspielen in
eine Sekundärposition wird recht deutlich: (Religiöse) «Traditionen gelten somit nie wegen ihrer erwiesenen Richtigkeit, vielmehr wegen der Evidenz der Unmöglichkeit, ohne sie auszukom-
men. Das ist dann allerdings der Grund, der es gerechtfertigt sein
läßt, stets an den kanonischen Voraussetzungen derjenigen Religion oder Konfession grundsätzlich festzuhalten, in deren kultu-
rellem Lebenszusammenhang einem Erfahrungen guten Lebens
zuteil geworden sind» (a. a. O., S. 254).

Es ist im übrigen eindrucksvoll, wie man auf der Basis einer
solchen funktionalistischen Religionsauffassung allzu sperrige religiöse «Wahrheiten» aus der Welt schaffen kann, etwa das Theodizeeproblem (a. a. O., S. 195–206), bekanntlich einer der
schwerwiegendsten Einwände gegen christliche Religiosität, für
Lübbe aber nur noch «exklusiv ein Seminar-Problem», «nicht ein
Problem des religiösen Lebens» (wie lebensdistant Gelehrte sein
können!★), ja gar «eine religiös überflüssige Frage», andererseits

---

★ Man nehme dazu z. B. doch einmal zur Kenntnis, um nur *ein* Beispiel zu
nennen, wie häufig in der von R. Schuster herausgegebenen umfangreichen
Sammlung von Äußerungen Jugendlicher zu religiösen Fragen «Was sie glauben» (1984) gerade die Theodizeeproblematik als Glaubensschwierigkeit angesprochen wird.

doch einer längeren Auseinandersetzung wert. Konsequent funktionalistisch gedacht ist für Lübbe «Theodizee... keine sinnvolle Unternehmung..., weil es moral- und lebenszerrüttende Folgen hätte, die Anerkennung des Sinns des Lebens auf die Basis eines Urteils über seine moralische Rechtfertigungsfähigkeit stellen zu wollen» (S. 204). Man kann diesen Standpunkt einnehmen, man kann die moralische Bewertung des Weltgeschehens (und des ihm zugrundeliegenden göttlichen Handelns) für unzulässig, weil zu «moral- und lebenszerrüttenden Folgen» führend, erklären; man sollte dann aber auch klar die Implikationen einer solchen Haltung «jenseits von Gut und Böse» nennen, etwa die Unvereinbarkeit einer solchen Weltsicht mit jeder biblisch-christlichen Religiosität, die diesen Namen noch verdient, und sollte nicht in (funktionalistisch gedacht nicht ganz inkonsequentem) kühnem Wunschdenken, nachdem gerade die Erkenntnis der Amoralität des (nach christlicher Lehre von Gott bis ins kleinste gelenkten) Weltgeschehens stimmig zur (auch christlichen!) Religiosität führen könne, zumindest implizit den Anschein einer Art Bestandsgarantie auch für die tradierte christliche Religiosität erwecken.

Wie praktisch Lübbe diesen funktionalistischen Standpunkt *auch* meint, zeigt sein Hinweis auf die «Anmutsqualität der Gespreiztheit», die jedem «Hervorkehren des Anspruchs, die eigene Religion oder Konfession sei die wahre, im Lebenszusammenhang moderner Kultur» zukomme (a. a. O., S. 254 f.); und nicht ohne feinen Spott (?) kontrastiert er dazu den verbreiteten, nach seiner Ansicht eben funktionalistischen gegenwärtigen Religionsbetrieb, vor allem in den Medien: «Eindrucksvoller sind demgegenüber die alltäglichen Bemühungen der Medienpfarrer, der Prediger sowieso, überhaupt der Lebenskommentatoren in religiöser Absicht bis hin zu den geistlichen Reden einschlägig beredter Philosophen, die die überlieferten religiösen Lehren uns durch den Lebensgewinn nahe zu bringen wissen, den uns die Orientierung an ihnen verschafft. Man kann es wirklich so sa-

gen: ‹Wahre Religion› muß ‹wahren Trost› geben» (a. a. O.,
S. 255).★

Im Dienste und im Rahmen solcher neokonservativer funktiona-
listischer Gewichtung tradierter religiöser Inhalte und daraus abge-
leiteter Normen muß dann auch konsequent «das Aufklärungspotential der Wissenschaft weginterpretiert oder heruntergespielt
werden» (Habermas, 1985, S. 49). Es macht sich zunehmend ein
«Traditionalismus» breit, der «auf konventionelle Religiosität...,
auf Reflexionsstopp und feste Werte setzt» (a. a. O., S. 65).★★ «Die
kulturelle Moderne wird hingegen als subversiv empfunden. Die
‹geistig moralische Erneuerung› meint eine Rückkehr hinter das
18. Jahrhundert, von der man sich eine wundersame Regenerie-
rung von Fraglosigkeiten verspricht, ein Traditionskissen also, das
die Belastungen auffängt, wo immer die monetären und die büro-
kratischen Steuerungen und Kontrollen versagen» (a. a. O., S. 65).

Diesen Strebungen arbeiten jene «methodischen Übertreibungen einer total gewordenen Vernunftkritik» poststrukturalistischer
Provenienz in die Hände, die «ein Vakuum entstehen läßt, in das
die unüberprüften Wahrheiten der Religion und der Metaphysik
um so unbekümmerter einströmen können». Und mit Recht warnt
Habermas bei allem Verständnis für die legitime Intention, eine zu-

---

★ Wichtige Fragen an die Positionen Lübbes können hier nicht weiter verfolgt werden, so etwa die Problematik seiner angesichts der Lebenserfahrung
von der zuweilen außerordentlich zähen Langlebigkeit und Lebensförderlich-
keit von Illusionen doch in Frage zu stellenden These, «daß sich auf Illusionen
dauerhaft gutes Leben nicht gründen läßt» (a. a. O., S. 255), oder die an jede
funktionalistische Religionsauffassung zu stellende Frage, woher denn das Kriterium guten Funktionierens, «guten Lebens» zu nehmen wäre, ob hier nicht
doch wieder der «Wahrheitsaspekt» ins Spiel oder gar zur Dominanz über den
Funktionsaspekt komme, usw. usw. (vgl. auch unten S. 430).

★★ Während ich dieses schreibe, versucht der Kultusminister meines Landes, Meyer-Vorfelder, ein Prototyp der hier gemeinten Neokonservativen,
sich «großzügig» über die grundgesetzlich verankerte Neutralitätspflicht des
Staates in religiösen und weltanschaulichen Dingen hinwegzusetzen und das
tägliche Schulgebet in den staatlichen Schulen per Verordnung wieder einzu-
führen.

weilen «bornierte Aufklärung über sich selbst aufzuklären», vor dem «Kurzschluß zwischen den konträren Gesten des Abräumens alter und des Aufbaus neuer» (in Wirklichkeit häufig noch älterer) «Altäre» (a. a. O., 1985, S. 135).

g. Anthropologisch-entwicklungsgeschichtliche Faktoren und Unterwerfungstendenzen?

Vielleicht ist es angesichts der erstaunlichen Resistenz auch gegen zwingende Argumente und der Langsamkeit, mit der sich Veränderungen religiöser Einstellungen (auch bei Intellektuellen) vollziehen, nicht unangebracht, an die (Mit-)Wirkung fundamentaler biologisch-anthropologischer Gegebenheiten zu denken, an eine evolutionär bedingte «Gleichzeitigkeit des stammesgeschichtlich Ungleichzeitigen» (vgl. Topitsch, 1979, S. 49), wie wir sie beim heutigen Menschen immer wieder finden, an die lange Zeit, welche die Emanzipation des Großhirndenkens von älteren, entwicklungsgeschichtlich früheren Weisen des Fühlens und der Weltwahrnehmung auf dem langen evolutionären Weg zum Menschen bislang brauchte (v. Ditfurth, 1976).★

Kann die entsprechende Einsicht im Einzelfalle toleranter machen, so darf sie keineswegs dazu führen, in einem groben Mißverstehen der tatsächlich weit differenzierteren und komplexeren Sachlage untätig den sich so in großer Langsamkeit vollziehenden Entwicklungsprozeß nur abzuwarten, eine heute für das Überleben der Gattung Mensch tödliche Haltung, sondern muß im Gegenteil zur verstärkten Förderung großhirngestützter Rationalität, von Vernunftdenken und Aufklärung führen.

Angesichts des bei einigem Nachdenken (und Freiheit von frühkindlich indoktrinierten Selbstverständlichkeiten) doch sehr eigen-

---

★ In zeitlich kleinerem Maßstab hat auch Nietzsche die entsprechende Langsamkeit hellsichtig gesehen und prognostiziert, etwa wenn er die «Heraufkunft des Nihilismus» als eine Sache der nächsten 200 Jahre ansah.

artig anmutenden, weitverbreiteten Sachverhalts, daß dieselben
Menschen, die an die Allmacht Gottes glauben, also auch an
seine direkte oder indirekte letzte Verantwortlichkeit für das ihnen oder ihnen nahestehenden Menschen zugestoßene Unglück,
denselben Gott loben, preisen, sich ihm offenbar bedingungslos
unterwerfen, angesichts der Häufigkeit, mit der sich solche
«sklavischen» * Gesinnungs- und Verhaltensweisen zeigen, kann
man zumindest fragen, wieweit eine solche verbreitete Unter-
würfigkeitstendenz zu den anthropologischen Grundantrieben
gehört, vielleicht wegen ihres offenbar zumindest früher (?) bestehenden hohen Überlebenswertes (vgl. dazu auch Morris,
1968, 1978; Wilson, 1980).

Man kann solche Verhaltensweisen besonders in unserem
deutsch-christlich geprägten Umfeld allen oberflächlichen Auto-
nomiegesten zum Trotz bei entsprechender Sensibilisierung bei
vielen Anlässen wahrnehmen; z. B. bei der «Verarbeitung» größe-
rer Unglücke, etwa zuletzt bei den Flugzeugunfällen von Rem-
scheid oder von Ramstein, bei denen Gott, falls es ihn geben sollte,
es zugelassen hat, daß zahlreiche Menschen, auch Kinder, grausam
verstümmelt und entstellt, z. T. nach längeren schweren Schmerzen gestorben sind (ein Beispiel für unzählig viele andere in Gegenwart und Vergangenheit). Aus solchen Anlässen finden jeweils
entsprechende Gottes*dienste* statt, in den ersten Reihen die staatlich-

---

* Zieht man bestimmte Ergebnisse der Soziobiologie heran, so muß es nicht
nur unbedingt als herabwürdigende Beschimpfung aufgefaßt werden, wenn
man das entsprechende Verhalten auch «hündisch» nennen würde: «Es gibt ein
äußerst bemerkenswertes, in der Tat einzigartiges Ereignis innerhalb des biologischen Systems – das Entstehen einer Beziehung, die jener Beziehung sehr
ähnlich ist, die so viele Männer und Frauen zu dem unterhalten, was für ihr
Gefühl Realität ist und was sie Gott nennen. Ich meine die Ergebenheit des
Hundes gegenüber dem Menschen. Hier ist ein Tier, das seine Anhänglichkeit
und seinen Gehorsam vom Leittier des Rudels auf einen neuen Herrn übertragen hat; noch mehr: der nicht nur ein treuer Diener ist, sondern einer, der
seinem Meister gegenüber eine kindesähnliche Verehrung und Liebe entwik-
kelt» (Hardy, 1979, S. 134).

politische Prominenz*, man kennt das, und offenbar nimmt man die absurd-erniedrigende Psychologie nicht wahr oder will sie nicht wahrnehmen, die hinter einem solchen Gottesdienst steht: Man dient sich demselben Gott an («Was Gott tut, das ist wohlgetan»: So sollte vor einiger Zeit auf ausdrücklichen Wunsch einer streng protestantischen Mutter die Gemeinde bei der Beerdigung eines ziemlich grausam verunglückten Kollegen, Vater zweier Kinder, singen), von dem man ja glaubt, glauben muß als Christ, daß er als allmächtiger Lenker alles Geschehen bis ins kleinste bestimmt, ohne dessen Wille nichts geschieht, nach biblischer Lehre kein Sperling vom Dach und kein Haar von unserem Haupte fällt, der also auch dieses Unglück bewirkt («Geschieht ein Unglück in einer Stadt, ohne daß der Herr es bewirkt hat?», Am. 3; 6) oder zumindest nicht verhindert hat, also dafür verantwortlich ist.

Steht hinter solchen Verhaltensweisen (auch heute noch in einer Demokratie!) nicht die alte (Überlebens-)Strategie, dem (all)mächtigen (archaisch-tyrannischen) Herrscher, Peiniger, ja Folterer zu schmeicheln, damit er nicht noch mehr Unheil auf den Geschlagenen kommen läßt? Besonders erniedrigend, ja fast pervers mutet dabei die Forderung an, ihn auch noch als weise, treusorgend, unendlich liebevoll und gütig preisen zu müssen.

Wenn jemand unter aktuellen schweren Folterqualen schwach wird und zu einem solchen Verhalten als letztem Strohhalm greift, so hat niemand das Recht, ihn zu verurteilen. «Wer von uns würde unter der Folter nicht singen?» (Marie Luise Kaschnitz). Daß aber Menschen, Politiker und andere Personen mit besonderer leitbildlicher Verpflichtung (wie etwa auch Universitätsprofessoren), die nicht unter einem solchen schweren akuten Zwang stehen, ihrer Willensfreiheit nicht beraubt sind, sich zu einer solchen doch eigentlich menschlicher Würde und Selbstachtung widersprechenden Hal-

---

* Es soll den so Handelnden Mitgefühl, der Wille, die so schwer getroffenen Angehörigen nicht allein zu lassen usw., nicht bestritten werden. Nur: All dies könnte auch durch andere Gesten und Hilfestellungen außerhalb eines Gottesdienstes vermittelt werden.

tung hergeben, die Peitsche küssen, die sie (und andere!) schlägt, kann offenbar nur durch lange Gewöhnung und dadurch bewirkte «Gedankenlosigkeit» nicht mehr verwundern oder empören und könnte, gäbe es nicht auch so bewundernswerte Gegenbeispiele, zu einem sehr pessimistischen Menschenbild Anlaß geben. Sagen wir es kraß, ohne Rücksicht auf Höflichkeit und Konvention, mit dem jüdischen Atheisten Günther Anders: «Nach Auschwitz besteht mein Atheismus nicht mehr einfach in der Bestreitung ‹seines› Daseins. Sondern in meiner Empörung über die Würdelosigkeit derer, die einem, der *dies* zugelassen hat, im Gebet nahen» (1982, S. 124).

Müßte man Nietzsches Rezept gegen Christlichkeit «Schmeichle nicht Deinem Wohltäter!» nicht ergänzen: «Schmeichle nicht Deinem Peiniger!»? Tatsächlich scheint es psychologisch bei unbefangener Analyse nicht unplausibel, daß entsprechende sklavisch-unterwerfungsbereite Tendenzen hinter der Fassade der «Freiheit eines Christenmenschen» einen nicht unwesentlichen und konstituierenden Teil christlicher Haltung ausmachen. Hängt dies alles nicht auch untergründig mit der (ebenfalls von Nietzsche schon angeprangerten) psychologischen «Unmöglichkeit» biblisch-christlicher Religiosität zusammen, die Liebe zu diesem Gott unter Strafandrohung bei Verweigerung zu befehlen? Daß dieses Gebot dennoch so weitgehend befolgt oder zu befolgen versucht wird, müßte vielleicht noch nicht unbedingt zu einem ausgeprägten anthropologischen Pessimismus führen, sollte aber doch sehr nachdenklich machen, erster Schritt zu einem wirklichen menschlichen Selbstbewußtsein und menschlicher Würde.

h. Folge: Verbreitete gesellschaftliche Unredlichkeit und Heuchelei und oberflächlich-undeutliche Religiosität

Die in diesem Kapitel bislang skizzierte religiös-weltanschauliche Situation blieb nicht ohne schwerwiegende Folgen für das geistige Klima in der Bundesrepublik und darüber hinaus in den meisten westlichen Ländern.

Es ist zentral gekennzeichnet durch eine schwärende und umfassende (zumindest objektive) Unehrlichkeit in religiösen Dingen und der, allerdings weithin verdrängten, Diskussion der religiösweltanschaulichen Grundlagen unserer Gesellschaft. Ihr entspricht auf seiten sehr vieler Menschen eine teils bewußt wahrgenommene, vorgezeigte und bei entsprechenden Gesprächsangeboten engagiert artikulierte oder auch nur dumpf gespürte, weitgehend verdrängte und nicht selten durch einen vielfältigen Aktionismus überdeckte Desorientiertheit. Hier wird (mit wenigen rühmlichen Ausnahmen, zu denen etwa Günther Anders, Hans Albert, Ernst Topitsch, Karlheinz Deschner, auf dem Gebiet der Publizistik Rudolf Augstein gehören) das eklatante Versagen der eigentlich zur Information und Aufklärung verpflichteten Intellektuellen, nicht zuletzt und gerade auch der Universitäten und ihrer zum «Bekennen» und nicht zum Verstecken der Wahrheit verpflichteten «Professoren» besonders deutlich und wirksam; nicht nur weil sie Dinge, die sie eigentlich sagen müßten, angesichts gesellschaftlich mächtiger Institutionen nicht sagen, verschweigen, sich verstekken, wie Küng mit Recht beklagt (1978b, S. 343), sich passiv verhalten, sondern weil sie sich wieder einmal darüber hinaus vielfach *aktiv* an heute noch über gesellschaftliche Macht verfügende Institutionen wie die Großkirchen anbiedern, ihnen typischerweise mit artig-beflissenem Wohlwollen begegnen und so zumindest den Anschein erwecken, als bejahten sie ihre Doktrin. Dieses innerhalb von nur 60 Jahren sich zum zweitenmal wiederholende eklatante Versagen, was Aufklärungspflicht und Zivilcourage gegenüber mächtigen gesellschaftlichen Institutionen angeht, könnte auf Dauer fatale Folgen nicht zuletzt auch für das Ansehen der «Intellektuellen» und der Institution Universität gerade auch, aber nicht nur, bei jungen Menschen haben.

Diese vielfach karrierebestimmte Einpassung in herrschende Strömungen und Ideologien findet sich ebenfalls bei der Mehrzahl der heutigen Politiker, wobei dabei nicht so sehr an Politiker zu denken ist, die wirklich aus Überzeugung handeln und denen man dies abnehmen kann (wie etwa Richard v. Weizsäcker, Rita Süss-

muth, Norbert Blüm, selbst auch, wenngleich zuweilen ein Lehr-
buchbeispiel für die typisch christliche Legierung von Liebe und
Aggressivität, Heiner Geißler, vor denen ich Respekt habe, obwohl
ich die religiös-ideologischen Grundlagen ihrer Politik für unhaltbar und ihr Beispiel deshalb letztlich für verhängnisvoll ansehe),
sondern an jene neuerdings nicht nur an Universitäten, sondern
auch in der Politik zunehmend sich ausbreitenden stromlinienför-
migen Karrieristen, denen gewisse «christliche» kirchenfreund-
liche Kundgaben wie Öl von den Lippen gehen («Schmiermittel»)
(und von denen man mit einem abgewandelten bösen Benn-Wort
sagen könnte: «Christentum haben die Emporgekommenen nötig:
Es ist ihr moralischer sex appeal»).*

Die analysierte religiöse Grundsituation hat neben der genannten
häufig konfliktbesetzten Desorientiertheit auch jene verbreitete
Grundhaltung zur Folge, die häufig als «Gleichgültigkeit» gegenüber religiösen Fragen bezeichnet wurde, in Wirklichkeit aber eher
Gleichgültigkeit gegen die meisten konkret-inhaltlichen dogmatischen Lehren der Kirchen bedeutet, keineswegs aber zwingend
Gleichgültigkeit gegenüber religiösen Fragen insgesamt. Allerdings ist zu befürchten, daß bei einem nicht kleinen Teil der Bevölkerung die belastende Konflikthaftigkeit der offiziell und institu-
tionell angebotenen religiösen Lehren zu einer Verdrängung weltanschaulich-religiöser Fragen insgesamt und einer Flucht in ober-
flächlich-ablenkende (Über-)Aktivitäten und Konsumverhalten
führt. Die von den Kirchen (etwa auch von Küng) häufig vermittelte simplifizierte Alternative Christentum vs. nihilistischer Verzweiflung dürfte in vielen Fällen an der Entwicklung realitätsver-
träglicherer, weniger konflikthafter und hilfreicherer religiös-welt-
anschaulicher Entwürfe hindern (vgl. Kap. V).

Eine weitere Folge der teilweise verdrängten, aber tatsächlich

---

* Aber was soll man noch an (objektiver) intellektueller Redlichkeit und
Bekennermut erwarten, wo heute selbst die einst der Aufklärung in ihren besten Zeiten verpflichtete alte deutsche Arbeiterpartei SPD bis vor kurzem von
einem «praktizierenden Katholiken» geführt wurde.

längst unhaltbar gewordenen religiös-weltanschaulichen Grundsituation ist die weitverbreitete Unehrlichkeit in der Auseinandersetzung um zentrale, durch religiöse Wertungen (mit)bestimmte
ethische Fragen, wie etwa eine humane Sterbehilfe. Man spricht
sich etwa gegen Sterbehilfe aus, weil man gelernt hat, daß Gott dies
verbietet, daß er sich das alleinige Recht auf die Beendigung des
menschlichen Lebens vorbehalten hat (für einen nicht unbeträchtlichen Teil konservativ-orthodoxer Christen natürlich nur, soweit
davon nicht Krieg und Todesstrafe betroffen sind), daß er den mit
schweren Strafen bedroht, der diesen Monopolanspruch verletzt.
Dies sagt man in den meisten Fällen natürlich nicht, man schämt
sich offenbar und ist zu feige, sondern man sagt, mit pathetischem
Ernst, daß es einem – ganz selbstlos – um die Unantastbarkeit des
menschlichen Lebens, gar dessen «Würde» usw. gehe. Und man
gibt nicht zu oder merkt es nicht einmal mehr selbst, daß man sich
aus religiösem Heilsegoismus gegen eine angesichts der oft grausamen
Schmerzen und des hier immer vorausgesetzten eindeutigen Ster-
bewillens der Betroffenen doch eigentlich als selbstverständlich zu
fordernde Haltung der Barmherzigkeit und Mitmenschlichkeit,
auch der hier wirklich ins Spiel kommenden Menschenwürde und
Selbstbestimmung entschieden hat. Hier liegt, eine entsprechende
psychologische Analyse könnte das zeigen, nicht selten der letzte
und eigentliche psychologische Kern entsprechender Proteste der
meisten (offen erkennbar oder versteckt, aber noch tatsächlich)
kirchlich «gebundenen» Kritiker, mit welch schön klingenden
Scheinbegründungen man dies auch vor anderen und nicht selten
auch vor sich selbst zu verschleiern sucht. Das Entsprechende gilt
auch für Einwände und Proteste kirchlich gebundener Zeitgenossen auf anderen kirchlich normierten Gebieten.

Der jetzige Papst stellt im übrigen ein Lehrbeispiel für die entsprechende psychische Struktur heteronomer, durch (göttliche)
Strafandrohung bestimmter archaischer, aber modern-human be-
mäntelter Moral dar. Gerade auch innerkirchliche Auseinandersetzungen sind durch solche uneigentlichen «Argumente» nicht selten
verzerrt, werden egozentrisch-ungerecht geführt, so etwa, wenn

progressive Katholiken das zugegebenermaßen vielfach außerordentlich problematische Verhalten dieses gegenwärtigen Papstes auf «Sturheit», «zentralistisch-autoritären» oder gar «diktatorischen» oder «feudalistischen Herrschaftswillen» zurückführen, ohne sich einmal klarzumachen, daß ein Mann wie Johannes Paul II., der an einen Gott glaubt, der ewige Höllenstrafen androht und auch verhängt, der sich folglich als letztverantwortlicher Oberhirte seiner Kirche unter einem unermeßbaren Verantwortungsdruck fühlen muß, psychologisch kaum anders handeln kann, als er handelt, also z. B. die von ihm so gesehene Rechtgläubigkeit der ihm anvertrauten Kirche konsequent durch die Einsetzung «konservativer» Bischöfe zu sichern sucht. Hier wie in vielen vergleichbaren Fällen kann die Lösung nicht darin liegen, Personen anzugreifen, ihre Motive zu denunzieren und in Gegenposition zu versuchen, eine unhaltbar gewordene religiöse Ideologie durch «dialektische» Unredlichkeiten zu retten, sondern sich in einzig konsequenter Redlichkeit gegen das unhaltbare System selbst zu wenden, das solche durchaus folgerichtig, aber gerade deshalb tatsächlich antihumanitär handelnden Funktionsträger hervorbringt. «Konsequenz ist nötig!» (Küng, 1978a, S. 144).

V. Ein neues religiöses Paradigma?

«Jede dumpfe Umkehr der Welt hat solche Enterbte,
denen das Frühere nicht und noch nicht das Nächste gehört.»
(Rilke, «Siebente Duineser Elegie»)

«Dabei gehe ich davon aus, daß 1. die seit dem Ersten Welt-
krieg sichtbare und von Jaspers und vielen anderen diagnosti-
zierte geistige Krise unserer Zeit von der religiösen Krise ent-
scheidend mitbestimmt ist; und daß 2. ohne Diagnose und
Bewältigung der religiösen keine Diagnose und Bewältigung
der geistigen Situation der Zeit gelingen und keine neue
Übersichtlichkeit zu erreichen sein wird.»
(Küng, «Theologie im Aufbruch»)

A. Von Sinn und Not-wendigkeit eines neuen religiösen Paradigmas und einer neuen Religionskritik

Hans Küng hat 1987 ein weiteres Buch geschrieben: «Theologie im Aufbruch»*.

Angesichts der weitverbreiteten Orientierungskrise und Hilflosigkeit im Umgang mit der religiösen Dimension der Welt und des Menschen, aber auch im Hinblick auf die von den Kirchen im Rahmen der (von ihnen fast monopolistisch in Besitz genommenen) religiösen Erziehung suggerierten, von Küng ebenfalls in seinen früheren Büchern (vgl. oben Kap. III) gerne als Argumentations-

---

* Vielleicht kennzeichnet dieser Titel die Haltung und Grundsituation Küngs (und in seiner Person der modernen Theologie generell) unbeabsichtigt mehr und in einem anderen Sinne, als von ihm gemeint und ihm klar bewußt ist: Er (und mit ihm die moderne Theologie generell) sitzt ja sozusagen seit vielen Jahren in den Startlöchern, befindet sich «im Aufbruch», will im Innersten wohl auch und müßte redlicherweise längst aufbrechen, seinen Standort verlassen, sich wirklich auf den Weg machen; aber über den Schatten seines ihn offensichtlich doch immer noch sehr stark bestimmenden kindlich-katholischen Kirchturm ist er bei allen partiellen Ausbruchsversuchen letztlich bislang doch nicht hinausgekommen. Küng trägt zwar schon seit langem Prämissen und Argumente zusammen, artikuliert sie z. T. auch, dann aber fehlt ihm offenbar doch immer wieder der letzte Mut, weiterzugehen, weiterzudenken, die allein redlichen und sich eigentlich aufdrängenden Konsequenzen zu ziehen (vgl. Kap. III). Theologie: Ein Leben «im Aufbruch» oder im Lavieren? (Vgl. etwa seine neuerlichen Ausführungen zur Bibelproblematik in dem genannten neuen Buch, S. 67 ff.)

krücke herangezogenen falschen, weil hochsimplifizierten Alternative «biblisch-christlicher Gottesglaube oder verzweifelter Nihilismus» könnte sich vielleicht ein neues «postmodernes» religiöses Paradigma als hilfreich oder gar «not-wendig» erweisen.

Hier eröffnet sich einer neuen offeneren Religionskritik, wie sie in diesem Buch vertreten wird, ein weites Feld. Sie müßte zunächst entschieden über die allzu reduktionistischen Aspekte «materialistischer» Weltbilder, wie sie nicht wenigen religionskritischen Ansätzen früherer Zeiten eng verbunden waren, hinausgehen und neue und neueste Einsichten der modernen (Natur-)Wissenschaft, gerade auch, wenn auch nicht ausschließlich, der modernen theoretischen Physik, in ihre Argumentation einbeziehen. Sie kann so offen werden für viele Phänomene, die das Fassungsvermögen des menschlichen Gehirns im gegenwärtigen Entwicklungsstand *über*schreiten, ohne, es muß immer wieder auf diesen von den heutigen Theologen gerne taktisch eingesetzten Denkfehler hingewiesen werden, diese transzendierenden Aspekte mit solchen Inhalten in falscher Toleranz zu vermischen, die das menschliche Denkvermögen *unter*schreiten.

So wird moderne Religionskritik die prinzipielle Möglichkeit und Legitimität einer religiösen Dimension der Welt und der menschlichen Existenz keineswegs von vorneherein leugnen, sondern ihr prinzipiell als Möglichkeit offen gegenüberstehen; moderne Religionskritik so verstanden richtet sich nicht gegen diese mögliche religiöse Dimension als solche, als vielmehr gegen ihre jeweils konkrete, historische «Füllung» und Ausgestaltung durch archaisch-inhumane und / oder absurd-widersprüchliche Inhalte.

B. Vier Kriterien, denen jedes *wirklich* neue religiöse Paradigma genügen müßte, um auch für heutige aufgeklärt-wissende Menschen akzeptierbar zu sein

Deshalb kann man der Forderung nach einem neuen religiösen Paradigma auch als Religions- und gerade auch als Christentumskritiker grundsätzlich positiv gegenüberstehen.

Allerdings müßte ein neues wirklich hilfreiches religiöses Paradigma anders aussehen, als Küng dies in seinem neuen Buch «Theologie im Aufbruch» vorschlägt. Dort findet sich im Grunde wieder nur der schon in seinen früheren Büchern ausgebreitete, m. E. zum Scheitern verurteilte Versuch (vgl. Kap. III), durch (objektive!) intellektuelle Unredlichkeiten und «dialektische», in sich widersprüchliche Winkelzüge das alte biblisch-christliche Paradigma doch noch zu retten, seine unheilbaren Widersprüche zu einer modernen aufgeklärten Welterfahrung und Humanität kosmetisch zu übertünchen. Keiner der oben in Kap. III angeführten Widersprüche ist in Küngs neuem Buch gelöst; vielmehr wird durch Herstellen einer sehr problematischen Parallele zu den Naturwissenschaften und ihrer unter dem Modell des Paradigmenwechsels nach Kuhn gesehenen Entwicklung (Kuhn, 1981 [5]) eine prinzipielle Lösbarkeit der Widersprüche und Sackgassen einer biblisch fundierten (an einer solchen wird von Küng auch in seinem neuen Buch im Hinblick auf seine Forderung nach einem neuen religiösen Paradigma festgehalten!) Theologie suggeriert.

Ein wirklich neues hilfreiches, weder Denkverzicht noch Verdrängung weiterer Erfahrungsbereiche erforderndes religiöses Para-

digma müßte dagegen den folgenden Kriterien, Mindestanforde-
rungen genügen, d. h. aber, könnte kein biblisch-christliches Paradigma mehr sein:

1. Es müßte mit dem Wissensstand und den aufgeklärt-kritisch
   reflektierten Erfahrungen heutiger Menschen vereinbar sein,
   dürfte ihnen nicht widersprechen. D. h., es dürfte keine Unredlichkeiten implizieren, keine Verdrängungsprozesse, intellektuellen Verbiegungen, kein Sacrificium intellectus, keinen Denkverzicht erfordern, um akzeptiert werden zu können (z. B.
   Theodizeeproblem).

2. Es müßte dem heute zumindest als Postulat erreichten ethisch-
   moralischen Standard gerecht werden, dürfte nicht dahinter zu-
   rückbleiben, ihn nicht unterschreiten (z. B. Höllenstrafe, Kreuzesopfer u. a.; vgl. Kap. III).

3. Zwar nicht für Widersprüche zur Welterfahrung heutiger Menschen, für *Unter*schreitungen von Vernunft und heutigem Wissensstand, wohl aber für *Über*schreitungen von menschlicher
   Ratio und heutigem Wissensstand müßte ein neues religiöses Paradigma weiten Raum lassen. Hier wäre auch, wie schon angesprochen, ein Unterschied moderner religionskritischer Einstellung, der ein solches Paradigma standhalten könnte, zu manchen
   allzu einfach-reduktionistischen oder gar mechanistisch-mate-
   rialistischen Formen traditioneller Religionskritik zu sehen: Aus
   dem Bewußtsein der (zumindest partiell entwicklungsgeschichtlich bedingten) Beschränktheit, der nicht ausreichenden
   Kapazität des menschlichen Gehirns im Hinblick auf die Beantwortung so komplexer Fragestellungen wie etwa der *welt*an-
   schaulichen müßte sich die Forderung großer Toleranz über die
   hier angesprochenen Kriterien hinaus ergeben: Es dürften jenseits der hier genannten Kriterien keine unbedingten, absoluten
   Ansprüche gestellt werden. Ein Satz wie «Wer nicht glaubt, der
   wird verdammt» (Mk. 16; 16) (wie er zumindest sinngemäß bis-

lang so viele und gerade auch die «Buchreligionen» kennzeichnete und so ungeheuer großes Unheil angerichtet hat) müßte endgültig zum «Un-Satz» (anstatt ihn über unredlich-«kühne» Umdeutungen doch noch retten zu wollen), die Diskriminierung und Verfolgung Anders- oder «Ungläubiger» weltweit geächtet werden. Insofern wäre ein entsprechendes postchristliches, postislamisches Paradigma endlich wirklich und redlich «ökumenisch» zu nennen.

Die entsprechende Haltung der Toleranz gegenüber Überschreitungen der menschlichen Erkenntnisfähigkeit, gegenüber den je eigenen Standpunkt ergänzenden Weltsichten und -interpretationen müßte durch die möglichst früh schon auf den Schulen zu vermittelnde Einsicht in die notwendige Beschränktheit jeder menschlichen Weltsicht und der daraus sich ergebenden Relativierung jedes weltanschaulichen Standpunktes gefördert werden. Es müßte aufgezeigt werden, daß jeder Mensch überfordert wäre, würde man von ihm erwarten, auch nur die durch den Menschen erkennbare Wirklichkeit in ihrer Gesamtheit zu realisieren oder gar zur ausrichtenden Grundlage seines Handelns zu machen. Ohne eine entsprechende fortlaufende Abspaltung bestimmter Realitätsaspekte würde uns im übrigen sofort bewußt, daß wir alle nicht nach unseren (geglaubten, illusionären?) Maximen leben (können). Wer z. B. wirklich seinen Nächsten liebte wie sich selbst, der müßte angesichts des simultan auf der Welt existierenden unvorstellbar zahlreichen physischen und psychischen Leidens bei auch nur bescheidener Sensibilität verzweifeln, wäre lebensunfähig (und würde das Leid damit noch vermehren). Andererseits gibt es aber auch, was heute, weil es nicht «in» ist, von vielen, insbesondere gerade auch deutschen Schriftstellern konformistisch übersehen wird, ebenso viele überwältigend grandiose, «schöne», positive Phänomene, Dinge, Ereignisse in dieser uns erfahrbaren Welt, und wer kann schon gleichzeitig sich bis zur Ekstase freuen, «jubilieren», fasziniert und gleichzeitig verzweifelt und unendlich traurig sein? Diese *unmögliche* Verfassung allein aber wäre konsequent!

4. Ein solches wirklich neues Paradigma müßte hilfreich für den
Lebensvollzug sein, eine Orientierungs-, «Sinngebungs»-,
Stützfunktion erfüllen: Sicher das (religions)philosophisch pro-
blematischste – wir begeben uns hier auf das Glatteis des religiösen Funktionalismus und seiner Spannung zur Wahrheitsfrage (vgl. oben S. 411 ff.) –, lebenspraktisch andererseits aber
gerade aus dem Blickwinkel des Psychologen vielleicht das
wichtigste Kriterium.

Es kann auch an dieser Stelle nicht die ein eigenes Buch erforderliche «Wahrheits»frage, das Problem der Beziehung zwischen der
«Wahrheit» religiöser Lehren und ihrer Funktionalität für den Lebensvollzug en detail diskutiert werden: Sie klang schon oben in
der partiellen Zurückweisung der Kritik Küngs an Feuerbachs Projektionsthese an (vgl. Kap. III, E. c.), ebenso in der kurzen Auseinandersetzung mit modernen funktionalistischen Strömungen im
vorangehenden Kapitel. Die jeweilige individuelle Stellungnahme
ist überdies nicht unabhängig von persönlichen Prämissen, die man
für sich als verbindlich *gesetzt* hat: Etwa daß es der Würde des Menschen widerspricht, illusionäre Absurditäten um ihrer Funktion
willen bei sich oder bei anderen zu akzeptieren, eine im übrigen
leicht von «barmherziger» Menschenfreundlichkeit in den Zynismus abgleitende Position. Dies bedeutete aber, daß der Wahrheitsfrage der Primat über die Funktionalität zukomme.

Andererseits läßt die Komplexität der erfahrbaren Welt eine Fülle
von Deutungsmöglichkeiten zu, die Vernunft und Erfahrung nicht
widersprechen, sondern sie übersteigen, und diese können den Lebensvollzug in sehr verschiedener Weise fördern oder hindern, das
Leben bereichern oder niederdrücken und verarmen. In diesem
großen Freiraum möglicher «Wahrheiten» spricht nichts dagegen
und sehr vieles dafür, sich solche Weltentwürfe anzueignen, die im
jeweiligen Fall die förderlichere und bereichernde Alternative darstellen.

Ein neues religiöses Paradigma sollte das ohnehin schwer bela-
stete Leben so vieler Menschen nicht noch zusätzlich erschweren,

etwa durch die Drohung mit diesseitigen und jenseitigen extremen Strafen, wie es den biblisch-christlichen Gott so genuin auszeichnet, durch das so nur konsequent erscheinende Zittern um einen «gnädigen Gott» (Luther), durch Erzeugung von destruktiven Versündigungs-, Schuldgefühlen und eine entsprechende Eigenabwertung. Es sollte das Leben der betroffenen Menschen nicht durch vielfache unnötige dysfunktionale Einengungen verdüstern und verarmen (vgl. dazu neben vielen anderen möglichen Beispielen auch das Buch von Drewermann, 1989, in dem er mögliche Auswirkungen der biblisch-christlichen Religiosität am Beispiel katholischer Priester und Ordensangehöriger aus der Kenntnis des Insiders drastisch veranschaulicht), sondern es durch entsprechende Sinn- und Orientierungsangebote erträglicher und reicher machen; wobei hier, dies soll nicht verschwiegen werden, schwierige, nicht leichtzunehmende Probleme impliziert sind, u. a. daß, ob und bis zu welchem Ausmaß ein offenes, hypothetisches religiöses Paradigma, das auf letzte Gewißheiten bewußt verzichtet, diese Funktion wie weit und bei wie vielen Menschen leisten kann.

Denn es ließe sich z. B. eben wohl nur die *Möglichkeit* einer (partiell) optimistischen Welt- und Lebensinterpretation plausibel machen, nicht aber deren Gewißheit: Es ist zwar möglich, daß sich alles oder zumindest das menschliche Existieren auf einen letztlich guten Endzustand hin bewegt, daß also unseren tiefsten lebenstragenden Wünschen eine Realität entspricht, aber dies ist keineswegs mit Sicherheit auszumachen. Ob das entsprechende weitgehend Unsagbare, das sich in Gipfelstunden unseres Erlebens, etwa von Musik, von Lyrik, Literatur, bildender Kunst, in bestimmten Naturerlebnissen, großen Augenblicken des Erkennens und der Einsicht oder auch ganz besonders in der Begegnung mit anderen Menschen «offenbart», (auch) eine Verheißung bedeutet oder nur gegenwärtige Erfüllung ist, wissen wir nicht. Das macht uns aber frei, *redlich* in Existenzentwürfen zu leben, die unser Leben erträglicher und reicher machen können.

Andererseits heißt dies, daß innerhalb oder vielleicht besser ne-

ben einem solchen religiösen oder weltanschaulichen Paradigma
auch jene tapferen (hier wäre das inzwischen eher etwas altertümlich wirkende Wort noch im vollen Sinne angebracht) Menschen
Raum haben müssen, die wie etwa Hume, Schopenhauer, Freud,
Camus u. a. aus ihrer Welt- und Lebenserfahrung den Schluß gezogen haben, daß das Glück des Individuums (etwas animistisch-an-
thropomorph ausgedrückt) nicht zu den Zielen der Natur gehöre,
daß «die Welt keine Kinderstube» sei, daß vielmehr «dunkle, fühl-
und lieblose Mächte das menschliche Schicksal bestimmen» (Freud
1940, S. 180, 181).

Zum anderen müßten auch jene Stimmen ihren Ort haben und
gehört werden, die wie etwa Hoimar v. Ditfurth aus evolutionärer
Sicht im Hinblick auf die derzeitige noch sehr relative Entwick-
lungshöhe des Homo sapiens zur Bescheidung in weltanschaulichen Fragen mahnen. Die Situation des Menschen angesichts der
unsere Erkenntnisgrenzen so weit transzendierenden Welt kann in
Analogie und damit relativierend mit der unserer tierischen Vorfahren angesichts etwa des Erdglobus oder gar der Sternenwelt verglichen werden. «Unbescheidenheit des Menschen –: Wo er den
Sinn nicht sieht, ihn zu leugnen!» (Nietzsche, «Der Wille zur
Macht», Aph. 599).

Moderne Religionskritik bedeutet nicht notwendigerweise, das
sollte klargeworden sein, einen Weg in den «Nihilismus», in die
«Verzweiflung» zu gehen. Ganz im Gegenteil, sie *kann* den Raum
freimachen für neue Weltdeutungen, auch religiöse, die nicht weiterhin ein so hohes Maß an Unredlichkeit, Verbiegungen und Heuchelei, auch gegenüber sich selbst, erfordern und so der «Würde
des Menschen», seiner notwendigen Selbstachtung gerechter werden.

«Die ‹Sinnlosigkeit des Geschehens›: Der Glaube daran ist die
Folge einer Einsicht in die Falschheit der bisherigen Interpretationen, eine Verallgemeinerung der Mutlosigkeit und Schwäche, –
kein *notwendiger* Glaube … Unendliche Ausdeutbarkeit der Welt:
Jede Ausdeutung ein Symptom des Wachstums oder des Unterge-
hens. Die Einheit (der Monismus) ein Bedürfnis der inertia; die

Mehrheit der Deutung Zeichen der Kraft. Der Welt ihren beunru-
higenden und änigmatischen Charakter *nicht abstreiten wollen!*»
(Nietzsche, «Wille zur Macht», Aph. 599, 600).

Verzweiflung, «Nihilismus»? «Ein verborgenes Ja treibt uns,
das stärker ist als alle unsere Neins. Unsere *Stärke* selbst duldet uns
nicht mehr im alten morschen Boden: Wir wagen uns in die Weite,
wir wagen *uns* daran: Die Welt ist noch reich und unentdeckt, und
selbst zugrundegehen ist besser als halb und giftig werden» (Nietzsche, «Wille zur Macht», Aph. 405).

Anhang

Literatur

ADORNO, Th. W.: *Stichworte*. Kritische Modelle. Frankfurt a. M., 1969.

ALBERT, H.: *Theologische Holzwege*. Gerhard Ebeling und der rechte Gebrauch der Vernunft. Tübingen, 1973.

ALBERT, H.: *Das Elend der Theologie*. Kritische Auseinandersetzung mit Hans Küng. Hamburg, 1979.

ALBERT, H.: *Traktat über kritische Vernunft*. Tübingen, 4. Aufl. 1980.

ALT, F.: *Friede ist möglich*. Die Politik der Bergpredigt. München, 1983.

ANDERS, G.: *Die Antiquiertheit des Menschen*. Bd. I, II. München (1956, 1980), 1987.

ANDERS, G.: *Ketzereien*. München, 1982.

AUGSTEIN, R.: *Jesus. Menschensohn*. München, 1972.

BACON, F.: *Novum Organum* (1621). Oxford, 1889.

BALDUCCI, C.: *Priester, Magier und Psychopathen*. Aschaffenburg, 1976.

BANDURA, A.: *Principles of behavior modification*. New York, 1969.

BANDURA, A.: *Lernen am Modell*. Stuttgart, 1976.

BANDURA, A.: *Sozial-kognitive Lerntheorie*. Stuttgart, 1979.

BANDURA, A. u. WALTERS, R.: *Social learning and personality development*. New York, 1963.

BARTH, H.-M.: *Der Teufel und Jesus Christus in der Theologie Martin Luthers*. Göttingen, 1967.

BARTH, K.: *Kirchliche Dogmatik*. Gütersloh, 3. Aufl. 1976.

BASTINE, R.: *Klinische Psychologie*. Bd. 1. Stuttgart, 1984.

BECK, A. T.; RUSH, A. J.; SHAW, B. F. u. EMERY, G.: *Kognitive Therapie der Depression*. München, 2. Aufl. 1986.

BECKER, P. u. WEISSER, S.: *Religiosität, Wertvorstellungen und seelische Gesundheit.* Eine Untersuchung männlicher und weiblicher katholischer Gymnasiasten der Oberstufe. Trierer Psychologische Berichte. Bd. 15, Heft 6, 1988.

BEDA, A.: Exorzismus. Befreiung aus Satans Tyrannei. Wien, 1974.

BEIT-HALLAHMI, B.: *Psychology of religion – what do we know.* Archiv für Religionspsychologie, 14, 28–36, 1980.

Die Bekenntnisschriften der evangelisch-lutherischen Kirche. Göttingen, 3. verbesserte Aufl. 1956.

BEM, D.: *Beliefs, attitudes and human affairs.* Monterey, 1970.

BERNHARD, Th.: *Auslöschung.* Ein Zerfall. Frankfurt a. M., 1986.

Bibel für die Grundschule. Hg. v. d. Deutschen Bischofskonferenz. München, 1979.

Die Bibel oder die ganze Heilige Schrift des Alten und Neuen Testaments nach der deutschen Übersetzung D. Martin Luthers. Stuttgart, 1952.

Die Bibel: Altes und Neues Testament. Einheitsübersetzung. Freiburg / Basel / Wien 1980.

BIRNBAUM, N.: *Der protestantische Fundamentalismus in den USA.* In: Meyer, Th., 1989, S. 121–154.

BRIK, H.: *Gibt es noch Engel und Teufel?* Aschaffenburg, 1975.

BRUGGER, W.: *Philosophisches Wörterbuch.* Freiburg, 5. Aufl. 1953.

BUCHER, A.: *Tiefenpsychologie und Exegese.* Anmerkungen zum Psychologiekonzept Eugen Drewermanns. Herder Korrespondenz, 42, 114 bis 118, 1988.

BUCHER, A. u. REICH, K. H. (Hg.): *Entwicklung von Religiosität.* Freiburg / Schweiz, 1989.

BUGGLE, F.: *Psychologie.* Gegenstand, Methodik, soziale Rahmenbedingungen. Darmstadt, 1974.

BUGGLE, F.: *Die Entwicklungspsychologie Jean Piagets.* Stuttgart, 1985.

BUGGLE, F.: *Warum gibt es (fast) keine deutsche empirische Religionspsychologie?* Forschungsbericht des Psychologischen Instituts der Albert-Ludwigs-Universität Freiburg i. Br., 1991.

BUGGLE, F. u. GÖTZ, E.: *Das soziale Image von Atheisten und gläubigen Christen und seine Attraktivität bei Schülern der Oberstufe.* Forschungsbericht des Psychologischen Instituts der Albert-Ludwigs-Universität Freiburg i. Br., in Vorbereitung

BULTMANN, R.: *Jesus Christus und die Mythologie.* Das Neue Testament im Licht der Bibelkritik. Hamburg, 1964.

CLUB OF ROME: *Bericht für die achtziger Jahre*. Das menschliche Dilemma.
Zukunft und Lernen. Hg. v. A. Peccei. Wien / München / Zürich,
3. Aufl. 1979.

DAIBER, K. F.: In: Daiber u. Luckmann, Th. (Hg.): *Religion in den Gegen-
wartsströmungen der deutschen Soziologie*. München, 1983.

DALY, M.: *Der qualitative Sprung über die patriarchalische Religion*. In: Moltmann-Wendel, 1983.

DAM, W. van: *Dämonen und Besessene*. Aschaffenburg, 1979.

DAVISON, G. u. NEALE, J.: *Klinische Psychologie*. Ein Lehrbuch. Weinheim,
3. Aufl. 1988.

DEISSLER, A.: *Die Grundbotschaft des Alten Testaments*. Ein theologischer
Durchblick. Freiburg, 9. Aufl. 1984.

DEKU, H.: *Die Konkurrenzlosigkeit des Christentums*. In: Jens, W. (Hg.), 1979.

DESCHNER, K.: *Abermals krähte der Hahn*. Eine kritische Kirchengeschichte
von den Anfängen bis zu Pius XII. Reinbek (1962), 1972, 1978.

DESCHNER, K.: *Das Kreuz mit der Kirche*. Eine Sexualgeschichte des Christentums. Düsseldorf, 1974.

DESCHNER, K. (Hg.): *Das Christentum im Urteil seiner Gegner*. Ismaning,
1986.

DESCHNER, K.: *Kriminalgeschichte des Christentums*. Bd. 1,2,3 . . ., Reinbek,
1986 ff.

DIBELIUS, M.: *Botschaft und Geschichte*. Gesammelte Aufsätze. Tübingen,
1953.

DIRKS, W.: *Erbe – Erfahrung – Reflexion*. In: Jens, W. (Hg.), 1979.

DITFURTH, H. von: *Der Geist fiel nicht vom Himmel*. Die Evolution unseres
Bewußtseins. Hamburg, 1976.

DITFURTH, H. von: *Wir sind nicht nur von dieser Welt*. Naturwissenschaft,
Religion und die Zukunft des Menschen. Hamburg, 1981.

DITFURTH, H. von: *So laßt uns denn ein Apfelbäumchen pflanzen*. Es ist soweit. Hamburg, 1985.

DÖRNER, K. u. PLOG, U.: *Irren ist menschlich oder Lehrbuch der Psychiatrie /
Psychotherapie*. Wunstorf, 3. Aufl. 1984.

DREWERMANN, E.: *Tiefenpsychologie und Exegese*. Bd. I, II. Olten / Freiburg, 1984, 1985.

DREWERMANN, E.: *Kleriker*. Psychogramm eines Ideals. Olten / Freiburg,
1989.

EIGEN, M. u. WINKLER, R.: *Das Spiel*. Naturgesetze steuern den Zufall.
München / Zürich, 1975.

FEINER, J. u. VISCHER, L.: *Neues Glaubensbuch*. Der gemeinsame christliche Glaube. Freiburg / Zürich, 1973.

FEUERBACH, L.: *Das Wesen des Christentums* (1849). Stuttgart, 1980.

FRANKL, V. E.: *Der unbewußte Gott*. Wien, 1949.

FREUD, S.: *Neue Folge der Vorlesungen zur Einführung in die Psychoanalyse*. Ges. Werke, Bd. XV. London, 1940.

FREUD, S.: *Die Zukunft einer Illusion*. Ges. Werke, Bd. XIV. London, 1948.

GÉREST, C.: *Der Teufel in der theologischen Landschaft der Hexenjäger des 15. Jahrhunderts*. Concilium, 11, 1975, S. 173–183.

Glaubensbuch für das 3. und 4. Schuljahr. Ausgabe für die Erzdiözese Freiburg. Freiburg, 6. Aufl. 1966.

GOODMAN, F.: *Anneliese Michel und ihre Dämonen*. Stein a. Rh., 1980.

GÖRRES, A.: *Glauben – wie geht das?* In: Jens, W. (Hg.), 1979.

GÖRRES, A.: *Erneuerung durch Tiefenpsychologie?* In: Görres, A. und Kasper, W. (Hg.): Tiefenpsychologische Deutung des Glaubens. Anfragen an Eugen Drewermann. Quaestiones Disputatae, 113, S. 133–174, Freiburg, 1988.

GREINACHER, N.: *Glaube auf Hoffnung*. In: Jens, W. (Hg.), 1979.

GROM, B.: *Religionspsychologie des Kleinkind-, Schul- und Jugendalters*. Düsseldorf / Göttingen, 2. Aufl. 1986.

HAAG, H.: *Abschied vom Teufel*. Einsiedeln, 4. Aufl. 1973.

HAAG, H.: *Vor dem Bösen ratlos?* München, 1978.

HAAG, H.: *Teufelsglaube*. Tübingen, 2. Aufl. 1980.

HABERMAS, J.: *Die neue Unübersichtlichkeit*. Frankfurt a. M., 1985.

HAMMERS, A. J. u. ROSIN, U.: *Fragen über den Teufel*. In: Bauer, E. (Hg.): Psi und Psyche. Stuttgart, 1974.

HARDY, A.: *Der Mensch – das betende Tier*. Religiosität als Faktor der Evolution. Stuttgart, 1979.

HARTMANN, E. v.: *Geschichte der Metaphysik* (1900). Darmstadt, 1969.

HAUTZINGER, M. u. GREIF, S. (Hg.): *Kognitionspsychologie der Depression*. Stuttgart, 1981.

HEER, F.: *Gottes erste Liebe*. 2000 Jahre Judentum und Christentum. Genesis des österreichischen Katholiken Adolf Hitler. Frankfurt a. M. / Berlin (1967) 1986.

HERKNER, W.: *Einführung in die Sozialpsychologie*. Stuttgart, 2. Aufl. 1981.

HERRMANN, H.: *Die Kirche und unser Geld*. Daten – Tatsachen – Hintergründe. Hamburg, 1990.

HITLER, A.: *Mein Kampf.* München, 1934.

HOFFMANN, N.: *Depressives Verhalten.* Psychologische Modelle der Ätiologie und der Therapie. Salzburg, 1976.

HOFSTÄTTER, P.: *Einführung in die Sozialpsychologie.* Stuttgart, 5. Aufl. 1973.

HÖSS, R.: *Kommandant in Auschwitz.* Hg. v. Martin Broszat. München, 1963.

IRLE, M.: *Lehrbuch der Sozialpsychologie.* Göttingen, 1975.

JAMES, W.: *The will to believe* (1896). In: James, W.: *Pragmatism and other essays.* New York, 1969.

JASPERS, K.: *Psychologie der Weltanschauungen.* Berlin, 4. Aufl. 1954.

JASPERS, K.: *Der philosophische Glaube angesichts der Offenbarung.* München, 1962.

JENS, W. (Hg.): *Warum ich Christ bin.* München, 1979.

JENS, W.: *Das A und O.* Die Offenbarung des Johannes. Stuttgart, 3. Aufl. 1988.

KAGELMANN, H. J.: *Modellvorstellungen psychisch abweichenden Verhaltens in der Unterhaltungsliteratur.* Berlin, 1982.

KAHL, J.: *Das Elend des Christentums oder Plädoyer für eine Humanität ohne Gott.* Reinbek, 1968.

KAHL, J.: *Christliche oder nachchristliche Erziehung?* Eine Bilanz und eine Perspektive. In: Scherf, D., 1984.

KANT, I.: *Kritik der reinen Vernunft.* 2. Aufl. 1787.

KÄSEMANN, E.: *Exegetische Versuche und Besinnungen.* Göttingen, Bd. I, 2. Aufl. 1960.

KASPER, W.: *Das theologische Problem des Bösen,* in: Kasper, W. und Lehmann, K., 1978.

KASPER, W. u. LEHMANN, K. (Hg.): *Teufel, Dämonen, Besessenheit.* Zur Wirklichkeit des Bösen. Mainz, 1978.

Katholischer Katechismus. Freiburg, 2. Aufl. 1965.

KAUFMANN, W.: *Der Glaube eines Ketzers,* München, 1965.

KEPEL, G.: *Die Rache Gottes.* Radikale Moslems, Christen und Juden auf dem Vormarsch. München 1991.

KERTELGE, K.: *Teufel, Dämonen, Exorzismen in biblischer Sicht.* In: Kasper, W. u. Lehmann, K., 1978, S. 9–40.

Kinderbibel. Wuppertal, 6. Aufl. 1982.

KODALLE, K. (Hg): *Gott und Politik in USA.* Über den Einfluß des Religiösen. Eine Bestandsaufnahme. Frankfurt a. M., 1988.

KUHN, Th.: *Die Struktur wissenschaftlicher Revolutionen.* Frankfurt a. M., 5. Aufl. 1981.

KÜNG, H.: *Christ sein.* München, 3. Aufl. 1978 a.

KÜNG, H.: *Existiert Gott?* Antwort auf die Gottesfrage der Neuzeit. München, 1978 b.

KÜNG, H.: *Das sogenannte und das wahrhaft Christliche.* In: Jens, W. (Hg.), 1979.

KÜNG, H.: *Theologie im Aufbruch.* Eine ökumenische Grundlegung. München / Zürich, 1987.

KÜNG, H.: *Religion – das letzte Tabu?* Über die Verdrängung der Religiosität. Psychotherapie, Psychosomatik, Medizinische Psychologie, 38 (2), 103–111, 1988.

LORENZ, K.: *Das sogenannte Böse.* Zur Naturgeschichte der Aggression. München, 5. Aufl. 1977.

LÖWITH, K.: *Christentum und Gesellschaft.* In: Schatz, O., 1971

LÜBBE, H.: *Religion nach der Aufklärung.* Graz, 1986.

LUKATIS, I.: *Empirische Forschung zum Thema Religion in West-Deutschland, Österreich und der deutschsprachigen Schweiz.* In: Daiber u. Luckmann, 1983.

MAHONEY, M.: *Kognitive Verhaltenstherapie.* München, 2. Aufl., 1979.

MARTZ, L. & CARROLL, G.: *Ministry of Greed.* New York, 1988.

MASER, P.: *Luthers Schriftauslegung in dem Traktat «Von den Juden zu ihren Lügen».* Judaica, 29, 71–84, 149–167, 1973.

MATTHES, J.: *Religionssoziologie.* In: G. Eisermann: Die Lehre von der Gesellschaft. Stuttgart, 2. Aufl. 1962.

METZ, J. B.: *Zu Lasten der Nichtgefragten?* In: Jens (Hg.), 1979.

MEYER, B.: *Mahnung aus dem Jenseits.* Über die Kirche in unserer Zeit. Trimbach / Olten, 1977.

MEYER, Th. (Hg.): *Fundamentalismus in der modernen Welt.* Die Internationale der Unvernunft. Frankfurt a. M., 1989.

MILLER, A.: *Am Anfang war Erziehung.* Frankfurt a. M., 1980.

MOLTMANN, J.: *Der gekreuzigte Gott.* Das Kreuz Christi als Grund und Kritik christlicher Theologie. München, 4. Aufl. 1981.

MOLTMANN-WENDEL, E. (Hg.): *Frau und Religion*: Gotteserfahrungen im Patriarchat. Frankfurt a. M., 1983.

MORITZ, K. Ph.: *Anton Reiser.* Ein psychologischer Roman (1785). Frankfurt a. M., 1979.

MORRIS, D.: *Der nackte Affe.* München / Zürich, 1969.

MORRIS, D.: *Der Mensch, mit dem wir leben.* München / Zürich, 1978.

MOSER, T.: *Gottesvergiftung.* Frankfurt a. M., 1976.

MUELLER, E. u. THOMAS, A.: *Einführung in die Sozialpsychologie.* Göttingen, 1974.

Neue Schulbibel. Für das 3. bis 6. Schuljahr. Hamburg, 1973.

NEUNER, J. und ROOS, H., neubearbeitet von Karl Rahner und Karl Heinz Weger: *Der Glaube der Kirche in den Urkunden der Lehrverkündigung.* Regensburg, 12. Aufl. 1986.

NICKEL, H.: *Entwicklungspsychologie des Kindes- und Jugendalters.* Bern, 1972.

NIETZSCHE, F.: *Sämtliche Werke.* Stuttgart.

Bd. 73: Morgenröte, 6. Aufl. 1976.

Bd. 74: Die fröhliche Wissenschaft. 7. Aufl. 1986.

Bd. 75: Also sprach Zarathustra. 17. Aufl. 1975.

Bd. 77: Götzendämmerung. Der Antichrist. Ecce Homo. 7. Aufl. 1978.

Bd. 78: Der Wille zur Macht. 12. Aufl. 1980.

NIGG, W.: *Das Buch der Ketzer.* Zürich / Stuttgart, 4. Aufl. 1962.

OERTER, R.: *Religiöse Sozialisation im Jugendalter.* Versuch einer theoretischen Orientierung. In: Arbeitsgemeinschaft Katholischer Katechetikdozenten (Hg.): *Sozialisation, Identitätsfindung, Glaubenserfahrung.* Zürich, 1979.

OERTER, R.: *Zur Transformation des Religiösen in der modernen Gesellschaft.* Archiv f. Religionspsychologie, 14, S. 70–91, 1980.

OERTER, R. u. MONTADA, L.: *Entwicklungspsychologie.* Ein Lehrbuch. München, 2. Aufl. 1987.

OSER, F. u. BUCHER, A.: *Die Entwicklung des religiösen Urteils.* Ein Forschungsprogramm. Unterrichtswissenschaft, 15, 132–156, 1987.

OSER, F. u. GMÜNDER, P.: *Der Mensch – Stufen seiner religiösen Entwicklung.* Gütersloh, 2. Aufl. 1988.

OSER F. u. REICH, H.: *Zur Entwicklung von Denken in Komplementarität.* Berichte zur Erziehungswissenschaft aus dem Pädagogischen Institut der Universität Freiburg / Schweiz, Nr. 53, 1986.

OTT, H.: *Martin Heidegger.* Unterwegs zu seiner Biographie. Frankfurt a. M., 1988.

OVERHAGE, P. und RAHNER, K.: *Das Problem der Hominisation.* Freiburg, 1961.

PASEWALDT, E.: *Die heilende Kraft des christlichen Glaubens.* In: Jens, W., 1979.

PAUL VI: *Ansprache bei der Generalaudienz vom 15.11.1972.* «L'Osservatore Romano», deutsche Ausgabe vom 24.11.1972, Nr. 47, S. 1f.

PECCEI, A.: *Die Zukunft in unserer Hand.* Gedanken und Reflexionen des Präsidenten des Club of Rome. Wien/München/Zürich, 1981.

PIUS XII: *International Penal Law.* Address to the Sixth International Congress of Penal Law, 3.10.1953. In: The Catholic Mind, Febr. 1954.

RAHNER, K.: *Vom Mut zum kirchlichen Christentum.* In: Jens, W. (Hg.), 1979.

RAHNER, K.: *Grundkurs des Glaubens.* Einführung in den Begriff des Christentums. Freiburg, 1984.

Religion in der Grundschule. Unterrichtswerk für katholische Religionslehre. 3. Jahrgangsstufe. München, 3. Aufl. 1987.

REYNOLDS, V. u. TANNER, R. E. S.: *The biology of religion.* London, 1983.

RICHTER, H. E.: *Der Gotteskomplex.* Reinbek, 1979.

RILKE, R. M.: *Duineser Elegien. Die Sonette an Orpheus* (1923). Frankfurt a. M., 1974.

ROCCA, A.: *Über den Teufel und sein Wirken.* Gröbenzell, 1966.

RODEWYK, A.: *Dämonische Besessenheit heute.* Tatsachen und Deutung. Aschaffenburg, 1966.

SCHATZ, O. (Hg.): *Hat die Religion Zukunft?* Graz, 1971.

SCHERF, D. (Hg.): *Der liebe Gott sieht alles.* Erfahrungen mit religiöser Erziehung. Frankfurt a. M., 1984.

SCHMIDT, L. (Hg.): *Lehrbuch der Klinischen Psychologie.* Stuttgart, 2. Aufl. 1984.

SCHMIDTCHEN, G.: *Was den Deutschen heilig ist.* Religiöse und politische Strömungen in der Bundesrepublik Deutschland. München, 1979.

SCHMIED, G.: *Religion – eine List der Gene?* Soziobiologie contra Schöpfung. Zürich, 1989.

SCHOPENHAUER, A.: *Parerga und Paralipomena.* Hg. v. Arthur Hübscher. Wiesbaden, Bd. 2, 1947.

SCHUSTER, R. (Hg.): *Was sie glauben.* Texte von Jugendlichen. Stuttgart, 1984.

SCHWARZ, H.: *Die elektronische Kirche als Ausdruck amerikanischer Religiosität.* In: Kodalle, 1988.

SÖLLE, D.: *Atheistisch an Gott glauben.* Theologische Beiträge. Olten, 1968.

SÖLLE, D.: *Christ bin ich wegen Christus.* In: Jens, W. (Hg.), 1979.

SONTHEIMER, K.: *Warum sollte ich nicht Christ sein?* In: Jens, W. (Hg.), 1979.

SPRENGER, J. u. INSTITORIS, H.: *Der Hexenhammer (Malleus maleficarum)* (1487). München, 3. Aufl., 1983.

STÖHR, M.: *Fundamentalismus – protestantische Beobachtungen.* In: Meyer, Th., 1989.

STROTZKA, H. (Hg.): *Psychotherapie*: Grundlagen, Verfahren, Indikationen. München, 2. Auflage 1978

THOMAS, K.: *Sexualstörungen infolge «ekklesiogener» Neurosen.* Erfahrungen aus der Ärztlichen Lebensmüdenbetreuung. Sexualmedizin, 8, 382–387. Berlin, 1989.

TOPITSCH, E.: *Erkenntnis und Illusion.* Hamburg, 1979.

VERGOTE, A.: *Two opposed viewpoints concerning the object of the psychology of religion.* In: van Belzen, J. A. und van der Lans, J. (Hg.): *Current issues in the psychology of religion.* Proceedings of the third symposium of the psychology of religion in Europe. Amsterdam, 1986.

WALF, K.: *Fundamentalistische Strömungen in der katholischen Kirche.* In: Meyer, Th., 1989.

WANNINGER, K. Ch.: *Predigt für Ronald Reagan.* Düsseldorf, 1984.

WATZLAWICK, P.; BEAVIN, J. u. JACKSON, D.: *Menschliche Kommunikation.* Formen, Störungen, Paradoxien. Bern / Stuttgart, 1969.

WEIZSÄCKER, C. F. v.: *Der Garten des Menschlichen.* Beiträge zur geschichtlichen Anthropologie. Frankfurt a. M. (1977), 1980

WEIZSÄCKER, C. F. v.: *Deutlichkeit.* Beiträge zu politischen und religiösen Gegenwartsfragen. München (1978), 1981.

WEIZSÄCKER, C. F. v.: *Wahrnehmung der Neuzeit.* München (1983), 1985.

WERNER, M.: *Die Enstehung des christlichen Dogmas.* Problemgeschichtlich dargestellt. Stuttgart, 1959.

WHITEHEAD, A. N.: *Religion in the making* (1926). New York, 1960.

WHITEHEAD, A. N.: *Process and reality.* An essay in cosmology (1929). New York, 1960.

WIBBING, S. (Hg.): *Kinder fragen nach dem Leben.* Religionsbuch 3. / 4. Schuljahr. Frankfurt a. M., 1977, 1980.

WIECZERKOWSKI, W. u. zur OEVESTE, H. (Hg.): *Lehrbuch der Entwicklungspsychologie.* Düsseldorf, 1982.

WILSON, E. O.: *Biologie als Schicksal.* Frankfurt a. M., 1980.

WITTLING, W. (Hg.): *Handbuch der Klinischen Psychologie.* Hamburg, 1980.

ZAHRNT, H.: *Warum ich glaube. Meine Sache mit Gott.* (1977). München, 1980.

ZUMKLEY-MÜNKEL, C.: *Imitationslernen.* Theorien und empirische Befunde. Düsseldorf, 1976.

Register der Bibelzitate

Musterbeispiel: «Lk. 11; 24–26: 170,183» bedeutet: Die Verse 24 bis 26 im 11. Kapitel des Lukasevangeliums werden auf den Seiten 170 und 183 des vorliegenden Buches wörtlich zitiert oder als Beleg angeführt.

Altes Testament

Neues Testament

Register der Personennamen und zitierten Quellen

Um den Benutzern mit ihren stark unterschiedlichen Wissensvoraussetzungen und Nachschlageerfahrungen die Suche zu erleichtern, wurden einigen historischen und biblischen Namen charakterisierende Informationen beigefügt. Systematische Konsequenz ist nicht beabsichtigt. AT: Altes, NT: Neues Testament